D1931088

Len Deighton

UNTERNEHMEN ADLER

Die Luftschlacht um England

Mit einer Einleitung von
A. J. P. Taylor

Wilhelm Goldmann Verlag

Titel der Originalausgabe: Fighter
Originalverlag: Jonathan Cape Ltd., London
Aus dem Englischen von Jürgen Selonke

Made in Germany · 2/81 · 1. Auflage · 1.–20. Tsd.
Genehmigte Taschenbuchausgabe
© der Originalausgabe 1977 bei Len Deighton
© der Einleitung 1977 bei A.J.P. Taylor
© der deutschsprachigen Ausgabe 1978 beim Hestia-Verlag, Bayreuth
Umschlagentwurf: Atelier Adolf & Angelika Bachmann, München
Druck: Presse-Druck Augsburg
Verlagsnummer: 3979
Lektorat: Martin Vosseler · Herstellung: Peter Papenbrok
ISBN 3-442-03979-7

Inhalt

Issued by the Ministry of Information in co-operation with the War Office and the Ministry of Home Security.

If the INVADER comes

WHAT TO DO — AND HOW TO DO IT

THE Germans threaten to invade Great Britain. If they do so they will be driven out by our Navy, our Army and our Air Force. Yet the ordinary men and women of the civilian population will also have their part to play. Hitler's invasions of Poland, Holland and Belgium were greatly helped by the fact that the civilian population was taken by surprise. They did not know what to do when the moment came. *You must not be taken by surprise.* This leaflet tells you what general line you should take. More detailed instructions will be given you when the danger comes nearer. Meanwhile, read these instructions carefully and be prepared to carry them out.

I

When Holland and Belgium were invaded, the civilian population fled from their homes. They crowded on the roads, in cars, in carts, on bicycles and on foot, and so helped the enemy by preventing their own armies from advancing against the invaders. You must not allow that to happen here. Your first rule, therefore, is :—

(1) IF THE GERMANS COME, BY PARACHUTE, AEROPLANE OR SHIP, YOU MUST REMAIN WHERE YOU ARE. THE ORDER IS "STAY PUT".

If the Commander in Chief decides that the place where you live must be evacuated, he will tell you when and how to leave. Until you receive such orders you must remain where you are. If you run away, you will be exposed to far greater danger because you will be machine-gunned from the air as were civilians in Holland and Belgium, and you will also block the roads by which our own armies will advance to turn the Germans out.

II

There is another method which the Germans adopt in their invasion. They make use of the civilian population in order to create confusion and panic. They spread false rumours and issue false instructions. In order to prevent this, you should obey the second rule, which is as follows :—

(2) DO NOT BELIEVE RUMOURS AND DO NOT SPREAD THEM. WHEN YOU RECEIVE AN ORDER, MAKE QUITE SURE THAT IT IS A TRUE ORDER AND NOT A FAKED ORDER. MOST OF YOU KNOW YOUR POLICEMEN AND YOUR A.R.P. WARDENS BY SIGHT, YOU CAN TRUST THEM. IF YOU KEEP YOUR HEADS, YOU CAN ALSO TELL WHETHER A MILITARY OFFICER IS REALLY BRITISH OR ONLY PRETENDING TO BE SO. IF IN DOUBT ASK THE POLICEMAN OR THE A.R.P. WARDEN. USE YOUR COMMON SENSE.

Re… they … where… where… them … you to … are, and… fore, is …

(4) … PUT IT OUT OF ACTION WHEN NOT IN USE. IT IS NOT ENOUGH TO REMOVE THE IGNITION KEY; YOU MUST MAKE IT USELESS TO ANYONE EXCEPT YOURSELF.

IF YOU ARE A GARAGE PROPRIETOR, YOU MUST WORK OUT A PLAN TO PROTECT YOUR STOCK OF PETROL AND YOUR CUSTOMERS' CARS. REMEMBER THAT TRANSPORT AND PETROL WILL BE THE INVADER'S MAIN DIFFICULTIES. MAKE SURE THAT NO INVADER WILL BE ABLE TO GET HOLD OF YOUR CARS, PETROL, MAPS OR BICYCLES.

VII

The six rules which you have now read give you a general idea of what to do in the event of invasion. More detailed instructions may, when the time comes, be given you by the Military and Police Authorities and by the Local Defence Volunteers; they will NOT be given over the wireless as that might convey information to the enemy. These instructions must be obeyed at once.

Remember always that the best defence of Great Britain is the courage of her men and women. Here is your seventh rule :—

(7) THINK BEFORE YOU ACT. BUT THINK ALWAYS OF YOUR COUNTRY BEFORE YOU THINK OF YOURSELF.

Übersetzung siehe Seite 366.

Einleitung

Bismarck fragte Moltke einmal, ob er ihm den Sieg im bevorstehenden Krieg gegen Österreich garantieren könne. Moltke antwortete: »Im Krieg ist nichts sicher.« Tatsächlich steckt der Krieg voller Überraschungen, und der Zweite Weltkrieg wies viele davon auf – vom Durchbruch der Deutschen bei Sedan im Mai 1940 bis zum Abwurf der beiden amerikanischen Atombomben auf japanische Städte im August 1945. Keine Aktion kam jedoch so überraschend und unerwartet wie die Luftschlacht zwischen der Royal Air Force und der Luftwaffe im Sommer des Jahres 1940. Schriftsteller mit Phantasie, etwa wie H. G. Wells, hatten zukünftige Kämpfe zwischen riesigen Luftflotten geschildert. Wenige von jenen, die in der Praxis über Luftstrategie entschieden, glaubten, daß solche Vorhersagen irgendeine Realität besäßen.

Der Schlüssel zur Geschichte liegt darin, daß die Kommandeure der Luftstreitkräfte vor dem Zweiten Weltkrieg nur geringe frühere Erfahrungen besaßen, die sie heranziehen konnten. Material und Methoden des Krieges ändern sich natürlich ständig. Generale erwerben Gewehre, Maschinengewehre und Panzer. Admirale erwerben größere Schlachtschiffe und Unterseeboote. Aber sie haben auf Grund früherer Kriege durchaus Vorstellungen von den Problemen, die sie erwarten. Die Kommandeure der Luftstreitkräfte kannten keine solche Zuflucht. Der Luftkrieg des Ersten Weltkriegs bestand größtenteils aus einer Reihe erbitterter Kämpfe zwischen einzelnen Fliegern in ihren Maschinen. Die wenigen Bombenangriffe hatten Schrecken, aber nur sehr geringe Zerstörungen gebracht. Jene, die nach dem Krieg über Luftstrategie zu bestimmen hatten, mußten allein gestützt auf ihren Glauben weitermachen; ein Glaube, der nur wenig mehr als Mutmaßung war.

Das Glaubensbekenntnis klang einfach: »Bomber werden immer durchkommen.« Douhet vertrat diese Ansicht in Italien, Billy Mitchell in den Vereinigten Staaten. Aber beide waren abkommandierte Theoretiker. Daher war es weit bedeutender, daß in England Lord Trenchard dasselbe meinte. Denn Trenchard war zehn Jahre lang, von 1919 bis 1929, Chef des Luftstabes. Trenchard wollte unbedingt eine unabhängige Luftwaffe haben. Der einzige Weg, um mehr als eine Hilfstruppe für Armee oder Marine zu sein, führte über eine eigene Strategie, die selbständige Bombenangriffe hieß. Die Kommandeure der Luftstreitkräfte verfolgten sie erfolgreich. Die Engländer warfen Bomben auf schutzlose Dörfer im Irak. Die Italiener warfen Bomben auf schutzlose Dörfer in Abessinien. Die Deutschen warfen Bomben auf schutzlose Dörfer in Spanien. Die Japaner warfen Bomben auf schutzlose Städte in China.

Aber gab es keine Abwehrmöglichkeiten? Die Chefs der Luftstreitkräfte antworteten einmütig: Nein. Die einzige Antwort war, eine noch überlegenere Bomberflotte als der Feind zu besitzen, um damit seine Stützpunkte und Industrieanlagen zerstören zu können. Dank Trenchard akzeptierten die Engländer dieses Prinzip aus vollem Herzen. Sie berechneten die Stärke der größten Luftstreitmacht in Europa und machten sie zu ihrer Richtschnur. Genauso hatten englische Admirale vor dem Ersten Weltkrieg die deutsche Flotte als Richtschnur auserwählt. Zunächst bestimmte die französische Luftwaffe die Größenvorstellung. Dabei war es schwer vorstellbar, daß es jemals zu einer ernsthaften Kriegsgefahr zwischen Frankreich und Großbritannien kommen könnte. In den dreißiger Jahren wuchs dann die deutsche Luftwaffe zum erkennbaren Rivalen heran. Der britische Luftwaffenstab schrie nach mehr Bombern und erklärte, als die RAF ins Hintertreffen geraten war, daß Großbritannien in außergewöhnlicher Gefahr schwebe. Es schien, als ob sich alles um ein Rennen zwischen den Bombern drehe.

Im Dezember 1937 gab es eine Revolution in der britischen Luftpolitik. Der Vorgang war sensationell, obwohl er nur wenig Beachtung fand. Im Jahr zuvor war Sir Thomas Inskip zum Minister der gesamten Verteidigung ernannt worden. Die Ernennung dieses nur wenig beeindruckenden Mannes wurde als die größte Überraschung bezeichnet, seit Caligula sein Pferd zum Konsul gemacht hatte. Aber Inskip besaß den klaren Verstand eines Sachwalters. Er erkannte, daß die Engländer drauf und dran waren, das Bomberrennen mit Deutschland zu verlieren. Dann fällte er die bemerkenswerte Entscheidung, wonach es für sie nicht notwendig sei, diesen Wettstreit zu gewinnen. Weil nämlich die Deutschen mit einem kurzen Krieg liebäugelten und daher auf einen K.-o.-Schlag abzielten, brauchten die Briten nur bis zu einer Blokkade zu überleben. Anschließend würde die Hilfe von Alliierten vielleicht den Sieg in einem langen Krieg bringen. Inskip selber drückte es so aus: »Die Rolle unserer Luftwaffe liegt nicht darin, einen frühen K.-o.-Schlag zu landen . . ., sondern darin, die Deutschen an ihrem Plan zu hindern, uns entscheidend niederzuwerfen.«

Inskip führte auch ein praktisches Argument ins Feld. Früher schien die Behauptung einleuchtend und vielleicht sogar vernünftig zu sein, daß es keine Abwehrmöglichkeit gegen Bomber gab und sie immer durchkommen würden. Jetzt jedoch zählten neue Aktivposten auf britischer Seite. Ihre neuen Jäger, besonders die »Spitfire«, waren schneller und weit kampfstärker als alle Flugzeuge, die zuvor aufgestiegen waren, und konnten es mit den deutschen Bombern aufnehmen. Britische Wissenschaftler hatten das Radar entwickelt. Dadurch würden die Jäger wissen, wann ein Anflug der feindlichen Bomber bevorstand. So war Verteidigung möglich. Natürlich war auch dies nur ein Glaube, der nicht auf Erfahrung basierte. Nach Inskips Ansicht war er es aber wert, ausprobiert zu werden.

Dann kam er mit einem weiteren praktischen Argument heraus: Der Bau von Jägern ist billiger als der von Bombern. So konnten für dasselbe Geld mehr Maschinen hergestellt werden, und die britische Öffentlichkeit, die vom Unterschied zwischen Jägern und Bombern nichts verstand, würde stärker beeindruckt sein. Dieses Argument schien dem Kabinett entscheidend. Am 22. Dezember 1937 wurde der Vorschlag von Inskip angenommen. Die Luftmarschälle tobten, und Trenchard erklärte vor dem Oberhaus, daß diese Entscheidung »uns gut den Krieg verlieren kann«. Aber die Revolution in der britischen Luftpolitik hatte begonnen. Einige von Inskips Argumenten, so sein Vertrauen in die Blockade, wurden mißverstanden. Aber er verdiente sich Lorbeer als der Mann, der den britischen Sieg im Kampf um England ermöglichte.

Die zweite Person, die maßgeblichen Einfluß ausübte, war ebenfalls mehr zufällig in ihre Position gerutscht. Sir Hugh Dowding war das älteste Mitglied im Luftwaffenrat. Er hatte allen Anspruch darauf, 1937 Chef des Luftstabes zu werden. Aber er war ein ruhiger, zurückhaltender Mann, halsstarrig, wenn es darum ging, seine Ansichten durchzudrücken, und nur wenig umgänglich. Er wurde auf den Stuhl des Jägerkommandeurs gestoßen, der damals bei den anderen Luftmarschällen als ein zweitklassiger Posten galt. Dowding überdachte das Problem der Jägerstrategie in der ihm eigenen kühlen, vernünftigen Art und Weise. Romantische Ideen von riesigen Luftflotten, die den Himmel bevölkern, oder Einzelkämpfen nach dem Muster des Ersten Weltkriegs wies er weit von sich. Dowding sah die alleinige Aufgabe der Jägerkommandos in der Verteidigung von Großbritannien. Dies konnte erledigt werden, indem die deutschen Bomber geschlagen wurden. Ohne sie würden die deutschen Jagdflugzeuge harmlos sein. Dowding plante einen wirtschaftlichen Feldzug, um auf alle Fälle mit der Kraft seiner Jäger sparsam umzugehen.

Die zielbewußte Konzentration auf die Verteidigung von Großbritannien brachte Dowding nach Kriegsausbruch oft Ärger. Als die Deutschen in Flandern durchbrachen, baten die Franzosen dringend um mehr britische Jägerstaffeln. Churchill willigte ein. Dowding leistete gegen diese emotional begründete Entscheidung Widerstand und setzte sich durch, nachdem der Chef des Luftstabs beim Kabinett in seinem Interesse vorgesprochen hatte. Als im Juli die Deutschen mit ihren Angriffen auf den britischen Schiffsverkehr im Kanal begannen, weigerte sich Dowding wiederum, seine Jäger in diesen für ihn belanglosen Streit zu verwickeln. Dowding bekam auch Krach innerhalb seiner eigenen Abteilung. Einige seiner Abschnittskommandeure ärgerten sich über die vorsichtige Politik und forderten die Taktik der »Großen Verbände«. Die ganze Zeit über litt Dowding ebenso unter Treulosigkeit wie unter dem Mangel an Verständnis.

Es gab noch eine dritte entscheidende Person in der Schlacht um England. Im Mai 1940 ernannte Churchill Lord Beaverbrook zum Minister der Flugzeug-Produktion. Beaverbrooks Aufgabe lag darin, Flugzeuge so schnell wie möglich herzustellen, ohne auf althergebrachte Verfahren zu achten. Er löste dieses Problem erfolgreich und zum großen Ärger der Luftmarschälle. Beaverbrook war ein Isolationist, der wenig Interesse am Krieg auf dem Kontinent zeigte. Er wurde nur lebendig, wenn die Verteidigung von Großbritannien in Frage gestellt war. Der Minister schloß sich eng mit Dowding zusammen, der seine Anschauung teilte. Beaverbrook stellte Jagdflugzeuge her, wo seine Luftmarschälle nach Bombern riefen. Er schickte die neuen Jäger direkt zu den Staffeln und stampfte über alle bürokratischen Hindernisse hinweg. Dowding zollte ihm dieses Lob: »Das Land schuldet Lord Beaverbrook genausoviel Dank im Kampf um England wie mir. Ohne seinen Schwung im Rücken hätte ich während der Schlacht nicht weitermachen können.« Dank Beaverbrook besaßen die Kommandeure der Jägerstaffeln beim Ende des Kampfes mehr Maschinen als zu Beginn. Aber wie Len Deighton zeigt, fand auch Beaverbrook kein Mittel gegen den Verlust an Piloten.

Der entscheidende Unterschied zwischen den Engländern und den Deutschen war, daß die von Dowding geführten Engländer im Gegensatz zu den Deutschen wußten, was sie taten. Obwohl die Deutschen ständig mit ihrer überwältigenden Luftherrschaft prahlten, hatten sie nie über die damit verbundenen Probleme nachgedacht. Wie die britischen

Luftmarschälle klebten sie einfach an dem Glauben, daß die Bomber immer einen Weg finden würden. Der Gedanke eines Großangriffs auf Großbritannien floß nie in ihre Pläne mit ein. Tatsächlich hatten sie zu keiner Zeit über einen direkten Angriff auf Großbritannien nachgedacht. Von Hitler abwärts nahmen bei ihnen alle an, daß Großbritannien Frieden schließen würde, wenn Frankreich geschlagen war. Sogar die Niederlage von Frankreich kam für sie viel schneller als erwartet.

Der Waffenstillstand zwischen Deutschland und Frankreich wurde am 22. Juni unterzeichnet. Hitler erklärte gegenüber Jodl: »Die Engländer haben den Krieg verloren, aber sie wissen es nicht. Man muß ihnen Zeit geben, und sie werden einlenken.« Hitler räumte den Engländern einen Monat Frist ein. Dann hielt er am 19. Juli eine Rede vor dem Reichstag. Er appellierte zunächst an »Vernunft und gesunden Menschenverstand« und kündigte den Engländern dann »unendliches Leid und Elend« an, bis sie Frieden schließen würden. Lord Halifax wurde die Aufgabe übertragen, das Friedensangebot von Hitler im Rundfunk abzutun, obwohl er persönlich zu einem Friedensschluß auf der Basis eines Kompromisses hinneigte. Hitlers Bluff war publik geworden. Er mußte nun seine Drohungen wahrmachen. Am 21. Juli stand das Unternehmen »Seelöwe«, die Invasion Großbritanniens, im Prinzip fest. Zehn Tage später wurde der 15. September als Datum der Invasion vorläufig festgelegt. Hitler zeigte sich von Anbeginn an skeptisch und zweifelte, ob das Vorhaben »technisch machbar« sei. In anderen Feldzügen, so wie in Frankreich und später in Rußland, hatte er sich selber an die Front begeben und das Kommando persönlich übernommen. Bei den Vorbereitungen für »Seelöwe« zog er sich auf den Berghof zurück und überwachte das Vorgehen mit distanzierter Neugier.

»Seelöwe« erregte sehr große Aufmerksamkeit. Als praktische Operation existierte der Plan nie. Die Befehlshaber des Heeres sammelten eine gewaltige Streitmacht, mit der sie England überrennen wollten, nachdem andere Truppenteile ihnen die Landung ermöglicht hatten. Sie selber leisteten keinen Beitrag zu diesem Problem. Großadmiral Raeder, der eine fast nicht vorhandene deutsche Flotte befehligte, sah jede Invasion als unmöglich an, solange die Engländer nicht schon vorher aufgegeben hätten. Er beschränkte sich darauf, Kanalboote und Küstenschiffe zusammenzuziehen, um den Generalen zu gefallen und Hitler nicht zu verärgern. Aber niemals nahm er die Frage einer Invasion ernst.

Die Luftwaffe war daher auf sich selbst gestellt. Göring machte sich begeistert daran, die gestellte Aufgabe zu lösen. Wie andere Führer von Luftstreitkräften hielt er an dem Glauben fest, daß es für die Bomber immer einen Weg geben werde. »Adler«, die Offensive der Luftwaffe, und »Seelöwe« hatten keine Verbindung miteinander. Hitlers Anweisung lautete, »nützliche Grundlagen für die Eroberung von England herzustellen«. Aber die Luftwaffe nahm schlichtweg an, daß Bomberflotten, begleitet von Jägern, nach Großbritannien fliegen könnten, das Land zermalmen und so zur Aufgabe zwingen würden. Die Luftwaffe stimmte ihre Aktionen nicht mit den Notwendigkeiten der anderen Waffengattungen ab. Sie flog wenige Angriffe auf britische Kriegsschiffe und warf häufiger Bomben auf Häfen und Flugplätze, die ihre eigene Armee brauchen würde, falls es jemals zu einer Landung kommen sollte. Tatsächlich war die Strategie der Luftwaffe eine hervorragende Untermauerung jener Ansicht, die von den Luftmarschällen bevorzugt wurde. Danach war es Bombern möglich, ohne Unterstützung von Land- oder Seestreitkräften einen Krieg zu gewinnen.

Das Ziel der Luftwaffe, Großbritannien durch Bombenangriffe zu erobern, schlug fehl – vielleicht nur ganz knapp. Es lag mit am Versäumnis der Deutschen, ihre Probleme im voraus zu erörtern. Der Angriff war eine übereilte Sache, bei der kein Deutscher Zeit zum Verschnaufen und Denken gefunden hatte. Auf jeden Fall machte auch Göring sich nur wenig Gedanken. Raeder schien hypnotisiert durch einen Blick auf die Königliche Marine. Kein Deutscher bemerkte, wie britische Schiffe während des Norwegen-Feldzuges durch

Luftangriffe zurückgetrieben worden waren. Außerdem schien in Deutschland niemand die unabhängige Landung von Fallschirmjägern in Erwägung gezogen zu haben. Viele Leute in England erwarteten einen solchen Angriff. Ich jedenfalls leistete meinen Dienst bei der »Home Guard« im Sommer des Jahres 1940, als ich die Gaswerke in Oxford mit einem ungeladenen Gewehr bewachte, im festen Glauben ab, daß der Hauptschlag der deutschen Fallschirmjäger direkt hier einsetzen werde.

Die Schlacht um England war eine geradezu kleine Angelegenheit. Hitler blies die Operation »Seelöwe« am 17. September ab und machte nie wieder einen Versuch, sie zu wiederholen. Ernsthaft war Hitler über diesen Rückschlag nicht betrübt. »Seelöwe« war ein verpfuschter Plan, übereilt aufgestellt und in der deutschen Strategie bedeutungslos. Hitlers Augenmerk war bereits auf die Invasion in Rußland ausgerichtet. Er fürchtete nicht, daß Großbritannien, obwohl unbezwungen, ihm irgendeinen ernsthaften Schaden zufügen könnte. Auf der anderen Seite fühlten sich die Engländer gestärkt. Sie glaubten, einen großen Sieg errungen zu haben oder vielmehr, daß die Piloten der Jägerstaffeln für sie einen großen Sieg erkämpft hatten. Tatsächlich war das so. Die Engländer waren ein maritimes Volk. Ihre Aufgabe war es, zu überleben. Das hatten sie aus früheren Kriegen gelernt. Der Sieg in der Schlacht um England ermöglichte es ihnen auch diesmal. In gewissem Sinne war ihr Vertrauen jedoch fehl am Platze. In der anhaltenden Atlantik-Schlacht gegen die U-Boote geriet Großbritannien näher an den Rand der Niederlage, als dies bei der Schlacht um England der Fall gewesen war. Aber psychologisch gesehen war die Schlacht um England weit bedeutender.

Die Schlacht um England hatte eine unvorhersehbare Folge, die allen Beteiligten nicht behagte. Während sie noch im Gange war, gingen die Deutschen von Tages- zu Nacht-Bombenangriffen über. Sie behielten diesen Schlachtplan während des Winters bei, und viele englische Städte erlebten es. Die Engländer konterten und flogen ihrerseits nächtliche Attacken. Es schien, als ob die Bomber doch immer durchkommen würden. Diese Erwartung erwies sich als falsch. Entscheidende Ergebnisse wurden nicht erzielt. Praktisch beendeten die Deutschen ihren Feldzug im Mai 1941, vielleicht weil die Luftwaffe in Rußland und im Mittelmeerraum benötigt wurde. Die Engländer flogen ihre Angriffe während des gesamten Krieges weiter, wiederum ohne ausschlaggebenden Erfolg. Der Abwurf von Bomben war so lange nicht effektiv, bis Langstreckenjäger die Maschinen begleiteten. Und das war erst 1944 der Fall. Das jedoch hatte sich bereits im Sommer des Jahres 1940 gezeigt.

Die Schlacht um England brachte ein weit inhaltsschwereres Ergebnis. Sie zog England in den Krieg hinein. Nach dem Fall von Frankreich schien es, als ob Großbritannien keinen Schlag gegen Deutschland führen könnte, außer so unwichtige Angriffe wie gegen die französische Flotte bei Oran. Hitler selbst schien damit zufrieden, Großbritannien »an der Rebe austrocknen zu lassen«, wie MacArthur es formulierte. Plötzlich zeigten die Engländer, daß sie noch Krieg führten und kämpften. Die Schlacht um England, obwohl eine defensiv geführte Schlacht, blieb auf jeden Fall eine Schlacht. Dank dieser Tatsache wurde Großbritannien besonders in den Vereinigten Staaten als kämpfende Großmacht ernstgenommen. Überdies gab Italien, gleich einem unverhofften Glücksfall, im Winter 1940 den Engländern Gelegenheit zum Sieg. Diese Erfolge mögen für die Niederlage Deutschlands keine Rolle gespielt haben, aber sie unterstrichen immerhin, daß die Engländer in Aktion waren.

Es wäre angenehm, könnte man berichten, daß entsprechende Ehrungen auf die Sieger warteten, so wie Nelson posthum nach der Schlacht von Trafalgar sie erfahren hatte. Einige von ihnen wurden ausgezeichnet. Churchill ehrte die Piloten der Jäger mit den unsterblichen Worten: »Nie schuldeten so viele so wenigen so viel Dank für ihren Einsatz auf dem Felde menschlicher Konflikte.« Ein Mann wurde übergangen. Die Luftmarschälle waren wütend, daß ihr dogmatisches Vertrauen in selbständige Bombenangriffe widerlegt worden war. Die Verfechter der »Großen Verbände« empfingen offizielle Anerkennung, nachdem die Schlacht vorbei war, wie Len Deighton es beschreibt. Am 25. November wurde Dowding von seinem Kommando entbunden und geriet in Vergessenheit. Dabei »war er der einzige Mann, der jemals einen so gewaltigen Jäger-Kampf gewann oder einen gewinnen wird«.

So also stellten sich die strategischen Ideen und ihre Mängel dar, die hinter der Schlacht um England steckten. Es gab dort mehr praktische Erwägungen. Letzten Endes werden Schlachten von den Männern und Maschinen entschieden, die daran teilnehmen. Ich fürchte, daß viele von uns, die über den Krieg schreiben, diese Seite übersehen und sich in großen, schwärmerischen Gedanken ergehen. Len Deighton macht das nicht. Wenn das Flugzeug nicht erfunden worden wäre, hätte es keine Schlacht um England gegeben. Die Qualität der Maschinen aber ist das Hauptthema von Len Deightons Buch. Seine brillante Analyse zeigt die technischen Probleme der Flugzeugentwicklung in den Jahren zwischen den Weltkriegen deutlich auf. Die Deutschen sprachen viel und gaben sich meist den Anschein, daß sie mit ihrer Genialität und ihrem Schwung eigentlich gewinnen müßten. Ich vermute, Milch ist irgendwie Len Deightons Held.

So genial die Deutschen in der Entwicklung und so wuchtig sie in der Produktion waren, verloren sie die Schlacht um England trotzdem. Um präziser zu sein: Sie gewannen die Schlacht nicht, was aber auf dasselbe herauskommt. Dowdings überlegene Strategie zählte viel, aber jeder einzelne Zweikampf am Himmel zählte auch. Auch hierüber liefert Len Deighton eine detaillierte Beschreibung, ausführlicher als jede bislang geschriebene, die zeigt, wie englische und polnische Piloten die Oberhand gewannen. Tatsächlich erklärt er auf die eine oder andere Weise alles, was sich in jenen Tagen, die heute weit zurückliegen, im August und September 1940, abspielte.

A. J. P. Taylor

Erster Teil: Strategie

Taedet caeli convexa tueri.
Es ermüdet, die Wölbung des Himmels andauernd zu beobachten

Virgil, Aeneis, Buch IV

Seelöwe (Otariidae). Fleischfresser, zum Leben im Wasser befähigt.

Encyclopedia

Die Geschichte ist überschwemmt von patriotischen Mythen über den Sommer des Jahres 1940. Viele entstanden durch die Scham jenes Teils der britischen Öffentlichkeit, der nach dem Fall von Frankreich erklärte, es sei Zeit, mit Hitler-Deutschland zu verhandeln. Diese Ansicht teilten Leute von der Linken und Rechten. Die ersteren hofften, der Friedenspakt von Hitler und Stalin werde halten, die letzteren hofften das Gegenteil.

Schwedens Botschafter in London berichtete seinem Ministerium, als er nach Stockholm zurückgekehrt war, daß er mit Leuten gesprochen habe, darunter auch Parlamentsmitgliedern, die Gespräche mit Hitler wünschten. Er gab die Meinung eines älteren Mitglieds der britischen Regierung wieder, wonach gesunder Menschenverstand und nicht gespielte Tapferkeit die britische Politik bestimmen sollte. Von Washington aus machte sich der englische Botschafter daran, Kontakte für einen solchen Schachzug herzustellen. In Lissabon nahm Sir Samuel Hoare und in Bern David Kelly Verbindungen mit möglichen Vermittlern auf, um den deutschen Standpunkt zu ermitteln.

Lloyd George, der »Churchill« des Ersten Weltkriegs, wünschte Frieden mit Hitler, hatte ihn schon seit einiger Zeit gewünscht und schien sich denen nicht zu verschließen, die er so reden hörte. In Berlin wurde sein Name bereits als möglicher Führer eines Marionettenregimes genannt. Sogar in dem winzigen fünfköpfigen Kriegskabinett, das Churchill gebildet hatte, gab es keine einstimmige Meinung für eine Fortsetzung der Kämpfe. Außenminister Lord Halifax, der es nur knapp verpaßt hatte, anstelle von Churchill Premierminister zu werden, empfahl, eine Antwort an Deutschland vorzubereiten, damit man bereit sei, falls Hitler Frieden auf einer vernünftigen Grundlage anbieten sollte. Chamberlain, der Churchills Kriegskabinett als Lord President angehörte, befürwortete die Idee eines Kompromisses.

Zynisch war es dann von Churchill, Halifax auszuwählen, damit dieser über BBC das Friedensangebot von Hitler unzweideutig zurückwies. Für Churchill gab es keine Gespräche über Friedensangebote. Schon 65 Jahre alt, lange verhöhnt als Kriegshetzer, erklärte er seine Bereitschaft zum Kampf, »wie lang und wie hart die Straße auch sein möge«. Es war vielleicht bedeutsam, daß Churchill großen Ärger auf sich nahm, um ein wichtiges Mitglied der Königlichen Familie auf die andere Seite des Atlantiks zu bringen, wo der Herzog von Windsor Gouverneur der Bahamas wurde.

Churchill nannte sich selber Minister der Verteidigung, schlauerweise »sorgfältig darauf achtend, meine Rechte und Pflichten nicht genau zu definieren«. Tägliche Besprechungen mit den Führern des Stabes ermöglichten Churchill eine feste Kontrolle über den Fortlauf des Krieges. Die drei Minister der Waffengattungen wurden zur Seite gedrängt und nicht einmal ins Kriegskabinett berufen.

Churchill hatte seine Vorrechte; die Männer des Jägerkommandos und ihre Maschinen würden entscheiden, ob Hitler nach London kommen könne oder nicht. Churchill, der erste britische Premierminister, der während des Dienstes Uniform trug (selbst Wellington machte das nicht), wählte die Uniform der RAF. Sein einziger größerer Wechsel im System oder bei den Männern, die es führten, war die Einsetzung eines Ministers für Flugzeugproduktion. Er übertrug diesen Posten einem Zeitungsmagnaten.

Aber erst nach dem Sieg in der Schlacht um England gewann Churchill die aus vollem Herzen kommende Unterstützung der britischen Öffentlichkeit. Kein Wunder, daß er viel Zeit und Energie aufbrachte, um seinen Landsleuten in beredten Worten zu verdeutlichen, sie hätten einen gewaltigen Sieg errungen.

Im Rundfunk über BBC erklärte Churchill am 11. September 1940: »Dieser Triumph steht in einer Linie mit den Tagen, als sich die spanische Armada dem Kanal näherte, und Drake erst noch sein Bowls-Spiel beendete; oder als Nelson bei Boulogne zwischen uns und Napoleons großer Armee stand.« Später wies er nachdrücklich darauf hin, daß die großen Luftkämpfe vom 15. September wie Waterloo an einem Sonntag stattgefunden hätten.

Die Schlacht wurde gewonnen, die Verantwortlichen vergaßen ihre Ideen von einem Kompromiß-Frieden mit Hitler. Kriegspropaganda, meist in erster Linie für amerikanische Zeitungen und Rundfunkkorrespondenten erfunden, lieferte das Material, das die mythische Geschichte von einem Kampf zwischen David und Goliath ergab. Alle waren zufrieden außer den Deutschen, die noch heute behaupten, daß es kein solches Ereignis wie die Schlacht um England gab.

Die Schlacht um England war im Vergleich zu den späteren Kämpfen nur eine kleine Angelegenheit. Trotzdem aber war sie eine der entscheidenden Schlachten des Zweiten Weltkriegs. Sie brachte die amerikanische Meinung zu der Überzeugung, die Engländer würden gewinnen, wenn sie Unterstützung bekämen. Dieser Glaube nährte antideutsche Gefühle. Bis jetzt war eine Abneigung gegen den Nationalsozialismus verdrängt worden, weil die Amerikaner glaubten, doch nicht viel dagegen tun zu können. Ab 1940 gewannen sie die Überzeugung, doch etwas dagegen leisten zu können, und England wurde zum Brennpunkt für viele Anti-Nazi-Gruppen, von Emigranten bis zu Arbeiter-Gewerkschaften.

Militärisch gesehen bewies die Schlacht, daß England eine sichere Basis darstellte, von wo aus die USA gegen Deutschland kämpfen könnten. Gleichzeitig wurde Amerika davon überzeugt, daß die Luftmacht die hierfür geeignete Waffe sei, was weit bedeutender, wenn auch weniger zutreffend war.

Im Juni des Jahres 1940 unterschrieben die Franzosen einen Waffenstillstandspakt mit Deutschland. Die Engländer waren getötet, gefangengenommen worden oder geflohen. Die Flüchtlinge schwenkten um und begannen ihren Marsch zurück in die Heimat. Hitler nahm zwei alte Kameraden zu einer Rundreise auf die Schlachtfelder des Krieges von 1914/18 mit, in dem er als Gefreiter gedient hatte.

Hitler herrschte jetzt über einen großen Teil von Europa. Von der Arktis bis zur Biskaya. Sein neuer Freund, Stalin, lieferte ihm Öl, Rinder, Getreide und Kohle. Rumänien, Ungarn und die Balkanländer waren begierig daran interessiert, mit ihren reichen und mächtigen Nachbarn Geschäfte zu machen, so wie Gruppen deutscher Techniker die Bodenschätze der eroberten Länder erforschten.

Die deutschen Siege waren ein direktes Ergebnis brillanter Generalstabsarbeit und bestausgerüsteter, hervorragender Soldaten mit großartiger Moral. Dennoch machte die Wehrmacht im Frühling von 1940 – trotz einiger Kriegsmonate gegen England – keine Fortschritte, was auch immer sie an direkten Angriffen auf die feindliche Küste unternahm.

Im Gegensatz zu anglo-amerikanischen Truppen im späteren Verlauf des Krieges besaßen die Deutschen keine Landungsboote für Panzer, Lastwagen oder Menschen, keine künstlichen Wellenbrecher, keine geübten Experten für Strandlandungen oder irgendein System, um einen Seeweg zu kennzeichnen. Tatsächlich besaßen die Japaner die einzige Armee, die eigene Seetransporte unternahm, mit entsprechender Erfahrung und notwendiger Ausrüstung. Sie hatten amphibische Fahrzeuge an den Ufern des Yangtse 1938 ausprobiert. Zu jener Zeit war ein überaus reges Interesse militärischer Kommentatoren an den Versuchen zu bemerken. Aber abgesehen von einigen Versuchen des Marine-Corps der Vereinigten Staaten, sah kein Oberkommando die Notwendigkeit solcher Techniken voraus.

Es dauerte bis zum 12. Juli 1940, daß das OKW – das Oberkommando der Wehrmacht – eine Denkschrift über die Invasion in England entwarf. Sogar jetzt noch beschrieb ihr Autor Jodl das Vorhaben als eine »Flußüberquerung in breiter Front«. Er nannte die Operation »Löwe«. Hitler griff das Memorandum auf und gebrauchte es als Basis für seine Weisung Nr. 16 »zur Vorbereitung einer Landung in England«. Er änderte den Namen in »Seelöwe«.

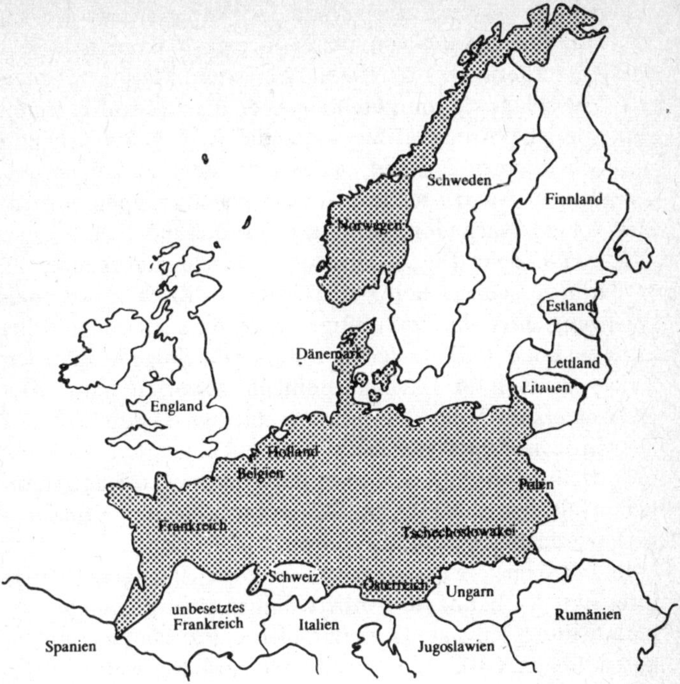

Zeichnung 1: Juni 1940. Hitler beherrscht Europa

Im Verlauf des Jahres 1940 hatte Hitler ein zentralisiertes Europa geschaffen, das von Berlin aus regiert wurde. Die UdSSR war in Polen eingedrungen und teilte es zur Hälfte mit Deutschland. Der französische Teil, den deutsche Streitkräfte nicht besetzt hielten, war kaum größer als ein Satellitenstaat. Die deutsche Reichsmark wurde künstlich hochgepeitscht im Vergleich zu anderen Währungen, so daß Reichtum nach Deutschland zurückfloß, während die besiegten Länder nicht bemerkten, was geschah. Voller Angst darüber, mit in die Zerstörung hineingezogen zu werden, erklärte Italien während der letzten Stunden vor Frankreichs Untergang den Krieg und nagte sich einige Stückchen Land ab. Vor die Wahl gestellt, zu kooperieren oder vollständig überrannt zu werden, entschlossen sich die Balkanländer zur Zusammenarbeit.

Hitlers Kriegsweisung Nr. 16, ein Dokument der höchsten Geheimhaltungsstufe, von dem nur sieben Kopien erstellt wurden, forderte die Führer von Armee und Marine auf, weitere Vorschläge zu unterbreiten. Aber die Luftwaffe erhielt eine spezielle Aufgabe. Sie sollte die RAF moralisch und physisch in einen Zustand bringen, bei dem sie keinen entscheidenden Angriff mehr auf die Invasionstruppen vornehmen konnte. Nach Görings Ansicht war dies möglich.

In den hitzigen Tagen jenes Sommers schien alles möglich. In Berlin sprachen schon Vertreter der walisischen Nationalbewegung über ihre zukünftige Rolle. Das gleiche machte auch ein hoher Offizier der IRA, die schon einige Monate vor Kriegsausbruch in England Bomben geworfen hatte. Der Waliser erzielte keine Fortschritte mit den Deutschen. Der Ire wurde im August des Jahres 1940 mit einem U-Boot Richtung Heimat geschickt. Aber er starb unterwegs. Seine sterbliche Hülle, eingenäht in die Flagge der deutschen Kriegsmarine, wurde den Wellen übergeben.

In Frankreich kommandierte die deutsche Armee einige ihrer Elite-Verbände für Vorbereitungen einer großen Siegesparade durch Paris ab. Guderian hielt sich zusammen mit anderen hohen Offizieren von Armee und Luftwaffe in der Hauptstadt auf. Sperrle, Kommandeur der 3. Luftflotte, hatte hier sein Hauptquartier aufgeschlagen.

Die Verbände studierten ihre Rolle für den Triumphmarsch gemeinsam mit großen Abteilungen von Krädern und Panzern ein. Deutsche Flaggen hingen an allen Fassaden am »Place de la Concorde«, und blaue Hortensien schmückten den Etoile. Presseberichte über das Ereignis waren vorbereitet, aber noch nicht datiert. Einzige Wolke am Horizont war die drohende Gefahr, daß die weitgefächerte Propaganda eine fraglos unfreundliche Flugparade der RAF einladen könne. Am 20. Juli gewann die Vorsicht die Oberhand. Das ganze Programm wurde aufgegeben, und die Männer marschierten zu ihren Einheiten zurück.

Zu dieser Zeit wurde Berlin das Spektakel einer Siegesparade geboten. Aber das war eine bescheidene Angelegenheit.

Örtliche Wehrpflichtige der 218. Infanterie-Division marschierten durch das Brandenburger Tor, und Goebbels nahm die Parade ab. Hitler war nicht anwesend. Er bereitete sich auf den folgenden Abend vor, bei dem der ganze Reichstag und eine erstaunliche Zahl an Generalen herbeizitiert waren, um seine Rede zu hören. Dem glänzenden Ereignis angemessen, war die Veranstaltung in der Kroll-Oper angesetzt. Hitlers Ansprache war lang, und er gebrauchte sie, um persönlichen Ruhm für die Siege von 1940 zu beanspruchen. »Ich machte die deutschen Streitkräfte auf eine solche Entwicklung aufmerksam und erteilte die notwendigen, gezielten Befehle«, führte der Ex-Gefreite vor einer der glänzendsten Ansammlungen militärischer Köpfe aus, die je unter einem Dach versammelt waren. »Ich plante, die Seine und Loire zu erreichen, und auch eine Position an Somme und Aisne zu erobern, von wo aus der dritte Angriff möglich war«.

William Shirer war einer der Augenzeugen dieses Abends. Er beschrieb Hitler später als einen Schauspieler, der das Vertrauen in den Eroberer mit Bescheidenheit mischte, eine Verbindung, die selbst Leuten, die an der Spitze stehen, gut eingeht. Mehr im Nebensatz bot Hitler Churchill die Chance für Frieden an. Es war ein »Appell an die Vernunft«, wie er ausführte. Ob er tatsächlich hoffte, daß dieser Aufruf Frieden bringe, ist noch immer nicht ausdiskutiert. Einige behaupten, es sei nicht mehr als der Weg eines »Beweises« für die deutsche Öffentlichkeit gewesen, daß die Engländer – und ganz besonders Churchill – den Krieg wünschten. Es lag in Hitlers Natur, Wege einzuschlagen und Möglichkeiten zu suchen, die ihm am vielversprechendsten schienen. »So oder so«, erklärte er wiederholt den Männern in seiner Umgebung; entweder würde man auf diesem oder auf jenem Weg Erfolg erzielen.

Als der Beifall jener Menge von Generalen, Politikern und ausländischen Würdenträgern abebbte, begann Hitler Ehrungen vorzunehmen. Er ernannte nicht weniger als 27 neue Generale. Die meisten von ihnen waren Männer, die Infanterie- oder Panzertruppen kommandiert hatten, um für ihn die großen Siege in Polen, Norwegen und im Westen zu erkämpfen. Aber Hitler sorgte auch dafür, daß Ja-Sager wie Jodl oder Keitel mit Beförderungen und Einstufungen in höhere Dienstalter gleich zweifach ausgezeichnet wurden, während Wietersheim – dessen motorisierte Verbände ihren Teil zu Guderians dramatischem Sieg beigesteuert hatten – übergangen wurde, da er sich 1938 mit dem Führer gestritten hatte. Einige begriffen die Lektion.

So viele neue Beförderungen wurden bekanntgegeben, daß keine Zeit für die Generale zur Verfügung stand, Hitlers persönliche Glückwünsche zu empfangen. So wie jeder Name aufgerufen wurde, stand ein General auf und grüßte mit dem Nazi-Gruß. Dann folgte eine kurze Pause, in der andere Generale sich herüberbeugten zum Händedruck oder – wie Shirer es wieder beschreibt – dem geehrten Offizier auf die Schulter klopften.

Als Hitler damit fertig war, neue Generale und nicht weniger als ein Dutzend Feldmarschälle zu ernennen, mag es wenige Männer in der Oper gegeben haben, die nicht begriffen, daß dies ein geschicktes Stück von Größenwahn war. Während die Prägung hoher Ränge entwertet wurde, erwies sich Hitler als der Mann, der den Prägestock besaß.

Es war ein beispielloser Vorgang. Der Kaiser ernannte nur fünf Feldmarschälle im Verlauf des gesamten Ersten Weltkrieges. Sogar Ludendorff schaffte es nicht, einen Marschallstab in seinem Tornister zu finden. Jetzt ernannte Hitler zwölf nach nur elf Monaten, und die Kämpfe dauerten erst wenige Wochen an. Aber die neuen Generalfeldmarschälle gaben sich hocherfreut. In Deutschland konnte man mit solch erhabenem Rang weder den Abschied erhalten noch degradiert oder befördert werden. Dazu brachte die Position ein eigenes Büro, einen Sekretär, einen Stabsoffizier, Kraftwagen und Pferde sowie hohe Bezüge und andere Vergünstigungen mit sich. Und all das ein Leben lang – oder bis zur Niederlage. Ein Feldmarschall rangierte im Protokoll über einem Reichskanzler, aber nicht über dem Führer, ein neuer Posten, den Hitler für sich selbst erfunden hatte.

Um Göring über die vielen Feldmarschälle zu stellen, schuf Hitler extra für ihn einen neuen Dienstgrad. Göring empfing einen besonders großen Marschallstab. Hitler übergab ihn, als Göring im Präsidentenstuhl saß, und der Reichsmarschall konnte nicht widerstehen, den Behälter zu öffnen, um einen flüchtigen Blick vom Stab zu erhaschen. Und für Göring wurde ein alter Orden, das Großkreuz, wieder eingeführt. Von diesem Tag an kann Göring auf Fotografien bewundert werden, wie er seine Extrauniform trägt und das große Kreuz ihm vom Halse baumelt.

Drei von Görings Luftwaffen-Generalen wurden bei der Zeremonie in der Kroll-Oper zu Feldmarschällen ernannt. Einer war der flinke, kleine Erhard Milch, führender Mann im Reichsluftfahrt-Ministerium (RLM) ebenso, wie Generalinspekteur der Luftwaffe. Die anderen beiden waren Albert Kesselring, Kommandeur der 2. Luftflotte, und Hugo Sperrle von der 3. Luftflotte. Beide machten einen doppelten Sprung vom General der Flieger zum Feldmarschall. War dies eine Idee von Göring, um Milch Macht zu entziehen? Bis zu diesem Tag war er der einzige Generaloberst der Luftwaffe gewesen. Wenn die Annahme richtig war, so war die spaltende und erobernde Politik etwas, das Göring von Hitler gelernt hatte. Ein althergebrachter Plan von Tyrannen ist es, Schiedsrichter zwischen rivalisierenden Untergebenen zu sein. Aber im Juli, als es zu dem ersten Geplänkel in der Schlacht um England kam, lernten Göring und seine drei Feldmarschälle allmählich, daß dies kein Weg war, eine Schlacht zu gewinnen.

Hermann Göring

Hermann Göring wuchs im gotischen Schatten eines Schlosses in Veldenstein nahe Nürnberg auf. Sein Vater war ein pensionierter Regierungsbeamter, der einst als hoher Offizier in Deutsch-Südwestafrika und als Generalkonsul in Haiti aktiv war. Görings Pate, ein reicher Jude namens Epenstein, war ein Freund seines Vaters. Er besaß das Schloß, lebte in stilvoll eingerichteten Räumen des obersten Stockwerks und teilte sein Bett mit Görings Mutter. Ihr Mann tolerierte diesen Zustand.

Schon als kleines Kind ging Hermann auf ein Internat. Er wuchs zu einem undisziplinierten Jungen heran, so keck, daß er unfähig schien, physische Gefahr zu erkennen. Dies war genau die richtige Voraussetzung für die Kriegsschule, und so kam es denn auch. Bei Kriegsbeginn im Sommer des Jahres 1914 war Göring ein vielversprechender junger Infanterie-Offizier. Allerdings zeigte er sich nicht hoffnungsvoll genug, um für die Fliegerschule angenommen zu werden. So verschwand sein bester Freund Bruno Loerzer ohne ihn, um das Fliegen zu erlernen.

Als Loerzer seine Pilotenausbildung beendet hatte, war Hermann Göring in der Nähe. Nach bemerkenswertem Fronteinsatz lag er mit Arthritis im Krankenhaus. Göring konnte kaum gehen, und es war kein Gedanke daran, daß er wieder in die Schützengräben zurückkehren würde. Loerzer trotzte allen militärischen Vorschriften und nahm seinen Freund auf dem zweiten Platz seiner Maschine mit. Beim Kampfflug-Verband Nr. 25 nahmen sie als Pilot und Beobachter wieder ihren Dienst auf.

Es spricht für Görings berühmten Charme, daß der behinderte junge Offizier einem Kriegsgerichtsverfahren entkam und ihm erlaubt wurde, Flieger zu werden. Für die Luftwaffe sollte dies eine weise Entscheidung sein. Der kranke, untergeordnete Offizier mauserte sich zu einem von Deutschlands berühmtesten Jägerpiloten. Er errang den begehrten Orden »Pour le mérite« und wurde von Richthofens Nachfolger als Kommandeur des Jagdgeschwaders 1, des berühmten »Flying-Circus«.

Auch für Loerzer war es eine weise Entscheidung. Göring vergaß seinem Freund nie die Treue. Am 19. Juli 1940 wurde er in der Kroll-Oper zum General der Flieger ernannt.

In den letzten Stunden des Ersten Weltkriegs, als die Kommunisten überall in Deutschland versuchten, Macht zu erobern, kam Göring in Konflikt mit einem Soldatenrat in Darmstadt. Er zog sich aber bestens aus der Affäre, so wie auch später, als er sich einem Mob gegenübersah, der darauf aus war, jeden Offizier in Uniform am Boden zu zerschmettern. Denn der Mob glaubte, daß diese Männer am für Deutschland verlorenen Krieg schuld seien. Aber zweifelsfrei spielten diese Ereignisse eine Rolle bei Görings Annahme des Nazi-Glaubens. Und krankhafter Haß und Furcht der Nazis gegenüber den Juden ging dem Mann unwidersprochen ein, der seinen eigenen Vater durch den jüdischen Geliebten seiner Mutter hatte erniedrigt gesehen.

1922 trat Hermann Göring der Nazi-Partei bei. Dieser Schritt des Ex-Offiziers und Kriegshelden wirkte sehr beruhigend auf die Mittelschicht der Bevölkerung, deren Unterstützung die Nationalsozialisten dringend benötigten.

Göring war immer ihr Kandidat für politische Ämter. Er wurde dafür gebraucht, dem Wähler klarzumachen, wie verantwortungsbewußt die Partei als Machthaber sein würde, und wie sie gewillt war, sich nach der parlamentarischen Demokratie zu richten. So wurde Göring denn auch Präsident des Reichstages und Ministerpräsident von Preußen.

Hitler wußte die Bedeutung von Göring zu schätzen. Als die Nazis an die Macht kamen, übertrug ihm Hitler nach ihm selber die zweitgrößten Vollmachten. Göring organisierte die Sturmabteilung (SA), übernahm das preußische Innenministerium, bildete die Gestapo, gründete die ersten Konzentrationslager und war »Reichskommissar« des ersten »Vierjahresplans«.

Ein guter Reiter und ein exzellenter Schütze – war es Göring möglich, seine Begeisterung für die Jagd mit ehrlichem Interesse am Bestehen der Natur und mit Abneigung gegen die Vivisektion zu verbinden. In seiner Jugend war er so etwas wie ein Schürzenjäger gewesen. Aber zwei glückliche Ehen gaben ihm eine Stabilität, die viele der anderen NS-Größen nicht besaßen. Seine erste Frau – eine schwedische Gräfin – lernte er kennen, nachdem sein Flugzeug in einem Schneesturm zur Notlandung gezwungen war. Er landete auf einem zugefrorenen See und suchte Zuflucht in einem nahegelegenen Schloß. Göring las mit Vergnügen Detektivgeschichten. Seine Lieblingsschriftsteller waren Agatha Christie und Dashiell Hammett. Aber er konnte mit derselben Souveränität über Themen vom Bergsteigen bis zur italienischen Renaissance sprechen. Und wenn es nötig war, konnte er eine solche Unterhaltung auch in italienischer Sprache führen.

Görings Aufstieg zur Macht ermöglichte ihm einen Lebensstil, der im 20. Jahrhundert kaum seinesgleichen fand. Er besaß Schlösser, mehrere Jagdgüter mit großen Landhäusern und außerdem zwei Stadthäuser. Sein mit Abstand bemerkenswertester Besitz war Karinhall, in Erinnerung an seine erste Frau so genannt. Er war zwischen zwei Seen angelegt, durch formvollendete Gärten mit Springbrunnen und Bronzefiguren verziert und zu einem riesigen privaten Landbesitz gestaltet. Seine Diener trugen Uniformen wie aus komischen Opern: knielange Jacken mit reichem Besatz, hohe weiße Gamaschen und Schuhe mit Silberschnallen. In Karinhall gab es einen Swimming-pool, eine umfangreiche Bibliothek, einen Gymnastiksaal, eine Kunstgalerie und eine der weltberühmtesten Modelleisenbahn-Anlagen. Sein Arbeitsraum war größer als die meisten Häuser, und in der Empfangshalle gab es eine Wand, die mit Fotografien angefüllt war, die verschiedene Würdenträger mit begeisterten Widmungen unterzeichnet hatten: Boris, König von Bulgarien, »für den großen Marschall«, Prinz Paul, Regent von Jugoslawien, »mit Dank«, Hindenburg »für Göring«.

Die blaßrosa weibische Gesichtsfarbe, der übergewichtige Körper und viele kindische Schwelgereien maskierten eine Persönlichkeit, die zu übermenschlicher Selbstkontrolle fähig war. Göring, beim Putsch 1923 am Bauch verwundet, wurde zum Abhängigen von Morphium als Ergebnis der Behandlung. Er heilte sich selbst von dieser Sucht allein durch Willensstärke. Göring war dynamisch, knapp 1,75 Meter groß, ein begeisterter und überzeugender Enthusiast mit einem kräftigen Händedruck und klaren blauen Augen. Viele seiner Gegner erlagen seinem Charme.

Görings zivile Macht als Reichsluftfahrt-Minister, seine militärische Stellung als Oberbefehlshaber der Luftwaffe und sein politischer Status vermittelten ihm unvergleichlich mehr Macht als irgendeinem anderen militärischen Führer in Deutschland. Um sich die Vorteile zu erhalten, war Göring schnell bei der Hand, um Hitler irgendwelche Fehler seiner Rivalen aufzuzeigen. In erster Linie waren das die Generale des Heeres. Macht und Prestige des Vorkriegs-Deutschlands lagen zum großen Teil im Präsentieren der Luftstärke begründet, die Görings Luftwaffe in Szene gesetzt hatte. Hitler zeigte sich erkenntlich, indem er die Luftwaffe als privilegierte nationalsozialistische Errungenschaft ansah, während er Heer und Marine als »Kaiserliches« Vermächtnis des alten Regimes betrachtete.

Als Vertrauter von Hitler und etwa ab 1940 als sein Nachfolger bezeichnet, hatte Göring persönlichen Zugang zu den höchsten Kommandostellen. Als ein General, der dem Heer die engste Kooperation ermöglichte, war Göring für die Männer des Generalstabs wichtig. Als das Luft-As, das von Richthofens Kommando ererbt hatte, genoß Göring unanfechtbare Autorität unter seinen eigenen Fliegern.

1940 brachten die Siege im Westen dem 47jährigen Göring neue Macht und neue Möglichkeiten des Luxuslebens. Zum Diamanteneinkauf fuhr er nach Amsterdam, und er suchte sich eine Suite im Pariser Hotel Ritz aus. Göring liebte Paris so sehr, daß er sich entschied, ein vornehmes Haus in der Rue du Faubourg in St. Honoré zu beziehen. Daß dies die frühere britische Botschaft war, die jetzt bis auf einen Verwalter unbewohnt war, machte die Sache nicht weniger attraktiv.

Göring nahm den deutschen Botschafter mit, um den Besitz zu inspizieren. Aber als sie den Grund ihres Kommens erklärten, sagte der Wächter: »Nur über meine Leiche, Exzellenzen.« Und dann schloß er vor ihren Nasen die Tür.

Schon 1933 hatte Hitler Göring ermächtigt, eine nationale Kunstsammlung aufzubauen. Sie sollte lebenslang in Görings Händen bleiben, wurde dann jedoch zur öffentlichen Ausstellung. Die Eroberungen von 1940 und die Tatsache, daß euro-

Texte zu den Bildern 1–5:

1 *Churchills Auftritt*

Am 10. Mai 1940 marschierte die deutsche Streitmacht in der Morgendämmerung westwärts. Gegen 8 Uhr vormittags trat das britische Kabinett zusammen und tagte für dreißig Minuten. Churchill war Erster Lord der Admiralität. Das Foto zeigt ihn, nachdem er die Gartenpforte des Hauses Downing Street Nr. 10 verlassen hat, um einer Parade der Gardekavallerie beizuwohnen. Churchill sagte dem Mann, der das Foto aufnahm: »Viel ist in der letzten Nacht geschehen, und einiges wird heute geschehen.« Gegen achtzehn Uhr an jenem Abend war Churchill zum Premierminister ernannt.

Der Mann mit dem Bowler ist Sir Kingsley Wood, der kraftlose Luftfahrtminister. Er hatte sich dagegen ausgesprochen, die RAF Bomben auf Essen werfen zu lassen, weil es privater Besitz sei. Bislang war er ein Ja-Sager für Premierminister Chamberlain gewesen. Aber an diesem Morgen hatte sogar Kingsley Wood einen Führungsanspruch angemeldet.

Churchill war zu dieser Zeit nicht die erste Wahl für König oder Land und sicherlich nicht die erste Wahl für die Konservative Partei. Drei Tage nachdem dieses Foto aufgenommen war, wurde Chamberlain mit Hurra-Rufen und Applaus im Unterhaus begrüßt, nicht Churchill. Der dritte Mann auf dem Bild ist Anthony Eden.

2 *Deutsche Übungen zur Aktion »Seelöwe«*

Ein Kanalboot, das mit unfertigen Mitteln für die Notwendigkeiten einer See-Invasion umgerüstet ist, wird ausprobiert. Zu dieser Zeit und tatsächlich praktisch während des gesamten Krieges wurde die Ausrüstung der deutschen Armee großenteils von Pferden gezogen. Man beachte, daß die Rampe außerhalb des Bootes angebracht ist. Sie ist nicht mit dem heruntergelassenen Bug eines richtigen Landungsbootes zu vergleichen. Und alle Probleme, die schon dabei entstanden, den Wagen die Rampe hinunterzubringen, würden nichts sein, im Vergleich zu der Aufgabe, die zum Ziehen benötigten Pferde auszuladen. Nur wenn die RAF-Jägerflotten ausgeschaltet und die anderen britischen Küstenverteidigungsanlagen durch Luftangriffe neutralisiert würden, wären solche deutschen »Seelöwe«-Übungen nicht unsinnig. Dann wären Ausladearbeiten praktisch ohne Hast und Sorge möglich, wie dies irgendwo entlang der englischen Küste dann fotografiert werden könnte.

3 *Air Vice-Marshal (Generalmajor) Keith Park*

Der Neuseeländer, der das Jägerkommando Nr. 11 führte, war ein Flieger-As des Ersten Weltkriegs. 1940 wurde Park von vielen als der bedeutendste RAF-Experte in Sachen Jagdflugzeuge angesehen. Deshalb kommandierte Dowding seine rechte Hand im Hauptquartier des Jägerkommandos ab, um die Führung der 11. Gruppe im Südosten Englands zu übernehmen.

1

2

▲3

▲4

5▶

Sie würde mit Sicherheit den Hauptstoß der deutschen Angriffe auffangen müssen.

Während der Vorkriegsjahre kommandierte Park eine Jägereinheit in Tangmere. Dort überraschte er nun seine Männer dadurch, daß er in der Luft über seiner Fliegerhaube einen Stahlhelm trug.

4. *Air Vice-Marshal Trafford Leigh-Mallory*
Er führte das RAF-Jägerkommando Nr. 12. Viele hatten erwartet, daß Dowding ihm das Kommando über das Gebiet der aktiveren Gruppe 11 anvertrauen würde. Aber schließlich erhielt Park den Posten. Von diesem schlechten Beginn an war das Verhältnis zwischen den beiden Männern getrübt. Leigh-Mallory hörte nicht auf, Keith Park zu kritisieren, und wurde auch bald zum schärfsten Kritiker an Dowding. Schließlich erhielt er Dowdings Posten als Oberbefehlshaber des Jägerkommandos.

5 *Beaverbrook ist zum Minister der Flugzeugproduktion ernannt worden*
Beaverbrook war ein »lebhafter und vitaler« Zeitungsmagnat, um mit Churchill zu sprechen. Seine Ernennung zum Kopf des neuen Ministeriums für Flugzeugproduktion stellte die einzige bedeutende politische Änderung dar, die Churchill vornahm. Das Bild ist am 15. Mai 1940, einem der bedeutendsten Tage in der Geschichte von Downing Street Nr. 10, aufgenommen. Es zeigt den soeben ernannten Minister nach dem Treffen, bei dem Dowding zugegen war.

---

päische Währungen deutlich unter den Wert der deutschen Reichsmark gedrückt wurden, gaben der Sammlung neuen Schwung. Viele Kunstschätze wurden auf einfache Weise erworben: Sammlungen »besitzloser« Juden wurden beschlagnahmt, und »feindliche Besitztümer« wurden unter neue Verwaltungen genommen. Um Bilder von uneroberten Ländern zu erhalten, tauschte Göring einfach seinen Überschuß. Ein Händler im Schweizer Luzern erhielt 25 französische Impressionisten im Austausch für fünf Gemälde von Cranach und zwei deutsche Naive.

Der königliche Glanz von Görings Lebensstil wurde durch seinen Sonderzug abgerundet. Der Zug mit dem Code-Namen »Asien« gehörte zur Vorhut und beherbergte den zivilen und militärischen Stab. Er war voller Luxus ausgestattet, der sogar Badezimmer mit einschloß. Außerdem waren zwei Tieflader für Kraftwagen und ein Gepäckwaggon für Görings Einkäufe vorhanden.

Der Zug, in dem Göring reiste und auch für einige Zeit lebte, war mit einer besonderen Gewichtsverteilung ausgestattet, die reibungslosen Lauf garantieren sollte. Zwei der schwersten deutschen Lokomotiven wurden benötigt, um dieses Luxusgefährt zu bewegen. In einem Wagen befanden sich die Schlafzimmer für Göring und seine Frau sowie ein Arbeitszimmer. Ein anderer Waggon war zum modernen Kino umfunktioniert. Ein dritter beherbergte eine Kommandostelle und einen Kartenraum. Der vierte Waggon war der Speisewagen. Außerdem gab es Anhänger für die Oberkommandierenden und ihre Gäste. Einigen von ihnen – wie beispielsweise Milch – standen persönliche Wagen zur Verfügung. Vorn und hinten waren Spezialwagen für Luftabwehr-Geschütze und die Mannschaften angekoppelt. Trotzdem wurde der Zug wann immer möglich in der Nähe von Tunnels angehalten, um Schutz vor Luftangriffen zu finden.

Im Frühling des Jahres 1940 beorderte Göring, der sich selbst gern »der Eiserne« nannte, seinen Zug westlich von Beauvais in Frankreich. Es war ein angenehmer Aufenthaltsort, um seine Luftwaffe bei ihren Angriffen auf England zu kommandieren. »Der Eiserne« machte sich daran, seine Luftwaffe zu einem einzigartigen militärischen Sieg zu führen. Ein Erfolg würde nichts anderes als einen persönlichen Triumph bedeuten.

Der Aufstieg der neuen deutschen Luftwaffe

Im November 1918 wurde einem geschlagenen Deutschland der Einsatz militärischen Fluggerätes verboten. Bis dahin gab es praktisch keine andere Art von Flugwesen. Rund 100 riesige Fabriken standen ohne Arbeit still.

A. E. G., Hersteller der zweimotorigen G-IV-Bomber, hatte bereits eine solche Möglichkeit in Betracht gezogen. Schon 1917 gründete der Betrieb die Deutsche Luftreederei. Diese Fluglinie würde die Maschinen, die A. E. G. baute, gebrauchen können. So verband innerhalb von drei Monaten nach

Kriegsende die erste zivile Fluggesellschaft der Welt die Städte Berlin und Leipzig sowie Weimar und Hamburg*.

Professor Hugo Junkers, ein anderer deutscher Flugzeughersteller, reagierte fast ebenso schnell, um sich den veränderten Zeiten anzupassen. Am selben Morgen, an dem der Waffenstillstand unterzeichnet wurde, hielt er eine Stabskonferenz. Diskutiert wurde das Überwechseln zum Bau ziviler Flugzeuge. Am 25. Juni 1919, drei Tage bevor der Versailler Vertrag unterzeichnet wurde, flogen Piloten erstmals die hervorragende Junkers F-13 im Test. Und während die anderen vorhandenen Maschinen schwerfällige hölzerne Doppeldecker-Gebilde waren, zeigte sich Junkers' neue Maschine als Ganzmetall-Eindecker mit freitragenden Flügeln. Dieser technische Durchbruch brachte solche Verkaufserfolge mit sich, daß Tausende von überschüssigen Kriegsmaschinen zu Schleuderpreisen verfügbar waren. Es war eine Zeit, in der viele Kriegspiloten Ein-Mann-Fluggesellschaften gründeten. Aber die großen Hersteller steuerten den weit besseren Erfolgskurs, und Junkers hatte Beteiligungen an mehreren Fluggesellschaften.

Professor Hugo Junkers stammte aus einer alten rheinländischen Familie. Er war Wissenschaftler, Demokrat und Pazifist. Und er war ein Genie. Während er an der Entwicklung des Gasofens arbeitete, stieß er auf die Nützlichkeit von überlagerten Metallplatten bei der Hitzeübertragung. Er baute sich einen Windkanal, um den Effekt erhitzter Gase in verschiedenen Formen zu studieren. Er endete schließlich als der bedeutendste Pionier in der Entwicklung von metallenen Flugzeugen.

1918, bei Ende des Ersten Weltkriegs, war Hugo Junkers bereits 60 Jahre alt. Er war ein weißhaariger alter Mann mit großer Stirn und klaren blauen Augen. Er hatte eine große Familie, war aber immer bereit, hervorragende Neulinge zu »adoptieren«.

---

* Die erste Luftlinie der Welt, die Passagiere beförderte, arbeitete mit Zeppelin-Luftschiffen vor dem Ersten Weltkrieg.

Der mit Abstand erfolgreichste Junkers-Schützling war ein kleiner, eher glotzäugiger Mann namens Erhard Milch. Keine Geschichte der Luftwaffe, von ihren Siegen oder ihren Niederlagen, würde ohne einige Worte über diese sonderbare Persönlichkeit vollständig sein.

Erhard Milch rief die Luftwaffe nicht ins Leben. Diese Rolle fiel General von Seeckt zu und ist seiner Erinnerung nach auf das Jahr 1923 datiert. Aber Milch säugte das Kind Luftwaffe und beherrschte sie bis hin zum Ende.

Milch wurde im März 1892 in Wilhelmshaven geboren, wo sein Vater als Apotheker der Kaiserlichen Deutschen Marine arbeitete. »Treue zu meinem Kaiser und Treue zu meinem Land waren die einzigen politischen Richtlinien, die ich sowohl als junger Offizier wie auch früher in meinem Elternhaus erfahren habe«, erzählte er den Richtern in Nürnberg bei seinem Kriegsverbrecher-Prozeß.

Aber den entscheidenden Einfluß auf das Leben von Milch übte ein Geheimnis aus, das ihm zu jeder Zeit Ärger bereitete. Es ging sogar soweit, daß Milch die Wahrheit noch unterdrückte, als ein Biograph gegen Ende seines Lebens sie entdeckte. Die Tatsachen sind einfach, dennoch aber selbst für diese vieles zulassenden Jahre bizarr.

Clara, die Milchs Mutter werden sollte, verliebte sich in ihren Onkel. Solch eine Heirat verboten nicht nur ihre Eltern, sondern auch Kirchengesetze. Schließlich folgte sie den Bitten ihrer Eltern und heiratete einen anderen Mann – Anton Milch. Aber sie tat diesen Schritt nur mit der strikten Vereinbarung, daß er nicht Vater ihrer Kinder sein würde. Es war eine Entscheidung, die durch die Entdeckung bekräftigt wurde, daß seine Mutter unheilbar krank in einer Irrenanstalt lebte. Und so stimmte sie der geplanten Hochzeit unter der Bedingung zu, daß ihr Onkel – der Mann, den sie wahrhaft liebte – Vater ihrer künftigen Kinder sein werde. Erhard Milch wuchs auf und lernte den reichen Mann, der sie besuchte, als seinen »Onkel« kennen. Er ahnte nicht, daß der Besucher sein Vater war.

Seine Eltern hüteten ihr Geheimnis so sorgfältig, daß es bis

1933 dauerte, als der dann schon im gesetzten Alter stehende Milch die Wahrheit hinter den Mysterien entdeckte, die seine Jugend verfolgt hatten. Es war das Ergebnis einer Nachforschung, die ein Informant mit der Behauptung ausgelöst hatte, Milchs Vater sei Jude. Es war eine Anklage, dic darauf abzielte, ihn von seiner Schlüsselstellung im Naziregime zu entfernen.

Die Gerüchte besagten, daß seine Mutter die Geschichte mit Erhards unehelicher Geburt erfunden hatte, da Anton Milch Jude war. Durch diese Maßnahme sollte Erhard als »Arier« eingestuft werden. Die Tuscheleien hielten sich während des gesamten Krieges und auch noch darüber hinaus. Sie wurden angefacht durch die ausweichenden Antworten von Milch in Nürnberg. Deshalb blieb ihm nur ein Weg, um die Geschichten zu widerlegen. Er mußte enthüllen, was er beschlossen hatte, als Geheimnis zu bewahren.

»Ich entscheide, wer Jude ist und wer nicht«, hatte Göring mehreren Männern beschieden, die zu ihm mit Geschichten über Milchs Geburt kamen. Aber solche Antworten überzeugten die Ankläger nur davon, daß Göring Teil des Versteckspiels war. Göring kannte jedoch alle Fakten über die Geburt von Milch. Tatsächlich steckte er hinter den Nachforschungen der Gestapo über das Geheimnis. Es fällt schwer, nicht darüber verwundert zu sein, was Göring mit der merkwürdigen Tatsache anfing, daß seine rechte Hand ein Geheimnis über seine Mutter hütete, das noch dunkler als Görings eigenes war.

Im Ersten Weltkrieg war Milch Beobachter beim Deutschen Heeresfliegerdienst. Seine organisatorischen Fähigkeiten ließen ihn zum Kommandeur einer Jägerstaffel aufsteigen, obwohl er selber damals noch nicht fliegen konnte! So ist es nicht erstaunlich, daß sich Milch als höchst befähigter Mitarbeiter bei Junkers erwies. Bereits sein nächster Berufswechsel katapultierte ihn auf eine Spitzenposition in der Wirtschaft. Als die deutsche Regierung 38 verschiedene Luftgesellschaften umwarb und unter Druck setzte, sich zu einem einzigen, subventionierten Verband zusammenzuschließen, wurde Milch als einer der Chefs auserwählt. Sogar für Milch schien diese Wahl »unerklärlich«. Noch immer vermochte er nicht, ein Flugzeug zu fliegen, besaß nur wenig Geschäftserfahrung und hatte kein technisches Wissen von Flugzeugen oder Produktionsverfahren.

Aber Milch lernte sehr schnell. Bald diente er Hermann Göring, inzwischen ein einflußreicher Reichstagsabgeordneter, als ständiger Berater. Seine privaten Aufzeichnungen enthüllten später den Umfang, in dem er schon jetzt Aktenordner mit belastendem Material über seine Rivalen und Vorgesetzte zusammentrug. 1929 war Milch Leiter der Verwaltung bei der Lufthansa und geheimes Mitglied der NSDAP. Seine Feinde behaupteten, daß die Parteizugehörigkeit geheimgehalten wurde, weil er Lufthansa-Maschinen an die Nazis vermietete, ohne ihnen eine Rechnung zu schicken. Allein 1932 flogen Hitler und andere Nazi-Führer 40 000 Kilometer. Luftverkehr spielte eine lebendige Rolle im politischen Kampf der Nazis. Wenn Milch seine Möglichkeiten für nichts ausnutzte, dann erntete er sicherlich den Dank, den er später einsammelte.

Milch wurde zur Figur mit wachsendem politischen Einfluß, als die Lufthansa Flughäfen erbaute, Verbindungsnetze für Kennzeichnungs- und meteorologische Angaben knüpfte und Funkfeuer für Luftkorridore erstellte. Die Mitarbeiter der Lufthansa wurden in Verwaltung, Versorgung und Maschinenkunde ebenso wie in alle Geheimnisse des Blindflugs und der Langstrecken-Navigation eingewiesen. Schon in ihrem ersten Jahr unterhielt die Lufthansa einen Nacht-Passagier-Dienst Berlin – Königsberg mit Anschluß nach Moskau und unternahm Testflüge in die Ferne. Die G-24-Maschinen gingen nach Peking und die Dornier-»Wal«-Flugboote nach Brasilien. Schon 1930 war der zivile Flugverkehr in Deutschland, gemessen an Passagieren und Flugkilometern, genauso groß wie der britische und französische zusammen! Alle Segelflugrekorde hielten zu dieser Zeit Deutschland und Österreich.

1932, ein Jahr bevor die Nazis an die Macht kamen, behauptete Deutschland weltweit die Führung im Luftverkehr. Das Luftschiff »Graf Zeppelin«, das über 60 Passagiere und Fracht befördern konnte, hatte die Erde umflogen und unternahm weite Reisen nach Ägypten, Island und in die Arktis. Im März 1932 begann die fahrplanmäßige Verbindung zwischen Friedrichshafen und Rio de Janeiro. Es sollte der einzige transatlantische Luftdienst für weitere sieben Jahre sein! Die zwölfmotorige Testmaschine vom Typ Dornier Do X hatte sowohl den Süd- wie den Nordatlantik überquert. Ein deutscher Pilot unternahm in einem deutschen Flugzeug den ersten Atlantikflug in ost-westlicher Richtung.

Die Serie von Professor Junkers' Ganzmetall-Eindeckern gipfelte in der klassischen Junkers Ju 52/3m. 1932 flog sie im Liniendienst auf den Strecken Berlin – Rom und Berlin – London. Die Lufthansa, die jetzt Berlin mit Barcelona, Moskau und Athen verband, flog einen Tagesdurchschnitt von 50 000 Kilometern.

Kein Land der Welt besaß Trainingsmöglichkeiten, die mit der *Deutschen Verkehrsflieger-Schule* zu vergleichen waren. Hier lernten so viele der Luftwaffenpiloten Bomber zu fliegen. Für den Nachschub an Kandidaten beim Lufthansa-Trainingsprogramm standen über 50 000 aktive Mitglieder aus Segelflug-Klubs im Deutschen Luftsportverband zur Verfügung. 1932 bewarb sich der 20jährige Adolf Galland, schon ein guter Segelflugpilot, um einen Ausbildungsplatz zum Lufthansapiloten. Von 4000 Anwärtern wurden nur 18 angenommen. Die Aufnahmeprüfungen dauerten zehn Tage. Die breite Öffentlichkeit teilte das starke Interesse am Luftverkehr. Die 14 Jahre alten Lehrlinge, die in irgendeiner Flugzeugfabrik arbeiteten, mußten in einem vorgeschriebenen Teil ihrer Ausbildung Segelflugzeugbau erlernen. Keiner konnte ein qualifizierter Kaufmann werden, bevor er nicht die Segelfluglizenz erworben hatte.

Als die Nazis die Macht gewannen, war Erhard Milch die naheliegende Wahl, um im geheimen eine neue Luftwaffe aufzubauen. Professor Hugo Junkers zeigte sich inzwischen als deutlicher Kritiker der Nazis. Er war eine der mächtigsten Privatpersonen im deutschen Luftverkehr und mit Abstand der brillanteste Kopf. Milch entschied, daß er Einfluß auf die flugzeugbauende Industrie gewinnen könnte, wenn er an seinem einstigen Wohltäter und Arbeitgeber ein Exempel statuieren würde.

Milch schickte Polizei, um Junkers zu verhaften. Er wurde vieler Vergehen beschuldigt, darunter sogar Verrat. Gestützt auf die schreckliche Macht des totalitären Staates, brach Milch Junkers. Ein Ende der Verhöre kam erst, als Junkers 51 Prozent seiner verschiedenen Fabriken dem Staat überschrieb. Aber das reichte Milch noch nicht. Er forderte und erhielt danach den Vorsitz in den Betrieben für seine eigenen Kandidaten. Immer noch nicht zufriedengestellt, belegte Milch den kranken alten Mann mit Hausarrest, bis er dem Staat die Reste seiner Anteile übergeben hatte. Keine sechs Monate später starb Hugo Junkers. Milch schickte eine Abordnung von Trauergästen aus dem Reichsluftfahrt-Ministerium mit einem Kranz, dessen Schleife einen entsprechenden Aufdruck trug. Dies erregte die Familie von Junkers so stark, daß die Männer des Ministeriums noch vor der Trauerfeier lieber nach Berlin zurückkehrten, als den Zorn der Angehörigen über sich ergehen zu lassen.

Sicherlich ist es nicht falsch, wenn man vermutet, daß Milch bei den Nazis mit ihrem despotischen Schwelgen und den Amtsinsignien, mit sorgfältig ausgeführten Treffen und Vorführungen etwas fand, das auf den glühenden Monarchisten, der er immer gewesen war, wirkte. Obwohl seine Rolle als rechte Hand von Göring ihn manchmal in Streitgespräche mit seinem Chef (der nebenbei bemerkt jünger als Milch war) verwickelte, wurde seine Treue zu Hitler und seinem Regime nie in Frage gestellt.

Hitler übergab seinen beiden Luftfahrtmännern ein umfassendes Stückchen des Königreichs. Sie kontrollierten alles, vom Lufthansa-Kartenverkäufer bis zu den Jägerpiloten, von der geheimen Konstruktion militärischer Maschinen bis zu den Segelflug-Klubs, die inzwischen ein Teil des NSFK (NS-Fliegerkorps) geworden waren. Solche Vielseitigkeit dieser

Männer erregte den Neid anderer Dienstchefs, die nicht Zugang zu halbtrainiertem Personal und zu Hitler über zivile Kanäle besaßen. Weder hatten andere Abteilungschefs solche Kontrolle über Art und Entwicklung ihrer Waffen noch über den Nachschub, wie sie dem Reichsluftfahrt-Minister über die Flugzeugindustrie zur Verfügung stand.

Es gibt wenig, was die Behauptung stützt, die deutsche Luftfahrtindustrie hätte Flotten von Kriegsmaschinen produziert, die nur schwach als zivile Flugzeuge getarnt waren, noch bevor die Nazis an die Macht kamen. Von den sieben großen Flugzeugtypen, welche die Luftwaffe in der Schlacht um England im Einsatz hatte, wurden nur zwei als Prototypen vor 1935 geflogen. Eine davon – die Ju 52/3m – war zweifelsfrei als Transporter konstruiert, wie Verkäufe an Fluglinien 29 ausländischer Staaten und ihre kurze, aber wenig erfolgreiche Laufbahn als Bomber im Spanischen Bürgerkrieg deutlich machen sollte. Die andere Maschine war die Dornier Do 17, die als Prototyp im Herbst des Jahres 1934 flog. Aber dieser »fliegende Bleistift« wurde nach den Testflügen auf Eis gelegt und erst in militärischen Gebrauch übernommen, als sie dort entdeckt worden war.

Hitler übernahm im Sommer 1933 die Macht. Der Beginn der Luftwaffe muß datiert werden auf das große Flugzeugbauprogramm, das im Januar 1934 anlief. Aber wenige dieser Maschinen waren für eine moderne Kriegsführung geeignet. Denn eine Luftwaffe beginnt nicht mit dem Bau von Kampfmaschinen. Zunächst werden Übungsflugzeuge benötigt. Deshalb waren von den 4021 Maschinen, welche die Luftwaffe im Januar 1934 bestellte, 1760 einfache Übungsflugzeuge der Typen Arado 66 und Fw 44. Nur 251 dagegen waren Kampfflugzeuge – ausschließlich Doppeldecker.

Am 1. März 1935 wurde die Existenz der Luftwaffe offiziell bekanntgegeben. Sie wurde von den alliierten Mächten, die sie verboten hatten, als ein Teil des Lebens akzeptiert. In Berlin stellte ein riesiges, grandioses Reichsluftfahrt-Ministerium rund 1000 Büroräume, in denen sich ehrgeizige Männer stritten. Göring besaß weder das technische Wissen noch die

Neigung, um der neuen Luftwaffe klare Anweisungen zu erteilen. Hitler fragte nur nach der größtmöglichen Zahl an Kampfflugzeugen, die in kürzest möglicher Zeit gebaut werden könnten. Es lag an dieser Atmosphäre, daß alle Pläne von weitreichenden strategischen Bombern nicht realisiert wurden.

Ein nachdrücklicher Einsatz für die viermotorigen Langstreckenbomber wurde nicht registriert. Dabei hätte ihr Besitz die Schlacht um England völlig verändert. Es war einfach eine Frage der Prioritäten. Die umfassenden Probleme bei der Herstellung solcher Maschinen hätten alle anderen Programme verzögert.

Vordringliche Aufgaben bei der neuen Luftwaffe nahmen die Männer im Reichsluftfahrt-Ministerium in Anspruch. Es gab Eifersüchteleien und schwere Zerwürfnisse, wie überall, wo Konzerne entstehen. Milch war zäh genug, die Männer unter seinem Kommando zu halten. Aber damit allein konnte er Görings Gunst nicht erhalten. Im Gegenteil. Die Verbindung zwischen diesen beiden Männern verschlechterte sich ständig, je mehr die Zeit fortschritt. Frustriert durch die Techniken einer neuen Art von Luftkrieg, die er nicht meistern konnte, verdammte Göring viele Maschinen als unnütz. Er suchte nach Männern, die seine Erinnerungen an Richthofen und den Wind in den Flügeln teilen konnten. Und er gab ihnen Posten.

Ernst Udet war einer dieser Flieger, obwohl er kein enger Freund von Göring war. Udet war ein liebenswürdiger, weitgereister Mann, der nur für die Fliegerei lebte. Udet, der nach von Richthofen das zweiterfolgreichste deutsche Flieger-As war, hatte nach dem Krieg mit dem Fliegen weitergemacht. Er hatte Geld für eine Flugzeugfabrik, die seinen Namen trug, zur Verfügung gestellt bekommen. Mit einer dieser Maschinen – einer U 4 – ging er nach Südamerika und gewann das Luftrennen von Rosario nach Buenos Aires. Dann löste er seine Verbindung mit der Udet-Fabrik und lebte von Kunstflugvorführungen, die er überall in Deutschland gab. Er flog für eine Expedition, die in Afrika das Leben der wilden Tiere filmte. Und dabei ging er so tief herunter, daß ein Mann aus der Maschine von einem Löwen verletzt wurde, der zum Flugzeug hochgesprungen war. Udet lieferte beim nationalen Luftrennen in Cleveland (Ohio) eine eindrucksvolle Schau, wo er mit seinem »Flamingo«-Doppeldekker Flugkunststücke zeigte. Er flog in Hollywood und in Grönland. Dort arbeitete er mit Leni Riefenstahl, der berühmten deutschen Film-Regisseurin, zusammen.

Im September 1933 sah Ernst Udet in den USA bei einer Flugdemonstration mit Curtiss F8C-Doppeldeckern zu. Dies waren ziemlich alte amerikanische Standardmaschinen, und die Amerikaner hatten keine Bedenken, sie an Udet zu verkaufen. Die Curtiss-Gesellschaft nannte diese Baureihe »Helldiver« und gab allen folgenden Sturzkampf-Bombern dieselbe Bezeichnung. Wenn auch der genaue Weg, auf dem Udet genug Geld fand, um zwei solcher Maschinen zu kaufen, ungeklärt blieb, ist doch ziemlich sicher, daß Göring auf Udets Empfehlung den notwendigen Betrag auf dessen Konto überwies. Die Maschinen wurden nach Deutschland verschifft und für die neue Luftwaffe getestet. Udet führte die »Helldiver« in Deutschland vor. Die Genauigkeit bei ihrer Art von Bombenangriffen – 30 Meter waren für einen geübten Piloten nicht ungewöhnlich – überzeugte das Reichsluftfahrt-Ministerium, Junkers und andere Fabriken aufzufordern, eine solche Maschine zu entwickeln. Die Junkers Ju 87 war das Endergebnis.

Göring bot Udet mehrfach einen Posten an. Aber dieser konnte sich nicht entscheiden, was er machen wollte. Dennoch hatte Udet während dieser Jahre, als sich die neue Luftwaffe im Aufbau befand, Zugang zu den höchsten Kommandospitzen. Es war eine Denkschrift von ihm, die 1933 erstmals ein Nachdenken für den militärischen Einsatz von Segelflugzeugen veranlaßte. Udet hielt auch weiterhin engen Kontakt mit der Luftfahrtindustrie und vermochte sich zu beweisen, wie mißtrauisch Göring neuen Ideen gegenüberstand.

Im August 1935, 39 Jahre alt und noch immer Zivilperson,

saß er im Cockpit des Bf-109-Prototyps*. Professor Messerschmitt meinte, Udet wirkte unruhig, als der Mechaniker die Cockpithaube über seinem Kopf schloß. Der Prototyp war noch nicht völlig fertig, aber Udet sprach sich für ihn aus. »Als er ausstieg, klopfte er mir auf die Schulter und meinte: ›Messerschmitt, dies wird nie ein Kampfflugzeug werden. Der Pilot braucht ein offenes Cockpit. Er muß die Luft spüren, um die Geschwindigkeit seines Flugzeugs einschätzen zu können‹.«

Das war kein Argument. Aber Messerschmitt wußte, daß sein Erzfeind, Professor Ernst Heinkel, der ernsthafteste Konkurrent im Kampf um den neuen Jäger-Vertrag war und der Heinkel-Prototyp mit einem offenen Cockpit ausgerüstet war.

Kein Wunder, daß es jede Menge Kritik und Zweifel gab, als der »fliegende Clown« im Januar 1935 in die Luftwaffe eintrat. Einen Monat später wurde er zum Inspekteur der Jäger und Sturzflug-Bomber ernannt. Im Juni desselben Jahres war Udet Direktor der technischen Abteilung in der Luftwaffe (Generalluftzeugmeister).

Einige behaupteten, daß Udets schnelle Beförderung die Antwort von Göring auf Milchs gewaltig steigende Macht darstellte. Gedanken über Görings Absichten müssen Vermutung bleiben. Aber Udet war vom Temperament und vom Intellekt her für diesen überaus wichtigen Posten völlig ungeeignet. Im Gegensatz zu allen äußerlichen Freundschaftsgesten für Udet verachtete Milch ihn und nahm ihm die Ernennung übel. Er schätzte es nicht, die überbelegte und schlecht organisierte Abteilung, der Udet vorstand, zu befragen. Milch versuchte stattdessen, Kontrolle über sie zu bekommen. Wie wir sehen werden, gelang ihm das schließlich.

Udet war eine ungewöhnliche Mischung aus aufdringlichem, intelligenten Bohemien und schüchterner, sensibler

---

* Die Entwicklung der Messerschmitt 109 und 110 begann, als sich die Firma Bayerische Flugzeugwerke nannte. Die Maschinen wurden Bf 109 und Bf 110 abgekürzt. Im Juli 1938 wurde die Firma zur Messerschmitt AG. Deshalb lauteten die Abkürzungen für die später folgenden Entwicklungen Me 210, Me 410, Me 163 usw.

Zeichnung 2: Ernst Udet

Der Kriegsheld, Kunstflieger und Lebenskünstler Ernst Udet zeichnete dieses Selbstporträt 1933.

Furchtsamkeit. Als er im Ersten Weltkrieg von einem Luftkampf zurückkam, ohne seine Bordkanonen abgefeuert zu haben, meinte er, er sei nicht sicher, ob er sich aus Abneigung vor dem Töten so verhalten habe, oder ob es Furcht gewesen war, selber abgeschossen zu werden.

Als Führer der Jagdstaffel 15 war er einmal allein aufgestiegen, um Fesselballons zu zerstören. Da befand er sich plötzlich im Einzelkampf mit einer anderen einsamen Maschine. Während sie Loopings flogen, in den Sturzflug gingen und sich umkreisten, um eine Blöße zu entdecken, las Udet die Worte »Alter Charles« am feindlichen Jäger. Er wußte damit, daß er gegen Guynemer, das französische Luft-As, kämpfte. Während des Kampfes blockierte Udets MG. Als der Franzose dies bemerkte, drehte er über Udet um und wackelte mit den Flügeln, bevor er davonflog.

Man redete Udet ein, daß auch Guynemers MG blockiert hätte. Aber Udet wies diese Idee mit Nachdruck zurück. Er bestand darauf, daß sogar bei moderner Kriegsführung Ritterlichkeit ihren Platz finden würde. Solch einsame Romantik stand in nur geringem Einklang mit dem zielbewußten, ehrgeizigen Mann, der im riesigen Reichsluftfahrt-Ministerium von Berlin nach Macht strebte.

Die Kritik an Ernst Udet gipfelte in dem Vorwurf, daß er zuviel rauche, zuviel trinke, und daß er die peinliche Angewohnheit besäße, genaue Karikaturen seiner Freunde und Kollegen zu kritzeln. Aber Udets Leidenschaft am Fliegen verschaffte ihm einen Vorteil, wenn es darum ging, neue Flugzeugentwicklungen zu entwerfen. Sich selber bezeichnete er gern als der oberste Testpilot in der Luftwaffe, und als er Gelegenheit bekam, die neue Bf 109 im Flug zu beobachten, war er großmütig genug, seine Meinung über den neuen Jäger von Messerschmitt zu ändern.

Anfänglich hatte es vier Jagdflugzeuge gegeben, aus denen eine Wahl zu treffen war. Die Arado schied aus, weil sie ein feststehendes Fahrwerk hatte. Genauso war es beim Focke-Wulf-Prototyp, einem abgestrebten Hochdecker. Seine Räder konnten in den Rumpf eingezogen werden. Dieser komplizierte Mechanismus befriedigte jedoch nie. Die Heinkel He 112 blieb als einziger Rivale für die Bf 109 übrig. Die deutsche Motorenentwicklung, oder vielmehr ihr Mangel, trieb beide Firmen dazu, in den Prototyp einen Rolls-Royce-Kestrel-Motor einzubauen.

Zunächst schien es sicher, daß Heinkel den Vertrag bekommen würde. Seine Jäger basierten auf der überragenden He 70. Sie war kräftig gebaut und erreichte eine Geschwindigkeit, die nur unwesentlich unter der ihres Rivalen lag. Die Struktur von Zelle und Flügel war gewaltig, aber die Flügelbelastbarkeit zielte darauf ab, sich an die Befürworter des Doppeldeckers zu wenden. Und genauso war es auch mit dem offenen Cockpit.

Der Jäger von Messerschmitt war vollständig neu. Seine Flügelbelastung war so hoch, daß man auf Kniffe wie

Schlitze zurückgreifen mußte. Außerdem waren die Flügel im Vergleich zur Heinkel bedeutend dünner. Aber sobald die Messerschmitt sich in der Luft befand, erwies sie sich als überragend: Beim Drehen, im Sturzflug war sie in allen Tests hervorragend, die das RLM unternahm. Und obwohl ihre aerodynamischen Vorzüge durch Seitenplatten, Flügel mit rechteckigem Endstück und einem merkwürdigen, aber irgendwie doch herkömmlichen Rumpf erzielt wurden, würde es bei der Massenproduktion keine Probleme geben. Die Maschine würde im Preis, in der Zahl der Arbeitsstunden und im Material überragend sein.

Die Bereitschaft von Heinkel, einen Kompromiß mit der Aerodynamik des Doppeldeckers einzugehen, ergab einen Prototyp, der schwer und unempfänglich für Kontrollen war. Heinkel zog den trägen Prototyp aus dem Verkehr und baute ihn um. Er machte dies nicht einmal, sondern immer wieder, bis die Maschine schließlich mit der Bf 109 vergleichbar war. Aber Udet nahm Professor Heinkel beiseite und erklärte ihm, in seinem Bauprogramm sei kein Platz für die He-112-Jäger, nachdem die Produktion der Bf 109 angelaufen sei. »Bleiben Sie den Bombern treu«, riet er Heinkel.

Die Messerschmitt Bf 109 war der bei weitem bedeutendste Beitrag von Udet für die Luftwaffe. Seine Entscheidung erfolgte zu einer Zeit, als der unkonventionelle Udet die Höhe seines Machteinflusses erreicht hatte. Hitler beschrieb ihn als den größten Piloten der Welt. Säuerlich fügte Milch hinzu: »Aber er sah in ihm auch einen unserer größten technischen Experten. Und darin irrte er sich doch sehr.« Aber Milch war noch nicht soweit, um sich mit einem von Hitlers Günstlingen Ärger einzuhandeln. So wurde Udet Mitglied von Milchs Gruppe einflußreicher Kumpane, die regelmäßig im berühmten Berliner Restaurant Horcher dinierten.

Udet hatte ebensowenig von Göring zu befürchten. Nachdem er zum Vorsitzenden der Richthofen-Veteranen-Vereinigung gewählt worden war, hatte Udet Göring, den letzten Kommandeur der Einheit, vertrieben. Udet beschuldigte Göring, die Zahl seiner Siege im Ersten Weltkrieg verfälscht

Texte zu den Bildern 6–13:

6 *Robert Watson-Watt*
Er erfand nicht das Radar (die Deutschen waren um Längen voraus, bevor er überhaupt seine Denkschrift darüber verfaßte), aber nach seinem Motto »das Zweitbeste morgen« bastelte er in Rekordzeit ein vergleichbares System zusammen.

7 *Die Türme einer Radarkette*
Die Türme einer typischen Heim-Radarstation (1940 wurden sie Funkrichtungs-Peilanlagen genannt) waren zu groß, um getarnt oder versteckt werden zu können. Dennoch erwies es sich als schwierig, sie durch Bombenangriffe zu zerstören, da ihre offenen Längsträger durch den Explosionseffekt nicht verwundbar waren. Außerdem machte die Höhe der Türme Sturzbomberangriffe gefährlich.

8 *Das Innere einer »Empfängerhütte«*
Das Bild ist 1940 in Dunkirk, Kent, aufgenommen und zeigt das Innere einer kleinen »Empfängerhütte«, wie sie auf jedem Sende- und Empfangsgelände angelegt waren. Der schräge Tisch, an dem ein Mann mit Kopfhörern sitzt, enthält die Kathodenstrahlröhre. Der WAAF-Corporal, der auf einem erhöhten Platz sitzt, übersieht die Röhre und den Zeichentisch im Vordergrund. Am äußersten linken Bildrand hält ein Sergeant das Telefon, das ihn mit den Zeichnern im »Filterraum« des Jägerkommandos im Hauptquartier verbindet. Man beachte das Hilfsluftwaffenabzeichen – ein kleines ›A‹ unter dem richtigen Abzeichen – an den Schultern der weiblichen Helferinnen.

9 *Die Arbeit an der Kathodenröhre*
Das Bild zeigt eine Kathodenröhre, wie sie in Bild 8 zu sehen war, genauer. Weibliche Beobachter erwiesen sich als besonders geeignet für diese schwierige und ermüdende Arbeit. Trotz Warnungen von vielen Stellen, daß Frauen bei Angriffen auf die Gebäude in Panik geraten würden, wurden sie eingesetzt. Die Befürchtungen erwiesen sich als unangebracht.

10 *Der deutsche Blick auf die Radarstation von Dover*
Technisch ist dies eines der beeindruckendsten Bilder aus dem gesamten Krieg. Die Deutschen setzten eine 35-mm-Kamera ein, um über die Straße von Dover zu fotografieren. Obwohl als Bild keine technische Großtat, arbeitete der Verschluß in diesem Fall schnell genug, um auch noch die Messerschmitt-Jäger aufzunehmen. Aber weit interessanter ist der Beweis, daß die Deutschen die Türme der Radarstation von Dover sehen konnten – und sich trotzdem so wenig anstrengten, um sie zu zerstören. Von dieser Station aus konnten RAF-Beobachter deutsche Flugzeuge schon tief in Frankreich in Formation gehen sehen.

▲6

▲7

▼8

▲9

▼10

▲ 11

▲ 12

▼ 13

11 *Der unterirdische Einsatzraum des Jägerkommandos in Bentley Priory (Dowdings Hauptquartier)*
Die weiblichen Planzeichner erfahren über Kopfhörer die Berichte von feindlichen Flugzeugen aus dem nebenan gelegenen »Filterraum«. Dann schieben sie mit ihren Rechen farbige Zählscheiben über den Kartentisch. Man beachte die Spezialuhr mit farbigen Dreiecken. Sie zeigt an, welche Angriffe als letztes gemeldet wurden (siehe Text). Die Offiziere auf dem Balkon entscheiden, welcher Sektor die Eindringlinge angreifen soll. Jeder Sektoreinsatzraum sah weitgehend wie dieser aus. Auf dem Balkon befinden sich auch Männer, die über den Einsatz öffentlicher Luftschutzsirenen entscheiden und die BBC-Programme zwischen Sendern umschalten, damit sie den deutschen Bombern nicht als Peilsignale dienen können.

12 *Typischer Posten des Luftbeobachter-Korps*
Nachdem deutsche Angreifer die Küste überflogen hatten, gab es keine andere Möglichkeit ihren Weg zu verfolgen, als mit Augen und Ohren dieser Freiwilligen. Der Mann im Mittelpunkt benutzt ein Sichtgerät, um den Winkel der feindlichen Angreifer zu messen, ihn in eine Mappe zu übertragen und so eine genaue Bestimmung der Höhe zu erreichen. Dabei wurden viele Fehler gemacht, welche die Zeichnungen auf den Tischen aussehen ließen, als ob die Angreifer im Zickzack-Kurs fliegen würden.

13 *Ein britisches 3,7 inch (9,4 cm) Luftabwehrgeschütz an der Südküste im Jahre 1940*
Zu diesem Zeitpunkt des Krieges erzielten die Geschütze wenige Treffer und wurden vorwiegend dazu benutzt, die Angreifer in einen höheren Flugkurs zu zwingen. So waren ihre Bombenabwürfe weniger genau. Der Mangel an Erfahrenheit, der sich später im Krieg bemerkbar machte, zwang diese Artilleristen, sich darauf zu verlassen, daß die Granaten gemäß ihrer Zündeinrichtungen in den Haltern angeordnet waren. Zur Sicherheit wurden die Nummern mt Kreide auf den Boden jeder Granate geschrieben.

---

zu haben. Er erklärte, dies beweisen zu können. Milch sagte, Göring habe zugegeben, daß dies wahr sei und er sich vor Udet fürchte.

Bis zu diesem Zeitpunkt besaß Milch wenig Freunde. Zutiefst unbeliebt bei Göring, fand er nur wenig Unterstützung beim Generalstab der Luftwaffe. Angesichts dieser Tatsache verstärkte der unbezähmbare Milch seinen Einfluß und ließ ihn in einigen Gebieten anwachsen, indem er wie ein Biber arbeitete. Als der Spanische Bürgerkrieg ausbrach, und Franco Hitler um Hilfe ersuchte, erkannte Milch sofort, daß dies eine Gelegenheit sei, seinen Einfluß zu vergrößern. Er übernahm die Organisation der Intervention.

Der Spanische Bürgerkrieg

Zu Beginn des Jahres 1937 stand Milch für den Einsatz in Spanien eine kleine Versuchs-Luftwaffe zur Verfügung. Eine ihrer ersten Aufgaben war der Lufttransport von 10 000 Mann vollausgerüsteter maurischer Infanterie von Tetuan in Spanisch-Marokko nach Sevilla. Sie benutzten dazu Junkers Ju 52/3m-Maschinen. Die Bewegung klappte ohne Störung. In einigen Punkten war der Vorgang so bemerkenswert wie irgendeine Kampfaktion der Legion Condor.

Kommandeur der Legion Condor war Hugo Sperrle, der später Luftflotten-Chef in der Schlacht um England wurde. Sein Generalstabschef war Wolfram von Richthofen, ein Sturzbomber- und Schlachtfliegerspezialist. Die erste Kampfaufgabe der Luftwaffe brachte für Göring, Milch und das Oberkommando eine schreckliche Enttäuschung. Die Junkers Ju 52/3m zeigte sich ungeeignet für Bombenangriffe. Die meisten Würfe von ihnen erwiesen sich als weit weniger genau, als erhofft worden war. Die Heinkel He 51-Doppeldekker-Jäger waren den I-16-Jägern (mit denen die andere Seite von der Sowjetunion ausgerüstet war) in Geschwindigkeit, Steigfähigkeit, Manövrierfähigkeit und Bewaffnung unterlegen. Widerwillig gezwungen, dies zu akzeptieren, identifizierten deutsche Flieger die Maschinen oft fälschlich als »Curtiss-Jäger«. Aber als die deutsche Technik Fortschritte erzielte und neuere deutsche Maschinen eintrafen, wendete sich das Blatt. Berlins Besorgnis wechselte über in ebenso falsche Selbstzufriedenheit. Als sich die Dornier Do 17- und Heinkel He-111-Bomber schneller als die feindlichen Jäger erwiesen, schien das Konzept der »Schnellbomber« bestätigt. Schnell folgerten die Männer in Berlin, Bomber würden nie Begleitschutz von Jägern benötigen.

Dem Junkers Ju-87-Sturzbomber mangelte es auch noch an Erfahrungen, doch seine nur geringe Bombenlast wurde mehr als aufgewogen durch die schnelle Rückflugzeit zu den Basen. Einige Einheiten erledigten ein halbes Dutzend Flüge am Tag. Von Richthofens Schlachtflieger-Technik erwies sich bei einigen Aktionen als entscheidend, obwohl die Frontlinie gewöhnlich schwer zu erkennen war. Die Möglichkeiten des Flugzeugfunks waren beschränkt, aber die Männer in der Luft richteten sich nach Signalen, die über den Boden verteilt waren. Sie taten nur wenig, um die Funkmöglichkeiten zwischen einzelnen Maschinen oder aus der Luft zum Boden zu verfeinern. Auch dies sollte sich als großer Fehler erweisen.

Die Messerschmitt Bf-109-Maschinen wurden angeliefert, um die Kampfaufgaben der Jäger zu übernehmen. Die Doppeldecker vom Typ He 51 transportierten bereits hochexplosive Zehn-Kilo-Bomben und improvisierte Brandbomben. Dieses Flächenbombardement als Unterstützung für Infanterieangriffe wurde zur Spezialtechnik deutscher (und alliierter) leichter Bomberstaffeln. Es war eine der wenigen neuen Methoden, die während der spanischen Kämpfe entwickelt wurden.

Das erste Bauprogramm der Luftwaffe war im Januar 1934 angelaufen. Im September 1939 brach der Krieg aus. 1937 war offensichtlich wenig Zeit übrig, um Maschinen der Luftwaffe neu zu entwickeln. Jene Flugzeugtypen, die in Spanien kämpften – Bf 109, He 111, Ju 87, Ju 52 – bildeten die Basis der Luftwaffenstärke bis zum Ende des Zweiten Weltkriegs.

Milch schickte Hugo Sperrles Legion Condor nach Spanien, um die schon in Produktion befindlichen Maschinen zu testen. Mit dieser Absicht wurden viele verschiedene Flugzeugtypen, sogar schließlich Wasserflugzeuge dorthin beordert. Das fliegende Personal wechselte turnusmäßig alle sechs Monate, um so vielen Besatzungen wie möglich Kampferfahrung zu verschaffen. Alle Dienstränge waren angehalten, Berichte an eine eigens eingerichtete Abteilung des Reichsluftfahrt-Ministeriums zu schicken.

Gerade so wie Seeckts Verteidigungs-Ministerium die Luftwaffe mit einem Stab und Luftflotten-Kommandeuren versorgte, oder Lipetsk (die geheime Trainingsschule in Rußland) Feldkommandeure zur Verfügung stellte, so entließ jetzt auch Spanien Kampfspezialisten. Männer wie Galland oder Mölders kamen zurück, nachdem sie eine Jägerstaffel in Spanien geführt hatten, um Formationen und Taktik der Waffe »Jäger« zu revolutionieren.

Adolf »Dolfo« Galland war eine außergewöhnliche Persönlichkeit dieses Zeitabschnitts. 1912 geboren und von hugenottischer Abstammung, wurde er in seiner Jugend wie so viele andere Luftwaffen-Asse vom Segelfliegen angezogen. Nachdem ihn die Verkehrsflieger-Schule in Braunschweig angenommen hatte, wurde Galland bald für die geheime Luftwaffe ausgewählt. Mit 22 Jahren war er Lehrer an der berühmten Jagdflieger-Schule Schleißheim. Er zog in Spanien in den Kampf. Aber Galland, der einen Heinkel He-51-Doppeldekker flog, wich vorsichtig allen Kämpfen mit den weit überlegenen feindlichen Eindeckern russischer und amerikanischer Bauart aus.

Die armselige Leistung der He 51 verbannte sie dazu, eine Rolle in der Unterstützung der Infanterie zu spielen. Galland war ein Pionier auf diesem Gebiet und stellte eine beachtenswerte Denkschrift über den Einsatz der Luftwaffe bei der Unterstützung von Bodenstreitkräften zusammen. Seine Ansicht befand sich in hervorragendem Einklang mit den Sturzbomber-Theorien von Udet, die inzwischen begeistert von Jeschonnek, der bald Chef des Generalstabs der Luftwaffe sein würde, und von General von Richthofen, Stabschef der Legion Condor, der bald die Stukas in der Schlacht um England befehligen sollte, aufgenommen wurden.

Und so fand sich Galland hineingestoßen in die Rolle des Schlachtflieger-Spezialisten. Als die Bf-109-Maschinen nach Spanien verschifft wurden, übergab Galland sein Kommando an einen jungen Mann, der sein Rivale als berühmtester Jagdflieger Deutschlands werden sollte – »Vati« Mölders. Als Mölders anfing, mit den Eindecker-Jägern Siege zu sammeln, kehrte Galland nach Berlin und zu einer Aufgabe im Reichsluftfahrt-Ministerium zurück.

Im September 1937, als die Jägerverbände der Legion Condor nahe Santander sieben Angriffe täglich gegen zerbröckelnden Widerstand flogen, wurden hohe Luftwaffen-Offiziere zu einem offiziellen Besuch nach England eingeladen. Milch, Udet und Stumpff wurden gebeten, das RAF-Jägerkommando in Hornchurch, einem Schlüsselflugplatz bei der Verteidigung von London, zu besichtigen. Die Maschinen dort waren Gloster »Gladiator«-Doppeldecker. Sie waren wie die ebenfalls im Einsatz befindlichen Hawker »Fury«-Jäger langsamer als die Bomber der Luftwaffe.

Zu dieser Zeit gab es praktisch keine Eindecker irgendeiner Bauart, die sich bei der RAF in Diensten befanden. »Hurricanes« und »Spitfires« litten unter neuen Schwierigkeiten, die im Bug nach einer Verbesserung der Maschine aufgetreten waren. Es wird manchmal behauptet, daß dies ein zeitlich nett geplanter Täuschungsplan gewesen sei, da die ersten »Hurricanes« der RAF während des folgenden Monats zur Staffel 111 kamen. Warum eine solch provokatorische Entscheidung wünschenswert sein sollte, wird nicht erklärt.

Die deutsche Marine

Obwohl traditionsgemäß von der Armee zweitrangig als Teilstreitkraft angesehen, war die deutsche Marine in einer Weise unabhängig, wie es die Luftwaffe nicht war. Im Frühling des Jahres 1940 focht die deutsche Marine eine brillante und kühne Schlacht in norwegischen Gewässern. Zu einem Teil war dies möglich gewesen durch den B-Dienst der Marine, die Abhörabteilung. Nachdem sie Codes und Geheimschrift »geknackt« hatte, war sie bei Kriegsausbruch in der Lage, sogar die geheimsten Botschaften der britischen Admiralität zu lesen.

Im Frühling des Jahres 1940 genoß die deutsche Kriegsmarine ein hohes Ansehen. Ihre Strategen verlangten mehr Stahl für den Bau von Unterseebooten und bereiteten eine Überwasserflotte vor, die mit italienischer Hilfe etwa 1942 in der Lage sein sollte, das Mittelmeer zu kontrollieren.

Aber die Marine benötigte Zeit, um sich von den schweren, wenn auch unvermeidlichen Verlusten zu erholen, die der Norwegenfeldzug mit sich gebracht hatte. Deshalb zeigten die Admirale wenig Begeisterung für überhastete und gefährliche Invasionspläne, die ihre wenigen verbliebenen Schiffe in der Straße von Dover aufs Spiel setzen würden.

Die Marine hatte in Norwegen zehn Zerstörer und drei Kreuzer verloren. Torpedotreffer hatten die »Scharnhorst« und die »Gneisenau« außer Gefecht gesetzt. Von den drei »Westentaschen-Schlachtschiffen«, mit denen Deutschland in den Krieg gezogen war, wurde die »Lützow« durch Torpedos zerstört, die »Admiral Scheer« hatte Maschinenschaden und die »Graf Spee« hatte sich nach dem Seegefecht vor Montevideo (Uruguay) selbst versenkt. Die neuen Schlachtschiffe »Bismarck«, »Tirpitz« und der Kreuzer »Prinz Eugen« würden noch bis zum folgenden Jahr brauchen, um Besatzungen und Waffen auf Kampfbereitschaft zu bringen. Nur der schwere Kreuzer »Hipper«, zwei leichte Kreuzer, ein halbes Dutzend Zerstörer und einige U-Boote verblieben, um an der »Operation Seelöwe« teilzunehmen. Demgegenüber stand die Home Fleet der Royal Navy, Motortorpedoboote, Küstenbatterien, Unterseeboote, Minenfelder sowie die vereinigten Luftstreitkräfte von Marineluftwaffe und RAF.

Kein Wunder, daß die deutsche Marine motorisierte Seekommandos mit den Panzerverbänden mitgeschickt hatte, die in Frankreich eindrangen. Es war Teil eines Versuchs, französische Kriegsschiffe zu beschlagnahmen. Aber die Franzosen liefen aus. Sogar das noch nicht völlig fertige Schlachtschiff »Jean Bart« entkam, kurz bevor die Deutschen St. Nazaire einnahmen.

Churchill fürchtete, die Deutschen würden noch dazu fähig sein, Friedensgespräche gegen Schlachtschiffe, die sie dringend benötigten, anzubieten. Deshalb befahl er der Royal Navy, die französischen Besatzungen zu überreden, außer

Reichweite der Deutschen zu laufen oder sich selbst zu versenken. Im Juli wurden bei Oran in Französisch-Nordafrika Einheiten der französischen Marine mit Geschützen und Bomben von der Royal Navy angegriffen. Das Blut von 1300 französischen Seeleuten rief noch nach zwei oder drei Generationen erregte Debatten in ganz England hervor.

Seemacht entschied noch immer das Schicksal von Nationen. In den USA beunruhigte Roosevelt und seine Ratgeber nichts mehr als die Bedrohung ihrer östlichen Seeküste, die kommen würde, wenn Deutschland die Schiffe der Royal Navy kontrollierte. Alle amerikanischen Entscheidungen basierten auf dieser Furcht. Churchill versuchte ohne Erfolg, darauf zu spekulieren.

Operation Seelöwe

Zweifelsfrei hätten es Hitler und die meisten seiner Ratgeber vorgezogen, nach dem Fall von Frankreich einen Frieden mit England zu vereinbaren. Italiens Außenminister, Graf Ciano, Mussolinis Schwiegersohn, schrieb in sein Tagebuch: »Hitler ist jetzt der Spieler, der einen guten Fang gemacht hat und lieber vom Tisch aufstehen möchte, ohne noch etwas mehr zu riskieren.«

Hitler war so zufrieden, daß der Krieg vorbei war und England ihn offensichtlich verloren hatte, daß er 15 Divisionen auflöste und 25 auf Friedensstärke zurückstufte. Aber auch die Engländer waren Spieler. Sie wollten alles oder nichts.

Mitte Juli erteilte Hitler seine Weisung Nr. 16: »Ich habe entschieden, eine Landungsaktion gegen England vorzubereiten und falls notwendig durchzuführen, wenn England trotz hoffnungsloser militärischer Lage keine Anzeichen dafür bietet, einen Kompromiß einzugehen.« Das »falls notwendig durchzuführen« war in kursiver Schrift geschrieben. Viele Historiker behaupten deshalb, es zeige, daß Hitler dies nie ernsthaft gemeint habe. Ein weit stärkerer Beweis für das Unrealistische an der Weisung Nr. 16 war die zeitliche Bestimmung. Alle Vorbereitungen sollten Mitte August abgeschlossen sein. Die Weisung war so geheim, daß sie nur den Oberbefehlshabern zugestellt wurde. Aber Göring gab sie an seine Luftflotten-Kommandeure weiter und benutzte hierfür den Funk. In allen Führungsbereichen benutzte die Luftwaffe eine Enigma-Codierungsmaschine. Der Schlüssel hierfür wechselte zu dieser Zeit zwei- oder dreimal täglich. Die Enigma war eine kleine batteriegespeiste Maschine, nicht unähnlich einer tragbaren Schreibmaschine. Rotoren wirbelten die Geheimschrift durcheinander, und der Empfänger fing jeden Brief auf. Er war dann nach einem der Code-Schlüssel niedergeschrieben.

Bei Kriegsausbruch inszenierten die Engländer eine gewaltige Spionageaktion, um die Enigma-Maschine in ihre Hände zu bekommen. Diese Maßnahme war weit weniger ein Triumph der Abwehr, als neuerdings vermutet wird. Denn die Firma, die Enigma herstellte, hatte seit 1923 nahezu identische Geräte verkauft. Nachdem der britische Nachrichtendienst die Dinge ziemlich spät erkannt hatte, versuchte er mit seiner Maschine jetzt verzweifelt, aufgefangene deutsche Nachrichten zu dechiffrieren. Treffer oder Mißerfolg würden sehr viel bedeuten. Im Gegensatz zu allem, was darüber geschrieben wurde, konnten nur wenige entscheidende Botschaften dieser Zeit enträtselt werden. Wenn man über Enigma liest, muß daran erinnert werden, daß Armeen und Luftflotten ihre Befehle durch Fernschreiber empfingen. Für die sehr langen und umfangreichen Anweisungen, die ein moderner Krieg benötigt, waren die Funkverbindungen noch nicht zuverlässig genug. Die Deutschen, deren Horchfunkerdienst hervorragend arbeitete, waren sich des Sicherheitsrisikos sehr wohl bewußt, den der Funk mit sich brachte. Nur selten, wie bei dem albernen Risiko, das mit der Weisung Nr. 16 eingegangen wurde, machte sich der Enigma-Nachrichtendienst bezahlt. Aber Weisung Nr. 16 war einer der ersten glücklichen Erfolge. Er lieferte den Engländern das deutsche Codewort »Seelöwe« und war eine aufputschende Spritze für die Code-Brecher. Einige behaupten, daß diese dechiffrierte Botschaft

Churchill zu seinem Spruch vom »Kampf auf den Stränden« veranlaßte.

Als der deutsche Marine-Oberbefehlshaber Hitlers Weisung Nr. 16 empfing, kam seine Antwort umgehend. Die Admirale stimmten überein, daß kein Datum festgesetzt werden könne, bevor die Luftwaffe die Luftherrschaft über dem Kanal besäße. Aber sie erstellten ein Konzept, das am 28. Juli von der Armee kritisch begutachtet wurde. Die Marineplaner rieten zu einem Brückenkopf nahe Dover. Wenn man die engste Stelle des Kanals benutzen würde, könnten sie Minenfelder legen, um den Korridor für die Invasionsflotte zu schützen. Unterseebooten würde die Aufgabe zufallen, mehr die Nordseeflanke zu bewachen, trotz aller Schwierigkeiten, die diese seichten Gewässer den U-Booten bereiten würden. Schätzungsweise zehn Tage würde die Marine benötigen, um die erste Angriffswelle auf die andere Küste zu werfen. Die Armee zeigte sich entsetzt.

Angesichts der Leistungen ihrer Panzer-Generale hatten sich die Ziele der deutschen Armeen bei den Angriffen im Westen durch Frankreich vom Mai als lächerlich einfach erreichbar erwiesen. Jetzt war das Heer entschlossen, mehr Ehrgeiz zu zeigen. Es erklärte der Marine, daß es überall an der englischen Südküste, von Folkestone bis Brighton, Landungen wünsche. Außerdem benötige man ein besonderes Übersetzen von Cherbourg aus. Die Armee würde Panzer und Radfahrzeuge benötigen. Das bedeutete den Einsatz aller Autofähren zusammen mit anderen touristischen Kanal-Übersetzmöglichkeiten. Die erste Angriffswelle müsse innerhalb von drei Tagen auf der anderen Seite sein. Wichtige Ziele waren große Gebietsteile von Südengland fast bis hoch nach London. Und – falls man all das noch gewillt ist, ernstzunehmen – die erste Angriffswelle sollte aus 260 000 Soldaten, 30 000 Fahrzeugen und 60 000 Pferden bestehen! Nachdem sie den Vorschlag der Marine begutachtet hatten, stellten Halder und Brauchitsch unzweideutig fest: »Wir können unseren Teil der Operation nicht auf der Basis jener Mittel durchführen, wie sie die Marine liefern will.«

Am 31. Juli ließ Hitler seine Führer von Armee und Marine auf den Berghof, sein schloßartiges Gebäude in den Bayerischen Alpen nahe Berchtesgaden, kommen. Als erster erklärte Großadmiral Erich Raeder die Lage der Marine. Die Vorbereitungen liefen im größtmöglichen Tempo. Die Marine suchte das gesamte besetzte Europa nach brauchbaren Kanalbooten ab. Aber die Arbeit, sie für militärischen Gebrauch umzubauen und zu den Kanalhäfen zu bringen, könnte nicht vor dem 15. September abgeschlossen werden. Angesichts der Heeresforderung nach einer breiteren Landungsfront und der Möglichkeit von Herbststürmen könne es besser sein, eine Invasion für Mai 1941 zu planen, führte Raeder aus.

Hitler zeigte sich über diesen Vorschlag nicht erbost. Aber er machte deutlich, daß die britische Armee im folgenden Jahr eher in der Lage sein würde, eine Invasion zu bekämpfen. Außerdem vermutete er, würde das Wetter im Mai nur wenig besser als im September sein.

Raeder verließ die Konferenz, nachdem er die Ansicht der Marine dargelegt hatte. Hitler setzte die Diskussion um »Seelöwe« mit den Kommandeuren des Heeres fort. An einer Stelle ging er sogar soweit zu sagen, er zweifle, ob die Invasion »technisch machbar« sei. Dennoch fanden sich keine solchen Zweifel in der Weisung des folgenden Tages. Sie wurde ausgegeben vom OKW, dem Oberkommando der Wehrmacht, das Hitler persönlich unterstand. Die Vorbereitungen waren fortzusetzen und hatten bis zum 15. September abgeschlossen zu sein. Inzwischen würde die Luftwaffe eine breitgefächerte Offensive starten. In Einklang mit den Erfolgen dieser Luftangriffe wollte Hitler seine endgültige Entscheidung über die Invasion Ende August fällen.

Der am meisten zu beachtende Punkt an dieser Diskussion auf höchster Ebene war die Abwesenheit der Luftwaffenführer. Beim Treffen auf dem Berghof, wo der Ball an Görings Luftstreitmacht abgespielt wurde, war nicht ein einziger Verantwortlicher der Luftwaffe zugegen.

So wurde Görings »Adlerangriff« in demselben stümper-

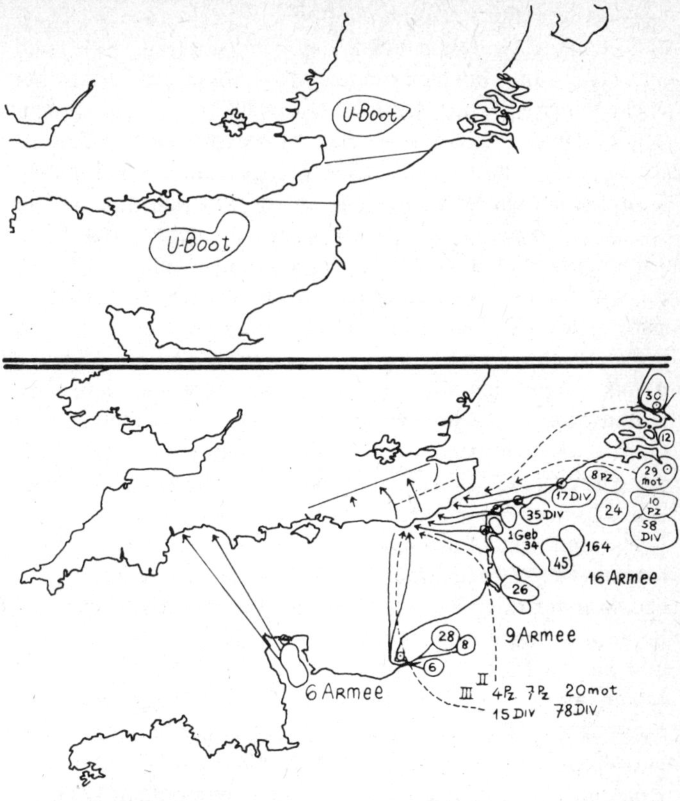

Zeichnung 3: Seelöwe

Oben: Die deutsche Marine schlug einen Invasionsplan vor, der einen schmalen Seeweg – beidseitig durch Minenfelder geschützt – vorsah. Dieser Plan stand in Einklang mit der sehr kleinen Seestreitmacht, die nach dem Norwegen-Feldzug noch zur Verfügung stand. Auf der anderen Seite würde er konzentrierte Ansammlungen am Pas des Calais verlangen, der dadurch zum Ziel würde, das sogar RAF-Bomberabteilungen erreichen könnten.
Unten: Das deutsche Heer faßte Landungen überall an der Südküste ins Auge. Es wünschte die Schnelligkeit und Bequemlichkeit der großen Häfen des nördlichen Europa, von Rotterdam und Antwerpen bis nach Le Havre und Cherbourg. Dieser Punkt war besonders für die bewaffneten und motorisierten Divisionen von Bedeutung.

haften, die Verantwortung hin- und herschiebenden Wirrwarr geboren, der Guderian bei Sedan ohne Ziele gelassen und ihn dann zum Halt gezwungen hatte, während sie darüber nachdachten. Es war dasselbe Durcheinander widersprüchlicher Befehle, das die deutschen Panzertruppen bei Dünkirchen gestoppt hatte. Die höchsten Offiziere der Wehrmacht lernten allmählich, daß es sicherer war, zweideutig zu reden. »Seelöwe wurde überlegt«, erklärten Spaßvögel des deutschen Oberkommandos hinterher, »aber nie geplant«.

Es gab keine besonderen Übungen für den hochspezialisierten amphibischen Sturmangriff und keinen Stabsoffizier, der ausreichend Erfahrung besaß, einen zu planen. Aber die Armee stürzte sich auf eine Reihe von energiegeladenen Invasionsproben, nachdem die nächstgelegenen Probleme an Göring abgeschoben waren. Propagandaabteilungen filmten die Übungen, um sie am richtigen Tag für die Kinos freizugeben. Mit noch mehr Fleiß durchstöberte die deutsche Marine Flüsse und Kanäle in Europa und stopfte die nördlichen Häfen mit Kanalbooten aus allen Teilen Europas voll. Unzählige Männer mit Sägen und Schweißbrennern statteten die Boote mit ungehobelten Bedachungen für seekranke Pferde und zum Schutz vor Feuerüberfällen aus. Die Kanalboote sollten von Schleppern mit fünf Knoten Geschwindigkeit paarweise vertäut über den Kanal gezogen werden. Man schätzte, daß die Reihe der Boote letztlich zwölf Meilen lang sein würde. Der Plan sah vor, daß die Kanalboote in Landnähe von England in eine Linie gebracht werden sollten, bei der jeweils ein unbewaffnetes Schiff an einem bewaffneten festgezurrt sein würde. Gemeinsam würden sie zum Sturmangriff den Strand erreichen. Nicht einmal die ersten Sturmboote waren gepanzert. Es waren kleine Schiffchen, von denen einige nur sechs Infanteristen mit zwei Mann Besatzung trugen. Sie waren zur Flußüberquerung entworfen und technisch so ausgestattet, daß sie von Minensuchbooten, die sie so nahe wie möglich an die britische Küste bringen sollten, ausgesetzt werden konnten. Die Besatzungen der Kanalboote setzten sich aus Holländern, Belgiern und Franzosen zusammen, die kein übermäßiges Interesse an einem Erfolg der Operation hatten.

Selbst wenn man großzügig genug ist, die umgebauten deutschen Kanalboote mit dem gleichzusetzen, was später Panzer-Landungsfahrzeuge genannt wurde, besaßen die Deutschen nichts Vergleichbares zu jenen beiden Schiffstypen, die von den alliierten Streitkräften später als unentbehrlich für eine Invasion von See angesehen wurden. Zunächst waren das die Panzer-Landungsschiffe. Sie konnten selbst rauher See trotzen und waren dennoch flach genug gebaut, um die Panzer direkt am Strand abzusetzen. Zweitens waren das die DUKW, Zweieinhalbtonner, mit einem Propeller am Heck. Gruppen von ihnen transportierten Nachschub von Versorgungsschiffen sehr schnell zum Strand, damit die Schiffe so für weitere Fahrten freigeräumt werden konnten.

Churchill nahm die Invasionsdrohung nicht ernst. Am 10. Juli erklärte er seinem Kriegskabinett, »Seelöwe« zu ignorieren: »Es würde eine sehr wagemutige und selbstmörderische Operation sein.« Man muß Churchills Kühnheit, im Sommer 1940 Panzer nach Ägypten zu schicken, im Licht dieser Aussage sehen. Sie erklärt auch, warum er Beaverbrook, dem neuen Minister für Flugzeugproduktion, den Rücken stärkte, als dieser Personal beschlagnahmte und Material organisierte, damit mehr Jäger gebaut würden, auch wenn es zu Verspätungen und Verknappungen in anderen Kriegsindustrien kam.

Zu diesem Zeitpunkt des Krieges war jede deutsche Invasion, sei es von See oder Luft, zum Scheitern verurteilt. Britische Experimente, das Meer mit Flammenteppichen zu überziehen, waren erfolgreich. Das Bomberkommando übte seine Staffeln heimlich im Gebrauch von Giftgas. Eine großangelegte Geschichte, wonach die Strände zum Schutz vor Ungeziefer besprüht würden, war für den Fall vorbereitet, daß die Deutschen gegen diese Art von Kriegsführung Einspruch erhoben. RAF-Sanitätsoffiziere, die den Giftgas-Einheiten zugeteilt waren, wurden mit reichlichen Mengen von »beschlagnahmtem« Champagner beruhigt.

All dies hat einige Leute in ihrer Vermutung bestärkt, 1940 habe keine echte Gefahr einer Invasion bestanden. Sie kamen so zum Schluß, daß das Jägerkommando keine entscheidende Schlacht gefochten hätte. Das ist ein trügerisches Argument. Wenn es der Luftwaffe gelungen wäre, das Jägerkommando auszuschalten, hätten ihre Bomber all die anderen Gefahren nacheinander beseitigt. Mit jener Art von Befehlen, mit denen die Luftwaffe ihr Ziel in Polen innerhalb von nur drei Tagen erreichte, würden deutsche Bomber, geführt durch Funk, alles zerstört haben – von Whitehall bis zu den Verbänden der Home Fleet. Es würde für Invasionsflotten und Luftlandeeinheiten keine unüberwindlichen Probleme mehr gegeben haben, wenn die Deutschen den Luftraum beherrscht hätten.

Die Theorien von Douhet

Wie viele andere hohe Offiziere der Luftwaffe und Hersteller von Bombern, billigte Göring die Theorien von Douhet, einem Italiener. Er glaubte, daß Armeen und Marine am besten als defensive Kräfte einzusetzen seien, während Bomberflotten den Feind unterwerfen. Kurz vor seinem Tod 1930 hatte General Douhet unter dem Titel »Der Krieg von 19–« eine Zukunftsgeschichte veröffentlicht. Oft zitiert, aber selten gelesen, nahmen Douhets Worte einen so tiefgreifenden Einfluß auf das deutsche und englische Oberkommando, daß sie einer Untersuchung wert sind. Douhet beschrieb im Dokumentarstil von H. G. Wells, wie eine »Unabhängige Deutsche Luftwaffe« sich mit belgischen und französischen Lufteinheiten große Schlachten liefert. Douhet schreibt in seiner fiktiven Geschichte: »Es gab keinen Zweifel, daß es Absicht des Feindes war, Mobilmachung und Konzentrierung der alliierten Armeen so schwierig wie möglich zu gestalten.« Die Alliierten antworteten mit »Nachtbomber-Brigaden«, die deutsche Städte mit Sprengsätzen, Brandbomben und Giftgas angriffen.

Douhets Roman wird damit fortgesetzt, daß die »Unabhängige Deutsche Luftwaffe« Flugblätter abwirft. Darin wird den Bürgern von Namur, Soissons, Châlons und Troyes mitgeteilt, ihre Städte würden ausgelöscht, und dieses Schicksal erwarte auch Paris und Brüssel, wenn sie nicht um Gnade bäten. Die Geschichte endet mit der Vernichtung dieser Städte und dem Flehen um Frieden von seiten der Regierungen. Es war der Druck, den Bürger, die einem Luftbombardement ausgesetzt sind, auf ihre eigenen Regierungen ausüben, der die Basis für Douhets Theorien bildete. Am Ende seines Romans schreibt er:

»Beeindruckt durch die furchtbaren Auswirkungen der Bombenangriffe und die Erkenntnis, daß feindliche Flugzeuge frei und unangegriffen unter ihrem Himmel entlangzogen, konnten sie nicht umhin, voller Bitterkeit an die eigenen Luftexperten zu denken, die keine ausreichenden Schutzmaßnahmen für einen solchen Fall ergriffen hatten, obwohl sie die barbarischen Methoden des Feindes verfluchten.«

Douhet glaubte, daß jede Nation, die einen großen Teil ihrer Luftstreitkraft zur Verteidigung abstellt, das Risiko einging, von einer Nation überrollt zu werden, die alles für Bomberflotten hergab. Douhet übersah völlig all die Vorteile, die Verteidigung in jeder Form von Kriegsführung mit sich bringt, und schloß flüssig: »Niemand kann an seinem eigenen Himmel befehlen, wenn er nicht am Himmel seines Feindes befiehlt.«

Die Luftkriegsführung des Ersten Weltkriegs hatte bereits den Unsinn dieser Behauptung gezeigt, aber Douhet versorgte ehrgeizige Bomber-Theoretiker mit reichlichem Material für Zitate. Solche Männer – sei es in Deutschland, Frankreich, England oder den USA – hatten schon seit langem entschieden, daß im Krieg die Bedeutung der Luftstreitkräfte (und ihrer Kommandeure) beurteilt würde nach den Verlusten, die dem Feind zugefügt worden waren, nicht nach dem Erfolg bei der Verteidigung. Douhet war wichtig, weil er Illusionen über die Bedeutung der Bomber wieder aufleben ließ und den Einfluß der Jägerpiloten noch mehr drückte.

Hermann Göring fand Douhets Ideen eingängig, obwohl er selber einmal Jägerpilot gewesen war. Er fand kein Gefallen an den umfangreichen technischen Erfindungen, die den Luftkrieg vom bewaffneten Über-die-Dörfer-Gehen zur nackten Wissenschaft umfunktioniert hatten. Wie viele seiner Zeitgenossen fand er es einleuchtend, von Richthofens einfacher Spruchweisheit zu folgen. Demnach war es »die einzig wichtige Sache«, das feindliche Flugzeug abzuschießen, und »alles andere ist Unsinn«. Görings Luftwaffe war ganz auf Offensive ausgerichtet und entwickelt zur engen Zusammenarbeit mit einrückenden deutschen Heeresverbänden. Es fehlte an Langstreckenbombern. Aber, so argumentierten die Verantwortlichen, was sollte das schon ausmachen? Bei einer erfolgreichen Invasion könnte man auch nach dem Bocksprung-Prinzip mit Mittelstreckenmaschinen von jedem neuen eingenommenen Flughafen vorrücken. Das schien einleuchtend.

Schon 1940 behaupteten einige, Göring habe die Richtigkeit von Douhets Theorien bewiesen. Die Kapitulation von Polen und den Niederlanden erfolgte schnell nach den Bombenangriffen auf Warschau beziehungsweise Rotterdam. Selbst Skeptiker fingen zu glauben an, daß dies Wirkung und Ursache sei. Zweifellos statteten die Erfolge Göring mit einer Trumpfkarte aus. Falls sein Konzept mit Luftangriffen auf militärische Ziele in Südengland scheiterte, hätte er nur den ganzen Angriffsschwung direkt auf London umzuleiten. Dann würde die britische Regierung um Verhandlungen nachsuchen. Douhet behauptete das, und die Geschichte bewies es ganz offenbar.

Zum Pech für Göring gab es in England einige junge Flieger, die nie Douhet gelesen hatten, und einen ältlichen Zweifler mit Namen Dowding.

Zweiter Teil:
Air Chief Marshal Sir Hugh Dowding, Oberbefehlshaber des Jägerkommandos

»Ein schwieriger Mann, ein rechthaberischer Mann, ein sehr bestimmter Mann und ein Mann, der über alle Aspekte des Luftkriegs besser Bescheid wußte, als sonst irgendeiner.«

General Sir Frederick Pile, G.C.B., D.S.O., M.C. (G.O.C. in C., Luft-Abwehrkommando von 1939-1945) über Dowding

Es ist schwierig, sich einen Mann vorzustellen, der weniger von Hermann Görings Art hatte, als dies bei Hugh Dowding der Fall war. 1914, schon 32 Jahre alt, qualifizierte er sich als Pilot. Sein Vater hörte davon und verbot ihm zu fliegen, da dies zu gefährlich sei. Dowding gehorchte seinem Vater.

Seine beiden Elternteile stammten aus jener Sorte der oberen Mittelklassefamilien, die hohe Männer für Kirche, Indien und die Armee lieferten. Sein Vater, ein freundlicher und gewissenhafter Mann, hatte eine erfolgreiche Vorbereitungsschule in Schottland gegründet. Sie waren vier Kinder; drei Jungen und ein Mädchen.

Als ältestes Kind des Schulleiters war Hugh Dowding dazu ausersehen, ein Beispiel an Pflichterfüllung, Benehmen, Patriotismus und Fleiß zu setzen. Wie sein Vater besuchte er Winchester, eine öffentliche Schule mit dem guten Ruf, unerforschliche Intellektuelle zu produzieren. Dowdings folgende Karriere bewirkte wenig, um das positive Ansehen zu verändern.

In Winchester fand er heraus, daß ihn der Eintritt in die Armee-Klasse davon befreite, griechische Vokabeln zu pauken. Später erklärte Dowding, daß er lieber zur Armee gegangen sei, als Griechisch zu lernen. 1899, als er in die Königliche Militär-Akademie eintrat, machten sich die scharlachrot gekleideten Soldaten von Königin Victoria daran, in Südafrika gegen die Buren zu kämpfen. Nach vielen Jahren weitgefächerter Verachtung für Soldaten und militärische Angelegenheiten machte sich in England ein Anfall von hysterischem Hurra-Patriotismus breit.

Angesichts dieser Krise kürzte die Armee die Ausbildung an der Königlichen Militär-Akademie auf ein Jahr. Dowdings Familie besaß die Mittel für das private Einkommen, das ihr Sohn in einem kleinen Regiment benötigt hätte. Trotzdem ging Dowding nach Woolwich, scheiterte aber daran, die notwendigen Ergebnisse für ein Offizierspatent beim Königlichen Pionierkorps zu erreichen. Er mußte sich mit der Artillerie zufriedengeben. Unterleutnant Dowding von der Garrison Artillerie graduierte, kämpfte aber nie gegen die Buren. Dafür diente er in Gibraltar, Ceylon, Hongkong und bei der Gebirgsartillerie in Indien.

Zu der Zeit, als er nach England zurückkehrte, hatte sich die Welt grundlegend geändert. Die Gebrüder Wright hatten ihre Flugmaschine gebaut, und ein Franzose namens Bleriot den Kanal überflogen. Die Idee, Fliegen zu lernen, zog Dowding auf dieselbe Weise an, wie es Polo und Skilaufen tat. Da er in den frühen Morgenstunden aufstand, war es ihm möglich, in Brooklands Flugunterricht zu nehmen, bevor er jeden Morgen am Camberley Stabs-College eintraf. Das Königliche Fliegerkorps war im Jahr zuvor gebildet worden. Jeder, der fliegen konnte und von ihm angenommen wurde, erhielt die Kosten für den Flugunterricht zurückerstattet. Dowding überredete die Flugschule, ihn auf Kredit auszubilden, bis er die Rückzahlung erhalten würde. Dank dieser »Flieg-jetzt-Zahl-später«-Vereinbarung war es Dowding möglich, das Zeugnis vom Königlichen Flugklub zu erhalten. Die Schule stellte einen Mechaniker für ihn als Lehrer ab. Er erhielt sein Zertifikat, nachdem er insgesamt eine Stunde und vierzig Minuten in der Luft gewesen war.

Nach einer weiteren dreimonatigen Ausbildung bei der zentralen Flugschule in Upavon bekam Dowding sein Pilotenabzeichen. Bis dahin hatte er Fliegen als Sport angesehen oder bestenfalls als Hilfe bei seiner Armee-Karriere. Aber seine kurze Zeit bei den Männern des Königlichen Fliegerkorps – immer noch ein Teil der Armee – überzeugte ihn davon, daß es ihm bei ihnen gefallen würde. Der Einspruch seines Vaters bewirkte nicht mehr als eine Verzögerung der Dinge. Es war 1914. Wenige Wochen, nachdem er sein Pilotenabzeichen erhalten hatte, begann der Krieg mit Deutschland. Dowdings Qualifikation als Pilot brachte ihn zum Dienst beim RFC.

Dowding ging nach Frankreich; 1915 war er Staffelkommandeur. Dowding war beträchtlich älter als der durchschnittliche Kriegspilot, beispielsweise zehn Jahre älter als von Richthofen. Als das RFC sich ausweitete und zur RAF wurde, brachte ihm seine militärische Grundlage schnelle Beförderungen ein. Bei Kriegsende war er schon Brigadegeneral. Viele Sprossen tiefer auf der Beförderungsleiter standen drei junge Staffelkommandeure. Sie alle sollten ein Vierteljahrhundert später eine entscheidende Rolle in der Schlacht um England spielen.

Major Leigh-Mallory kommandierte eine Armee-Verbindungsstaffel und setzte seine Spezialaufgabe in der Friedens-Luftwaffe fort. Leigh-Mallory, der später Dowdings strengster Kritiker wurde, war zehn Jahre jünger als jener. Er hatte einen Honours-Grad in Geschichte in Cambridge erworben, bevor er Soldat und 1916 Flieger wurde. Trafford Leigh-Mallory war ein dicklicher Mann mit schweren Wangen und einem schmalen, sorgfältig getrimmten Oberlippenbart.

Major K.R. Park, M.C., D.F.C. war ein erstaunlicher Neuseeländer, der bei Galipoli gekämpft hatte, an der Somme verwundet worden war, dann zur Luftwaffe überstellt wurde, nachdem er seine medizinischen Unterlagen verloren hatte und 20 deutsche Flugzeuge abschoß. Keith Park war ein populärer und überzeugender Mann. 1918 unterdrückte er eine aufkommende Meuterei, indem er seine Flieger versammelte und zu ihnen in einschläfernder Weise über belanglose Dinge so lange sprach, bis Müdigkeit alle rebellischen Gedanken besiegte.

Der dritte war Major W. Sholto-Douglas, D.S.O., M.C., ein Jägerpilot, der durch fünf Siege ausgezeichnet war. Bei einem Fall von Nachkriegsangst wurde Dowding durch das Luftfahrtministerium angewiesen, gegen Sholto-Douglas ein Kriegsgerichtsverfahren wegen eines Vorfalls anzustrengen, der auf keinen Fall zu Lasten des jungen Offiziers ging. Trotz der ziemlich delikaten Situation, die zwischen Dowding und dem Luftfahrtministerium wegen seines eigenen Verhaltens in der RAF herrschte, weigerte sich Dowding, irgend etwas zu unternehmen. Dafür schien Sholto-Douglas angemessen dankbar.

Dowding war ein rätselhafter Mann. Vielleicht machte ihn seine Unfähigkeit, enge Freunde zu gewinnen, so. Es ist schwierig, sich einen Mann vorzustellen, der seinen Hut aufsetzte, bevor er ins nächste Büro ging, andererseits Ski-Champion war, der selten eine Saison an den Pisten ausließ und schließlich Präsident des Skiklubs von Großbritannien wurde. Es gab Dowding, den fleißigen Verwalter, und Dowding, den ungeduldigen Techniker. Den verbindlichen und höflichen Dowding und den Dowding, vor dem sich das Luftfahrtministerium fürchtete. Wenn Dowding ein Rätsel bleibt, kann es nur wenig Zweifel daran geben, daß er genau dies wollte.

Immer schon ein enthaltsamer und pflichtbewußter Mann, wurde sein privates Leben schließlich überschattet durch den tragischen Tod seiner Frau nach nur zwei Jahren Ehe. Er blieb mit einem kleinen Sohn zurück. Dowding widmete sich jetzt, zurückgezogen und nachdenklich, vollständig seiner Arbeit. Einige mißverstanden diese Eigenschaft als Ehrgeiz.

In den frühen dreißiger Jahren wurde Dowding *Air Member* für Versorgung und Forschung. Eine seiner ersten Entscheidungen war, daß Holz nicht länger das Hauptmaterial für Kampfflugzeuge sein dürfe. Während Dowdings Zeit auf diesem entscheidenden Posten wechselte die RAF von Doppeldecker-Jägern zu Eindeckern aus Metall über. Dies ging nicht ohne starken Widerspruch von seiten der Doppeldekker-Lobby ab. 1935 flog die erste »Hurricane«, und wenige Monate später kam der »Spitfire«-Prototyp heraus.

Dank Dowdings Autorität konnte Watson-Watt demonstrieren, daß ein Flugzeug einen Funkstrahl, in diesem Fall das BBC-Überseeprogramm, zurücksenden konnte. Sie beobachteten einen stecknadelkopfgroßen Lichtfunken auf einem Kathodenröhren-Oszillographen, der sich nach einer schmalen grünen Linie ausstreckte: der unfertige Beginn des Radars.

Zuversichtlich ging Dowding davon aus, daß Radar funktionieren würde und machte sich unter dieser Voraussetzung an Pläne für ein Kontrollsystem und für eine neue Jägertaktik. Bis Radar fertiggestellt war, sandten die Jagdflugzeuge Funksignale wie Echozeichen aus. Danach konnte ihr Standpunkt festgestellt werden.

Das ursprüngliche Zehn-Meter-Radarnetz konnte tieffliegende Flugzeuge nicht aufspüren. Daher übernahm Dowding das umfangreichere Eineinhalb-Meter-Band der Marine, das entwickelt worden war, um Schiffe zu entdecken. Diese Geräte besaßen sich drehende Antennen, um den ganzen Horizont abzutasten. Dies System wurde zur Tiefflieger-Entdekkung übernommen und *Chain Home Low* (CHL) genannt. 1940 opferte Dowding einen großen Teil seiner Zeit dafür, eine kleine Radaranlage zu entwickeln, die in Nachtjägern installiert werden konnte.

Angesichts der deutlich steigenden Stärke von Görings Luftwaffe entschied sich die RAF 1936 für eine Neuorganisation nach spezialisierten Verbänden. Alle Bomber in England kamen unter das Bomberkommando, alle Aufklärereinheiten wurden als Küstenkommandos organisiert, und ausgebildet wurde in Ausbildungskommandos.

Im März 1936, als der »Spitfire«-Prototyp erstmals aufgestiegen war und das von ihm hochgepäppelte Radar große Fortschritte machte, gab Dowding seinen Posten als *Air Member* für Versorgung und Entwicklung ab. Mit einer Geschicklichkeit, die gewöhnlich nur in Romanen vorkommt, wurde Dowding nun berufen, diese Waffen für einen Einsatz im Krieg vorzubereiten.

Diese Ernennung zum Oberbefehlshaber des Jägerkommandos war nicht dank Unterstützung von Freunden zustande gekommen, die Dowding im Luftfahrtministerium besaß. Im Gegenteil. Es waren Pläne im Gange, ihm die Beförderung zum Stabschef vorzuenthalten. Dabei war sie ihm bereits versprochen worden.

Seinen Antrittsbesuch in Bentley Priory, dem Hauptquartier des neugegründeten Jägerkommandos, unternahm Dowding im Juli 1936. Bentley Priory war ein altes gotisches Haus, auf einem Hügel gelegen, im äußersten Nordwesten von London. Früher war dort einmal eine Mädchenschule untergebracht. Es war typisch für diesen eigentümlichen Mann, daß er um 9 Uhr in der Frühe unangemeldet und allein ankam, anstatt die sonst üblicherweise stattfindende Zeremonie inszenieren zu lassen. Die Wache zögerte heftig, ihn durch das Tor zu lassen. Aber nachdem der Posten seine Papiere geprüft hatte, gab er ihn an den ranghöchsten Mann weiter, einen Sergeant aus dem Wachraum. Die beiden Männer wanderten über das Gelände und dann durch die leeren Räume. Dowding wählte ein Zimmer mit Blickrichtung Süden aus, bat den Sergeant, seinen Namen an der Tür anzubringen, dankte und entließ ihn.

Zu dieser Zeit war Dowding 54 Jahre alt, ein großer, dünner, eher gebrechlich wirkender Witwer. Er teilte sein Haus mit seiner Schwester und mußte von seinem Büro dorthin nur eben eine Straße hinunter gehen. Dowdings Sohn bereitete sich darauf vor, das RAF-College in Cranwell zu besuchen. 1939 sollte er sein Offizierspatent erhalten und als »Spitfire«-Pilot im Jägerkommando unter den Befehl seines Vaters kommen – gerade rechtzeitig zur Schlacht um England.

Inzwischen wartete die gewaltige Aufgabe, die Jäger-Verteidigung von England neu zu organisieren. Als Stabschef arbeitete ein Mann mit Dowding zusammen, der vielleicht der allergrößte RAF-Experte in Jägerfragen war. Keith Park, jetzt ein 44jähriger Air Commodore, hatte an seinen Erfolg als Jagdflieger-As des Ersten Weltkriegs eine Zeit auf dem Stabs-College und die kurzfristige Arbeit als Kommandeur eines Jägerhorstes angeschlossen. Park war ein hochgewachsener, geschickter Neuseeländer von schottischer Abstammung. Der schmalgesichtige Mann mit dem militärischen Bärtchen besaß einen federnden Schritt und die vertrauensvolle Art eines Bankangestellten. Er liebte das Fliegen und versäumte keine Gelegenheit, mit seiner persönlichen »Hurricane« aufzusteigen. Während der Evakuierung von Dünkirchen, als Park die spezielle Verantwortung für den Luftschirm hatte, trug er mehr als 100 Flugstunden in sein Logbuch ein. Er war gestartet um zu sehen, wie es seinen Männern erging. Ein Jägerpilot aus der Vorkriegszeit in Tangmere hat ihn als genügsamen Menschen in Erinnerung, von dem man nie ein Wort der Verwünschung oder einen Fluch hörte. Park ist auch in Erinnerung wegen seiner ungewöhnlichen Eigenart, einen Stahlhelm über der Fliegerhaube zu tragen, wenn er mit seiner Maschine aufstieg.

Trafford Leigh-Mallory kommandierte die 12. Gruppe in einem der großen Gebiete, in die Großbritannien nach der Neuordnung des Jägerkommando-Systems aufgeteilt war. Leigh-Mallorys Gebiet war Zentral-England, entscheidend für die Verteidigung, aber nicht so entscheidend wie die 11. Gruppe, zu der Englands Südosten und London gehörten. Dieses Gebiet würde zweifelsfrei den Hauptstoß der feindlichen Angriffe tragen müssen. Hier lag die größte Zahl von Jägerstaffeln.

Im Frühling des Jahres 1940, als der Krieg in ein heißeres Stadium geriet, wechselte Dowding seine Gruppen-Kommandeure. Viele waren der Ansicht, daß Leigh-Mallory, der seit 1937 die 12. Gruppe führte, erste Wahl für das Kommando der weit entscheidenderen 11. Gruppe sein müsse. Tatsächlich aber wählte Dowding seinen *SASO,* Keith Park, für das Kommando aus. Falls Leigh-Mallory sich gekränkt fühlte, wird damit verständlich, warum.

Die Unterteilung der RAF-Kräfte in spezialisierte Kommandos war teilweise eine Antwort auf die politische Atmosphäre, die Hitlers aggressive Reden hervorgerufen hatten. Die hohen Offiziere der RAF blieben überzeugt, daß Bomberverbände der Schlüssel zum Sieg seien. Aber nach dem Wendepunkt von München lieferte die Unzulänglichkeit der Verteidigung den Jägerkommandos einige Pluspunkte.

Außerdem gab der Münchner Wendepunkt Dowding eine Bedeutung, die das Luftfahrtministerium nicht vorhergesehen hatte. Er war Oberbefehlshaber eines Kommandos, das nicht nur die Jägerstaffeln mit einschloß. Es gehörten auch das Überwachungsnetz, die Sperrballons, von denen Stahlkabel als Schutz vor Tieffliegerangriffen herunterhingen, und die Luftabwehrgeschütze dazu. Obwohl das letztere technisch unter Armeebefehl stand, wurden Dowdings Vorstellungen nie ignoriert. Jetzt forderte er nachdrücklich mehr Geld für das Beobachterkorps. Das waren freiwillige Wächter, die Flugzeugbewegungen über ganz Großbritannien verfolgten. Er bat auch um Einsatzräume bei allen Ebenen der Jägerkommandos und um Allwetter-Startbahnen auf den Jägerflughäfen.

Im Jahr des Münchner Wendepunkts erhielt Dowding den ersten einer Serie von offiziellen Briefen, die seinen Dienst bei der RAF aufkündigten, um ihn dann in letzter Minute zu verlängern. Wieweit diese Briefe das Ergebnis von Kuddelmuddel und Unfähigkeit waren oder das Werk harter und boshafter Rivalen ist bis heute nicht ausdiskutiert. Sicherlich fehlte dem trockenen alten Witwer Dowding jeder Charme, und er zeigte keine Anstalten, sich den Männern gegenüber diplomatisch zu verhalten, die über seine Berufung entschieden. Dowding zeigte eine altmodische Korrektheit, wenn er mit den älteren Offizieren verhandelte. Sie alle standen im Rang unter ihm und hatten weniger Dienstjahre; viele waren einst seine Untergebenen gewesen. Das machte ihre Arbeit nicht einfacher. Aber ein Mann wie Dowding hätte nie die Jahre der Unsicherheit verdient, die Rausschmiß und Wiedereinstellung mit sich brachten. Und er hätte auch nicht die abschließende knappe Entlassung verdient, die ihn anwies, sein Büro innerhalb von 24 Stunden zu räumen.

Doch Dowding gab nie ein Vorbild ab. Zu oft ließ er sich zu beißenden Kommentaren hinreißen, wenn ein freundlicher Ratschlag dasselbe, oder ein besseres Ergebnis eingebracht hätte. Und es fiel in Dowdings Zeit, daß die RAF mit den ungeheuerlichen Fairey-»Battle«-Bombern und den »Defiant«-Jägern ausgerüstet wurde, die im Kampf gegen die Luftwaffe völlig ungeeignet waren. Dowding war verantwortlicher Offizier, als das Luftschiff *R. 101* in sein Verhängnis flog. Er zweifelte nicht die Männer an, die ihm erklärten, schußsichere Tanks seien für Jäger zu schwer (sie zeigten ihm die Berechnungen für stoßgeprüfte Tanks).

Dowding war gleichgültig gegenüber der Speisezimmer-Politik, ungeduldig und abschleifend gegenüber Männern, die seine Gedanken nicht verstanden. In einer Konferenz des Luftfahrtministeriums erklärte er, er brauche schußsicheres Glas für die »Hurricanes« und »Spitfires«. Alles lachte. »Wenn Chikago-Gangster in ihren Autos schußsicheres Glas haben, kann ich keinen Grund sehen, warum meine Piloten nicht dasselbe haben können«, sagte er irritiert durch das Gelächter. Gern delegierte er Machtbefugnisse und mischte sich selten bei Untergebenen ein, denen er traute. Nicht unverständlich, aber unrealistisch erwartete er ebensolches Vertrauen von den Männern im Ministerium.

Obwohl Dowdings Interesse für die Jägerpiloten der zentrale Gedanke bei jeder seiner Entscheidung war, traf oder unterhielt er sich nur selten mit ihnen. Er glaubte, daß die Anwesenheit des Oberbefehlshabers nur eine extra Last für sie bedeuten würde. Aber es ist ein interessanter Aspekt am Charakter dieses reservierten Mannes, daß sich seine zuverlässigsten Stützen aus Untergebenen der niederen Dienstränge, die in seinem Hauptquartier arbeiteten, darunter auch seine persönlichen Assistenten, sowie aus seinem Bürostab bildeten.

Dowding verstand die Männer gut genug, um einen Befehl herauszugeben, wonach Kommandeure der Jägerstaffeln diese Aufgabe nicht über das Alter von 26 Jahren hinaus innehaben konnten. Und es war klar, daß seine Jägerpiloten weit bereitwilliger Befehle von Leitern entgegennehmen würden, die selber erfahrene Jägerpiloten waren. Tatsächlich war das bei vielen der Fall. Dowdings eiskalte Logik wurde in dem Befehl deutlich, deutsche Flugzeugbesatzungen, die in Großbritannien notlandeten, seien zukünftige Kriegsgefangene und dürften deshalb nicht beschossen werden.

Auf der anderen Seite wären RAF-Piloten, die mit dem Fallschirm abspringen, weiterhin Kämpfer und daher Zielscheiben für deutsche Waffen. Obwohl Männer Logik bis zum Anblick des Todes anerkennen, schaffen es nur wenige, wenn es darum geht, eigene Fehler zuzugeben. Dowding versäumte es, dies zu begreifen.

Captain Liddell-Hart, dessen Theorien über militärische Strategie oft in sozialwissenschaftlichen Abhandlungen wiedergegeben werden, sprach von der Bedeutung, dem Feind eine Möglichkeit zu lassen, das Feld zu räumen. Dowding versäumte das. Vielleicht würden seine ethischen Begriffe eine solche »ränkevolle«, schlechte Form erwogen haben. Schlechte Form oder nicht – er geriet mit Churchill in solcher Weise aneinander, daß er ihn sich zum Gegner machte. So wurde ihm Churchills Hilfe zu einer Zeit entzogen, als er sie dringend benötigte. Die Freiheit, die Dowding seinen Kommandeuren ließ und die hohe Moral seiner Piloten waren die beiden größten Beiträge zum Sieg. Ironischerweise waren es aber auch genau diese beiden Punkte, die Dowdings Sturz herbeiführten.

Flugtraining

Es wäre sicherlich nicht richtig zu sagen, daß die Schlacht um England durch das Flugtraining entschieden wurde. Aber dennoch würde eine solche Äußerung nicht sehr weit von der Wahrheit entfernt liegen. Gerade so, wie der Ganzmetall-Eindecker ganz von vorn entwickelt wurde, war die neue Generation von Jägerpiloten wie kein anderer Flieger zuvor.

Einer der ärgsten Rückschläge, unter dem die Vorkriegs-RAF litt, war die Weigerung von Mackenzie King, seit 1935 kanadischer Premierminister, auch nur ein Empire-Flieger-Trainingslager in Erwägung zu ziehen. Er schlug der britischen Regierung sogar ab, ihre Vorschläge auch nur entgegenzunehmen. Dennoch beklagte er sich später, daß ihn ein Trainingslager im Frieden nie angeboten wurde. Australien und Neuseeland antworteten positiv. Aber im Krieg würden diese weit entfernt gelegenen Ausbildungsschulen nicht so nützlich sein, wie die relativ nahe gelegenen kanadischen. Südafrika und Rhodesien waren bereit, die RAF zu unterstützen. Aber vor Kriegsbeginn trainierte keine Flugschule Männer anderer Nationen.

Deshalb rief die britische Regierung 1936 eine RAF-Freiwilligenreserve ins Leben. Hier wurde allen Bürgern zwischen 18 und 25 Jahren die Chance geboten, auf Kosten des Steuerzahlers fliegen zu lernen. Diese Freizeitflieger wurden zu Sergeants ernannt. Örtliche Flugschulen gaben am Wochenende Flugunterricht. Die RAF kam für die Kosten auf. Außerdem wurden obligatorische Abendunterrichtsstunden in Bewaffnung, Funk und Navigation abgehalten.

Für das Freizeittraining freiwilliger Studenten wurden Universitäts-Flugstaffeln gegründet. Eine andere Quelle für Freizeit-Flugzeugbesatzungen war die Hilfsluftwaffe. Sie begann 1926 mit vier Staffeln. 1939 gab es 20, die sich in verschiedenen Distrikten gebildet hatten und deren Namen trugen. Es gab z. B. die Staffel 601 (County of London), die Staffel 610 (County of Chester), die Staffel 609 aus dem westlichen Verwaltungsbezirk von Yorkshire und andere mehr. Im August 1940 stellten Hilfsstaffeln ein Viertel der RAF-Jägerstreitmacht, obwohl die Plätze von Gefallenen viele Freiwillige und reguläre Soldaten in ihre Reihen gebracht hatten.

Theoretisch stand die Hilfsluftwaffe (AAF) zur RAF wie die Territorial-Armee zur britischen Armee. Diese Staffeln waren eigentlich örtliche Formationen mit regionaler Unterstützung. Aber kein Territorial-Regiment trug so breite Schals oder fütterte die Jacken mit roter Seide, wie es viele der vornehmen AAF-Offizierspiloten taten. Und keines der Territorial-Regimenter konnte es mit dem guten Ruf der »Millionärs-Staffel« aufnehmen. Allein der Name bahnte sich einen Weg durch die Schlacht. Bei Kriegsausbruch waren die »Millionäre« daran interessiert, wie die Aussicht angesichts Benzinrationierung sei und wie es um ihren privaten Transport bestellt sei. Ein Offizier wurde mit der Aufgabe betraut, Benzin zu kaufen. Er kam zurück, nachdem er eine

Tankstelle gekauft hatte, aber erklärte, daß die Tanks nur noch halb voll waren. Die Situation war gerettet, als sich ein anderer Pilot daran erinnerte, er sei ein Direktor von Shell. Sein Sekretär sorgte für Lieferung.

Mehr als ein Pilot war alles andere als begeistert über die AAF-Staffeln. Erfahrene RAF-Sergeant-Piloten aus der Freiwilligenreserve, so wie »Ginger« Lacey, der zu einer AAF-Staffel abkommandiert war, hielten sie manchmal für »ziemlich snobistische Bewahrer der Reichen«. »Johnnie« Johnson, ein anderes RAF-Flieger-As, blieb überzeugt davon, daß er in eine AAF-Staffel nur deshalb nicht aufgenommen wurde, weil der Befragungsoffizier herausgefunden hatte, daß er nicht auf die Fuchsjagd ginge. Bei einer anderen AAF-Staffel gab es stets einen Test über das soziale Verhalten. Dabei wurde einem möglichen Offiziersanwärter ein Sonntagslunch serviert und mehrere »Gläser von Sherry« eingeschenkt. Dann sollte herausgefunden werden, ob »seine Ausdrucksweise nicht länger die eines Gentlemans ist«. Einer von ihnen erklärte: »Hilfspiloten sind Gentlemen, die versuchen, Offiziere zu sein. Reguläre Soldaten sind Offiziere, die versuchen, Gentlemen zu sein. Freiwillige sind bestrebt, beides zu sein.«

Viele AAF-Rekruten besaßen Sportfliegererfahrung, bevor sie der Hilfstruppe beitraten. Dennoch gab es für diese Staffeln Lehrer, die sie im technischen Dienst unterrichteten. Dies schloß auch Männer ein, die die Rekruten zu Bodenpersonal ausbildeten: Mechaniker, Monteure oder Waffenexperten. »Es war kein Mangel an Rekruten«, erklärte der Chef der Staffel 609, nachdem ihm drei Avro »Tutor«- und drei Hawker »Hart«-Schulflugzeuge zur Verfügung standen, »die Schwierigkeit war, sie auszuwählen.«

Bei Kriegsbeginn wurden die AAF-Staffeln in die RAF eingegliedert. Sie wurden zu ständigen Einheiten und jede war einer RAF-Vaterstaffel angeschlossen. Viele der AAF-Bomber- und Armeeverbindungsstaffeln wurden zu Jägereinheiten, als in der zweiten Hälfte des Jahres 1939 die Hawker »Hurricanes« von den Bändern kamen. Die AAF-Piloten galten immer als gutausgebildete, intelligente junge Männer von hoher Moral und höchster physischer Fitness. Beinahe mühelos lernten sie die neuen, schnellen Eindecker zu fliegen. Dennoch waren viele Flugstunden Erfahrung nötig, um aus diesen Freizeitpiloten professionelle zu machen. Sie erhielten nicht viele Flugstunden, bevor sie den kampferfahrenen Piloten der deutschen Luftwaffe gegenüberstanden. Es stimmt auch, daß viele Hilfsflieger älter als ihre Gegner und auch älter als die regulären RAF-Piloten waren. Eine AAF-Staffel setzte sich aus Piloten zusammen, die durchschnittlich fünf Jahre älter als die RAF-Männer waren, mit denen sie den Flugplatz teilten.

Dowding war zufrieden über den Strom an geübten Piloten, die aus den Flugschulen kamen. Sogar nach Kriegsausbruch basierten die Aufnahmen weiterhin auf der Friedenssollstärke. Dowding erinnerte alle Beteiligten an die Schnelligkeit, mit der ein Krieg für Gefallene sorgt, und an die lange Ausbildungszeit, um einen erfahrenen Jägerpiloten zu bekommen. Die Piloten-Grundausbildung dauerte ein Jahr. Dem schloß sich ein weiteres Jahr Staffeldienst an, um Flugerfahrung zu erwerben. Wie lange würde es dauern, um die zusätzlichen Tricks zu erlernen, die notwendig waren, um in den Strom von Jägerpiloten eingereiht zu werden? Der Ausbruch des Krieges unterstrich nicht nur den Mangel an geübten Piloten. Er sorgte auch dafür, daß RAF-Jägerstaffeln von Verteidigungsaufgaben abgezogen wurden. Sie kamen nach Frankreich. Dowding erhob Einspruch.

Das Luftfahrtministerium entschied sich, Dowdings Einwände zu ignorieren. So war das Ministerium direkt für den Mangel an erfahrenen Jägerpiloten während der Schlacht um England verantwortlich. Mehr als jeder andere Faktor brachte diese Tatsache die deutsche Luftwaffe nahe an die Luftvorherrschaft.

Der Krieg begann. Aber es ging nicht mit den großen Luftangriffen auf London und den zwei Millionen Gefallenen los, die Theoretiker vorausgesagt hatten. Tatsächlich blieb in Großbritannien die Zahl der Opfer von Luftangriffen während des gesamten Krieges unter 300 000. Etwa die Hälfte

Texte zu den Bildern 14–23:

14 *Feldmarschall Erhard Milch (links)*
Er war auch Staatssekretär des deutschen Luftfahrtministeriums. Abgesehen von seinem Chef Göring war er der einzige, der vollständige Macht sowohl über die zivile wie militärische Luftfahrt besaß. Ehrgeizig, mitleidlos und vollständig ohne Skrupel, knüpfte Milch Informationsfäden zusammen, die er gegen seine Feinde und Rivalen benutzen konnte. Obwohl er immer allgemein verhaßt war, halfen ihm Erfahrung, Fleiß und nie in Frage gestellte Loyalität gegenüber Hitler, seine Macht auf Kosten der Männer in seiner Umgebung – Göring eingeschlossen – ständig zu stärken. Hier, auf der Titelseite des Luftwaffen-Magazins, das ein Teil von Milchs Imperium war, ist der gedrungene Milch in der schmeichelhaftesten Weise wiedergegeben. Rechts neben ihm steht Albert Speer, der Rüstungsminister.

15 *Professor Hugo Junkers*
Wenige Männer steuerten soviel zur Geschichte der Fliegerei bei wie Hugo Junkers. Zu einem seiner führenden Mitarbeiter erwählte er den dynamischen jungen Milch. Als Dank wurde er gehetzt, verhaftet, zum Bankrott und schließlich in den Tod getrieben.

16 *Göring, Chef der Luftwaffe, mit Udet*
Dieses Foto wurde während der Zeit der Schlacht gemacht, als Udet General-Luftzeugmeister der Luftwaffe war. Das alles leichtnehmende, aber schwer trinkende Jäger-As des Ersten Weltkrieges, wurde oft von Göring herbeizitiert, um sich für das Durcheinander in seiner Abteilung zu verantworten. Aber gewöhnlich schaffte er es, den Zorn des Reichsmarschalls abzubiegen, indem er die Unterhaltung auf die alten Zeiten lenkte, als sie in dem Krieg von 1914–18 zusammen flogen.

17 *»Onkel Theo«, Generalmajor Osterkamp*
Er war ein As des Ersten Weltkrieges, das weiterflog und auch zum As in der Schlacht um England wurde. Im Alter von 48 Jahren wurde ihm das Jagdfliegen verboten. Er wurde dann zum Jafü 2 (Kommandeur aller Jägereinheiten der Luftflotte 2) ernannt. An seinem Hals trägt er den Pour le mérite und das Ritterkreuz, beides die höchsten Auszeichnungen für Tapferkeit in jedem Krieg. Das Bild wurde aufgenommen, als »Onkel Theo« gekommen war, um einen Abend bei seiner alten Einheit zu verbringen. Es war das JG 53 »Pik As«-Geschwader. Zu dieser Zeit hatte er mit Milch die Klingen gekreuzt, etwas, von dem sich nur wenige Männer erholten.

18 *Hugo Sperrle, Kommandeur der Luftflotte 3*
Von ihm sagte Albert Speer: »Das heftige Verlangen des Feldmarschalls nach Luxus und öffentlicher Anerkennung rangierte dicht hinter dem seines Chefs Göring.«

Adler
Belgique Frs.
France Frs.
Portugal
Suisse
PUBLIÉ AV
LA COLLABOR
DU MINISTÈRE
ALLEMAN
Éditi
frança

▲14

▲15

▼16

▲17 ▼18 ▼19

20

▲ 21

▼ 22

▼ 23

19 *Werner Mölders*

Der ernste, nachdenkliche Werner Mölders wurde von seinen Männern mit dem Kosenamen »Vati« bedacht. In einem Regime, das alle Religionen unterdrückte, machte Mölders kein Geheimnis aus seinem römisch-katholischen Glauben und schuf sich von daher Feinde. Er kam nach Spanien, gerade als die neuen Ganzmetall-Eindeckerjagdflugzeuge eintrafen. Er wurde zum As und leistete in der Technik des Luftkampfes, wie ihn die Luftwaffe 1940 anwandte, Pionierarbeit. Am 12. Oktober 1940 hatte Mölders 45 Siege denen aus den spanischen Kämpfen hinzugefügt. Mit nur 28 Jahren wurde er bei der Luftwaffe zum General der Jagdflieger ernannt, eine außergewöhnliche Leistung für einen Mann, der beim ersten medizinischen Lufttest wegen Luftkrankheit durchfiel und während seines ganzen kurzen Lebens darunter litt. Dieses Titelbild eines deutschen Magazins (holländische Ausgabe) zeigt auch, wie die deutschen Jägerpiloten ihre Siege auf die Schwanzflosse ihrer Maschine aufmalten. Über jedem Strich steht das Nationalitätszeichen des Besiegten und ein Datum. Gegen Jahresende 1940 hatte Mölders 55 Siege erzielt.

20 *Notlandung einer Messerschmitt Bf-109-E in England*

Diese Bf 109 E trägt hinter dem Cockpit die persönlichen Zeichen des Adjutanten eines Geschwaders. Unter dem Datum des 28. Juli 1940 hat der Zensor sein Zeichen für Streichung angebracht und auch darum gebeten, »Südostküste« in »Südost-England« zu ändern. An diesem Tag führte das deutsche As Mölders zum ersten Mal das JG 51 als Geschwaderkommodore. Das südafrikanische As Malan griff das Führungsflugzeug der deutschen Formation an und errang einen Sieg, bevor er gegen Mölders selbst kämpfte. Vermutlich ist dies die Maschine, die Malan von der Stabskette abschoß. Die Cockpithaube ist am Flugzeug geblieben. Dies zeigt, daß der Pilot zur Notlandung in der Maschine geblieben ist. Für die Engländer war es sicherlich wichtig, die Tatsache zu verbergen, daß sie einen Piloten von solcher Bedeutung gefangen hatten. Der unterteilte Tarnanstrich des »Spinners« (Propellerhaube) ist ungewöhnlich, und die Art, wie die Haubenvertiefungen der MGs in unterschiedlichen Farben herausgestellt sind, ist sogar noch ungewöhnlicher. Man beachte das Loch im »Spinner«. Noch heute veranlaßt es Experten fälschlich zu der Ansicht, daß dort eine Kanone untergebracht gewesen sei. Tatsächlich sorgte es für Kühlung des Generators. Diese Messerschmitt-Haube wurde über und hinter dem Kopf des Piloten mit Panzerplatten ausgestattet. Der Schutz schadete der guten Sicht. Der kopfstehende V-förmige Motor brachte es mit sich, daß auf der Seite der Motorhaube nur geringe Abgase waren. Die quadratische Öffnung oberhalb ist für den Vorverdichter.

21 *Oberleutnant Werner Baumbach*

Er flog während der Schlacht bei der 5/KG 30 (»Adler«-Geschwader). Am 15.

August flogen diese Junkers Ju 88 von Aalborg in Dänemark, um England von der Nordsee her anzugreifen. Aufgelöst schwenkten sie dann nach Eindhoven (Holland) ab. Hier trägt Baumbach die speziellen Rangabzeichen, die für den Gebrauch an der Kombination vorgesehen waren. Der Feldwebel zu seiner Rechten ist sein Erster Wart (Bodenpersonal).

22 *Hauptmann Helmut Wick*
Er flog Messerschmitt Bf-109-E-Jäger beim I/JG 2 (Richthofen). Am 27. August 1940 wurde ihm das Ritterkreuz, in der Pilotensprache der »Blechschlips«, verliehen, nachdem er 20 feindliche Maschinen abgeschossen hatte. Bald nachdem diese Aufnahme im September 1940 entstand, wurde der 25 Jahre alte Wick zum jüngsten Major der Luftwaffe ernannt. Er war einer der drei Piloten der Schlacht um England, die das Eichenlaub für 40 Siege errangen. Bei Ende der Schlacht war Wick erfolgreichster Jägerpilot auf beiden Seiten und wurde zum Kommodore des Geschwaders »Richthofen« ernannt.

23 *Adolf Galland*
Er klettert aus seinem Messerschmitt-Jäger und raucht eine der schwarzen Zigarren, für die er im Cockpit einen Aschenbecher installiert hatte. Der Stoffsack an seinem Knie enthält einen Farbstoff, der bei einer Notwasserung die See einfärben würde. Die Rettungsweste entstand nach einem Modell des Jahres 1940, als sich der »Wursttyp« für zu sperrig für Jäger erwies. Die quadratische Einlaßöffnung des Vorverdichters läßt die Maschine als Bf 109 E erkennen, während der Winkel (rechts) ausweist, daß dies Bild im französischen Caffiers aufgenommen wurde, wo Galland als Major die III/JG 26 kommandierte. Man beachte die Micky Maus, die in dieser Art Gallands persönliches Erkennungsmerkmal war. Der Kopf des Mechanikers verdeckt teilweise das Symbol des »Schlageter«-Geschwaders (JG 26). Man beachte den anderen Mann, der mit Gallands Schirmmütze in der Hand wartet.

---

davon waren »Leichtverletzte«. Aber die Experten wollten nicht glauben, daß sie falsch lagen. Am 3. September heulten die Alarmsirenen nur wenige Minuten nach der Kriegserklärung. Der »Angriff« entpuppte sich als kleines Flugzeug der Verbündeten, das den stellvertretenden französischen Militärattaché und einen Dolmetscher einflog. In den Morgenstunden des nächsten Tages sorgte eine Falschmeldung dafür, daß in London die Sirenen heulten. Irgend jemand hatte von Guildford einfach bei Scotland Yard angerufen und mitgeteilt, daß gerade eine große Bomberformation mit Zielrichtung London über seinen Kopf hinweggeflogen sei.

Falls bei Kriegsbeginn irgend jemand in Englands Luftverteidigung glaubte, das Warnsystem funktioniere gut, dürften die Vorgänge des 6. September 1939 seine Meinung geändert haben. Wie Dowding berichtet, begann alles damit, daß »ein Flüchtlingsflugzeug aus Holland« angekündigt wurde. Bis dahin war nichts von einem ankommenden Flug bekannt. RAF-Jäger stiegen auf, um die Maschine abzufangen.

Wie der Empfänger jedes billigen Transistorradios, lieferten die Radargeräte ein deutliches Signal, wenn sie sich im richtigen Winkel zum Flugzeug oder zur Funkstation befanden. Nur mit einem elektrischen Schirm konnte das Radar unterscheiden, ob es sich um ein von See kommendes Flugzeug oder um eines handelte, das sich hinter der Anlage befand. Am 6. September versagte der Schirm, wie Dowding berichtet. Auf englischen Flughäfen stiegen Jäger auf, um das abzufangen, was auf dem Schirm als Echozeichen von See auftauchte. Weitere RAF-Jäger starteten, und jeder einzelne sah wie ein näherkommender Angreifer aus. Wie der Kampf begann, ist noch immer unbekannt. Aber als die »Spitfires« aus Hornchurch auf die »Hurricanes« aus Nord Weald trafen, kam es zur Schlacht. Zwei »Hurricanes« wurden abgeschossen. Ein Pilot starb.

In Dowdings Hauptquartier wurden die Bewegungen der farbigen Marken vom König beobachtet, der jenen Tag für einen Besuch ausgewählt hatte. »Ich fürchte, ich war ein äußerst verwirrter Gastgeber«, sagte Dowding, der bemerkte, daß irgend etwas furchtbar falsch gelaufen war.

Der Radarschirm von Canewdon wurde überprüft. Man stellte fest, daß er fehlerfrei arbeitete. Später behauptete Watson-Watt, die Jäger hätten sich alle seewärts der Anlage aufgehalten, und das Radar habe perfekt funktioniert.

Was richtig und was falsch war, ist nie festgestellt worden. Dafür lief eine dringende Neuorganisation des Radars und des Nachrichtennetzes an. Sofort wurden elektronische Anlagen bestellt, die in der Lage sein würden, RAF-Flugzeuge selbsttätig zu identifizieren. Diese IFF-Anlagen waren eine noch unfertige Erfindung. Dennoch wurden im September 500 von Hand zusammengesetzt, damit sie den Jägern zur

Verfügung standen. Und nach dem Fiasko wurde ein Befehl erlassen, wonach feindliche Angriffe erst durch Sichtkontakt des Observer Corps bestätigt werden mußten, ehe die Jäger aufstiegen. Wie wir sehen werden, brachte diese Regel neue Schwierigkeiten mit sich.

Inzwischen war die Luftwaffe anderswo aktiv und unterstützte mit einem intensiven Luftbombardement den Einmarsch der deutschen Armee in Polen. Es gab nur wenige Luftkämpfe. Denn die polnische Luftflotte wurde größtenteils bereits bei Angriffen auf ihre Flughäfen zerstört. Während die Kämpfe andauerten, arbeiteten die Regierungen von England und Frankreich hart an der Aufgabe, sich gegenseitig davon zu überzeugen, daß die Luftwaffe keine westlichen Städte angreifen würde, ohne dazu herausgefordert worden zu sein. Den anglo-französischen Luftflotten wurde verboten, irgend etwas Tödlicheres als Propagandaflugblätter über deutschen Städten abzuwerfen. Dem RAF-Bomberkommando war es gestattet, über der Nordsee mit Bomben zu fliegen, aber nur, um deutsche Kriegsschiffe anzugreifen. Als sie dies bei Tageslicht ohne Jägerbegleitung versuchten, erlitten sie schwere Verluste. Als das Jahr 1939 zu Ende ging, hatten sich die Einsätze der RAF-Bomberkommandos als verheerend erwiesen. Die Angriffe brachten eine Verlustrate von 9,5 Prozent. Nie wieder erreichten die Verlustzahlen in irgendeinem folgenden Kriegsjahr auch nur die Hälfte dieser Höhe. Anstatt die Angriffe mit Jagdschutz zu fliegen, wurde einfach das Bomben bei Tageslicht, das Grundlage aller Vorkriegsplanungen gewesen war, verboten.

In der Nacht gab sich die RAF mit Flugblattabwürfen zufrieden. Wenige der Flieger fanden jemals ihre vorher festgelegten Ziele. Der Vorschlag wurde gemacht, die deutschen Wälder mit Brandbomben zu entflammen. Sir Kingsley Wood, der englische Luftfahrtminister, ein ehemaliger Versicherungsgutachter, enthüllte mit seiner Antwort den offiziellen Standpunkt: »Sind Sie sich bewußt, daß es sich um privates Eigentum handelt? Natürlich werden Sie mich demnächst darum bitten, Bomben über Essen abwerfen zu dürfen.«

Dowding und sein Treffen mit dem Kabinett am 15. Mai

Am 10. Mai 1940 überfuhren deutsche Panzerverbände die Grenzen ohne Zollformalitäten und ließen jeden Respekt vor fremdem Eigentum vermissen. Sie rollten in Richtung Maas. Der große Blitzkrieg von 1940 hatte begonnen. Die Franzosen ersuchten die Engländer, ihre schwere Bomberstreitmacht gegen die deutschen Kolonnen einzusetzen. Am 15. Mai bildeten Panzerkräfte einen Brückenkopf an der Maas. Bei einem Treffen des Kriegskabinetts an jenem Tag wurde entschieden, daß das RAF-Bomberkommando die Erlaubnis zum Angriff bekommen sollte.

Im Einklang mit den Theorien, die auch Göring so beeindruckten, brachte die RAF den größten Bomberverband zusammen, den es bis dahin gegeben hatte, und schickte ihn noch in derselben Nacht los. Sie flogen nicht etwa los, um die Brücken der Maas anzugreifen. Umfangreiche strategische Gründe und der Einfluß von Douhet führten dazu, daß als Ziel die Ölindustrie im äußerst dicht bewohnten Ruhrgebiet ausgewählt wurde. Im Schutz der Dunkelheit versuchten 100 »Whitley«-, »Hampden«- und »Wellington«-Bomber es zu finden.

Die Franzosen hatten verzweifelt argumentiert, daß Luftangriffe auf das Ruhrgebiet ohne Einfluß auf Guderians bewaffnete Invasion in Frankreich bleiben würden. Sie lagen damit völlig richtig. Wie die offizielle RAF-Geschichte zugibt, erreichten die Bomber »keines ihrer Ziele. Die industrielle Zerstörung erwies sich als unbedeutend«. Weiter wird erklärt, daß der größte Erfolg dieses ersten strategischen Bombenangriffs auf Deutschland eine »formlose Einladung an die Luftwaffe war, auf London Bomben zu werfen«. Damit hoffte man, die deutsche Luftoffensive von den französischen Bodentruppen abzulenken. Wie weit dies tatsächlich eintraf, nachdem sich die englischen Angriffe allenfalls als Provokation erwiesen hatten, kann nur vermutet werden.

Das Treffen des Sonderkabinetts vom 15. Mai war so bedeutend, wie kein anderes in der Geschichte der Nation. Alarmiert durch die Zahlen seiner wertvollen »Hurricane«-Jäger, die zum Einsatz nach Frankreich geschickt wurden, bat Dowding um die Erlaubnis, im Kabinett sprechen zu dürfen. Zu seiner Überraschung wurde er umgehend eingeladen.

Es ist wichtig, sich den Grund für Dowdings Ziel zu vergegenwärtigen. Seine Erziehung, seine Ausbildung und sein Charakter würden es ihm verboten haben, über die strategische Ratsamkeit der Abstellung von Jagdflugzeugen nach Frankreich zu diskutieren. Solche Entscheidung lag richtigerweise beim Kriegskabinett, das durch das Luftfahrtministerium beraten wurde. Wenn das Luftfahrtministerium schon seit langem entschieden hatte, daß 52 Staffeln zur Verteidigung von England notwendig seien, müßten die nach Frankreich geschickten Jäger als Überseekräfte abgeschrieben und von der Heimatverteidigung abgetrennt werden. So argumentierte Dowding. Außerdem müßten die in England verbliebenen Kräfte auf 52 Staffeln aufgefüllt werden. Dowding begründete seine Lage nie technisch vor dem Kabinett. Um völlig neue Informationen zu erhalten, die Licht in den mysteriösen Vorfall bringen, bat ich Professor A.J.P. Taylor, mir freundlicherweise das Ergebnis seiner Nachforschungen zu überlassen. Ich bin ihm sehr dankbar, daß er dem Wunsch entsprach.

Dowding trug seinen Fall Churchill, Sinclair (der neue Luftfahrtminister), Beaverbrook (der eben ernannte Minister für Flugzeugproduktion) und Sir Cyril Newall (Chef des Luftstabes) vor. Er berichtete, seine 52 Staffeln seien bereits auf 36 zusammengeschrumpft. Bei der gegenwärtigen Abschußrate der »Hurricanes« in Frankreich würde es in zwei Wochen nirgendwo mehr eine Maschine dieses Typs geben. Er zeigte ein Schaubild, um seine Behauptungen zu unterstreichen und stellte es vor Churchill auf.

Dowding blieb beim folgenden Kabinett-Treffen dabei. Es war nicht ungewöhnlich, daß der Raum mit Menschen überfüllt war, trotz einer nur kleinen Zahl ständig Anwesender. Dowding sprach jedoch nicht vor dem Kabinett, noch antwortete irgend jemand auf seine Bitte. Nach dem Treffen des Kabinetts behauptete Sir Cyril Newall, Sinclair hätte die Angelegenheit zur Sprache bringen sollen. Doch da war es zu spät. Es gingen Befehle heraus, wonach weitere vier Staffeln nach Frankreich geschickt wurden.

Dowding fuhr zu seinem Hauptquartier zurück. In einem offiziellen Brief beschrieb er dem Unterstaatssekretär für Luftfahrt die Situation geradeso, wie er sie Churchill dargelegt hatte. Das erwies sich als begründete Vorsichtsmaßnahme – wie wir noch sehen werden.

Am nächsten Tag, dem 16. Mai, flog Churchill nach Paris. Hier bat ihn Reynaud um weitere Jägereinheiten der RAF, um sie der deutschen Flut entgegenzustemmen. Churchill telefonierte nach London (um Geheimhaltung zu gewährleisten, ließ er das Gespräch von zwei Offizieren führen, die sich auf Hindustanisch unterhielten). Er bat das Kabinett um Zustimmung, daß weitere sechs Staffeln nach Frankreich beordert werden würden – noch zusätzlich zu den vieren, die man Dowding tags zuvor weggenommen hatte. Das Kabinett kam am späten Abend zusammen, um darüber zu beraten. Ohne Churchills führende Anwesenheit schwankte man. Der kraftlose Sinclair war mutig genug, ihnen von Dowdings Argumenten zu berichten. Sir Cyril Newall ergänzte, der Mangel an brauchbaren französischen Flughäfen sei ein weiterer Faktor. Man muß sich daran erinnern, daß die »Hurricanes« ein umfangreiches Gefolge an Männern und beachtliche Mengen Ausrüstung und Ersatzteile brauchten, um von Frankreich aus eingesetzt zu werden – und Frankreich lag jetzt im Chaos. Newall erinnerte an »die Figuren, die Air Chief Marshal Dowding gestern vor uns ausgebreitet hat«. Damit meinte er nicht das Kabinett, sondern die Unterlagen beim vorangehenden Treffen. Das Kabinett wagte es nicht, Churchills Bitte abzuschlagen, aber es kam zu einem Kompromiß. Sie einigten sich darauf, sechs weitere »Hurricane«-Staffeln könnten von französischen Flughäfen aus operieren, vorausgesetzt, daß sie in jeder Nacht zu ihren Stammeinheiten nach England zurückflögen.

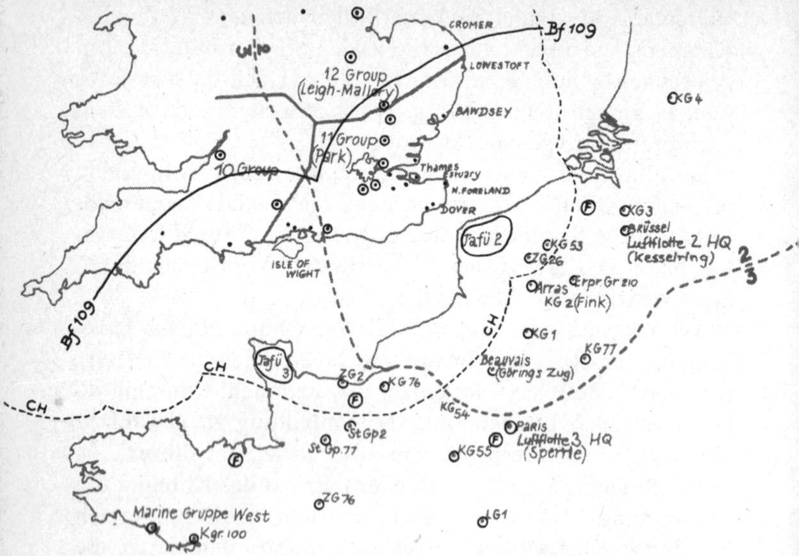

Zeichnung 4: Das Schlachtfeld

Die zwei deutschen *Luftflotten* hatten eine Grenzlinie (die gerasterte, unterbrochene Linie), die sich über England fortsetzte. Die deutschen einsitzigen Jäger (Bf 109) waren in Cherbourg und im Pas de Calais unter dem Kommando des Jagdfliegerführers – Jafü – der *Luftflotten 2* bzw. *3* konzentriert. Die schwarze Linie zeigt die äußerste Reichweite der Messerschmitt-Maschinen an. Ein Kampf würde sie allerdings viel kürzer machen, da die Piloten mit Vollgas flogen und mehr Treibstoff verbrauchten.

Die bedeutendsten Bombereinheiten wie *KG 1* usw. sind auf dem Flugplatz ihres Stabs eingetragen. *KG 100,* der am weitesten im Westen gelegene Luftwaffenverband, war die deutsche Pfadfinder-Einheit.

Von der *Marinegruppe West* aus starteten die viermotorigen Fw-200-Maschinen Richtung Atlantik – manchmal flogen sie bis nach Stavanger in Norwegen. Sie lieferten die Wetterberichte, welche die Luftflotten brauchten, um ihre Angriffe zu planen.

Die wichtigsten RAF-Sektoren-Flugplätze, wo die Einsatzräume angelegt waren, sind umringt. Andere Jägerflughäfen sind als schwarze Punkte eingetragen. Bawdsey war der Ort, an dem das britische Radar entwickelt wurde. Die Reichweite eines normalen Zehn-Meter-Chaine-Home-Radar für Flugzeuge bis Höhen von 4500 Meter ist durch die unterbrochene schwarze Linie dargestellt. Es schloß Inlandgebiete ein, in denen sich die deutschen Flugzeuge sammelten. Aber in seinen äußeren Reichweiten war es nur wenig mehr als das, was das Bedienungspersonal »Brei« nannte.

Görings Zug fuhr nach Deutschland zurück und dann zum Pas de Calais. Er wird in Beauvais, seiner ursprünglichen Lage, gezeigt. Hier lag auch das Hauptquartier des *I. Fliegerkorps.* Andere *Fliegerkorps*-Hauptquartiere sind als ›F‹ eingetragen. Sie hatten wie die *Luftflotten*-Hauptquartiere vorgeschobene Leitstände nahe der Küste.

Lowestoft zeigt den Platz, an dem Townsend die Dornier Do 17 jagte. Cromer ist der Punkt, an dem auch Bader auf eine Dornier stieß (siehe Text zum 11. Juli).

In zwei Tagen hatte Dowding so weitere zehn Jägerstaffeln verloren. Er lag jetzt bei der Hälfte einer Stärke, die als gefährliches Minimum angesehen wurde. Die bitteren Anklagen des französischen Oberkommandeurs, Churchill habe die Allianz hintergangen, indem er Frankreich RAF-Jäger abschlug, müssen im Zusammenhang mit diesen Vorgängen gewertet werden.

Zweifelsfrei bewegten die Bitten der französischen Politiker und die große und plötzliche Tragödie, unter der Frankreich litt, Churchill in starkem Maße. In welchem Ausmaß er seinen Einfluß im Kriegskabinett wieder geltend machen wollte, und ob sich sofort eine Antipathie gegenüber Dowding bildete – wie er sie zu bestimmten anderen militärischen Führern hatte –, oder welche anderen Motive er besaß, all das bleibt unbekannt. Churchills Memoiren vermehren das Geheimnis nur noch. Er berichtet nicht von Dowdings Anwesenheit in Downing Street Nr. 10 und will von einer dringenden Warnung nichts gewußt haben. Im Gegenteil. Churchill schrieb: »Air Chief Marshal Dowding, der an der Spitze im Zentrum des Jägerkommandos stand, erklärte mir, mit 25 Jägerstaffeln die Insel gegen die gesamte deutsche Luftwaffe verteidigen zu können. Mit weniger würde er jedoch überfordert sein.«

Das war Unsinn. Es gab Zeugen, es gab die Zeichnung über die »Hurricane«-Verluste, und es gibt den Brief, den Dowding – immer mißtrauisch gegenüber Politikern – sofort nach dem Treffen geschrieben hatte. Ohne diese Zeugnisse könnte die Geschichte ein weiteres Beispiel von einem Politiker erzählen, den seine Experten schlecht beraten hatten.

Dowdings Angst um die nach Frankreich geschickten Jäger erwies sich als wohlbegründet. Als die letzten Zahlen über die 261 zur Unterstützung der englischen Armee abgestellten »Hurricanes« vorlagen, waren die Verluste schwerwiegend. Nur 61 der Maschinen kamen nach England zurück.

Mit deutschen Stützpunkten vor Augen, die der britischen Küste vom Nordwesten Frankreichs bis nach Südnorwegen gegenüberlagen, stellte Dowding seine Jägerstaffeln darauf ein, den unumgänglichen Angriff zu erwarten.

Militärische Experten bezweifelten immer noch skeptisch, daß das Panzerkorps Reinhardt seine Panzer mit einer Geschwindigkeit von 72 Kilometern täglich durch Frankreich bewegt hatte. Jetzt begann eine Schlacht, in der sich die Einheiten mit 540 Kilometern in der Stunde gegenüberstehen würden.

Dowding hatte England in Jägergruppen eingeteilt, um diese Schlacht zu bestehen. Jede Gruppe besaß einen Kommandeur und einen Stab, der an einem großen Einsatztisch arbeitete, auf dem Mädchen mit Rechen farbige Scheiben umherschoben.

Abhängend vom militärischen Sachverstand der Kommandeure und des Stabs aus dem Einsatzraum würden die Schlachten gewonnen oder verloren werden. Ihnen würden nur Minuten, manchmal nur Sekunden zur Verfügung stehen, um zu entscheiden, welche farbige Scheibe einen Scheinangriff darstellte. Wenn man die Jäger zu spät aufsteigen ließ, würden sie leichte Beute für die Deutschen über ihnen werden. Zu wenige aufgestiegene Staffeln könnten eine verlorene Schlacht, zu viele ungeschützte Städte bedeuten. Im noch schlechteren Fall würden die Jäger gerade beim Auftanken sein, so daß eine zweite Bomberwelle sie am Boden zerstören könnte.

Zu all diesen Überlegungen kam das Wolkenproblem, das die Angreifer in einer bestimmten Höhe verbarg, und die Wetterfrage, die für englische Stützpunkte akut werden könnte, während die Maschinen zu Einsätzen jenseits des Kanals unterwegs waren. Luftabwehrbatterien und Ballonsperren mußten entwickelt werden, um ihre Rolle gegen den Feind zu spielen.

Während die großen Schlachten über die Tische der Einsatzräume tobten, sprachen die Abschnitts-Kontrolleure mit den Jägerpiloten, die sich 6000 Meter über ihnen befanden. Sie beobachteten, wie sich die Marken näherten, und hörten die Piloten, wie sie drehten und feuerten, kurvten und starben. Nie zuvor hatte es Schlachten wie diese gegeben.

Dritter Teil:
Waffen: Der Eindecker aus Metall und Radar

»Zieh die Kolbenringe von meinen Nieren ab und die Verbindungstreibstange aus meinem Gehirn. Zieh die Nockenwelle aus meinem Rückgrat und montiere die Maschine noch einmal.«

Traditionelles Lied der englischen Flieger

Die Geschichte der Erfindungen bietet viele Beispiele dafür, daß aus etwas, an dem Erfinder in der letzten Entwicklungsphase arbeiten, plötzlich wunderbarerweise ein anderes benötigtes Ding entsteht. Dies trifft besonders auf Entdekkungen zu, die für den Krieg benötigt werden, wenn die Erfinder häufig durch Politiker, Wirtschaftler oder durch eine mißliche Lage angeregt werden.

So sorgten beispielsweise vor dem Ersten Weltkrieg der ölbefeuerte Dampfkessel, die Turbine, das 38,1-cm-Geschütz und die Panzerung für eine Revolution in der Entwicklung von Schlachtschiffen: die »Queen Elizabeth«-Klasse.

Im 19. Jahrhundert ergaben der Aufschlagzünder, ein Bolzen und ein Kunstgriff am Zündnadelgewehr gemeinsam ein neues Infanteriegewehr, das dann schließlich für 100 Jahre unverändert blieb. Hiram Maxim entwickelte ein Konzept für ein Maschinengewehr, das nie funktioniert hätte, wenn nicht während der letzten Entwicklungsphase ein neuer Sprengstoff erfunden worden wäre. Nur so hatte er genug Bohrung und Gewehrkammerdruck für ein brauchbares Gewehr.

Und genauso war es mit den Eindecker-Jägern aus Metall, die auf beiden Seiten während der Schlacht um England kämpften. In den dreißiger Jahren zeigten zwei Maschinengewehre, Holz und Doppeldeckergebilde – nicht sehr verschieden von den Flugzeugen des Ersten Weltkriegs – plötzlich den Weg zu einer völlig neuen Art von Flugmaschine. Drei Konstrukteure – Messerschmitt, Camm und Mitchell – sorgten für den völligen Wechsel. Das Ergebnis waren die Bf 109, die »Hurricane« und die »Spitfire«.

Texte zu den Bildern 24–29:

24 *Eine Messerschmitt-Fabrik*
In seiner ursprünglichen Konzeption war der Messerschmitt-Jäger Bf 109 ein hervorragendes Flugzeug. Erst als er überbewaffnet wurde, ging der Ärger los. Keine Bf 109 der Kriegsjahre war vollständig fehlerfrei. Trotzdem wurde sie bis Kriegsende aufgrund der Notwendigkeit, Jäger zu bekommen, in Produktion gehalten. Abgebildet ist eine typische Montagehalle, in der die Bf-109-E-Maschinen gebaut wurden, welche in der Schlacht um England kämpften. (Man kann das an den Schwanzstützen der Maschinen links hinten erkennen).

25 *Professor Willi Messerschmitt instruiert einen Testpiloten*
Hinter ihm steht eine Bf 109 und gerade noch dahinter sichtbar Messerschmitts persönliche Bf 108 mit der Registriernummer D-IMTT. (Der Testpilot ist Fritz Wendel, der den Geschwindigkeitsweltrekord im April 1939 mit einer speziell vorbereiteten Messerschmitt brach. Aus Propagandagründen wurde die Maschine als Bf 109 beschrieben.)

26 *»Spitfires« im Bau*
Im Vordergrund stehen Rolls-Royce-»Merlin«-Motoren. Vor der Nase der »Spitfires« ist ein Benzintank, der in den Teil direkt vor dem Cockpit eingebaut wird. Die Maschinen ruhen auf Gerüsten, damit das Einziehen des Fahrwerks getestet werden kann.

27 (eingeklinkt) *Reginald Mitchell, Chefkonstrukteur von Vickers Supermarine, und der Mann, der verantwortlich für die »Spitfire« war*
Er war überzeugt, daß es Krieg geben würde und daß seine Jägerentwicklung einen entscheidenden Teil zum britischen Sieg beisteuern würde. Aber er starb, bevor die Maschinen in Serienproduktion gingen.

28 *Messerschmitt-Piloten warten auf den Startbefehl*
Der Flugzeugtyp (109 E, erkennbar am abgestrebten Schwanz) und die in vollem Laub stehenden Bäume lassen deutlich werden, daß dies im Spätsommer 1940 ist. Die deutschen Besatzungen hatten den Vorteil, ihre Einsatztermine im voraus zu kennen. Die RAF-Jägerpiloten mußten stets und ständig am Tag bereit zum Fliegen und Kämpfen sein. Zu diesem Zeitpunkt des Krieges kennzeichnete die Luftwaffe ihre Maschinen in Übereinstimmung mit den Sprechfunkcodes. Das ermöglichte dem britischen Funkabhördienst zu erkennen, welche Einheiten in der Luft und wo sie stationiert waren. Viel später im Krieg entkam ein deutscher Pilot der Internierung. Er vermutete aufgrund seiner Verhöre, was die RAF zum Erfolg brachte, und übermittelte die Neuigkeit nach Deutschland. Danach stimmten Kennzeichen und Codes der deutschen Flugzeuge nicht länger überein.

▲24 ▼27

▲25 ▼26

28

29

29 *Beim Ausschlachten eines zerstörten deutschen Flugzeugs*
Zerstörte deutsche Maschinen wurden in England in riesigen Abladeplätzen gesammelt. Die Einzelteile wurden sortiert, geborgen und das Metall eingeschmolzen, so daß viele deutsche Flugzeuge zuletzt wieder als RAF-Maschine starteten. Glücklich posieren hier zwei Arbeiter: Der Mann mit der Thermoskanne voll Tee hat den Platz des Bombenschützen eingenommen. Der Mann rechts sitzt auf dem Pilotensitz des Heinkel-He-111-Bombers. Die Nase bestand vollständig aus Glas. Das sorgte für eine wunderbare Sicht, gab aber auch das schreckliche Gefühl von Verwundbarkeit. Die Art, wie zerstörte Flugzeuge von der zivilen Polizei festgestellt und dann mit einer bewaffneten Wache der nächsten RAF-Einheit überstellt wurden, zeigt, wie einfach es für die englische Führung gewesen wäre, genaue Berichte von britischen Siegen zu erhalten. Stattdessen erlaubte die RAF es ihren Piloten, die Erfolge zu übertreiben, um sich so eine bessere Propaganda zu verschaffen.

Doppeldecker und Eindecker

Der Doppeldecker ist so alt wie die Geschichte des Motorflugs. Aus demselben Grund wie viele andere Experimentierer hatten sich die Gebrüder Wright für zwei Flügel, einer über dem anderen, entschieden: Es ergab die doppelte Flügelgröße für jede Art von Maschine. Und die Flügel konnten miteinander versteift werden, um so eine leichte, aber starre Schachtelform zu erhalten. Aber indem man die Flügelfläche durch den Doppeldecker vergrößerte, gewann man nicht den verdoppelten Auftrieb. Die Tragflächenspitzen erwiesen sich in erster Linie als Quelle für Widerstand. Außerdem tauchte der »Doppeldecker-Beeinflussungs-Effekt« auf. Dadurch wird ausgedrückt, daß der Luftstrom eines jeden Flügels den seines Nachbarn stört. In den zwanziger und dreißiger Jahren bauten Konstrukteure merkwürdig anmutende Maschinen, bei denen kleine, beinähnliche Stützen den Rumpf oberhalb des unteren Flügels festhielten. Aber es war egal, wie weit die Konstrukteure die Flügel voneinander entfernt anbrachten. Der Ärger blieb.

Die Menschheit kannte das Geheimnis des Fluges, als sie begriffen hatte, daß sich alles darum dreht, den Luftdruck auf der Oberfläche eines Flügels zu verkleinern, und aufgehört hatte, mit selbstgebastelten Flügeln herumzuflattern. Dies war lange vor den Gebrüdern Wright bekannt. Die bedeutendste Arbeit dafür leistete der Deutsche Otto Lilienthal. Er machte mehr als 1000 Flüge in selbstentwickelten Gleitern und studierte, wie Tragflächen, die in einem bestimmten Maß gekrümmt sind – gleich Höhenflossen – besseren Auftrieb als andere ergaben. Am Ende des neunzehnten Jahrhunderts konnte man noch keine motorgetriebenen Flugmaschinen bauen. Aber die theoretische Arbeit war getan, Windkanäle waren in Gebrauch, und die Luftströmung war fotografiert. Mehr und mehr wurde deutlich, daß das Problem darin lag, ausreichend Luft zu erhalten, die schnell genug über die Tragflächen strömte. So würde dort der Luftdruck verringert werden und so die Flügel hochziehen, oder – so konnte man noch besser sagen – die Flügel hochsaugen.

Die Gebrüder Wright zogen nach Kittyhawk, weil dort ein ständiger Wind von See her wehte. Dies gab ihnen eine nutzbare Luftgeschwindigkeit von etwa 36 km/h, auch wenn ihr Gleiter sich nicht vorwärts bewegte. Das war genau der Pluspunkt, den sie benötigten, um die Entwicklung eines Gleiters abzuschließen, der in der Lage sein sollte, einen Motor zu tragen. Einen Automotor konnten sie nicht benutzen, da alle vorhandenen viel zu schwer waren. Ihr Assistent, ein unbekannter Held namens Charles Taylor, baute aus dem Nichts innerhalb von sechs Wochen einen leichtgewichtigen Benzinmotor. Er erstellte sogar die Nockenwelle aus einem soliden Metallblock. Seine Maschine basierte auf einer früheren Gasmotorentwicklung von Lenoir. Das ändert aber nichts an der Tatsache, daß Taylor als Pionier des Motorflugs bedeutender als die Gebrüder Wright ist.

Es hatte schon ein anderes Flugzeug gegeben, das flog. Bereits 1848 baute Stringfellow eine von Dampfkraft getriebene Flugmaschine. Er führte sie mit ausreichendem Erfolg vor, um einen Preis zu gewinnen. Aber Stringfellows

Maschine konnte nicht das *zusätzliche* Gewicht eines Menschen tragen*.

Die Erfindung des Benzinmotors ermöglichte es Manly, einen Sternmotor zu entwickeln, und das viele Jahre, bevor Langley eine Flugmaschine baute. Diese Maschine stürzte nur wenige Tage vor dem berühmten Flug der Gebrüder Wright ab. Offizielle US-Dienststellen erkannten Langleys Flugzeug als das erste an, das ständig einen Menschen im freien Flug tragen konnte. Darüber erregte sich Orville Wright derart, daß er seinen »Flieger« dem Londoner Wissenschafts-Museum übergab. Dort stand die Maschine, bis die USA 1942 offiziell anerkannten, daß die Gebrüder Wright den ersten motorgetriebenen Flug absolviert hätten.

Den frühen Pionieren kam der Doppeldeckerbau entgegen. Diese »Vogelkäfige« konnten aus Draht, Holz und Stoff mit solchen Werkzeugen gebaut werden, die in einem Durchschnittshaushalt zu finden waren. Der Doppeldecker besaß bestimmte Vorteile. Nicht der unwichtigste davon war sein geringer Wendekreis, aufgrund seiner kleineren Spannweite. Diese Tatsache ermunterte viele Jägerpiloten zum Glauben, daß Doppeldecker immer führend als Jagdflugzeuge sein würden, auch wenn sich Eindecker besser für Transporte oder als Bomber verwenden ließen. Doppeldecker konnten drehen, in den Sturzflug gehen oder Loopings fliegen, um Eindecker-Jägern auszuweichen. Denen würde nichts anderes übrigbleiben, als hinter ihnen herzufliegen und eine stufenweise Wendung einzuleiten. Erst dann würden sie wieder zum Angriff übergehen können. Es hieß sogar, Eindecker-Jagdflugzeuge würden stets auf die Gnade der Doppeldecker angewiesen sein.

---

* Dampfkraftgetriebene Flüge sind kein unerfüllter Traum. Heute wird eine Boeing-707-Düsenmaschine im Moment des Abhebens größtenteils durch Dampfkraft angetrieben. Dreimal soviel Wasser wie Kerosin (70 824 kg Wasser pro Stunde im Vergleich zu 20 430 kg Kerosin) werden in die Brenner gespritzt. Bei dieser Technik sorgt der supererhitzte Dampf für die Kraft zum Abheben. Das Wasser erreicht im Moment des Startens eine Temperatur von etwa 1600 Grad Fahrenheit.

Vielleicht glaubten einige RAF-Piloten noch immer an diese Theorien, als sie sich während der letzten Kriegsmonate in Kämpfen mit deutschen Düsenjägern wiederfanden. Solche Einsätze zeigten ganz zweifelsfrei, daß die Fähigkeit, einem

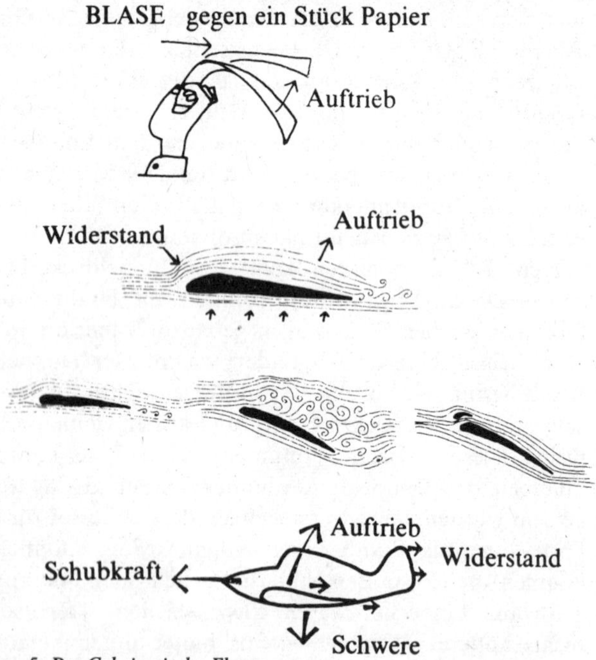

Zeichnung 5: Das Geheimnis des Fluges

Wenn man gegen ein Stück Papier bläst, sorgt die Geschwindigkeit des Luftzugs für ein Abnehmen des Luftdrucks. Wenn inzwischen der Luftdruck unter dem Papier nicht abnimmt, muß es aufsteigen. Das ist das Geheimnis des Fluges. Die Menschheit brauchte ungezählte Tausende von Jahren, um das zu entdecken. Aber sogar eine gutentwickelte, windschnittige Form zwingt den Luftzug an der Führungskante zum Aufstieg. Dies wird Widerstand genannt. Ein anderes Problem ist das Abbrechen des Luftstroms, sobald er hinter dem Flügel herumwirbelt. Wenn der Flügel nach oben gekippt ist, schwellen die Wirbel an, bis (wie im mittleren Beispiel) kein Auftrieb vorhanden ist. Jetzt würde die Maschine wie ein Stein vom Himmel fallen. Der Gebrauch eines Führungskantenschlitzes (wie ihn Messerschmitt in der Bf 109 einbaute) glättete den Luftstrom und machte die Flügel effektiver.

Gegner mit Drehungen, Sturzflügen oder Loopings auszuweichen, nichts gegen überlegene Geschwindigkeit zählte. Die sehr schnellen Düsenflugzeuge konnten ungehindert Kreise um ihre langsameren Gegner fliegen und sich so in eine hervorragende Stellung bringen, um sie abzuschießen. Und genauso wäre es gekommen, wenn die RAF gegen die mit Eindeckern ausgerüstete deutsche Luftwaffe mit Doppeldeckern in den Krieg gezogen wäre.

Eine der Grenzen der Doppeldecker-Jäger aus Holz und Stoff war die Anbringung der Waffen. Nur der Motor war stark genug, um Maschinengewehre zu tragen. MGs, die über der oberen Tragfläche angebracht waren, wurden gewöhnlich von der Motorhaube aus gestützt. Deshalb bestand die Bewaffnung des Hawker »Fury«-Doppeldecker-Jägers aus ganzen zwei Vickers-Maschinengewehren. Die neue Art von metallenen Eindeckern mußte mit Flügeln ausgerüstet sein, die stabil genug waren, um viele Maschinengewehre zu tragen. Anstelle der zwei Maschinengewehre der »Fury«, war die »Hurricane« mit acht ausgerüstet. Jetzt zählte die Manövrierfähigkeit der zerbrechlichen Doppeldecker nichts mehr, da ein zwei Sekunden langer Geschoßhagel sie in Stücke zerfetzen konnte.

Schubkraft: Das Antriebsaggregat

Von Beginn an war den Flugpionieren klar, daß sie in einem Zweikampf zwischen Gewicht (plus Widerstand) auf der einen Seite und Schubkraft (plus Aufwind, hervorgerufen durch die Höhenflosse) auf der anderen Seite standen. So gelangten die Konstrukteure zur Überzeugung, Leichtigkeit sei das Geheimnis des Erfolges. Sie lagen falsch! Nur allmählich wurde es offensichtlich, daß Antrieb der Schlüssel zum Fliegen war. Wie die Männer erkannten, konnten sie Flugzeuge von jeder Art und Gewicht bauen, vorausgesetzt, die Antriebskraft der Maschine war groß genug im Verhältnis zum Gewicht des Flugzeugs.

Blériot, der erste Mensch, der den Kanal überflog, kletterte aus seiner Maschine mit den Worten: »Mehr Antriebskraft, mehr Antriebskraft ... ich brauche einen richtigen Motor.« Dieselben Automotoren, die scheinbar zu schwer waren, um die Flugmaschine der Gebrüder Wright anzutreiben, wurden jetzt als zu leicht aussortiert.

Der Verbrennungsmotor war eine deutsche Erfindung. Aber die Franzosen waren die ersten, die Motoren gezielt für Flugzeuge bauten. Der bemerkenswerte Le-Rhône-Gnome-Rotationsmotor, nach dem Blériot strebte, setzte ein Beispiel für Flugzeugmotoren. Wie viele andere französische Luftfahrterfindungen wurde er während des Ersten Weltkriegs von den Luftwaffen der Deutschen, Engländer, Amerikaner und Franzosen verwendet.

Geringes Gewicht stand nicht länger im Mittelpunkt aller Fortschritte in der Fliegerei. Sogar die Verbesserung der Höhenflosse wurde beiseitegeschoben. Gegen Ende des Ersten Weltkriegs wurde die Luftfahrt ein Wettrennen von Pferdestärken im Vergleich zum Gewicht (siehe Tafel 1).

Man hat festgestellt, daß trotz vieler anderer wissenschaftlicher Faktoren die Stromlinienförmigkeit eine Leistung so beeinflußt, daß viermal soviel Leistung erforderlich ist, um einen Doppeldecker von 1920 nach oben zu bringen, wie ein stromlinienförmiges Flugzeug gleicher Art und Gewicht aus dem Jahre 1950.

Britische Ingenieure zielten auf eine Maschine ab, die ein PS für jedes Pfund Gewicht leistete. Konstrukteure, die das Zehner-Maßsystem benutzten, kannten keine entsprechenden Ziele. Der höchst erfolgreiche amerikanische »Liberty«-Motor aus dem Jahr 1918 hatte gezeigt, was eine V-förmig angelegte Zwölf-Zylinder-Entwicklung zu leisten vermochte. Genau so einen Motorentyp hielt Rolls-Royce für die Supermarine S6 bereit. 1931 gewann diese Verbindung von Maschine und Flugzeugkörper die Schneider-Trophäe mit einer Geschwindigkeit von 340,8 Meilen (545,28 km/h) pro Stun-

Tafel I: Die Entwicklung von Flugzeugmotoren zwischen 1848 und 1960

Motor	Jahr	PS	Gewicht Pfund	Gewicht Pfund je PS	Bemerkungen
Stringfellow (Dampf)	1848	25	600	24	Unbemannt
Manly-Stern (Langley)	1903	52,4	200	3,8	Abgestürzt beim Start
Original Gebr. Wright (Flugzeug 1)*	1903	12	152	12,7	Der erste anhaltende Flug, schwerer als Luft
Gebr. Wright Versuche (Flugzeug 2)	1904	16	180	11,4	Der erste Kreis in der Luft. Längster Flug: 5 Min. 4 Sek.
Gebr. Wright Versuche (Flugzeug 3)	1905	19	180	9,5	Das erste Praxis-Flugzeug. Flüge von mehr als halber Std.
Gebr. Wright Versuche (Flugzeug 32)	1908	35	182	5,5	Gestattete Flieger 3, einen Passagier aufzunehmen
Gnome-Stern	1909	50	165	3,3	Französischer Motor. Spätere Entwicklungen trieben Fokker-Eindecker Camel an.
Liberty V 12	1918	420	882	2,1	Bester Motor des 1. Weltkrieges. Einer der ersten, der in Massenproduktion ging
Rolls Royce Condor	1920	650	1310	2,6	
Daimler Benz 601 A (Bf 109 E)	1937	1100	1344	1,2	
R. R. »Merlin« Serie II (»Spitfire«, »Hurrican«)	1938	1030	1335	1,3	
R. R. »Tyne« Turboprop	1960	6000	2000	0,3	Nur zum allgemeinen Vergleich. Jets und Turboprops können nicht genau mit Kolbenmotoren verglichen werden.

* Im Gespräch mit H. Peartree am 7. März 1911 beschreibt Wilbur Wright diesen Motor als »schwerer als 200 Pfund«. Dies würde ihm ein Kraftverhältnis von 16,7 Pfund je PS gegeben haben. Das Wissenschafts-Museum, das den Motor einst aufbewahrte, behauptet, er habe 240 Pfund gewogen. Das würde ihm ein Kraftverhältnis von 20 Pfund je PS gegeben haben. Es hat viele Leute zum Glauben geführt, das die Flüge der Wrights aus dem Jahre 1903 nur mit Katapulten oder anderen Startunterstützungen ermöglicht wurden.

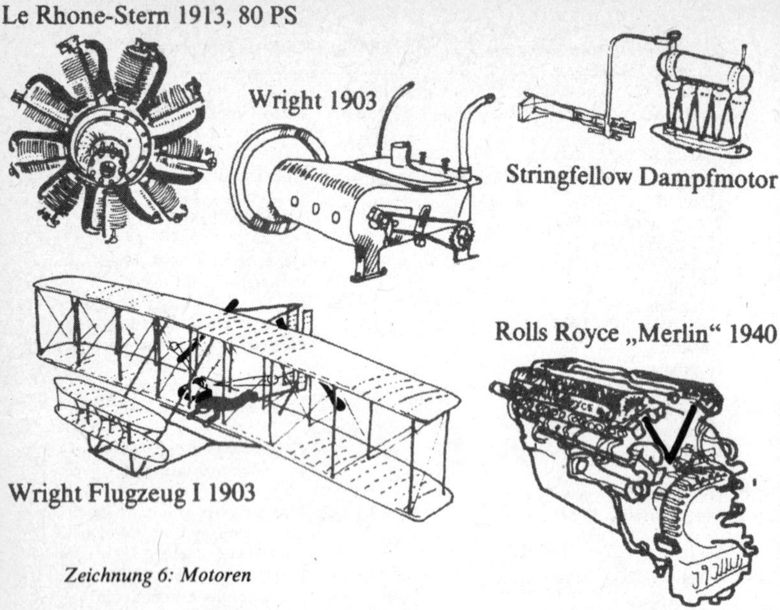

Zeichnung 6: Motoren

Oben links: Frankreich war führend in der Welt in Flugzeugmotoren. Dieser Le Rhone von 1913 entwickelte 80 PS. Solche Maschinen waren in Deutschland, Frankreich und England während des Ersten Weltkrieges im Einsatz. Nachteil der sternförmigen Entwicklung war, daß sein Kühlsystem darauf basierte, den Luftzug nicht durchzulassen.

Oben Mitte: Dieser Motor trieb den ersten erfolgreichen Flug der Menschheit an. Ohne Vorgaben wurde er von Taylor, dem Assistenten der Gebrüder Wright, gebaut. Sogar die Nockenwelle war anfangs ein solider Block aus Metall. Das Benzin wurde vergast, indem es über eine erhitzte Wasserummantelung geführt wurde. Die Stutzen sind für Benzin und Wasserkreislauf.

Oben rechts: Dieser Motor wurde 1843 von Stringfellow und Henson zum Antrieb eines Modellflugzeugs konstruiert, das als Prototyp für eine menschentragende Version dienen sollte. Die umgedrehten Kegel sind die Dampfgeneratoren, die in die Dampftrommel hineinführen.

Unten links: Der erste angetriebene, dauerhafte und kontrollierte Flug der Welt wurde in diesem Wright »Flugzeug I« am 17. Dezember 1903 geleistet. Der beste Flug an diesem Tag dauerte 59 Sekunden. Das wurde in Europa nicht vor November 1907 erreicht. Taylors Motor und die Luftschrauben sind in Schwarz eingezeichnet.

Unten rechts: Der V-förmige Reihenmotor ermöglichte einen echten stromlinienförmigen Hochgeschwindigkeitsrumpf. Allerdings benötigte er einen Kühler, der sich während der Kämpfe von 1940 als verwundbares Ziel erwies.

de*. Die Maschine leistete ein PS für je elf Unzen Gewicht (das sind 0,68 Pfund je PS). Aber dies war nur möglich gewesen, mit Hilfe spezieller chemischer Brennstoffe. Sie konnten nur angewandt werden bei Maschinen, die für kurze Flüge – wie jener der Gebrüder Wright – entwickelt waren. Außerdem waren die Flugzeuge für außergewöhnliche Piloten entwikkelt. Der neue Jäger mußte eine völlig andere Maschine sein.

Der »Merlin« PV-12-Motor war ursprünglich für privaten Luftverkehr bestimmt. Seinen Namen hatte er nach dem kleinen Tauben-Falken zu einer Zeit bekommen, als Rolls-Royce seine Motoren nach Raubvögeln taufte.

Seine Entwicklung wurde nur möglich aufgrund einer Vielzahl technischer Durchbrüche von Forschungen der zwanziger Jahre. Die Brennstoffentwicklung in den USA resultierte auf der Erkenntnis, daß Tetraäthyl zu unterdrückten Zündungen führte. 1925 folgten die Iso-Oktane. Von jetzt an wurde die Brennstoffqualität nach einer Oktanskala gemessen. In den späten dreißiger Jahren leisteten Vermischungsexperten die gesamte Arbeit. So kam es, daß 1939 die meisten Militärflugzeuge mit 100-Oktan-Brennstoff flogen – im Gegensatz zum früheren 87er Oktan.

Die Brennstoffentwicklung, die zumeist in den USA geleistet wurde, spornte die Motorenkonstrukteure dazu an, Kompressoren auszuprobieren, um die Hitze des Motors auszunutzen. Jetzt beschäftigten die überbeanspruchten Ventilanlagen (sie wurden überhitzt) die Motorenentwickler am stärksten. Schon bald brachten Natrium-Kühlung und sternförmig angelegte Ventilanlagen einen enormen Fortschritt.

---

* Englands sozialistische Regierung weigerte sich, den RAF-Kampf um die Schneider-Trophäe zu bezahlen, obwohl die RAF schon zweimal vorher gewonnen hatte. Das Problem wurde gelöst, als sich Lady Houston mit einer Spende von 100 000 Pfund einschaltete. So entwickelte England die Supermarine S 6 B und den Rolls-Royce-R-Motor und gewann die Schneider-Trophäe endgültig. Außerdem gab es England die »Spitfire« und den »Merlin«-Motor (der die »Spitfire«, die »Hurricane«, die »Mosquito«, die »Lancaster« und den P-51 »Mustang«-Jäger, eines der schönsten Flugzeuge des Krieges, antrieb).

Während die Motorenentwickler sich auf die Leistungsstärke konzentrierten und die Chemiker auf Zündungen, leiteten Metallexperten einen bedeutenden Wechsel im Gewicht der Antriebsaggregate ein. Es gab nicht nur neue Stahllegierungen mit Chrom, Nickel, Mangan, Wolfram oder Silicium, es wurden auch neue Leichtlegierungen entwickelt. So wog ein Kurbelgehäuse aus Duraluminium nicht nur ein Zehntel einer Aluminium-Legierung, es war auch fast doppelt so haltbar.

Die neuen Metall-Flugzeuggerippe

Die neuen Antriebsaggregate waren das Herz jeden Ganzmetall-Eindeckers. Aber es gab tausend andere Probleme mit den Flugzeuggerippen, die auch gelöst werden mußten. Die Flügel der Eindecker mußten so konstruiert sein, um Druck und Stöße von hohen Geschwindigkeiten und Zentrifugalkräften auszuhalten, ohne daß sie aus dem Rumpf gerissen werden konnten. Doppeldecker besaßen Drähte und Streben als Stützen, um Tragflächen und Rumpf zusammenzuhalten. Die Flügel der Eindecker dagegen mußten genug innere Stabilität haben, um die Spannung zu ertragen. Und außerdem mußten sie ausreichend Innenraum haben, um nicht nur die Räder und das eingezogene Fahrwerk, sondern auch Maschinengewehre aufzunehmen. Die Maschinengewehre konnten nicht im dicken Teil der Tragflächen untergebracht werden, da sie außerhalb der Propellerreichweite feuern mußten. Nur so war ein Feuern bei Höchstgeschwindigkeit möglich, während sonst ein Synchronisationsantrieb die Maschine langsamer gemacht hätte.

Die RAF-Experten wünschten Geschwindigkeiten in der Größenordnung um 480 Kilometer pro Stunde und eine maximale Gipfelhöhe von 11 000 Meter. Solche Geschwindigkeiten erforderten ein stromlinienförmiges Flugzeug. Räder, die dazu in die Flügel eingezogen werden mußten, brachten die ganzen Schwierigkeiten eines hydraulischen Systems mit sich. Ohne Sichtverlust mußte das Cockpit vollständig geschlossen sein. Dabei war die Haube so anzubringen, daß der Pilot sie selbst bei hohen Geschwindigkeiten leicht abstoßen konnte. Und diese neuen Maschinen würden nicht von Spitzenleuten geflogen werden, die nur auf einen neuen Rekord aus waren. Der durchschnittliche Pilot mußte sie fliegen und auf einem nur 250 Meter langen Grasfeld landen können. Das machte eine geringe Landegeschwindigkeit ohne die Gefahr des Ausbrechens notwendig. Außerdem erforderte es betriebssichere Bremsen an den Rädern.

Bei jenen Geschwindigkeiten, die die neuen Eindecker fliegen würden, konnte es weder das Wippen mit den Flügeln oder Handzeichen geben, um der Formation die Anweisungen des Staffelführers mitzuteilen. Die Piloten mußten in der Lage sein, mit der Bodenkontrolle und untereinander zu sprechen. Zweiweg-Funk erforderte Signale von hoher Frequenz. Und noch weitere Wissenschaften wurden angesprochen. Eine geringe Landegeschwindigkeit aber machte geteilte Landeklappen an den Flügeln notwendig. Die großen Flughöhen erforderten Sauerstoff für den Piloten und Vorverdichter für die Maschine. Und ein Kampf bei hoher Geschwindigkeit würde den Piloten nur einen flüchtigen Blick auf den Gegner ermöglichen. Sie brauchten deshalb bessere Zieleinrichtungen und Maschinenwaffen, die für eine völlige Zerstörung in nur zwei Sekunden sorgen konnten.

Dazu mußten die Waffen betriebssicher sein. Denn wenn sie in den Flügeln untergebracht waren, war es den Piloten nicht wie früher möglich, bei einer Ladehemmung auf dem Verschluß herumzuhämmern. Die RAF erprobte alle Maschinengewehre der Welt und wählte dann den Colt-Browning aus. Er erwies sich als hervorragende Waffe mit einer Versagerquote von einmal bei durchschnittlich 15 000 Schuß. Wenn noch sieben weitere Maschinengewehre daneben eingebaut waren, war diese Fehlermenge durchaus akzeptabel. Die RAF hatte sich dafür entschieden, in jeden Jäger acht MGs einzubauen. Deshalb brauchten sie genug Patronen, um 14 Sekunden lang feuern zu können. Und so mußte genügend Platz und ausreichende Stabilität vorhanden sein, um 2660 Salven aufzunehmen.

Die Flugzeugfabriken mußten die Arbeiter in der neuen Kunstfertigkeit von leichten Metallegierungen unterrichten. Ferner benötigten sie Konstrukteure, die die Theorien von beanspruchten Metallkonstruktionen mit Beplankung begriffen. Flugzeuggerippe wurden nicht länger durch innere Kreuzdrähte gestützt. Die Stabilität mußte in der Außenhaut liegen. Das war der Grund für die Schalenrümpfe. Dieser Typ von Flugzeuggerippe wurde zunehmend notwendiger, als mehr Hilfsausrüstung in den Rumpf eingebaut wurde.

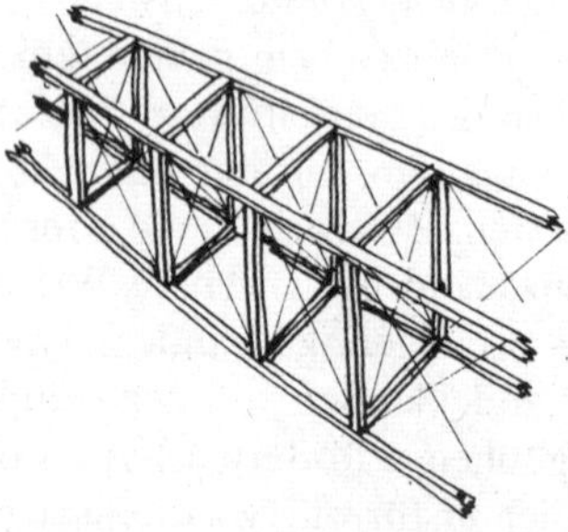

Zeichnung 7: Struktur eines Flugzeuggerippes

Jägergerippe würden inwendig nicht länger mit Kreuzdrähten gestützt sein.

Ganzmetall-Flugzeuge waren keine neue Idee. Professor Hugo Junkers, vielleicht das größte Genie in diesem Abschnitt des Flugzeugbaus, hatte schon 1915 einen ganzmetallenen Eindecker mit unverspreizten Tragflächen gebaut. 1917 erstellte Dornier ein Wasserflugzeug aus Metall und danach einen Doppeldecker-Jäger. Der englische Konstrukteur Oswald Short führte die kastenähnlichen deutschen Bauten zu einem stromlinienförmigen, runden Teil, genannt *Silver Streak,* im Jahre 1919 weiter. Aber diese alleinstehenden Beispiele ergaben für die neuen Konstruktionen noch keine große Hilfe. Auch in Amerika gab es nichts, was irgendwie nützen konnte. Amerikanische Metall-Eindecker waren große Passagiermaschinen, wie die großartige Boeing 247. Dieses zweimotorige Flugzeug war im nächsten Vierteljahrhundert beispielgebend für diese Art von Maschinen, auch für die bemerkenswerte Douglas DC-1, die kurz darauf folgte. Aber

Hochgeschwindigkeits-Eindecker benötigten extreme Höhe, extremes Tempo und die Fähigkeit, bei knappen Drehungen und jähen Aufstiegen den Druck auszuhalten. Die britischen und deutschen Konstrukteure waren auf sich allein gestellt*.

Die »Hurricane«

Die Geschichte der Hawker »Hurricane« beginnt wie die der »Spitfire« mit der Bauausschreibung F.7/30 des Luftfahrtministeriums. Gesucht wurde ein Jäger, der den Bristol »Bulldog«-Doppeldecker-Jäger, der damals in RAF-Diensten stand, ersetzen sollte. Sydney Camm war Chefkonstrukteur bei Hawker. Die Firma hatte sich aus Sopwith, einer der berühmtesten Hersteller von Jägern während des Ersten Weltkriegs, entwickelt. Camm reichte einen Plan für einen Doppeldecker und für einen Eindecker ein. Beide wurden zurückgewiesen. Zum Eindecker schrieb ein offizieller Historiker, er war »sogar für das Luftfahrtministerium zu herkömmlich«.

Sydney Camm war ein großer, dunkler Mann, leicht gekrümmt durch die Arbeitsjahre über Zeichenbrettern. Seine Nase war aristokratisch, und er besaß jene Art von markantem Kinn, das angeblich auf Zielstrebigkeit schließen läßt.

Mit voller Unterstützung von Hawker machte er sich jetzt

---

* Die Beschaffungsstelle der Marine-Flieger gab der US-Jägerentwicklung den Vorzug. Die Marine wünschte leichtgewichtige Jäger mit kurzer Startlänge, die für Flugzeugträgereinsätze geeignet waren. Das erforderte Doppeldecker mit luftgekühltem Sternmotor. Die einzig vergleichbaren Jägerentwicklungen irgendwo auf der Welt stellten im Januar 1940 die französische Dewoitine 520 S und die japanische Mitsubishi A6M2 Zero-Sen dar. Aber von der erstgenannten waren zu dieser Zeit weniger als zehn ausgeliefert, und die letztere war noch nicht einmal offiziell anerkannt. Jedes vergleichbare Antriebsaggregat lieferte weit weniger Leistung als der Daimler 601 oder Rolls-Royce »Merlin«. Deshalb machte eine englische Einkäuferkommission, die 1940 in die USA ging, den dortigen Flugzeugherstellern ihre Wünsche genau klar. Es kam dazu, daß »Merlin«-Motoren in den USA unter Lizenz gebaut wurden. Mit der Zeit wurde aus dieser Kombination der P-51 »Mustang«-Jäger.

daran, auf privates Risiko einen Eindecker-Jäger zu entwikkeln, wobei er die Vorschriften des Luftfahrtministeriums außer acht ließ. Auf Grund wirtschaftlicher Überlegungen verwendete er soviel Hawker-Instrumente und -Spannvorrichtungen, wie nur möglich. Und während der ganzen Zeit beobachtete er mit einem Auge die Arbeit bei Rolls-Royce, wo man an dem neuen PV-12-Motor baute.

Als das Luftfahrtministerium sich entschieden hatte, eine vorteilhaftere Bauausschreibung herauszugeben, hatte Camm seine Entwicklung abgeschlossen. Er war dabei, einen Prototyp zu erstellen, den er »Fury«-Eindecker nannte – eine Weiterentwicklung seines sehr erfolgreichen Hawker »Fury«-Doppeldecker-Jägers. Es war ein Projekt, über das er schon seit langem gesprochen hatte. Im Sommer des Jahres 1935 erhielt Camm, der inzwischen 38 Jahre alt und seit zehn Jahren Chefkonstrukteur bei Hawker war, die Bauausschreibung F.10/35 vom Luftfahrtministerium. Der größte Unterschied, der zwischen der Ausschreibung und dem Jäger bestand, den er baute, war die Anzahl der Maschinengewehre. Um den ersten Flug seines Prototyps nicht zu verzögern, hatte Camm gleich ein zweites Paar Flügel erstellt. Sobald diese neuen Tragflächen im Sommer 1936 montiert waren, war die Hawker »Hurricane« geboren.

So stellte sich die »Hurricane« praktisch als Eindeckerausführung der Hawker »Fury« dar. Dieselbe Patentkonstruktion wurde verwendet: Ein Draht versteifte das Flugzeuggerippe aus Metallrohr. Darum herum war ein Holzrahmen mit Spanten und Längsversteifungen gebaut. Über die Außenhaut spannte sich ein Gewebe aus Stoff. Zunächst waren nicht einmal die Flügel eine widerstandsfähige Ganzmetallkonstruktion. Bevor die Serienproduktion jedoch anlief, wurden metallene entwickelt.

Die »Hurricane« war keine Schalenrumpfkonstruktion. Sie zeigte sich als altmodische Maschine aus Holz und Stoff, die ein Metallrohrgerippe versteifte. Es war ein Zwischending zwischen den alten Doppeldeckern und den neuen »Spitfires«. Dennoch besaß so eine Konstruktion bestimmte Vor-

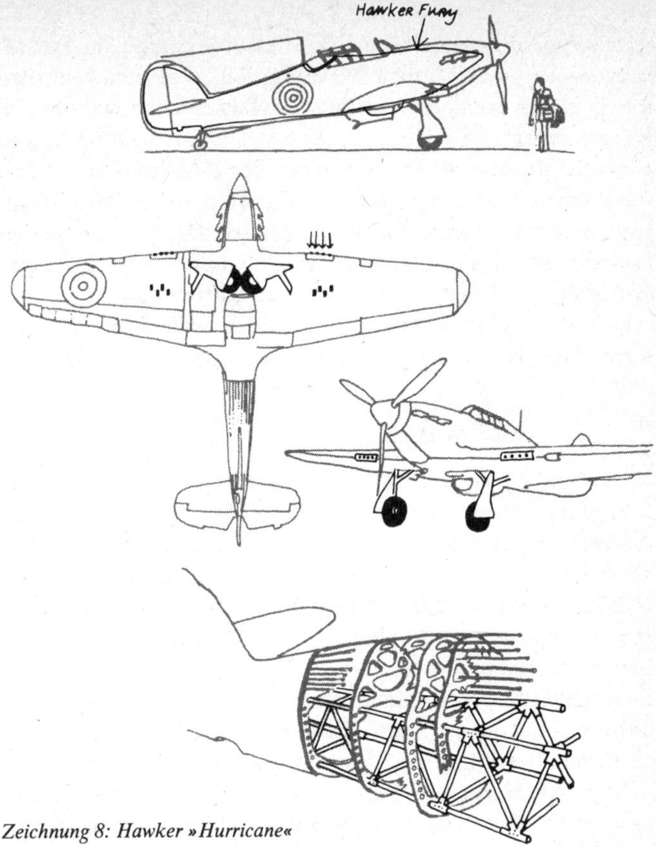

Zeichnung 8: Hawker »Hurricane«

Oben: Die »Hurricane« war gemessen am Standard der damaligen Zeit ein sehr großes Flugzeug. Obwohl viele Teile dieselben wie beim »Fury«-Doppeldecker desselben Herstellers waren, erwies sich der Eindecker als größer.
Mitte: Sydney Camm löste das Problem des in die Flügel einziehbaren Fahrwerks vollständig anders als Mitchell oder Messerschmitt. Die Räder der »Hurricane« klappten nach innen. Ihre weit auseinanderstehenden Landebeine ermöglichten eine einfache Landung. Die Maschinengewehre waren sehr eng nebeneinander und soweit wie möglich nach innen angeordnet. Die Schlitze unter den Flügeln sind für die verbrauchte Munition.
Unten: Das stabile Metallgerippe ist in Schwarz gezeichnet. Der Rest der Rumpfkonstruktion – Spanten und Längsversteifungen – besteht aus Holz. Die Hülle ist aus Stoff.

teile. Explodierende Geschosse, die fürchterliche Zerstörungen auf einer Metallhülle hinterließen, zeigten bei allen Längsträgern weniger Wirkung. Es war dasselbe wie bei den Radartürmen, die auch nur selten von Bomben ins Wanken gebracht wurden. Außerdem stand der RAF nur wenig Personal zur Verfügung, das die Schwierigkeiten mit beanspruchten Metallkonstruktionen begriff. Die Flugzeugbauer und die Flugzeugmechaniker hatten aber ihr Leben damit verbracht, ein Flugzeug wie dieses zu warten und zu montieren. Als die Kämpfe begannen, wurden viele schwerbeschädigte »Hurricanes« schnell in Staffelwerkstätten repariert.

Die Messerschmitt Bf 109

Willy Emil Messerschmitt, geboren 1898, war der Sohn eines Frankfurter Weinhändlers. Er war von der Fliegerei besessen, seit er als kleines Kind einen Zeppelin fliegen gesehen hatte. Es war Messerschmitts Glück, daß ihm schon als Schuljunge erlaubt wurde, dem berühmten Flieger Friedrich Harth zur Hand zu gehen und ihm bei seinen Gleitflugexperimenten zu helfen. Harth war nach Otto Lilienthal der zweite Mann in Deutschland, der Flugmaschinen ausprobierte. Als Harth 1914 in die Armee eintrat, übergab er Messerschmitt die Pläne für ein Segelflugzeug. Messerschmitt ging noch immer zur Schule. Als Harth auf Heimaturlaub nach Hause kam, stellte er erstaunt fest, daß der junge Messerschmitt den Gleiter gebaut hatte.

Als Messerschmitt in das militärpflichtige Alter kam, sorgte Harth dafür, daß er zu ihm an die Flugschule in Schleißheim überstellt wurde. Obwohl Messerschmitt 18 Jahre jünger als Harth war, wurde er sein Geschäftspartner. Die beiden Männer arbeiteten zusammen, bis Harth bei einem Absturz schwerverletzt wurde. Schließlich besaß Messerschmitt ausreichend Geld, zum Teil durch die reiche Familie seiner Frau, um die Bayerischen Flugzeugwerke in Augsburg zu kaufen. Es war die Fabrik, die das Jäger-As des Ersten Weltkriegs, Ernst Udet, gegründet hatte.

Messerschmitts Beitrag zur Fliegerei war sehr groß. Vielleicht war er genial. Aber wenn dem so war, erwies er sich als sprunghaftes Genie, das durch zu viele verschiedene Punkte der Fliegerei zu viel wollte. Seine frühen Segelflugentwicklungen, die Rekorde brachen, waren ihrer Zeit weit voraus. Aber sie hinterließen als Vermächtnis eine Anfälligkeit, die sich sogar bis zu den Jagdflugzeugen aus dem Jahr 1940 fortsetzte. Danach kam eine erstaunliche Kollektion an Maschinen. Die Palette reichte vom katastrophalen zweimotorigen Jäger Me 210 und der passend bezeichneten sechsmotorigen Transportmaschine »Gigant» (Me 323) bis zum einzigen raketenangetriebenen Jäger, der zum Einsatz kam, dem »Komet« (Me 163) und dem wirkungsvollsten Jagdflugzeug des Krieges, der Me 262-Düsenmaschine.

Wie viele andere Dinge war bei Willy Messerschmitt auch sein Verhältnis zu den Nationalsozialisten unklar. Hess, der Stellvertreter des Führers, Adolf Hitler, war ein alter Kunde und ein lebenslanger Freund. Erhard Milch dagegen, die rechte Hand von Göring, zeigte sich als unversöhnlicher Feind. Milchs Feindschaft ist auf das Jahr 1931 zurückzuführen, als zwei Messerschmitt M 20 zusammenstießen. Die Insassen wurden getötet. Einer von ihnen war ein enger persönlicher Freund von Milch, ein Direktor der Lufthansa und Käufer der Maschinen. Milch machte Willy Messerschmitt verantwortlich. Aber die Untersuchung ergab, daß die Bauausschreibung fehlerhaft war. Sie wurde geändert, jedoch die Feindschaft blieb. Für Messerschmitt war es der Beginn schwerer finanzieller Probleme, die eine seiner Gesellschaften zum Bankrott brachten. Die anderen überlebten von Krise zu Krise.

Als die Nationalsozialisten 1933 die Macht übernahmen, sorgte Milch dafür, daß Messerschmitt nichts von den Verträgen und Hilfsgeldern abbekam, die andere deutsche Flugzeughersteller erhielten. Messerschmitt sicherte sich einen ausländischen Vertrag. So wurde Milch aus politischen Erwägungen heraus dazu gezwungen, ihm einen deutschen Regierungsvertrag anzubieten. Es war ein Teil von Milchs Rachsucht, daß er Messerschmitt befahl, Heinkel-Doppeldecker unter Lizenz zu bauen. Messerschmitt haßte Heinkel genauso, wie er Doppeldecker haßte.

Sogar Messerschmitts frühe Gleiter waren Eindecker gewesen, denn seine Maximen waren: geringes Gewicht, geringer Widerstand, hohe Geschwindigkeit und einfache Konstruktion. Als Milchs Macht wuchs, wurde sein Einfluß auf Abteilungsentscheidungen schwächer. Udet wurde »Inspekteur der Jagdflugzeuge und Stukas«. Als im Oktober 1935 Messerschmitt seine Bf 109 in einem Vergleichstest gegen die Heinkel He 112 vorführte, wählte Udet die Bf 109. Es war eine kühne Entscheidung. Denn nie zuvor hatte Messerschmitt irgendein Kriegsflugzeug hergestellt, und die He 112 war schneller und stieg besser. Außerdem entschied sich Udet für die einzige einmotorige Jägerentwicklung, welche die Luftwaffe haben würde.

Geradeso wie Sydney Camm bei Hawker seine »Hurricane« auf der Basis des »Fury«-Doppeldecker-Jägers baute, benutzte Messerschmitt seine vorhergehende Konstruktion als Grundmodell für seinen Jäger. Aber Messerschmitts Bf 108 »Taifun« war ein Eindecker für den zivilen Flugverkehr, ein leichtes viersitziges Tourenflugzeug. Die Maschine war indessen ihrer Zeit so weit voraus, daß eine Gesellschaft gegründet wurde, um dieselbe Entwicklung 1973 nachzubauen. Messerschmitt stand jedoch kein Motor zur Verfügung, der mit dem Rolls-Royce »Merlin« zu vergleichen war. Die deutsche Motorenentwicklung hatte sich auf die Zuverlässigkeit konzentriert, die für zivile Flugzeuge notwendig war. Alle derartigen Antriebsaggregate waren schwer. Er entschied sich für den Jumo 610 D-Motor. Aber es erwies sich als schwierig, die Maschine zu modifizieren. Während der »Merlin« von 720 PS auf 990 PS im Jahre 1936 gebracht wurde, leistete der Jumo selbst noch 1938 erst magere 670 PS.

Messerschmitt erkannte die Grenzen der deutschen Motoren. Deshalb entwickelte er den kleinsten, leichtesten und aerodynamisch wirkungsvollsten Flugzeugrumpf, der um den Jumo-Motor herum gebaut werden sollte. Er nutzte die Lehren, die er aus seiner Bf 108 gezogen hatte. Er konstruierte einen hochentwickelten ganzmetallenen Flugzeugrumpf, der ein halber Schalenrumpf war. Um die unvermeidliche hohe Flügelbelastung auszugleichen, verwendete er Handley Page Führungskanten-Stäbe, die für zusätzlichen Auftrieb sorgen sollten. Dies war eine beispiellose Entscheidung für einen Jäger. Außerdem baute er geschlitzte Querruder an die Landeklappen. Die hohen Geschwindigkeiten, auf die Konstrukteure von Eindeckern abzielten, erforderten hochwirksame, sehr dünne Tragflächen. Aber jene Flügel, die solchen Maschinen ihre Höchstgeschwindigkeit gaben, waren bei geringer Geschwindigkeit, wie bei Start und Landung, nicht wirkungsvoll. Mit Leisten und Schlitzen wurden die Flügel auch für jene geringen Geschwindigkeiten eingerichtet.

Messerschmitt befolgte die Bauausschreibung des Reichsluftfahrt-Ministeriums, das nur zwei Maschinengewehre wünschte. Hierfür drehte er den Motor mit V-förmigen Zylindern um. So erhielt er genug Raum für die Maschinengewehre entlang der Spitze der Motorhaube. Im Bereich des Motors war auch genug Platz für eine 20-mm-Kanone, die durch die Propellernabe feuerte. Dies war eine interessante Idee, denn die Masse des Motors fing den Rückstoß auf. Messerschmitt zog alle Vorteile aus einer Bauausschreibung, welche die Tragflächen frei von MGs ließ. Er konzentrierte sich darauf, sie vollständig zu einem Mittel für Auftrieb zu machen.

Die Nachricht, daß die RAF acht Maschinengewehre in ihre neuen Jäger einbauen ließ, kam wie ein unangenehmer Luftzug zu den Männern, die die Bf 109 während der Erprobungsphase großgezogen hatten. Messerschmitts Tragflächen waren einfach nicht dazu geeignet, Maschinengewehre aufzunehmen. Aber jetzt mußten sie dazu geeignet gemacht werden. Das Problem der Tragflächenbewaffnung liegt darin, daß die Munition im Schwerpunkt liegen muß. Andernfalls würden feuernde MGs die Maschine aus der Gleichgewichtslage bringen. Deshalb muß der Verschluß im Zentrum des Schwerpunktes liegen. So ist die Position der Waffen den Konstrukteuren aufdiktiert.

Die Flügel wurden überarbeitet. Als Zwischenlösung fand dann in jeder Tragfläche ein 7,92-mm-MG-17 Platz. Es war eine Entwicklung aus dem leichten Maschinengewehr der Infanterie. Aber es fehlte der Raum für die Munition. Darum wurden die neuen Flügel mit einer unglaublichen Geschoßversorgung ausgerüstet. Der Munitionsgurt wurde über ein Förderband bis in die Flügelspitze und zurück bis zum Flügelanfang geführt. Dann brachte ein anderes Band die Munition zum Maschinengewehr. Es war absurd, aber es funktionierte.

Bald war eine andere Tragfläche entwickelt. Sie besaß (in jedem Flügel) eine 20-mm-FF-Kanone. Aber jetzt war in jeder Tragfläche eine große Ausbuchtung für die Munition vorhanden. Es war offensichtlich, daß Zelle und Flügel kein weiteres großes Herumbasteln mehr vertrugen*. Aber die Messerschmitt Bf 109 war der einzige einsitzige Jagd-Eindecker der Luftwaffe. Die überarbeitete Tragfläche gewann mehr und mehr an Bedeutung, als der Fehler des Einbaus der Kanonen im Motor nicht mehr zu bestreiten war.

Zur Zeit der Schlacht um England hatten Kanonen die Maschinengewehre in den Tragflächen ersetzt. Aber eine Kanone in der Propellernabe war noch nicht eingebaut worden, obwohl ihre Mündung auf vielen Fotos vorhanden zu sein scheint. Inzwischen brachten die leichtgewichtigen Flügel neue Probleme mit sich, die nichts mit den Maschinengewehren zu tun hatten.

1938 begann Messerschmitt mit der Produktion der Bf 109 E, die nach dem deutschen phonetischen Alphabet volkstümlich »Emil« genannt wurde. Die entscheidende Änderung war der Einbau des Daimler-Benz-601-A-Motors. Der lieferte weitere 400 PS bei zusätzlich knapp 200 kg Gewicht. Aber der neue Motor brauchte auch mehr Kühlung als der Jumo der vorangehenden Modelle. Die Vergrößerung der Einlaßöff-

* Ein Versorgungsmangel an 20-mm-FF-Kanonen brachte es mit sich, daß weiterhin Maschinengewehre in den Fabriken montiert wurden, obwohl die Bf 109 vom C-3-Modell an mit Tragflächen ausgerüstet war, die für 20-mm-Kanonen geeignet waren.

Zeichnung 9: Messerschmitt Bf 109 E

Oben: Die Bf 109 E 3 im Vergleich zu Messerschmitts Reiseflugzeug, aus dem sie bis zu einem gewissen Grad entwickelt war (nicht im gleichen Maßstab).
Mitte: Die Beine des Fahrwerks waren am Rumpf, nicht an den Tragflächen befestigt. Die Flügel konnten ohne weitere Hilfsmittel entfernt werden. Das engstehende Fahrwerk rief viele Unfälle beim Landen oder Rollen hervor.
Mitte rechts: Zwei Maschinengewehre waren oberhalb des umgedrehten V-Motors angebracht. Sie waren versetzt angeordnet, so daß Munitionstrommeln den ganzen Rumpf ausfüllen konnten.
Unten: Kühler, Fahrwerk und Geschützeinrichtungen mit Ausbuchtung für die Munitionstrommeln sind schwarz eingezeichnet, ebenso wie das Zwillings-Maschinengewehr oberhalb des Motors. 1940 war keine Kanone im Einsatz, die oberhalb des Motors eingebaut war.

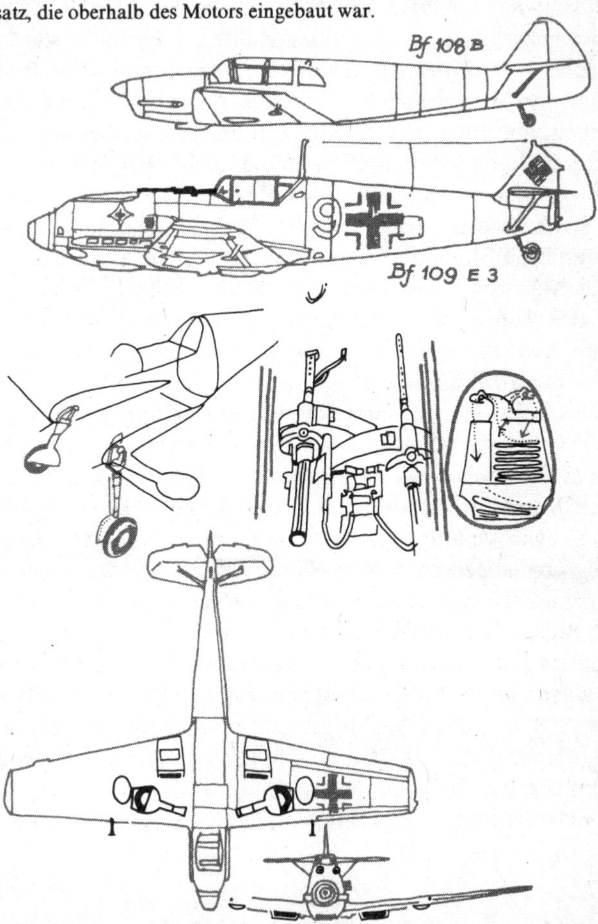

nung unterhalb der Nase würde so viel Widerstand verursachen, daß viel der zusätzlichen Kraft verlorenginge. Die einzige Lösung war ein vollkommen neues Kühlsystem mit eigenen Kühlern, die dem Luftstrom einen minimalen Widerstand entgegenbrachten. Es gab nur einen Platz, der hierfür in Frage kam: unterhalb der Tragflächen. Noch einmal wurden die Flügel umgebaut. Schließlich wurde ein Teil der Kühlausrüstung hinter dem Schwerpunkt angebracht, um das Extragewicht des neuen Motors wettzumachen.

Es gab noch viele weiterentwickelte Bf-109-Typen nach der Schlacht um England. Sie wurde bis zum Ende des Krieges weitergebaut und in so großen Zahlen hergestellt, wie kein anderes Kampfflugzeug des Zweiten Weltkriegs. Die Bf 109 war ein so hervorragendes Flugzeug, daß die vielen Veränderungen am Flugzeuggerippe sich nicht entscheidend auswirkten. Nebenbei bemerkt war sie noch 1940 besser als die »Hurricane« und ebensogut wie die »Spitfire«. Aber sie wurde in ihrer Kampfkraft eingeschränkt, indem man die ursprüngliche Bauausschreibung nach einem Eindecker mit zwei Maschinengewehren änderte. Die Flügelprobleme der Bf 109 wurden nie völlig gelöst. Nach »Emil« kehrten die Konstrukteure für alle späteren Varianten zu Tragflächen ohne Bewaffnung zurück.

Das Fahrwerk war eine geniale Entwicklung. Auf dem Boden wurde das Gewicht durch den Rumpf getragen, nicht durch die Flügel, wie bei anderen Maschinen. Die Tragflächen waren nicht stabil genug, um »Emils« Gewicht zu halten. Es gab weitere Vorteile. So konnten die Tragflächen vom Flugzeug abgenommen werden, während es weiterhin auf seinem Fahrwerk ruhte. Aber ein solches Fahrwerk mußte die Beine mit den Rädern sehr eng beieinander halten. Das schmale Fahrwerk, das zusätzliche Gewicht der Tragflächenbewaffnung und die unebenen Flugplätze im nördlichen Frankreich paßten nicht gut zusammen. Schätzungsweise fünf Prozent aller Bf-109-Maschinen mußten durch Unfälle beim Landen abgeschrieben werden.

Messerschmitts Gegner behaupteten, er baue weiterhin Segelflugzeuge, von denen er ein begeisterter Anhänger war. Sicherlich bildeten leichte Flugzeugzellen und auftriebsgeeignete Flügel die beiden Grundelemente für die Segelflugentwicklung. Auch war das Heck so zerbrechlich, daß es mit Stützen verstärkt werden mußte. Und natürlich fehlte bei einem Segelflugzeug das Fahrwerk, jenes Mysterium, das Messerschmitt nur schwerlich meisterte. Noch 1941, als sich die Messerschmitt Me 210 im Test befand, schrieb der für gewöhnlich liebenswürdige General Udet, der inzwischen im technischen Büro des Luftfahrtministeriums saß: »Eine Sache, lieber Messerschmitt, muß zwischen uns klar sein. Es darf keine weiteren Flugzeugverluste bei normalen Landungen als Ergebnis eines fehlerhaften Fahrwerks geben. Dies kann kaum als technische Neuheit in der Flugzeugkonstruktion gelten.«

Willy Messerschmitt war nicht der einzige Hersteller, der Schwierigkeiten bei der Entwicklung von Fahrwerken hatte. Bei den Heinkel-Werken schnallte man sogar einen Ingenieur im Radkasten einer He 70 an, um das Einziehen des Fahrwerks im Flug beobachten zu können.

Zur Zeit der Schlacht um England beobachtete das Oberkommando der Luftwaffe mit gespannter Aufmerksamkeit die Testflüge eines neuen Jägers, der Focke-Wulf Fw 190. Ganz offensichtlich war diese Maschine entwickelt worden, um die Schwächen der Messerschmitt Bf 109 wettzumachen. Vielleicht war es ironisch gemeint, daß man das Fahrwerk der Fw 190 weiter auseinanderstellte, als es bis dahin jemals bei einem vergleichbaren Flugzeug geschehen war.

Die »Spitfire«

Im Jahre 1928 kaufte der große Vickers-Konzern die Supermarine Flugzeug-Gesellschaft. Daraus wurde Vickers-Supermarine. Einige behaupten, daß Vickers' Entscheidung größtenteils darum gefällt wurde, um sich die Arbeit der Entwicklungsabteilung zu sichern. Reginald Mitchell, der 1895 geborene Chefkonstrukteur von Supermarine, hatte das S 6-B-Wasserflugzeug geplant. Diese Maschine gewann 1931 das Rennen um den Schneider-Cup und brachte es später in jenem Jahr auf 407 Meilen pro Stunde (651,2 km/h). Jetzt hoffte er auf eine Chance, um einige der gewonnenen Fachkenntnisse in einen neuen Jäger zu stecken. Als Ausgangspunkt für ein revolutionäres Flugzeug war dieses rekordbrechende Wasserflugzeug viel weiter von der militärischen Doppeldecker-Bauvorschrift der Hawker »Fury« oder den strikten Sparmaßnahmen der Bf-108-Tourenmaschine entfernt.

Es ist vielfach geschrieben worden, die »Spitfire« sei eine für private Zwecke entwickelte Maschine gewesen, die das Luftfahrtministerium so nachhaltig beeindruckt habe, daß man eine Bauausschreibung herausgab, um sie zu erhalten. Das ist nicht wahr. Die tatsächliche Geschichte ist weniger dramatisch und weit umfangreicher. Sie geht los mit der Ausschreibung F.7/30 des Luftfahrtministeriums, die 1930 herauskam. Sie war auch der Anfang der Hawker »Hurricane«.

Zunächst reichte Mitchell seine Entwicklungen ein und hielt einen Bericht. Im März 1932 stimmte das Luftfahrtministerium dem Bau eines Prototyps zu. Aber Reginald Mitchell war ein kranker Mann. 1933, während sich der Prototyp im Bau befand, mußte er sich einer Lungenoperation unterziehen. Zur Erholung machte er anschließend Urlaub auf dem Festland. Während dieser Ferien sprach er mit einigen deutschen Fliegern. Er kehrte nach England in der Überzeugung zurück, daß der Krieg bald kommen werde. Mit einer Vorahnung, die manchmal den sehr alten oder den sehr kranken Menschen gegeben ist, begann Mitchell daran zu glauben, daß seine Jägerentwicklung auf den Ausgang des Krieges Einfluß nehmen könne. Von dieser Zeit an wies Mitchell alle ärztlichen Ratschläge im Hinblick auf Erholung zurück. Er widmete sein restliches Leben vollständig seinem Flugzeug.

Er betrachtete wiederum seinen Prototyp, der gegen Ende des Jahres 1933 zu fliegen begann. Es war ein merkwürdig anmutender Eindecker mit Knickflügeln, einem offenen

Zeichnung 10: Supermarine »Spitfire« F 7/30

Ein merkwürdig anmutender Eindecker mit Knickflügeln und einem offenen Cockpit.

Cockpit und einem festen Fahrwerk. Er sah mehr nach einer Junkers Ju 87 als nach einer »Spitfire« aus. Der ungenügende »Goshawk«-II-Motor, eine Forderung der Bauausschreibung des Luftfahrtministeriums, gab ihr eine Höchstgeschwindigkeit von nicht mehr als 238 Meilen (380,4 km/h). Niemand mußte Mitchell sagen, daß dies nicht ausreichend war. Noch während am Prototyp gebaut wurde, skizzierte Mitchell eine völlig andere Maschine auf seinem Zeichentisch; ein geschlossenes Cockpit, ein einziehbares Fahrgestell und kleinere Tragflächen mit geschlitzten Landeklappen.

Im Verlauf des Jahres 1934 reagierte das Luftfahrtministerium auf Berichte des Nachrichtendienstes über die geheime deutsche Luftwaffe. Der Ruf nach leistungsfähigeren RAF-Jägern wurde jetzt dringend. Aber es gab noch immer einige Offizielle im Luftfahrtministerium, die auf einer Vorherrschaft des Doppeldeckers beharrten. Im Juli 1935 wurde der Gloster »Gladiator«-Doppeldecker für das Jägerkommando in Produktion genommen.

Gegen Ende des Jahres 1934, als Hawker ein »Hurricane«-Modell in natürlicher Größe baute und noch immer auf einen offiziellen Auftrag wartete, bereitete Reginald Mitchell genaue Zeichnungen seines vollständig neuen Jagdflugzeuges vor. Diesmal ließ er den leistungsschwachen »Goshawk«-Motor außer acht und entwickelte seinen Jäger um den PV 12. Inzwischen arbeitete das Luftfahrtministerium enger mit den beiden Männern Mitchell und Camm zusammen. Als die neue Bauausschreibung herauskam, schloß sie bewußt viel von der bereits geleisteten Arbeit ein.

Im Januar 1935 lief die Arbeit an Mitchells neuem Prototyp an, obwohl der Rolls-Royce-Motor, der wesentlich für seinen Erfolg war, immer noch nicht flog. Die Maschine war einfach noch nicht fertig. Das Problem des Überhitzens mußte durch ein Äthylen-Glycol-Kühlsystem gelöst werden. Motor und Flugzeuggerippe wurden nebeneinander entwickelt. Es dauerte bis zum Jahresende 1935. Dann erhielt der Motor sein Gütezeichen für Luftfähigkeit. Inzwischen begriff sogar das Luftfahrtministerium allmählich, daß ein Wettrennen gegen die Zeit lief. Der Motor wurde unverzüglich in den schon auf ihn wartenden Flugzeugrumpf eingebaut. Am 5. März 1936 flog der Prototyp der »Spitfire«.

Mitchell hatte noch einen weiten Weg vor sich. Er hatte noch nicht die ellipsenförmigen Tragflächen entwickelt, die der Schlüssel für die überragenden Leistungen der »Spitfire« sein sollten. Als Mitchell sie konstruiert hatte, wurde offensichtlich, daß die gekrümmte Form für umfangreiche Schwierigkeiten während der Bearbeitung sorgen würde. Daher würden die ersten Auslieferungen sicherlich später als jene der »Hurricane« erfolgen.

Beim Bau der »Hurricane« zielte Camms Energie darauf ab, soviel wie möglich der bereits bei Hawker vorhandenen Spannvorrichtungen, Werkzeuge und Kenntnisse zu verwenden. Mitchell opferte seine Zeit, indem er alle Probleme selbständig zu lösen versuchte. Der Rumpf der »Spitfire« wurde in drei Abschnitten gebaut: ein röhrenförmiger Teil, der den Motor einschloß, ein schalenförmiger Mittelteil und ein abnehmbares Heck (die letzten beiden Spanten davon zeigten aufwärts und bildeten die Flosse).

Der Holm – der große Haupttragebalken, an dem die Tragflächen befestigt wurden – wurde aus schachtelähnlichen Längsträgern hergestellt, die ineinander griffen. Alle waren verschieden lang. So kam es, daß die Tragfläche an der Flügelspitze, wo am wenigsten Stabilität benötigt wurde, hohl war, obwohl am Flügelanfang, der am stärksten beansprucht wurde, die Längsträger fünffach übereinanderlagen. Der Holm ähnelte so einer großen Blattfeder.

Vor dem Tragflächenholm war der Flügel mit schwerem Metall überzogen, so daß die gesamte Führungskante im Endeffekt eine Schachtel bildete. Dadurch erhielt der Flügel eine gewaltige Stabilität. Achtern des Holms war der Flügel mit dünnem Metall verkleidet.

Die Fabrik von Supermarine war nicht einmal für den ersten relativ kleinen Auftrag von 310 Flugzeugen groß genug. Deshalb mußte sie den Bau von Einzelteilen vergeben. Eine Firma lieferte die Flügelspitzen, eine andere die Führungskanten der Tragflächen, eine weitere baute die Aufhängevorrichtung für den Motor. Bei Supermarine wurden die Einzelteile zusammengesetzt und erprobt. Es gab jede Menge Kinderkrankheiten. Aber wenn man sich vorstellt, wieviel kleiner die Fehlergrenze bei einer solchen Art von Flugzeug sein mußte, war es ein Wunder, daß die Methode überhaupt funktionierte.

Angeblich wurde die gekrümmte Form der Spitfire-Flügel von der Heinkel He 70 beeinflußt. Dies stimmt sicher. Gemeinsam mit der ganzen Luftfahrtwelt mußte Mitchell geradezu durch Heinkels überragende Verbindung von ästhetischer Linienführung und aerodynamischer Wirksamkeit angeregt werden.

Im Frühling 1935 zwang die Forderung nach vier zusätzlichen Maschinengewehren Mitchell dazu, die herkömmlichen, sich verjüngenden Flügel ganz aufzugeben. Die neuen ellipsenförmigen Flügel, die die Spitfire in der Luft so deutlich erkennbar machten, waren die logische Antwort, wenn man weiterhin die Maschinengewehre in einer Reihe haben wollte und außerdem genug Raum für die eingezogenen Räder brauchte, ohne auf Höcker oder Ausbuchtungen in den Flügeln zurückzugreifen.

Die Produktionsschwierigkeiten, die durch die heikle Flügelform hervorgerufen wurden, wurden durch die Vorteile mehr als aufgewogen. Die gekrümmte Form sorgte nicht nur für eine größere Fläche – und geringere Flügelbelastung – bei einer gegebenen Spannweite. Das lange Profil sorgte auch für Stabilität an den Flügelwurzeln, wo sie am Rumpf befestigt

Zeichnung 11: Vickers Supermarine »Spitfire«

Oben links: Der Hauptholm, aus verschiedenen Lagen zusammengesetzt, besaß die Elastizität einer Blattfeder.
Oben rechts: Die elliptischen Flügel hatten ausreichend Platz für die acht Maschinengewehre. Die Pfeile zeigen die Mündungsöffnungen, Rechtecke sind Luken für zwei Munitionsboxen, und die Schlitze sind für die ausgeworfenen Hülsen da.
Mitte links: Zwei rückwärtige Spanten gehen in das Schwanzende über, was für eine große innere Stabilität sorgte.
Mitte rechts: Die Klarsichthaube der »Spitfire« sorgte für einen ausgezeichneten Rundumblick. Man beachte die schußsichere Frontscheibe und den Spiegel für den Rückblick.
Unten: Eine »Spitfire« Mark IIA, wie sie 1940 flog, mit den Zeichen der 609. (West Riding) Staffel.
Unten rechts: Zum Vergleich eines der Renn-Wasserflugzeuge, aus denen die »Spitfire« hervorging (nicht maßstabsgetreu).

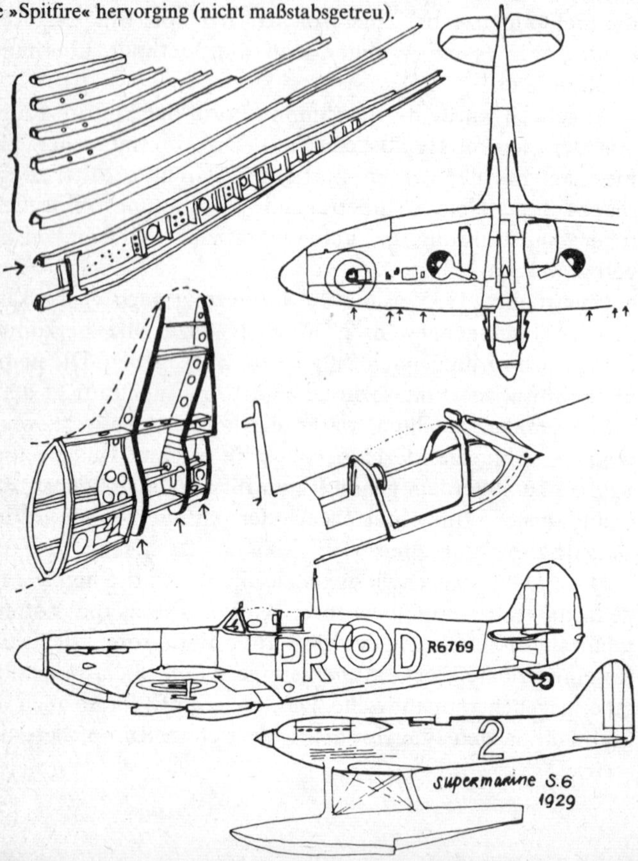

wurden. Immer wurde der Flügel so dünn wie möglich gehalten. Nach den Vorstellungen jener Zeit erinnerte das Ergebnis mehr an ein Hochgeschwindigkeitsflugzeug als an eine militärische Maschine. Erstaunlicherweise war die Tragfläche von Mitchells »Spitfire« dünner als die von Messerschmitt, obwohl vier große Maschinengewehre eingebaut waren. Er hatte eine fantastische Leistung vollbracht. Noch lange nach Mitchells Tod, als die Geschwindigkeiten immer höher kletterten, zeigten Forschungen, wie weit Mitchells Flügelentwicklung seiner Zeit voraus gewesen war. Vickers empfahl dem Luftfahrtministerium, den Namen »Spitfire«, der für den vorangegangenen Prototyp mit den Knickflügeln benutzt wurde, beizubehalten. Mitchell wurde nicht gefragt, aber er zeigte sich auch nicht überrascht. Als man ihm die Entscheidung mitteilte, meinte er nur: »Auf etwas Besseres als einen so blöden Namen konnten sie wohl nicht kommen!«

Aber Mitchell war stolz auf sein Flugzeug. Die beiden Testpiloten, die die Maschine im Frühsommer des Jahres 1936 in Eastleigh flogen, sahen oft Mitchells alten Rolls-Royce neben dem Hangar parken. Er war gekommen, um sie fliegen zu sehen. Und das war gut so. Denn er erlebte es nicht mehr, seinen Jäger aus der Produktion kommen zu sehen. Im Alter von 42 Jahren starb er 1937.

Maschinengewehre und Kanonen

Beide RAF-Jäger waren mit acht Browning-Maschinengewehren ausgerüstet. Die Bf 109 E besaß zwei 7,9-mm-Maschinengewehre und zwei 20-mm-Kanonen. Ein exakter Vergleich ist schwierig, denn beim Kampf feuerte die 20-mm-Kanone dünnmantelige Geschosse vom »Minentyp«, die beim Aufschlag explodierten. Man kann aber sagen, daß ein drei Sekunden langer Feuerstoß aus der Bf 109 E 18 Pfund wog. Während desselben Zeitraums feuerte ein RAF-Jäger etwa zehn Pfund ab.

Die Oerlikon war ursprünglich ein Schweizer Luftabwehrgeschütz, das von Grund auf für den Gebrauch im Flugzeug umgebaut wurde. Es mußte hierfür bei schnellerer Schußfolge kleiner und leichter gemacht werden. Die deutschen Experten kürzten den Lauf und überarbeiteten die 20-mm-Patronen, indem sie die Pulvermenge verringerten. Dadurch konnte das Verschlußstück leichter gemacht werden.

In einigen Punkten war die Verfeinerung brillant. Die Waffe war sehr leicht und sehr kompakt. Aber die Entwicklung des Verschlußstücks schloß nichts mit ein, was sich versperrte, wenn die Kanone feuerte. Die Zündung im Verschluß, die die Granate abfeuerte, öffnete ihn gleichzeitig für das nächste Geschoß. Das alles ergab sich durch eine sehr

Tafel 2: Die Bewaffnung der Jagdflugzeuge

	Kaliber	Salven	Gewicht (kg)	Länge (m)	Mündungsgeschwindigkeit (m/Sek.)	Feuerstoß (Salven/Min.)	Projektilgewicht (Gramm)
Browning (RAF)	7,7 mm	300	10	1,10	810	1200	12,9
Oerlikon MG-FF	20 mm	60	24	1,35	550	520	180
Rheinmetall Borsig MG 17	7,92 mm	1000*	12,7	1,20	750	1100	16,8

* Beim Einsatz als Flügelbewaffnung nur 500 Salven pro MG. Während des Sommers 1940 trugen die »Hurricans« und »Spitfires« acht Brownings. Die Messerschmitt Bf 109 E war gewöhnlich mit zwei Maschinengewehren auf der Motorhaube und einer 20-mm-Kanone in jeder Tragfläche ausgerüstet. Manchmal wurden Maschinengewehre anstelle der Kanonen eingesetzt. Die meisten Geschoßhülsen waren dünnwandig und enthielten Explosivstoff. Aber Brandgeschosse und panzerbrechende wurden auch eingesetzt. Die deutschen Piloten konnten ihr Feuer auswählen: Ein Knopf für den Daumen auf dem Steuerknüppel löste die Tragflächenwaffen aus. Ein Fingerabzug feuerte die auf der Motorhaube ab. Der letztere wurde von Piloten als sehr nützlich angesehen, die kurz die Geschoßgarbe beobachteten, während sie noch durch das Visier sahen. Die deutschen Jagdflugzeuge waren mit Geräten ausgerüstet, die den Munitionsvorrat anzeigten. Die RAF-Piloten besaßen nur ein paar Dutzend Leuchtspurgeschosse am Boden der Box, um sie zu warnen, daß ihre Munition verbraucht war.

niedrige Mündungsgeschwindigkeit. Die Experten glaubten jedoch, daß diese Geschwindigkeit nicht sehr bedeutsam sei, da Luftkämpfe seit jeher in kurzen Entfernungen stattgefunden hatten und das Projektil schließlich explodieren würde. Wie wir sehen werden, sollte sich das als entscheidender Irrtum erweisen.

Die andere Unzulänglichkeit war die Feuergeschwindigkeit (siehe Tafel 2). Im Vergleich mit einer anderen Luftabwehrwaffe war sie schnell. Aber gemessen an den Erfordernissen eines Jägerpiloten, der selten hoffen konnte, sein Ziel länger als zwei Sekunden vor Augen zu haben (17 Granaten aus jeder der beiden Kanonen) war sie langsam. Solch ein Zwei-Sekunden-Feuerstoß verbrauchte über ein Viertel des Munitionsvorrats. Selbst mit Messerschmitts Flügeln, die durch Höcker modifiziert waren, gab es nur eine 60-Schuß-Trommel für jede Kanone.

Beim Zweikampf zwischen den Jägern befanden sich beide Seiten im Feuerhagel nicht weit auseinander. Aber die baubedingte größere Stabilität der stärkeren Flugzeuge – wie es die deutschen Bomber waren – machte es sehr schwierig, sie mit Kugeln herunterzubringen. Ein Vorfall während der Schlacht verdeutlicht dies. Sechs »Spitfires« der 74. Staffel feuerten im Angriff 7000 Mal auf eine Dornier Do 17, konnten sie aber nicht abschießen. Obwohl die unterschiedlichen Vorzüge von Maschinengewehr und Kanone zu jener Zeit viel diskutiert wurden, hatte die RAF im geheimen entschieden, daß die Kanone weit besser sei. 1940 liefen beim Royal Aircraft Establishment eine Reihe von Versuchen gegen ein altes »Blenheim«-Flugzeug. Dabei ging es auch um Bewaffnung. Die Kombination der acht Maschinengewehre wurde vierte auf einer Liste, in der die zwei Kanonen an erster Stelle standen. Während der Kämpfe von 1940 setzte die RAF versuchsweise wenige »Spitfires« ein, die mit Kanonen bewaffnet waren. Doch die RAF hatte damit Ärger. Die wenigen Piloten, die während der Schlacht um England damit kämpfen mußten, verfluchten größtenteils ihr Schicksal. Sie bekamen wieder Jäger mit Maschinengewehren zur Verfügung gestellt.

Texte zu den Bildern 30–34:

30 *Warten auf den Start*
Piloten der 601. (Grafschaft Chester)-Staffel der Hilfsluftstreitmacht liegen einsatzbereit neben ihren »Spitfires«. Die Flugausrüstung erwies sich als unförmig und unbequem. Diese Piloten zogen es vor, in ihren gewöhnlichen Uniformen zu fliegen. Darüber trugen sie die Schwimmweste, die »Mae West« genannt wurde, um die dralle Frauenfigur zu rühmen. Diese Staffel ging Anfang Mai 1940 nach Biggin Hill und befand sich ununterbrochen während der Schlacht im Einsatz. Die ursprünglichen AAF-Piloten waren ausnahmslos Offiziere. Die Anwesenheit vieler Sergeant-Piloten zeigt, auf welche Weise die Staffel gezwungen war, Verluste zu ersetzen.

31 *Gefangennahme*
Ein gefangener deutscher Pilot (Feldwebel), erkennbar an dem Abzeichen neben dem Eisernen Kreuz, erhält von seiner Begleitung einen Schluck. Der Soldat hinter ihm trägt noch den alten Vorkriegswaffenrock, der Mann vom Feldzeugkorps ist mit einem antiquierten kanadischen Gewehr ausgerüstet. Beides sind Zeichen für die erschöpften britischen Mittel im Jahr 1940. Der Mann in der schwarzen Uniform ist Polizist. Das ›W‹ auf dem Stahlhelm läßt einen Luftschutzwächter erkennen. Das Bild wurde im August 1940 irgendwo an der Südostküste aufgenommen (der Zensor verbot eine genauere Beschreibung).

32 *Angriff auf einen Geleitzug*
Britische Küstenkonvois, die durch die Straße von Dover fuhren, wurden von deutschen Torpedobooten, Küstenbatterien und Bombern unter Feuer genommen. Die Engländer konnten sich nicht vorstellen, daß die Deutschen ein ausgezeichnetes Radar besaßen, und glaubten daher nicht, daß ihre Schiffsbewegungen bei Tag und Nacht genau erkannt wurden. Meist fuhren diese heimischen Konvois Kohle. Es war eine verrutschende Ladung, die besonders gefährlich bei rauher See zu fahren war. Die Schiffe nahmen mehr an Bord, als ihre Kapazität erlaubte, und manches kenterte. Sie fuhren etwas, was leicht auf der Schiene hätte transportiert werden können. Ein Sprecher der Marine gab zu, daß die Küstenkonvois nichts weiter als eine Frage des Prestiges waren, aber viele Flieger und Seeleute starben.

33 *Ein großer Luftangriff auf London*
Am Nachmittag des 7. September 1940 ließ Göring seinen persönlichen Zug zum Pas de Calais fahren. Von hier aus konnte er etwa 1 000 Maschinen über sich hinweg auf ihrem Weg nach London fliegen sehen. Bislang hatte Hitler Angriffe auf die Hauptstadt verboten. Jetzt ließ er sich erweichen. Nur wenige der Luftwaffenkommandeure zweifelten daran, daß diese neue Taktik England dahin bringen würde, sich nach Frieden zu sehnen. Die Formationen flogen an jenem Nachmittag gegen 16 Uhr über Göring hinweg. Das

▲ 30

▼ 31

▲ 33

▼ 34

Bild wurde wenige Minuten später aufgenommen, als sie sich ihrem Ziel näherten. Man beachte die Kurvenspuren am Bildrand. Dies sind RAF-Jäger, die im Sturzflug zum Angriff übergehen. Nur die sehr hoch fliegenden Maschinen hinterlassen Kondensstreifen, und der größte Teil der Flugzeuge fliegt tiefer und ist nicht auf dem Bild zu sehen.

34 *Munition für eine »Spitfire« in Duxford*
Ein Sergeant-Pilot sitzt im Cockpit einer »Spitfire« der 19. Staffel, die in Duxford stationiert war. Diese Staffel war versuchsweise mit Kanonen in der »Spitfire« ausgerüstet, was für endlosen Ärger sorgte. Am 3. September stiegen acht von ihnen zur Schlacht auf. Sechs davon hatten Ladehemmung. Damit wurden die Experimente abgebrochen, und am nächsten Tag trafen die gewöhnlichen »Spitfires« mit acht MGs ein. Dies ist eine der Maschinen. Der Waffenmeister hat alle vier Klappen zu den Fächern der Maschinengewehre entfernt und schiebt eine Munitionstrommel hinein. Jedes Fach konnte zwei Trommeln aufnehmen. Man beachte das dicke Panzerglas der vorderen Windschutzscheibe und die kleine »Tür«, die den Einstieg ins Cockpit in voller Flugausrüstung erleichterte. Die Einheit war Teil der »Duxford-Staffel«, die Douglas Bader führte.

Die Browning-Maschinengewehre verfeuerten die Munition der Armeegewehre. Das war eines der Probleme, welche die RAF mit der Waffe hatte. Die britische Armee beharrte darauf, Nitro-Glyzerin-Kordit als Treibmittel zu verwenden – zu einer Zeit, als jede andere Armee längst auf Nitro-Cellulose übergewechselt war. Was auch immer die verschiedenen Pluspunkte der beiden Munitionsarten gewesen sind – so war Kordit für tropische Klimaverhältnisse geeigneter –, Kordit-Geschosse konnten in den Verschlüssen heißer Waffen detonieren. Aus der Sicht der Jägerpiloten kann es kaum einen schwereren Nachteil gegeben haben. Der Browning wurde umgebaut, um dieses Problem zu lösen. Dabei wurde der Verschluß am Ende jeder Salve mit leerer Kammer offengehalten. Die Waffe wurde auch umgebaut, damit sie in große Serienproduktion gehen konnte und noch einmal modifiziert, als ein Problem mit der Versorgung auftauchte. Zu dieser Zeit gab es kaum ein Teil an diesem MG, das unverändert geblieben wäre. Das Colt-Browning-Maschinengewehr, das während der Schlacht im Einsatz war, war schließlich ein britisches Gewehr; ein seltenes Erlebnis für eine Nation, die soviele ausländische Waffenerzeugnisse im Einsatz hatte – von Lee-Enfields, Maxims- und Lewis-Gewehren bis zu Brens, Bofors und BSAs.

Erst 1939 wurde entschieden, daß die RAF-Jäger in der Lage sein müßten, einen Dauerfeuerstoß von 300 Schuß (aus jedem Maschinengewehr) abzugeben. Das erforderte eine vollständige Überarbeitung der Mündungsanordnung. Diese Modifizierung war erst im Mai 1940 bei allen Einheiten abgeschlossen. Das war vielfach zu spät.

Das RAF-Brandgeschoß kam ebenfalls für die Schlacht um England zu spät. Im Januar 1939 wurde das De-Wilde-Geschoß für 30 000 engl. Pfund trotz seiner Fehler angekauft. Das hinderte den belgischen Erfinder aber nicht daran, den Deutschen die Testergebnisse zu verraten. Nachdem britische Experten das De-Wilde-Geschoß (sein Name blieb unverändert) umgearbeitet hatten, gehörte es zu den besten seiner Art und trug zum Erfolg der RAF im Jahre 1940 bei.

Die Flügelbewaffnung, die in Jagdflugzeugen aller Nationen vorhanden war, schuf zwei große Probleme. Das eine war die Unterbringung der Munition mit der Zuführung zur Waffe, das andere die kalte Kondensation beim Flug in großer Höhe. Dies wurde besonders schwierig, wenn die Maschinen durch Wolken in Höhen aufstiegen, in denen das Kondensationswasser gefror. Diese Probleme waren 1939 noch nicht gelöst, da die RAF im Frieden selten bei schlechtem Wetter flog. Der erste Kriegswinter war streng genug, um die einfrierenden Brownings zum ernsten Problem werden zu lassen. Als Notmaßnahme, um die Schwierigkeiten mit der trokkenen Kälte zu bewältigen, wurde Öl verdünnt mit Paraffin auf die Waffen aufgetragen. Dennoch lieferte es den Waffenmeistern eine Menge Arbeit, da sich das Mittel als Rostschutzmaßnahme nicht bewährte.

Das Problem der nassen Kälte – wie sie in Wolken anzutreffen ist – wurde bis zum ersten Schuß dadurch gelöst, daß man die Gewehrmündungen mit einem Stoff bespannte. Als längeranhaltende Lösung wurde die Hitze des Motors zu den Gewehren geleitet.

Andere Vergleiche

Jeder Vergleich zwischen dem »Merlin« und dem Daimler-Benz DB 601 A muß mit der Erwähnung des Einspritzsystems des letzteren beginnen. Dr. Diesel hatte mit Benz, Daimler und Otto die moderne Maschine mit innerer Verbrennung zur deutschen Erfindung gemacht. Diesels Arbeit ermöglichte deutschen Konstrukteuren einen Blitzstart, als sie die Treibstoff-Einspritzmethode auf Benzinmotoren anwandten.

Bei Einspritzung wird eine abgemessene Menge an Treibstoff entsprechend der Temperatur und Motorgeschwindigkeit jedem Zylinder zugeführt. Diese Methode war den Vergasern, die der »Merlin« benötigte, bei weitem überlegen. Im besten Fall sind Vergaser den Temperaturschwankungen ausgesetzt, die ein Luftkampf unausweichlich mit sich bringt. Im schlechtesten Fall bergen sie das Risiko zu vereisen oder Feuer zu fangen. Und bei so großen Hochleistungsmotoren liefert ein Vergasersystem selten genau die gleiche Menge an Treibstoff gleichzeitig an jeden Zylinder. Als negativste Auswirkung aber erwies es sich, daß die Vergaser von Zentrifugalkräften abhängig waren. Beim Sturzflug konnten sie so an Sprit aushungern oder einen oder zwei Takte aussetzen.

Die RAF-Piloten lernten, wie man eine halbe Rolle vor dem Sturzflug fliegen mußte, um so den Treibstoff in den Vergaser hineinzudrücken. Aber im Kampf konnte dies zur gefährlichen, zeitraubenden Notwendigkeit werden. Ein Vermächtnis aus dem Doppeldecker-Zeitalter ließ Piloten, die sich mit der Ausrüstung ihrer Maschine in die Defensive gedrängt sahen, erklären, sie besäßen die bessere Manövrierfähigkeit. Die Piloten von »Spitfire«, »Hurricane« und Bf 109 behaupteten alle, den kleinsten Wendekreis zu haben. Tatsächlich gab eine Flügelspannweite von 9,85 m der Bf 109 diesen Vorteil gegenüber den Rivalen. Trotz der hohen Flügellast kam sie auf einen Drehradius von nur 228 m. Die »Spitfire« brauchte 268 m, die »Hurricane« 244 m. Im Luftkampf konnte dies zum entscheidenden Pluspunkt werden.

Die deutschen Jägerpiloten beneideten ihre Kollegen um eine Panzerplatte, die hinter dem Sitz der RAF-Jäger angebracht war. Offiziell wurde eine solche Panzerung von den Engländern abgelehnt, da sie die »Balance des Flugzeugs gefährde«. Die Staffel Nr. 1 ignorierte diese Ansicht. Zu einem frühen Zeitpunkt des Krieges entfernte sie in Frankreich einen Teil der hinteren Panzerung aus einem zerstörten leichten Bomber vom Typ Fairey »Battle« und baute ihn in eine »Hurricane« ein. Um alle Beteiligten davon zu überzeugen, daß dies keinen Einfluß auf das Gleichgewicht nahm, kehrte ein Pilot nach England zurück. Dort zeigte er eine Serie haarsträubender Flugkunststücke, bevor er zur Audienz in Farnborough antrat. Danach wurde die Panzerplatte zur Standardausrüstung. Wie wir sehen werden, sollte sie sich als entscheidender Faktor bei den Kämpfen von 1940 erweisen.

Eine andere halboffizielle Bauänderung mit entscheidendem Einfluß auf die Schlacht ergab sich aus einem Telefonat mit der De-Havilland-Propeller-Abteilung. Das Gespräch führte Flight Lieutenant (Hauptmann) McGrath erst am 9. Juni 1940. Er fragte an, ob es »ohne eine Menge Papierkram und viel Wirbel« möglich sei, einen konstant schnellen Propeller bei einer »Spitfire« auszuprobieren. Der Propeller erweiterte die Dienstgipfelhöhe um 2134 m und verbesserte so die Einsatzfähigkeit der Maschine. Daraufhin gestattete das Luftfahrtministerium den Umbau bei allen »Hurricanes« und »Spitfires«, während ein solcher Propeller bei der Bf 109 zur serienmäßigen Ausstattung gehörte. Jede Staffel wählte ihre besten Monteure aus. Die Fachleute von de Havilland reisten von Flughafen zu Flughafen und führten den ersten Umbau vor, überwachten den zweiten und beobachteten den dritten. Dann überließen sie die Arbeit den Flughafenmonteuren und machten sich auf den Weg zur nächsten Staffel. Ihnen folgte ein Testpilot. Am 15. August waren 1050 Propeller montiert. Alles geschah, ohne daß ein Preis vereinbart, ein Vertrag abgefaßt oder irgendein Papier unterschrieben worden war. Mehr als einer der De-Havilland-Verantwortlichen war überzeugt davon, daß sie nie Geld für ihre Arbeit bekommen würden. Trotzdem machten sie damit weiter.

Angesichts der Tatsache, daß die konstant schnelle Einheit eine britische Erfindung war, ist es erstaunlich, daß das Luftfahrtministerium seine »Hurricanes« und »Spitfires« mit festen, zweiblättrigen hölzernen Propellern in den Krieg schickte. Bestenfalls besaßen die Maschinen Propeller mit verstellbaren Luftschrauben. Das Gerät für die konstante Geschwindigkeit aber war ein einfacher Regler, der die Geschwindigkeit des Propellers und des Motors dadurch gleichhielt, daß er den Winkel, in dem die Propellerblätter zur Luft standen, veränderte. Beim Start wurden die Blätter so gedreht, daß sie sehr geringe Luftmengen bewegten. Bei höchster Leistung des Motors wurde so der Schub zum Abheben erreicht. Für Höchstgeschwindigkeit wurde die Anlage erneut gedreht, um möglichst viel Luft zu bewegen und so maximales Tempo zu erhalten. Der Winkel der alten, feststehenden Propellerschraube war ein Kompromiß für alle Situationen. Der Wert der neuen Propellerart lag für die Staffeln nicht nur in der gesteigerten Leistung des Flugzeugs. Er bewirkte auch einen viel geringeren Motorverschleiß.

Messerschmitt und »Spitfire« – Wie glichen sie einander im Flug?

Die Flugeigenschaften der »Spitfire« und der Bf 109 E-3 waren nur geringfügig verschieden. Einige der Unterschiede waren einzig und allein eine Sache persönlicher Vorzüge. Beide Maschinen hoben sehr schnell vom Boden ab. Die Messerschmitt benötigte eine nur kurze Startbahn. Beide schwankten beim Start. Aber im Geradeaus- und Höhenflug konnte die »Spitfire« auf fußlosen Flug eingestellt werden. Bei der Messerschmitt mußte man dagegen ständig einen Fuß auf dem Seitenruderpedal halten. Für die Deutschen war dies komfortabel genug, da sie gewöhnt waren, so zu sitzen. Aber es blieb stets ein erster Grund zur Beschwerde jedes alliierten Piloten, der eine erbeutete Maschine flog.

Die besten Sichtverhältnisse – Leben und Tod für Kampfflieger – besaß auf alle Fälle die »Spitfire«. Die blasenförmige Haube ließ ausreichend Kopfraum und ermöglichte den Blick nach unten, oben oder rundum.

Die 109 hatte dicke Streben gleich einem Gefängnis. Die Helme der Flieger berührten manchmal die Haube. Später wurde die Abdeckung auf Anraten von Galland geändert. Das Cockpit der 109 war sehr klein. Aber auch das war eine Frage der Gewöhnung. Einige deutsche Piloten hatten es gern so. Bei mittlerer Geschwindigkeit waren beide Maschinen leicht und herrlich zu fliegen. Bei hohem Tempo wurde es in beiden Flugzeugen jedoch zur harten Arbeit. Dies erwies sich als durchschlagender Nachteil. Denn bei einem Sturzflugangriff war eine Menge Muskelkraft erforderlich, um das Ziel ins Visier zu bekommen. Schließlich entdeckten beide Luftwaffen, daß der blitzschnelle Luftstrom über die stoffbespannten Querruder die Schuld an diesem Problem trug. Als sie wie die Flügel mit Metall beplankt wurden, wurde das Hochgeschwindigkeitsfliegen viel leichter.

Einige »Spitfires« gingen beim Trudeln verloren. Die Piloten wurden deshalb angewiesen, solche Manöver zu vermeiden. Die Messerschmitt litt nicht unter solchem Problem. Es war nie schwierig, aus dem Trudeln herauszukommen und es gab nie ein gefährliches Trudeln.

Auf dem Boden erwies sich die Messerschmitt als schwierig. Sie hatte schlechte Geradeaus-Sicht. Während man die Haube der »Spitfire« leicht nach hinten schieben konnte, mußte das schwerfällig-klappbare Kabinendach der Messerschmitt beim Rollen geschlossen werden. Die Leichtigkeit des Rumpfes ließ die Messerschmitt herumtanzen, sobald sie über unebenen Boden fuhr. Es war leicht, mit der Flügelspitze das Gras zu berühren.

»Spitfires« zerbrachen selten in der Luft. In jenen seltenen Fällen, in denen zuviel Druck auf dem Rumpf lastete, waren die herrlich dünnen Mitchell-Tragflächen der erste Teil, der verlorenging. Die Messerschmitt-Flügel waren auch ein schwacher Bauteil, der Schwanz jedoch war noch anfälliger.

Noch 1940 mußte ein Pilot den Druck, dem er seine Maschine aussetzte, abschätzen. Kein Instrument zeigte ihm an, wie dicht er daran war, einen Bruch heraufzubeschwören. In der Praxis ergab sich daraus, daß die meisten Piloten sehr sorgfältig darauf achteten, innerhalb der Grenzwerte zu bleiben. Wenige Maschinen wurden bis zum Bruchpunkt beansprucht. Gespräche darüber, welches Flugzeug welches bis zum Ausfall bringen konnte, spiegeln letztlich nicht mehr als den Leichtsinn des Gegners wider, gegen den man geflogen war.

Wie jede Staffel Piloten besaß, die bis »zehn Zehntel« der Belastbarkeit ihrer Maschine flogen, so hatte jede Staffel – auf beiden Seiten – miserable Flugzeuge, die man abschreiben mußte, und ungewöhnlich gute, die sehr oft von Leuten mit hohem Dienstrang oder Einfluß beansprucht wurden. Und diesen Piloten standen die besten Mechaniker, Monteure oder Waffenmeister zur Verfügung. Die noch »grünen« Piloten erhielten oft zweitklassige Bodenmannschaften sowie ein minderwertiges Flugzeug und wurden abgeschossen. Die Staffeltagebücher berichten davon, wie Männer, die einige Siege errangen, dadurch sprunghaft ihre Überlebenschancen ansteigen ließen.

Radar*

Als die zwanziger Jahre in die dreißiger übergingen, hielten es Politiker, die bislang – einem populären Kurs getreu – dem Militär das Geld des Steuerzahlers verweigert hatten, für ratsam, etwas Geld zur Verteidigung gegen Bomber auszugeben. Pazifismus als ein Weg, die Steuern zu senken, war eine

* Damals wurde es RDF (Radio Direction Finding) genannt. Danach erhielt es die Bezeichnung Funk-Ortung. Schließlich wurde der Name in Radar (Radio Detection And Ranging) abgeändert.

Sache. Mit Bomben beworfen zu werden war etwas anderes. Bombenangriffe konnten Wähler töten; genauer gesagt, Bombenangriffe würden auch Politiker töten.

1934 wurde eine riesige Schall-Ortungs-Einrichtung in Romney Marshes gebaut. Sie war 7,6 m hoch und 61 m lang. Die Anlage entdeckte keine näherkommenden RAF-Bomber, bevor sie nicht auf 12,6 km heran waren. Außerdem lieferte sie keine Informationen über Höhe und Richtung. Und schließlich arbeitete die Anlage nur dann, wenn sich das Flugzeug genau auf der Achse einer bestimmten Kurve befand. Letzte Absurdität war es, daß das teure Beispiel offiziellen Irrsinns Frankreich, dem engsten militärischen Verbündeten Englands, gegenüberstand.

Ein neu gebildetes Wissenschaftskomitee unter Henry Tizard griff nach einem Strohhalm und fragte Watson-Watt (einen plumpen, pedantischen Funkexperten der Nationalen Physikalischen Laboratorien), ob irgendeine Möglichkeit bestünde, einen »Todesstrahl« zu entwickeln. Solch ein Strahl war ein beliebter Bestandteil in Spionagegeschichten jener Zeit. Es war damit eine Waffe gemeint, deren Strahlen Maschinen stoppen, Flugzeugbesatzungen töten, lähmen oder kampfunfähig machen sowie die Baustruktur eines Flugzeugs zersetzen konnte. Die Antwort lautete unzweideutig: »Nein.« Aber im Wissen darüber, daß die Verteidigung wissen mußte, wo das Ziel lag, selbst wenn solche Todesstrahlen *nicht* möglich waren, fügte Watson-Watt einen letzten Absatz zum Thema Entdeckung an. Er schrieb:

> »Inzwischen sollte die Aufmerksamkeit auf das noch schwierige, aber vielversprechendere Problem der Funkortung im Gegensatz zur Funkzerstörung gelenkt werden. Falls es gewünscht wird, will ich mehrere Vorschläge für Methoden der Aufspürung durch reflektierte Funkwellen unterbreiten.«

Beim ersten Treffen des Komitees im Januar 1935 baten die Mitglieder Watson-Watt, seine »Vorschläge« darzulegen. Air Marshal Hugh Dowding (zu jener Zeit *Air Member* für Forschung und Entwicklung) forderte eine Vorführung der

Reflektionstheorie. Das Experiment wurde mit bestehender Ausrüstung unverzüglich ausgeführt. Ein normales BBC-Rundfunkprogramm diente als Peilstrahl, ein RAF »Heyford«-Bomber als feindliches Flugzeug. Trotz tausend Einwürfen von Watson-Watt, daß es ein Fiasko geben könne – oder vielleicht wegen dieser Einwände – war die flackernde Antwort der Kathodenstrahlröhre weit besser als alle Erwartungen.

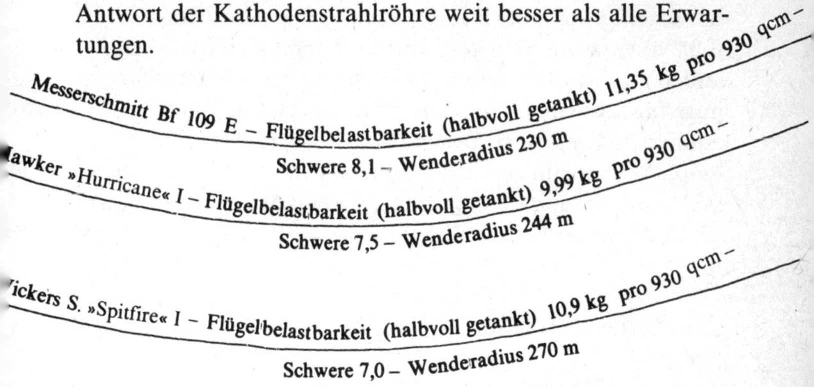

Zeichnung 12: Wendekreise (maßstabsgetreu)

Diese drei Kurven sind maßstabsgetreu für die drei Jagdflugzeuge bei einer Geschwindigkeit von 480 km/h in 3 000 m Höhe aufgezeichnet. Es gilt für eine vertikal geflogene Kurve. Bei einer solchen Kurve sorgt keine Höhenflosse für Auftrieb. Solche Kurve ist theoretisch bei geneigtem Schub möglich (wenn man die Nase leicht himmelwärts kippt), aber in der Praxis mehr oder minder unmöglich. Alle Einzelkämpfe bewegen sich nämlich abwärts (und Kämpfe bei einer geringen Geschwindigkeit bergen das echte Risiko, daß ein Flugzeug durch Unfall auf dem Boden aufschlägt).

Eine enge Kurve ist ein großer Test für die Erfahrung eines Piloten, denn so wie die Schwerkraft anwächst, steigt auch die Abrutschgeschwindigkeit. Bei einer zu engen Kurve befindet sich das Flugzeug an der Schwelle des Abrutschens und wird schaukeln, wenn der Pilot die Kontrolle verliert und dann wieder gewinnt. Man beachte die ausgeübte Schwerkraft. Einem Piloten von durchschnittlicher Fitness wird schwarz vor Augen bei nur 4 oder 5 G. Bei 9 G beginnt der durchschnittliche Flugzeugrumpf zu zerbrechen, da die Flügel den neunfachen Druck des Flugzeuggewichtes aufnehmen müssen. Und dann liegt die Abrutschgeschwindigkeit sehr hoch, bei einer »Spitfire« über 400 km/h.

Man beachte, daß weder Flügelspannweite noch Flügelbelastbarkeit für den engsten Wendekreis entscheidend sind.

Die Demonstration lief im freien Feld mit einem mobilen Gerät ab. Watson-Watt, ein eigensinniger Schotte in ausgebeultem Anzug und mit großmütterlicher Brille, nahm seinen Neffen mit hinaus. Aber da das Experiment als streng bewachter Geheimvorgang ablief, ließ er ihn an der nahegelegenen Straße zurück. Die erfolgreiche Vorführung löste große Begeisterung aus. Das Gespräch ging umgehend zur Ortung über weite Strecken über, die jetzt durchaus möglich schien, und zur Erörterung eines Präzisions-Radars, exakt genug für automatische Geschützausrichtung. Watson-Watt erinnert sich nicht an persönliche Begeisterung oder gar an Stolz. Aber er gibt zu, daß er seinen Wagen ein beträchtliches Stück in Richtung London fuhr, ehe ihm der zurückgelassene Neffe wieder einfiel.

Die Radar-Theorien

Zwischen 1876 und 1903 änderten drei Erfindungen die Welt drastischer, als es je zuvor der Fall gewesen war. Zunächst entwickelte Nicolaus Otto einen Gasmotor, den Daimler im Jahre 1885 so verbesserte, daß er ein Räderfahrzeug antreiben konnte. Nur zwei Jahre später wandelte Hertz Funken in elektrische Wellen um. Marconi nutzte 1897 jene elektrischen Wellen, um eine drahtlose Botschaft über knapp 15 km zu schicken. Jetzt mußte die Welt nur noch bis zum Jahre 1903 warten. Dann verbanden die Gebrüder Wright einen Verbrennungsmotor mit einem Gleitflugzeug.

Verbrennungsmotor, Flugzeug und drahtlose Nachrichtenübermittlung änderten die Welt mehr, als es Schießpulver oder Dampfkraft getan hatten. Aber während des 20. Jahrhunderts wurde nur eine große Schlacht allein durch diese drei Erfindungen ausgefochten und entschieden: die Schlacht um England.

Die Entdeckung von Hertz wurde zum Sprechfunk weiterentwickelt, mit dem Jägerpiloten zur Bodenkontrolle und untereinander sprechen konnten. Außerdem wurde sie zur

Ortung befreundeter Jäger (HF/DF – High Frequency Direction Finding) und als entscheidendster Punkt zur Radartechnik verfeinert. Hertz selber hatte erkannt, wie Funkwellen von festen Objekten reflektiert wurden und dies sogar vorgeführt. Sehr bald darauf schlug ein deutscher Ingenieur diese Technik als ein Mittel vor, durch das Schiffe bei Nebel oder Dunkelheit einander »sehen« und Zusammenstöße vermeiden könnten.

Aber es mußten noch große Probleme bewältigt werden. Wenn man Funkübermittlung mit einem Ruf und seine Rückkehr mit dem Echo vergleicht, so war unbekannt, wie der Ruf laut genug gemacht werden konnte, um weite Entfernungen zu überbrücken, oder leise genug, um den Ruf vom Echo zu trennen.

Die Amerikaner Breit und Tuve entwickelten die Übermittlung mit kurzen Impulsen und zeigten, wie sie von Lagen der Ionosphäre zurückgeworfen wurden. Erstaunlicherweise passierte dies sechs Jahre bevor Professor Appleton mit dem Funk die Höhe der Ionosphäre und einer anderen Schicht, die nach ihm benannt wurde, nachwies. Appleton wurde mit Ehrungen überhäuft und letztlich mit einem Dutzend anderer Persönlichkeiten oft als Vater des Radars gefeiert. Jedoch basierten Appletons Funkbeweise der Ionosphäre auf einer Methode, die Frequenz zu wechseln, und besaßen keine Ähnlichkeit mit der späteren Radartechnik. Auch war er nicht in der Lage, die Entfernung zwischen Erde und einem bestimmten Teil der Ionosphäre zu messen. Seine Annäherungswerte reichten zwar für die Physik aus, waren aber für das Geschützwesen nicht genau genug.

Das Ganzmetall-Flugzeug vermittelte der Radarforschung neuen Auftrieb. Das lag sowohl an der Güte von Metall als Funkreflektor, wie auch an der neuen Bedrohung, die schnelle Ganzmetall-Bomber für die Verteidigung bedeuteten. Während der dreißiger Jahre liefen in vielen Ländern Versuche mit Funkortungsabteilungen. In Japan wurde Yagi, eine Kurzwellenrichtantenne, erfunden. In Amerika arbeiteten die Laboratorien des Army Signal Corps an dem Problem, und die US-Marine suchte die Zusammenarbeit mit der amerikanischen Industrie. Der spätere Einsatz von Yagi und der von der US-Marine geprägte Begriff »Radar«, den alle Beteiligten übernahmen, ließen Chauvinisten in jenen Ländern behaupten, es wäre eine nationale Erfindung. Tatsächlich haben die Deutschen den meisten Grund für eine solche Behauptung.

Dr. Kühnold, Chef der deutschen Marine-Funkforschung, gelangte bei den ersten Arbeiten am Sonar (Unterwasseraufspürung) zum Aufbau einer noch unfertigen Radaranlage, indem er eine neue leistungsstarke Röhre von Philips einsetzte. Am 20. März 1934, noch bevor Watson-Watt in England die Experimente überhaupt vorgeschlagen hatte, sandte Kühnolds Gerät einen Richtstrahl über den Kieler Hafen und empfing ein »Bild« des alten Schlachtschiffs »Hessen«. Im Oktober desselben Jahres wurde eine Demonstration angesetzt, um zu zeigen, daß dieses DT-Gerät ein Schiff in knapp 12 km Entfernung entdecken konnte. Ein Flugzeug, das den Richtstrahl zufällig durchflog, führte unerwartet vor, daß Radar auch zur Luftverteidigung geeignet war.

Gegen Ende der dreißiger Jahre baute Deutschland Ortungsgeräte, die vergleichbaren britischen Anlagen überlegen waren. Das deutsche Panzerschiff »Graf Spee« war bereits 1937 mit »Seetakt« ausgerüstet, einem Radar, das die Geschoßlaufstrecke überwachte. Als die »Graf Spee« 1939 nach der Schlacht am La Plata in Uruguay versenkt wurde, ruderte ein britischer Radarexperte zu dem schon halb untergegangenen Schiff hinaus. Er kletterte auf das Schiff und untersuchte die Anlage. Er berichtete von diesem Radar. Aber in England sträubten sich alle zuzugeben, daß die Deutschen eine solche Entwicklung besitzen könnten. So wurde der Report vom Tisch gefegt und vergessen.

Im Juli 1938 hatten die Deutschen »Freya« im Einsatz, ein gutes Frühwarnsystem. Es konnte eine Junkers Ju 52-Transportmaschine schon in 90 Kilometer Entfernung ausfindig machen, obwohl es noch keine Möglichkeit besaß, die Höhe herauszufinden. Trotzdem waren die deutschen Luftabwehrgeschütze mit Radar bestückt, das für die Artillerie genau genug arbeitete. Ihr »Würzburg A«, vorgeführt im Juli 1939, war hochentwickelt. Das Telefunken-Produkt besaß zum Senden und Empfangen dieselbe Parabel. Seine Reichweite betrug 30 Kilometer. Als es später mit drehendem Dipol ausgerüstet wurde, der einen überlappenden Peilstrahl lieferte, war es bis auf einen halben Grad und 100 Meter genau.

Die deutschen Radaranlagen erwiesen sich als hervorragend im Einsatz. »Freya«-Radaranlagen auf den deutschen Inseln Wangerooge und Helgoland entdeckten im Winter des Jahres 1939/40 anfliegende RAF-Verbände so rechtzeitig, daß das Bomberkommando stark dezimiert wurde. Im Mai 1940 war bei einer Luftabwehr-Abteilung in Essen-Frintrop ein »Würzburg«-Radar im Einsatz. Es war in der Lage, RAF-Bomber abzuschießen, die es nicht sehen konnte. Dies beeindruckte Göring so stark, daß er öffentlich prahlte, kein feindliches Flugzeug werde je über Deutschland fliegen. Er sollte noch oft an diesen Spruch erinnert werden.

Nach der Evakuierung von Dünkirchen herrschte große Bestürzung in Whitehall, als man sich daran erinnerte, daß einige mobile britische Radaranlagen in Frankreich zurückgelassen worden waren. Ferner wurden alle britischen Radargeheimnisse mit den französischen Alliierten geteilt. Es gab erhebliche Erleichterung, als die Mannschaften, welche die Anlagen aufgegeben hatten, gemeinsam schworen, die Ausrüstung vollständig zerstört zu haben.

Tatsächlich erwiesen sich die französischen Streitkräfte als treu gegenüber ihren englischen Freunden – sogar in jenen Jahren des Elends. Kein Radar- oder sonst irgendein Geheimnis wurde den Deutschen verraten. Trotzdem wurde schließlich wenigstens eine britische Radaranlage, die noch nicht völlig zerstört war, während des deutschen Vormarschs erbeutet. Aber die Engländer brauchten sich keine Sorgen zu machen. Die deutschen Experten gönnten der Anlage nicht mehr als einen flüchtigen Blick. Dann erklärten sie, daß dieses Radar – gemessen an deutschen Maßstäben – ziemlich primitiv sei. Und das stimmte tatsächlich.

Berlin und London waren gegenseitig überzeugt, daß die andere Seite nichts von Radartechnik verstand, obwohl eine Menge anderer Beweise zu Tage traten. Milch hatte im August 1938 einer französischen Luftwaffen-Delegation eine deutsche Radaranlage vorgeführt. Im Frühjahr desselben Jahres hatte er bei einem offiziellen Besuch in England mit Udet und anderen Offizieren sich mit dem deutschen Radar gebrüstet, und das vor einer erstaunten Zuhörerschaft von hohen RAF-Offizieren während eines Diners, das ihm zu Ehren gegeben wurde.

Im Vorraum der Offiziersmesse im Hauptquartier des Jägerkommandos stellte Milch den versammelten Offizieren plötzlich laut eine Frage: »Nun, Gentlemen, lassen Sie uns offen sein. Wie kommen Sie mit den Experimenten zur Funkortung von Flugzeugen voran, die sich Ihren Küsten nähern?«

Wie ein Augenzeuge berichtet, »fiel mehr als ein Glas mit einem lauten Krachen auf den Fußboden«. Ein verlegenes Gelächter kam auf, und man versuchte, das Thema zu wechseln. Aber Milch hakte nach: »Aber Gentlemen, es gibt keinen Grund, so vorsichtig zu sein. Wir wissen schon seit langem, daß Sie ein System zur Funkortung entwickeln. Wir machen das auch. Und wir glauben, daß wir Ihnen einen Schritt voraus sind.«

Was das Technische angeht, so lag Milch vielleicht richtig. Aber Radar konnte – jedenfalls damals – für keine andere Grenze als eine Küste ein praktisches Warnsystem sein. Aber das System wurde geboren, ohne daß für die Briten die Möglichkeit eines Kompromisses bestand.

Wie schon gesagt, lautete das Motto beim Team von Bawdsey in Suffolk, wo Radar entwickelt wurde: »Das Zweitbeste, aber schon morgen.« Das bedeutete, daß man die Aufgabe hatte, schnellstens ein funktionierendes Radar zu erstellen, auch wenn die Leistung noch nicht vollkommen war. Obwohl Watson-Watt ein Egoist war, versprach er nie mehr, als er liefern konnte.

Es war diese Einschränkung, die Watson-Watt dazu verleitete, diese Experimente als RDF (Radio Direction Finding – Funkpeilung) zu bezeichnen – der wohlüberlegte Versuch, die Neugierigen zu täuschen. Denn obwohl sie überzeugt waren, das Problem einer Peilung auf weite Strecken lösen zu können, glaubten sie, das Problem der Funkpeilung sei noch schwieriger oder sogar unmöglich.

Watson-Watts Originaldenkschrift vom 27. Februar 1935 ist ein bemerkenswertes Dokument. Es zeigt nicht nur die alternativen Wege der Forschung auf, sondern schätzt ziemlich genau ein, was erreicht werden könnte. Abschließend unterstreicht es die Bedeutung der Identifizierung eines Flugzeugs und schlägt eine Methode vor, durch die Freund-Flugzeuge eine kodierte Rückstrahlung der Funkwellen geben könnten. Er fügte einen Absatz über die Notwendigkeit an, daß dies eine wirklich gute Sprechfunkverbindung mit Jägerpiloten erforderlich mache. Denn die Wirksamkeit des Radars würde daran gemessen werden, wie gut es Jagdflugzeuge in eine Position versetzte, aus der sie feindliche Bomber anzugreifen vermochten. Zu dieser Zeit war die in der Entwicklung befindliche Funkausrüstung noch sehr groß. Und nur wenige Männer konnten sich vorstellen, daß man sie jemals klein genug bauen könne, um sie wenigstens in das geräumigste Flugzeug installieren zu können.

Der bemerkenswerteste Punkt hinsichtlich des Radars ist jedoch, daß es keiner lange vor Kühnolds Experimenten erfand. Es gab Hunderte, vielleicht Tausende von Wissenschaftlern und Experten, die von ihren Regierungen dafür bezahlt wurden, solche wissenschaftlichen Dinge vorzuschlagen. Das Phänomen der Rückstrahlung von Funkwellen von entfernten Flugzeugen wurde wiederholt in Fachzeitschriften behandelt. Die Postbehörde erhielt endlose Beschwerden darüber, wie Flugzeuge den Radioempfang störten. Aber sie wurden einfach als Probleme behandelt, die es zu lösen galt. Keiner der Experten war in der Lage, diese »Probleme« der Überlagerung mit der Bedrohung durch Bomber zu verketten, der die Öffentlichkeit weiterhin enorme Aufmerksamkeit schenkte.

Texte zu den Bildern 35–39:

35 *Zwei Hawker »Hurricane« der 501. (County of Gloucester) Staffel*
Sie starten vom Ausweichflugplatz in Rochford am 15. August 1940. Die Maschine links fliegt Oberleutnant K. N. T. Lee. Billy Drake, einer seiner Freunde, hat ihn in Erinnerung als einen völlig furchtlosen Flieger, einen der wenigen, die es davon gab. Er errang sechs Siege, bevor er fiel.

Am Tag, als dieses Bild entstand, gab es dramatische und umfassende Luftkämpfe. Nahe Folkestone schoß diese Hilfsstaffel der RAF zwei Junkers Ju 87 B-Sturzbomber der 10/LG 1 ab.

Beispielhaft für das kurze Leben der Jagdflugzeuge zu dieser Zeit ist die Maschine P 3208 SD-T, die rechts im Bild zu sehen ist. Am 6. Juli kam sie aus der Fabrik und leistete 28 Flugstunden. Diese beiden »Hurricanes« wurden drei Tage nach dieser Aufnahme abgeschossen. Am 18. August, als die 501. Staffel von Hawkinge startete, verlor sie nicht weniger als sieben Maschinen.

36 *Propaganda*
Unteroffizier Horst Perez, Pilot dieser Bf 109 E der zweiten Gruppe des Jagdgeschwaders 26, hätte sich bei seinem Start vom Flugplatz Marquise-Ost im Pas de Calais nicht träumen lassen, daß sich sein Flugzeug bald auf dem Weg zu den New Yorker Docks befinden würde, wo dieses Foto entstand. Aber die Engländer erkannten, daß der Gewinn dieser Schlacht mindestens so wichtig war, wie die USA davon zu überzeugen, daß sie am gewinnen waren. Nur dann würden sie Nachschub, finanziellen Kredit und die politische und moralische Unterstützung erhalten, die so verzweifelt benötigt wurde. Diese Messerschmitt wurde in East Dean, nahe Eastbourne, abgeschossen. Sie stammte von Gallands »Schlageter«-Geschwader und wurde nach Amerika und Kanada als Teil des »Paket für England«-Feldzuges verschifft.

37 *Dorniers über England*
Die Dornier entstand ursprünglich als »Fliegender Bleistift« und war vorgesehen als ziviles Hochgeschwindigkeitsflugzeug, das mit Luftpost Geld verdienen sollte. Von diesem Begriff her entstand die Idee des »Schnellbombers«, der in der Lage sein würde, schneller als die ihn jagenden Jagdflugzeuge zu fliegen. Aber die Verbesserung der Jägerentwicklung brachte es mit sich, daß die Dorniers verwundbar wurden. Um die Verluste geringer zu halten, entwickelten die Deutschen eine Technik, bei der aus einem leichten Sturzflug gebombt wurde, was die Bombergeschwindigkeit ansteigen ließ. Nach dem Bombenabwurf konnten die leichter gewordenen Dorniers durch einen sehr niedrigen Flug entkommen. Die Bodenbeobachter sahen sie praktisch erst, als sie direkt über sie hinweg flogen. Das Bild zeigt eine Dornier-Formation beim niedrigen Flug über England, möglicherweise bei der Annäherung für einen solchen Angriff. Man beachte die unterschiedlichen

▲ 35

▼ 36

37

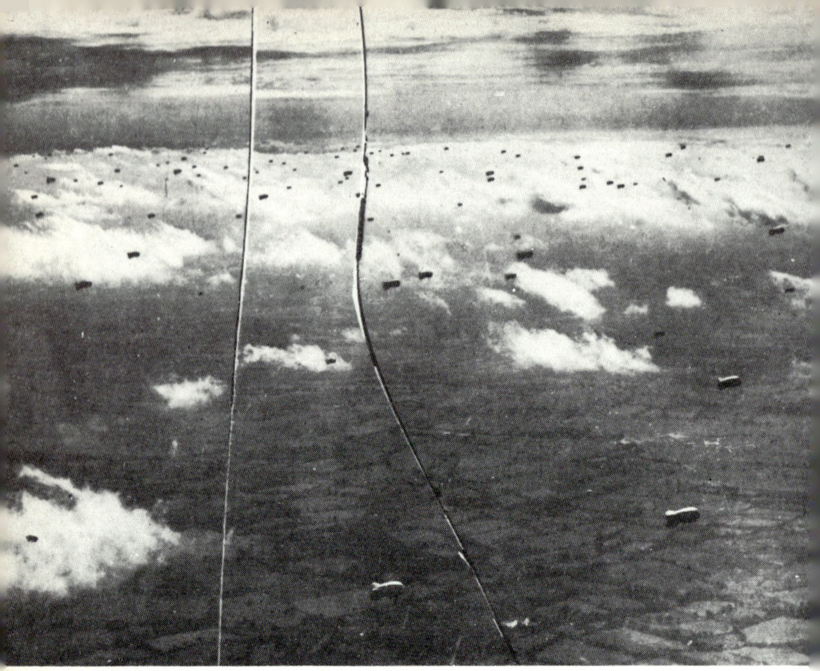

▲ 38

▼ 39

deutschen Kennzeichen. Die Kreuze auf den Tragflächen der zweiten Maschine sind fast doppelt so groß wie die der anderen.

38 *Ballons als Hindernisse (Stahlkabel unterstützten den Schutz lebenswichtiger Anlagen vor Tieffliegern)*
Dieses bemerkenswerte Bild vermittelt einen Eindruck davon, wie furchterregend Ballonhindernisse für Flieger sein konnten, auch wenn die meisten Menschen am Boden diese Idee mit Spott bedachten. Die beiden vertikalen Striche stammen von einer Beschädigung des Negativs; der Fotograf benutzte eine Glasplatte.

39 *Eine Massenformation im Flug*
Die außergewöhnlich schlechte Bildqualität kann nicht von der Bedeutung des Fotos ablenken. In einer Formation, die in ihrer Disziplin an Vorkriegsflugvorführungen erinnert, überfliegt ein riesiger Verband deutscher Bomber Biggin Hill. Das Foto stammt vom Informationsministerium und wurde mit der Unterschrift versehen: »Entnommen aus Mr. Churchills Privatalbum.«

Die ersten Versuche von Watson-Watt ermöglichten dem britischen Radar einen guten Start. Er entschied sich, ein Flugzeug so zu behandeln, als ob die Flügel eine horizontale Antenne bildeten. Dies ließ ihn mit einer Wellenlänge von 50 Metern beginnen, da er kalkulierte, daß dies die doppelte Flügelspannweite eines gewöhnlichen Bombers wäre. Fast gleichzeitig änderte Watson-Watt das dann auf die halbe Wellenlänge ab, um so kommerziellen Radiosignalen auszuweichen. Seine Entscheidung, die Bomber als horizontalen Draht zu behandeln, führte ihn zur horizontalen Polarisation und zur aufgeschichteten Antenne. Seine Erfahrung mit Kathodenstrahlröhren (die zu dieser Zeit große Fortschritte machten) trugen zur Arbeit bei. Es war verständlich, daß nur bereits existierende Teile verwendet werden konnten. Es gab einfach keine Zeit, um neue Dinge zu entwickeln. Aber es lag an diesen grundlegenden Entscheidungen, daß die Engländer schnelle Fortschritte machten. Großbritannien gab ein ideales Land für eine Radar-Verteidigungskette ab, da die See den ausgestrahlten Signalen keine Hindernisse bot.

Tatsächlich kam man schneller voran als erhofft. Ein Team,

das im Mai 1935 zusammengestellt wurde, hatte rd. 22 m hohe Masten errichtet. Die Tests liefen noch im folgenden Monat an. Gegen Ende des Jahres lagen die Ergebnisse weit vor dem, was Watson-Watt versprochen hatte. Er hatte das

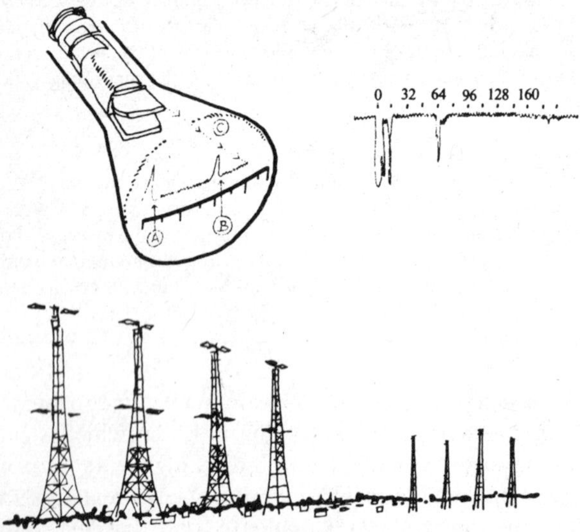

Zeichnung 13: Radar (R.D.F.)

Die Deutschen konnten die Radarmasten von Dover von Frankreich aus sehen. Es gab keinen Weg, die riesigen stählernen Türme, die das Radar (damals Funkpeilung genannt) erforderte, zu verstecken oder zu tarnen. Auf irgendeine Weise sendeten alle Stationen Funksignale aus.

An der Basis der zwei Arten von Türmen (Empfänger- und Sendetürme) befand sich eine »Empfängerhütte«. Hier beobachtete das Personal, oft Frauen, die Kathodenröhren.

Oben links: Wenn ein Signal vom Sender ausging, tauchte ein Echozeichen (A) auf dem Schirm auf. Dieser kurze Energiepuls verschwand entweder auf Nimmerwiedersehen, oder traf etwas, wurde abgestoßen und vom zweiten der hohen Masten aufgefangen. Dann tauchte ein weiteres Echozeichen (B) auf dem Schirm auf. Das Bedienungspersonal konnte aufgrund des zeitlichen Abstands zwischen den Echozeichen schätzen, wie weit das reflektierende Flugzeug entfernt war. Bei Flugzeugformationen war dies allerdings weit schwieriger.

Oben rechts: Ein Schirm, der 24 zweimotorige Flugzeuge registriert.

Schwanken eines Signals dadurch erklärt, daß eine Formation aus drei Hawker »Harts« durch das Testfeld gekreuzt war. Er hatte die Flughöhen von Maschinen bis zu einer Grenze von 300 m gemessen und einen Weg gefunden, das Funkpei-

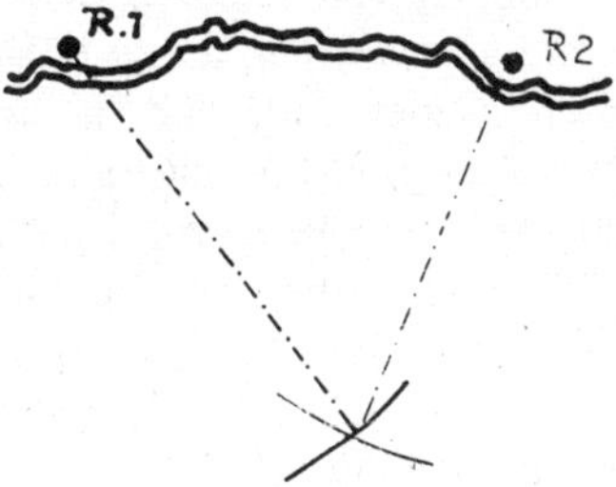

Rechts: Die Karte zeigt die Reichweite der gewöhnlichen Heimkettenstationen für Flugzeuge, die unter 4 500 m flogen. Maschinen, die höher flogen, konnten auf größere Entfernung entdeckt werden, wenngleich die Radarreichweite für Flugzeuge über 6 000 m sehr gering war.

Um den Anflug von Maschinen unter Radar auf Seehöhe zu verhindern, waren Tiefflieger-Radar-Ketten im Einsatz (gepunktete Linie). Diese verfeinerten Anlagen mit rotierenden Antennen arbeiteten auf dem 1,5-m-Band (im Vergleich zum 10-m-Band der Heimkettenanlagen). Sie waren für die Marine zum Aufspüren von Schiffen entwickelt worden. Man beachte, wie die Reichweite zu diesem Zeitpunkt des Krieges den Häfen eine besondere Bedeutung zumaß (markiert mit einem Punkt im Kreis).

Zur Beachtung: Die Radarreichweite war nur seewärts ausgerichtet. Flugzeuge, welche die englische Küste überflogen hatten, konnten nur durch das Beobachter-Korps geortet werden, während sie über Land flogen.

Links: Eine genaue Entfernung wurde abgeschätzt, indem man die Zeit maß, die ein Impuls brauchte, ehe er von einem Flugzeug zurückgeworfen wurde. Die Funkpeilung war weit schwieriger. Der Stab im Filterraum konnte die Reichweiten aufzeichnen, die von zwei benachbarten Stationen (R 1 und R 2) ermittelt waren. Wenn er diese zum Schnitt brachte, hatte er die Position des Feindes. Diese Technik wurde »Entfernungsschnitt« genannt und bildete einen wichtigen Teil der Arbeit, die im Filterraum geleistet wurde. Funkpeilung war mit dieser Art von Radarausrüstung sehr schwierig, so daß das System »Funkrichtungspeilung« genannt wurde. Man machte dies, um nichtautorisierte Fragesteller über den Zweck der hohen Türme zu täuschen.

lungsproblem zu lösen. Das Team stellte Richtantennen gen Norden, Süden, Osten und Westen auf und ermittelte die relative Stärke eines Signals. Die Resultate waren gut genug, um die britische Arbeit von jeder anderen zu unterscheiden, die sonst irgendwo geleistet wurde. Und sie reichten aus, um Watson-Watt mit Regierungsgeld auszustatten, damit höhere Masten gebaut werden konnten. Außerdem liefen dadurch Forschungen für alternative Wellenlängen (für den Fall einer feindlichen Störung) sowie für die Entdeckung von Tieffliegern an. Dowding bewilligte das Geld. Aber der mürrische alte Mann schmeichelte sich nie bei den Wissenschaftlern ein. Viele von ihnen dachten deshalb fälschlich, er verstünde die wissenschaftlichen Grundlagen der neuen Entwicklung nicht.

In Bawdsey, wohin die Forscher 1936 übersiedelten, herrschte eine einzigartige Atmosphäre. Das alte Herrenhaus lag an der See. Ausgedehnte Ländereien, die ein Kricketfeld, Pfirsichbäume und die größte Bougainvillaea des Landes einschlossen, gehörten dazu. Die erstklassigen Physiker lebten und arbeiteten in dem Herrenhaus. Da mußte kein Zielband für Fleiß durchrissen werden, und die Forscher unterbrachen ihre Arbeit zum Schwimmen oder für einen Spaziergang im Garten, wenn ihnen danach zumute war. Andererseits war es nicht ungewöhnlich, daß noch weit nach Mitternacht mit Hochdruck in den Laboratorien gearbeitet wurde. Besucher vom berühmten Cavendish Laboratorium in Cambridge kamen, um am Kamin Probleme zu erörtern. Diese Runden wuchsen sich zu dem aus, was die Männer von Bawdsey »Soviets« (Räte) nannten. Zivile Besucher wie Fliegergenerale oder aber auch Flugzeugbesatzungen, die direkt von Einsätzen kamen, konnten hier zu jedem alles sagen, was sie wollten. Ein unbeeindruckter Watson-Watt erklärte, daß Assistenten sehr häufig in heftigem Wortwechsel mit Fliegergeneralen lagen. Watson-Watt fachte häufig solche Aufregung noch an.

Es lag an dieser Atmosphäre von Mittelklasse-Komfort, daß hohe Offiziere auf Wissenschaftler mit nicht eindeutig abgegrenzter Machtbefugnis trafen. Kein Besucher in Bawdsey konnte den Wert solcher Wege verkennen, mit denen hier wissenschaftliche Methoden für den Krieg einsatzbereit gemacht wurden. 1937 machten sich von Bawdsey aus Teams auf den Weg, um die Unstimmigkeit zwischen Radarspuren und den Logbucheintragungen der Navigatoren zu untersuchen. Eine andere Gruppe ging zum Jägerkommando. Watson-Watt prägte den Begriff »Einsatzforschung«. Er definierte es als »Nachforschung mit wissenschaftlicher Methode für aktuelle Einsätze heutiger, gestriger oder bevorstehender Art, ausdrücklich ausgerichtet auf bessere, effektivere und wirtschaftlichere Handhabung bei ähnlichen Einsätzen in der Zukunft«. Obwohl die Einsatzforschung nie die öffentliche Aufmerksamkeit wie etwa das Radar auf sich zog, wurde sie schließlich für den Verlauf des Krieges beinahe ebenso wichtig.

IFF

Etwa 1938 erregten sich die Flieger darüber, daß das Radar keine Freund-Flugzeuge ausmachen konnte. Es war typisch für die negative Haltung der meisten hohen Offiziere, wie sich der Oberbefehlshaber des Bomberkommandos äußerte: Er werde alles tun, was in seiner Macht stehe, um das Radar abzulehnen, bis dieses Problem gelöst sei. Schließlich fand sich ein Weg zur Lösung. Es wurde »Identification Friend or Foe« – Identifizierung von Freund oder Feind –, kurz IFF genannt. Die Erfindung paßte für jedes Flugzeug. Das Gerät gab einen weit stärkeren Impuls zurück, als jener, der zu ihm ausgeschickt wurde (aber auf derselben Frequenz). So konnte das Echozeichen auf dem Radarschirm als das eines Freund-Flugzeuges ausgemacht werden.

Das Informationsnetz

Die Art von Radarverteidigung, die England im Jahr 1939 aufgebaut hatte, konnte nur durch die zwanglose Zusammenarbeit von Wissenschaftlern, Fliegern und Zivilangestellten entstehen. Es gehörte zum Genie von Watson-Watt, daß er wußte, was möglich war. Als die Regierung Geld in seine Forschung steckte, fand sie seine Versprechen erfüllt. Seine große Vollendung fand das britische Radar aber nicht in den ziemlich unfertigen Heimat-Ketten-RDF-Stationen oder den mehr wissenschaftlichen CHL (Tiefflieger-Aufspürstationen), sondern in der Art, wie die Informationen gesammelt und verwendet wurden. Unter diesem Aspekt war es sehr vorteilhaft, daß Dowding, der die ersten Möglichkeiten zur Radarentwicklung begünstigt hatte, zum Chef des RAF-Jägerkommandos ernannt wurde.

Bawdsey wurde sowohl erste Radarstation wie auch Wissenschaftslaboratorium. Hier planten RAF-Offiziere auch die Ausbildung des Personals, das die anderen Stationen bemannen sollte. Außerdem errichteten sie einen vollständigen Gruppeneinsatzraum für Versuchszwecke. Experten tüftelten bereits an dem gewaltigen Netz von Telefonkabeln, die notwendig sein würden, um alle Informationen den anderen Kontrollzentren zuzuführen.

Im Januar 1938 arbeitete das Jägerkommando auf dem Flughafen von Biggin Hill unter der Radarkontrolle der Station in Bawdsey. Von jetzt an stiegen Jäger zur Überwachung von Linienmaschinen auf, die in die Reichweite der Anlage von Bawdsey hineinflogen. Dadurch sollten die Jäger praktische Erfahrungen erhalten. Als der Krieg ausbrach, waren die Männer an den Radarschirmen in der Lage, deutsche Bomber beim Minenlegen in der Themse-Mündung aufzuspüren. Manchmal erwiesen sich die Radarangaben als so genau, daß die Minensucher der Royal Navy die Minen sofort aufspüren konnten.

Der umsichtige Schotte Watson-Watt hatte trotz vieler bitterer Dispute, in die er verwickelt worden war, gezeigt, daß er der richtige Mann für diese Aufgabe war. Seine rein wissenschaftlichen Kenntnisse gaben ihm die Basis zum Arbeiten. Seine Erfahrung mit Gewitterstürmen war ihm von großem Nutzen in einer Zeit, in der elektrische Störungen eines der ärgsten Probleme für Radar darstellten. Seine Karriere als Wissenschaftler für eine Regierungsabteilung machte ihn zum kompetenten Mann für die Innenpolitik, in die er sich jetzt einschaltete. Vor allem aber wurde er von einem Gefühl der Notwendigkeit getrieben, das ihm bei der Forschung Zeitgrenzen setzte. Nach diesem Limit mußte das Gerät in die Produktion gehen, wie auch immer der Entwicklungsstand war.

Die Wissenschaftler erkannten, daß die Qualität des Radar darauf basieren würde, sehr hohe Leistung für sehr kurze Wellenlängen zu erzeugen. Die 50-Meter-Wellenlänge der ursprünglichen Experimente war für die Heimat-Kettenstationen, die entlang der englischen Küste errichtet wurden, auf zehn Meter verkürzt worden. Die Wellenlänge der ergänzenden Anlagen gegen Tiefflieger betrug nur 1,5 Meter. Die kürzeren Wellenlängen sorgten für einen engeren Peilstrahl, der weit genauer war. So waren die Masten für die Tiefflieger-Anlagen (CHL) mit rotierenden Antennen ausgestattet. Sie suchten den Horizont ab, um so die höchstmögliche Intensität bei Antworten zu erhalten. Diese CHL-Anlagen waren größtenteils das Werk eines Australiers namens Butement. Er war ein Wissenschaftler im Kriegsbüro und hatte mit solchen Radarstrahl-Experimenten bereits 1931 begonnen, sie aber dann entmutigt aufgegeben.

Doch 1940 war es noch sehr schwierig, die Echozeichen auf den Kathodenröhren zu lesen, und zur Höhenbestimmung wurden noch immer die Signale verschiedener Antennen verglichen. Die Anzahl der Flugzeuge in einer Formation nur auf Grund des schwankenden Leuchtens einer Röhre zu beurteilen, war sogar noch illusionärer. Sobald das Personal viele Echozeichen auf einmal ausmachte und versuchte, einzelne Maschinen von riesigen Formationen zu unterscheiden, ergaben sich durcheinandergehende und widersprüchliche Ergebnisse.

Der Filterraum

Von jeder Heimat-Kettenstation wurden die Einzelheiten, die auf den Radarschirmen entdeckt worden waren, zu einem »Filterraum« in Bentley Priory durchtelefoniert. (Dieser »Raum« erhielt auch die Berichte von den CHL-Stationen, die nach Tieffliegern suchten.) Der Filterraum machte den Weg deutlich, wie das gesamte Radarsystem den Menschen mit der Maschine abstimmte. Hier wurden die Nachrichten der einzelnen Stationen mit der Genauigkeit vorhergehender Informationen und den bekannten Schwächen der Geräte abgewogen. Erst nachdem die Berichte verglichen, beurteilt und ausgelegt waren, wurden sie an die Einsatzräume weitergegeben. Ein gutes Beispiel für den Wert des Filterraums war die »Entfernungseinschätzung«. Die Angaben der Heimat-Kettenstationen waren weit genauer als das Funkpeil-Verfahren. Deshalb konnten die Angaben über Entfernungen von zwei benachbarten Stationen gekreuzt werden, um so eine noch exaktere Position zu erhalten.

Eine andere wichtige Aufgabe lag darin, Berichte von feindlichen Angreifern mit der bestimmten Position irgendeiner RAF-Maschine, die sich seewärts des Radarschirms aufhielt, zu vergleichen. Das IFF-System, das Freund-Flugzeuge in die Lage versetzte, ein charakteristisches Echozeichen auf den Schirm zu übermitteln, war noch längst nicht vollkommen. Es blieb für lange Zeit der schwächste Punkt in dem System und wurde schließlich vollständig geändert. Inzwischen war der Filterraum dafür verantwortlich, RAF-Staffeln vor dem Angriff auf Freund-Flugzeuge zu bewahren.

Einsatzräume

Die überprüften Berichte wurden auf den Kartentisch des Filterraums übertragen. Die Marken – rot für Feind und schwarz für Freund – besaßen Ziffern, um Höhe und Stärke anzugeben, einen Richtungspfeil und eine Hinweisnummer auf die bestimmte Formation. Die Karte wurde von der Empore des Filterraums überwacht. Ein Melder übermittelte die Einzelheiten dieser überprüften Berichte den Einsatzräumen für Abschnitt und Gruppe sowie an das Hauptquartier des Jägerkommandos. Überall war die Karte identisch. In jedem Einsatzraum hing eine Spezialuhr an der Wand, bei der jeder Fünf-Minuten-Abschnitt in unterschiedlicher Farbe dargestellt war. Der farbige Richtungspfeil jedes Angreifers wurde entsprechend der Uhr gewechselt und weiterbewegt, sobald ein neuer Bericht eintraf. Sofern keine weiteren Nachrichten eintrafen, zeigten sich alle in derselben Farbe. Aber ein verlorener oder übersehener Angreifer mußte auffallen, da seine Farbe unverändert liegengeblieben war.

Dem Leiter und seinem Stab auf dem Balkon stand auch ein »Totalisator« zur Verfügung. Es war eine Tafel mit farbigen Signallampen. Sie zeigte auf einen Blick, welche Staffeln in 30 Minuten einsatzbereit waren, welche innerhalb von fünf Minuten, welche in Cockpit-Einsatzbereitschaft (zwei Minuten) standen oder welche sich in der Luft befanden.

Das Beobachter-Korps

Praktisch alle britischen Radarstationen lagen mit Blickrichtung See entlang der Küste. Aber sobald Angreifer die Küste überflogen hatten, waren die Einsatzräume gezwungen, sich auf ein Heer von Freiwilligen zu verlassen, die nur mit Begeisterung, einem Feldstecher und einem Büchlein für Flugzeugerkennung ausgerüstet waren.

Wie Churchill meinte, war das, als ob man von der Mitte des 20. Jahrhunderts direkt in die frühe Steinzeit zurückging. »Büros für bedrohtes Gemeingut« hatten die Aufsicht in dieser Übergangszeit. Sie registrierten Flugzeugberichte von den Beobachter-Korps, nicht aber vom Radar. Dem Beobachter-Korps war es nur gestattet, Flugzeuge zu verfolgen, die vorher von Radarstationen aufgespürt worden waren.

Die Freiwilligen des Beobachter-Korps opferten viel von

ihrer Freizeit für die Flugzeugerkennung. Das System war für Berichte von Feindflugzeugen, welche Englands Küste überflogen hatten, vollständig von diesen Männern abhängig. Dies bedeutete aber auch, daß an wolkenverhangenen Tagen feindliche Formationen über Land nur nach dem Motorengeräusch registriert wurden.

Hochfrequenz-Funkpeilung – »Piep-Geräusch«

Für den richtigen Einsatz des Radars war es notwendig, daß der Abschnittsverantwortliche ein genaues Echozeichen von der Position der eigenen Jäger erhielt, um sie zu den Angreifern zu führen.

Die Funkpeilstationen, von denen es in jedem Abschnitt drei gab, nahmen die Peilungen entsprechend den Angaben aus dem Sprechfunkverkehr der Jägerpiloten vor. Um die Einsatzbereitschaft der Flieger nicht abzulenken, waren die Geräte so geschaltet, daß sie automatisch 14 Sekunden in jeder Flugminute sendeten. Die Überkreuz-Peilungen wurden beim Funkpeilraum, der gewöhnlich neben dem Abschnittseinsatzraum lag, in eine Karte übertragen. Dort konnte der Abschnittsverantwortliche die Bewegungen der feindlichen Formationen und seiner eigenen Jagdflugzeuge beobachten.

Es erwies sich als nicht geringes Problem, schnell den Kompaßkurs zu kalkulieren, auf dem die Jägerstaffeln loszuschicken waren, um ein gezieltes Eingreifen zu ermöglichen. Dazu wurden nicht nur Trigonometriebücher befragt, sondern auch eine Anzahl kleinerer Computer gebaut, um so die Berechnung zu erleichtern. Eines Tages beobachtete ein Oberstleutnant der RAF eine Übung. Erbost meinte er schließlich, er könne den Angriffskurs allein durch Augenmaß beurteilen. Die irritierten Männer des Radarraums baten ihn sofort, das zu beweisen. Er griff zum Mikrofon, das den Einsatzraum mit den Jägerpiloten verband, und gab ihnen den Kurs durch. Die zwei RAF-Formationen, die an der

Übung teilnahmen, wurden von ihm in eine hervorragende Position beordert.

Die Kommandos des Oberstleutnants wurden mit ungläubigem Staunen registriert. Man bat ihn, seinen Trick zu erklären. Er gab zur Antwort, man müsse sich ein gleichschenkliges Dreieck vorstellen, mit den Jägern und den Bombern an je einer Ecke. Zum Abfangen würde es dann auf dem Gipfel des Dreiecks kommen. Entsprechend hätte er den Kurs befohlen. Es war eine oberflächliche Kalkulation, aber trotzdem war sie genau genug, um zur allgemein gültigen Einrichtung zu werden. Die überlegene Geschwindigkeit der Jäger, meistens der größte Fehler in der Berechnung, war kein echtes Problem. Man befahl den Jägern einfach, die Ankunft der Bomber abzuwarten*.

Das System

Erste Zeichen von anfliegenden Angreifern wurden auf den Kathodenröhren in den »Empfängerhütten« der Radarstationen entdeckt. Schätzungen über Stärke, Höhe und Position des Feindes wurden von hier zum Filterraum im Hauptquartier des Jägerkommandos durchtelefoniert (obwohl die 10. Gruppe mit einem eigenen Filterraum ausgestattet war).

Auf dem Zeichentisch im Filterraum bewegten weibliche Mitarbeiter die Marken, welche die Berichte von den Maschinen widerspiegelten. Hier mußten hocherfahrene Offiziere entscheiden, welche freundlich, feindlich oder »zweifelhaft« waren. Die »gesiebte« Information wurde anschließend eine Tür weitergereicht – zum Einsatzraum des Jägerkommandos und gleichzeitig zum Gruppeneinsatzraum sowie zum Abschnittseinsatzraum eines jeden Abschnitts, in dem Angreifer

* Die Königliche Marine stieß auf einen anderen Gebrauch der Funkpeilung, als sie die Methode übernahm, um die Position des feindlichen Seefunkverkehrs festzustellen. Huckepack-Stationen – zunächst an Land und dann auf dem Schiff – spielten im U-Boot-Krieg eine so bedeutende Rolle, daß die Mastspitzen der Radarantennen hierfür umgebaut wurden und die Radarantennen tiefer gesetzt wurden.

aufgetaucht waren. Die Tische in allen Einsatzräumen ähnelten dem im Filterraum, abgesehen davon, daß alle zweifelhaften und falschen Informationen (hoffentlich) herausgenommen waren.

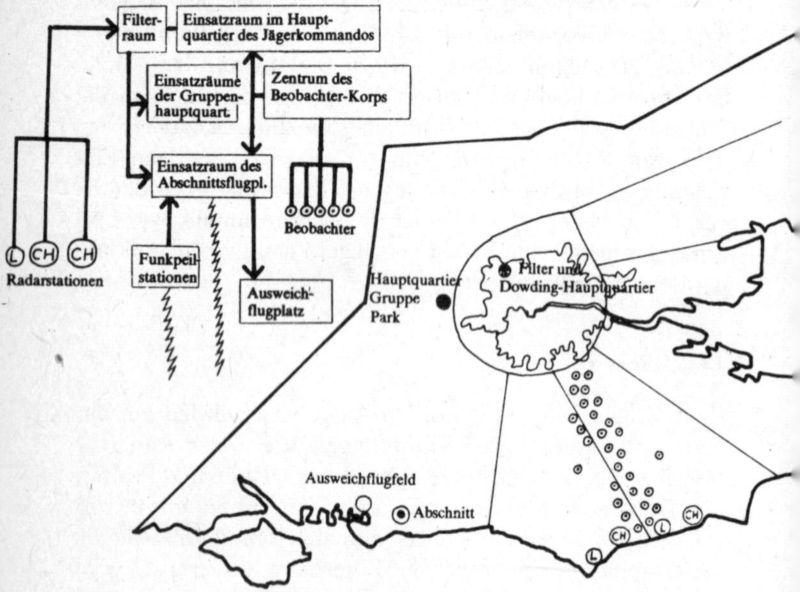

Zeichnung 14: Das System

Wenn deutsche Angreifer sich der Küste näherten, wurden sie von zwei Heimkettenstationen und einer Tieffliegerstation aufgepickt. Diese Berichte gingen mit jenen vom Beobachter-Korps (über das Zentrum des Observer Corps in Horsham) zum Filterraum im Hauptquartier des Jägerkommandos. Der Stab im Filterraum sortierte die sich manchmal widersprechenden Angaben heraus und reichte weiter, was er für Tatsachen hielt.

Diese Information geht eine Tür weiter zum Hauptquartier des Jägerkommandos und auch zum Gruppeneinsatzraum und zu einem Abschnittseinsatzraum, den Gruppenkommandeur Park auswählt.

Im Einsatzraum des Abschnittsflugplatzes empfängt der Verantwortliche das »Piep«-Zeichen, welches anzeigt, wo sich die RAF-Jäger befinden. Er benötigt diese Information, um seine Jäger zum Feind zu führen. Weitere Jagdflugzeuge stehen ihm auf dem Ausweichflugplatz zur Verfügung. Diese können nur durch Befehl des Gruppenverantwortlichen eingesetzt werden.

Im Kommandoeinsatzraum fielen die Entscheidungen, ob man Luftschutzalarm geben oder BBC-Sendungen unterbrechen sollte (für den Fall, daß sie den deutschen Fliegern als Funkpeilsignale dienten).

Im Gruppeneinsatzraum beobachtete der Verantwortliche den Zeichentisch. Er entschied, welcher Abschnitt sich mit dem Angriff befassen und wie viele Flieger zum Abfangen aufsteigen sollten. Hier fielen die Entscheidungen über den Einsatz von Luftabwehrgeschützen, um die RAF-Jäger von einigen Angriffen frei zu halten.

Der Abschnittseinsatzraum war gewöhnlich im Einsatzgebäude des wichtigsten Flugplatzes des jeweiligen Abschnitts untergebracht. Im selben Block lag auch der Funkpeilungsraum, wo die Signale der RAF-Jäger empfangen wurden, so daß auch diese auf dem Zeichentisch eingetragen werden konnten.

Der Abschnittsverantwortliche befahl die Staffeln, die unter seinem Kommando standen, in verschiedene Stadien der Bereitschaft oder »jagte« sie in die Luft. Wie in allen Einsatzräumen empfingen RAF-Helferinnen ihre Angaben über Kopfhörer und verschoben mit Croupiersharken die farbigen Marken auf dem Tisch. Der Verantwortliche oder seine Stellvertreter sprachen mit dem Führer einer jeden Jägerformation im Flug und führten sie Richtung Feind. Sie gebrauchten dabei einfache Codewörter, die mehr nach Kürze und Klarheit als nach Sicherheit ausgesucht waren. »Engel« stand für Höhe. »Zehn Engel« bedeutete zehntausend Fuß (3000 m). »Vector« bedeutete Kurs – »Vector 180« also Richtung Süden. Ein »Butzemann« war ein nicht identifiziertes Flugzeug, ein »Bandit« ein feindliches. »Pfannkuchen« hieß Rückflug und Landung. »Hallo, Ho«, riefen die Jägerpiloten, wenn ein Feind gesichtet war. »Linienflug« bedeutete normale Suchgeschwindigkeit und »Mordsding« Vollgas.

Natürlich gab es keinerlei Radaranlagen in den »Hurricanes« und »Spitfires«. Die Jägerpiloten wurden vollständig durch die Stimme des Verantwortlichen geführt, der den Zeichentisch beobachtete. In der Praxis erwies es sich, daß ein einzelner nicht mehr als zwei Staffeln gleichzeitig leiten konnte. Deshalb unterstützten ihn Assistenten.

Die Bedeutung eines landesweiten Netzes für Telefon und Fernschreiber liegt auf der Hand. Als die Bombenangriffe losgingen, war es häufig nur dem außergewöhnlichen Mut der Postingenieure zu verdanken, daß die Abfangflüge des Jägerkommandos fortgesetzt werden konnten.

Sobald der Feind einmal die englische Küste überflogen hatte, stammten die einzigen Berichte, die den Einsatzräumen zur Verfügung standen, von den Posten des Beobachter-Korps. Ihnen stand kein Radar oder irgendein anderes Entdeckungshilfsmittel zur Verfügung. Auch ihre Nachrichten wurden gefiltert. Zuständig hierfür war das Beobachter-Korps-Zentrum in Horsham. Diese Berichte wanderten anschließend zu den Einsatzräumen der verschiedenen Ebenen.

Vielleicht hätte das System ohne die Radareinheiten funktioniert. Nie jedoch hätte man ohne die Beobachter-Korps arbeiten können. An Tagen, in denen feindliche Formationen über den Wolken flogen, zeigte sich das deutlich. Bei Bewölkung mußten die Männer des Beobachter-Korps Flugzeuge über sich nur auf Grund des Motorengeräusches ausmachen.

Sogar an klaren Tagen war es für eine RAF- und für eine deutsche Formation möglich, dasselbe Luftquadrat zu durchfliegen, ohne einander zu sichten. Nie zuvor hatte es eine Schlacht in drei Dimensionen gegeben, und nie zuvor hatte sich eine Schlacht mit solchen Geschwindigkeiten bewegt. Trotzdem waren die farbigen Marken auf den Zeichentischen während des größten Teils der Kämpfe nicht mehr als vier Minuten – etwa 24 Kilometer – hinter den Ereignissen zurück. Es erwies sich als ausreichend.

Die feindlichen Luftstreitkräfte

Trotz der totalitären Autorität, die Göring und Milch skrupellos ausübten, besaß die Luftwaffe keine eigenen Vorbereitungen für den Zweiten Weltkrieg. Weder gab es Vorräte an

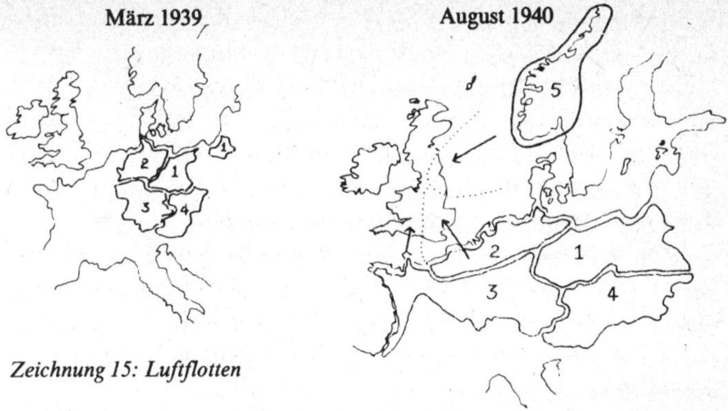

Zeichnung 15: Luftflotten

Deutschland war in Abschnitte aufgeteilt, für die je eine selbständige Luftflotte zuständig war. Diese besaßen ein eigenes Kommunikationssystem, Kommandostellen, Verwaltung mit eigenen Nachrichten- und sogar Rechtsabteilungen. Die Karte zeigt die Luftflotten im Jahr 1939, nachdem die Tschechoslowakei annektiert war.

Im Sommer des Jahres 1940 hatten die Luftflotten sich ausgeweitet und überdeckten die neu eroberten Länder. Der Feldzug gegen Polen hatte Ostpreußen mit dem zentralen Deutschland verbunden. Im Verlauf des Krieges gegen England war die Luftflotte 2 weit bedeutender als die Luftflotte 1 geworden. Eine neue Luftflotte war nach dem Norwegen-Feldzug hinzugekommen.

---

so lebenswichtigen Importen wie Kautschuk, Aluminium oder Magnesium, noch waren besondere Bombenvorräte angelegt. Milchs Hau-Ruck-Programm, wonach Bomben aus Beton gefertigt werden sollten, war nur unwesentlich besser als Hitlers verrückte Idee, sie aus alten Gaszylindern zu basteln.

Die Luftwaffe war als Streitmacht für kurze Einsatzstrekken in kurzen Kriegen konzipiert worden, bei denen sie mit der vorrückenden Armee zusammenarbeitete. Ihr Schwerpunkt lag auf Bombern und Aufklärer-Einheiten. Ihrer Theorie nach konnten Tagbomber die feindliche Luftwaffe durch Angriffe auf deren Flughäfen auslöschen. Deshalb würde es keine Notwendigkeit für Nachtbomber oder -jäger geben. Die deutschen Luftabwehr-Geschütze waren hervorragend und ihre Mannschaften gut ausgebildet. Aber ihre

Hauptaufgabe lag darin, eher die vorrückende Armee und deren Geräte, als etwa das Vaterland zu verteidigen.

Die deutsche Radarentwicklung hatte ihren Schwerpunkt auf Mobilität gelegt. Es hatte keinen Versuch gegeben, irgendein Verteidigungssystem mit Jägern aufzubauen, die durch Radar geführt wurden. Man dachte nur ungern daran, daß Deutschland durch anhaltende Luftangriffe in Schrecken versetzt werden könnte. Die Industrie an der Ruhr bildete eine Ausnahme. Sie wurde so wie militärische Objekte verteidigt. Hier lagen deutsche Luftabwehrverbände konzentriert. Das Ruhrgebiet sollte sich als gefährlicher Platz für RAF-Angreifer erweisen.

Für Kommandozwecke war Deutschland in vier Abschnitte geteilt. In jedem gab es eine Luftflotte*, bei der alle fliegenden Einheiten vertreten waren: Bomber, Sturzkampf-Bomber, Jäger und so weiter. Zu jeder gehörten eigene Fallschirmjäger-, Luftabwehreinheiten, Verwaltungs-, Versorgungs- oder Rechtsabteilungen. Solche Luftflotten folgten der vorrückenden Armee. Dadurch hatten sich zur Zeit der Schlacht um England die Luftflotten nach Polen und Frankreich ausgedehnt. Zusätzlich war in Norwegen eine neue Luftflotte aufgebaut worden, und der Luftraum über Großbritannien war bereits in Flächen der einzelnen Luftflotten eingeteilt.

Das System der Luftflotten war eine Vorbeugung dagegen, daß irgendwelche deutsche Flieger jene Art von politischem Einfluß gewannen, den »Bombergenerale« später sowohl bei der US-Luftwaffe wie bei der RAF genossen. Während man den Einfluß hoher Kommandeure hemmte, stattete die Luft-

---

* Dieses *Luftflotten-System* war hart kritisiert worden. Aber es stellte für die Luftwaffe zu jener Zeit sicherlich das geeignetste dar. Die RAF war nur für jene Teile, die in England stationiert waren, zum Kommando-System übergegangen. Die überseeischen RAF-Verbände waren in *Luftflotten* gegliedert. Mit Fortdauer des Krieges änderten die Deutschen ihr *Luftflotten*-System. Als Deutschland von schweren Bombern angegriffen wurde, baute die Luftwaffe ein Verteidigungssystem auf, das dem Jägerkommando-System ziemlich ähnelte, das die RAF seit 1940 hatte.

waffe Offiziere mittlerer Ränge mit weit größerer Macht und Flexibilität aus. Ein Staffelkapitän* konnte mit dem Kommando über eine Gruppe betraut werden, dann Kommodore werden und ein Geschwader führen, selber aber immer noch fliegen. Deutsche Flieger mußten die Möglichkeit akzeptieren, von den Bombern zu den Jagdflugzeugen oder den Aufklärern versetzt zu werden. Selbst Kesselring war gegen seinen Willen von der Armee zur Luftwaffe überstellt worden.

Zur Zeit der Schlacht um England hatte die Luftflotte mehrere Punkte ihres Systems abgeändert. Die Hauptquartiere der Fliegerkorps (ursprünglich vorgesehen als Kommandos von gemischten Verbänden) waren mehr und mehr spezialisiert worden. Bombereinheiten erfordern für jede Maschine mehr Männer als Jägereinheiten. Vielleicht liegt es daran, daß die Geschichte des Luftkrieges eine eindeutige Tendenz dahin aufweist, wonach Bomberspezialisten Entscheidungen des Oberkommandos beherrschen. So wurden 1940 die Stimmen der Jägerpiloten auf die Ebene der Fliegerkorps gedrückt. Die geringe Bedeutung, die den Jagdflugzeugen in der Luftwaffe beigemessen wurde, trug ihren Teil zum deutschen Mißerfolg von 1940 bei.

In die schon zu umfangreiche Kommandokette der Luftwaffe wurde jetzt ein Jagdfliegerführer eingegliedert. Dieser *Jafü* besaß die taktische Kontrolle über alle Geschwader einer Luftflotte und war dem Luftflottenkommandeur direkt verantwortlich. Man kann dies leicht als einen Weg beschrei-

---

* Die RAF besaß auch Gruppen und Staffeln, die aber keine Übereinstimmung mit den deutschen Formationen *Geschwader, Gruppe* oder *Staffeln* besaßen. Einfach gesagt, umfaßte ein Geschwader bei den Deutschen etwa 100 Flugzeuge, was entsprechend den Umständen um 20 nach oben und unten schwankte. Das Geschwader setzte sich aus drei Gruppen zusammen, die mit den römischen Ziffern I, II und III bezeichnet wurden. Zu jeder Staffel gehörten etwa zwölf Maschinen. Die Staffeln wurden in arabischen Ziffern von 1 bis 9 numeriert, um so ein Geschwader zu bilden. So bedeutete III/JG 26 die dritte Gruppe des Jagdgeschwaders Nr. 26. 8/KG 76 ist die achte Staffel des Kampfgeschwaders Nr. 76. Wer sich das schwer merken kann, findet bei Zeichnung 19 »Die Organisation der Luftflotte 2 im August 1940« nähere Erläuterung.

ben, um die Stärke der Jäger zu konzentrieren. Aber die Wirklichkeit sah anders aus. Anstatt sich auf die Geschwaderkommodores einer jeden Jäger- oder Bombereinheit beim Ausarbeiten der Einzelheiten für den Begleitschutz der Jäger zu verlassen, erließ er selber Befehle über Formationen, Funkverkehr, Flugdisziplin und Taktik. Es war, als ob er sicherstellen wollte, daß die Bomber jene Zusammenarbeit erhielten, die sie wünschten. Die Einsetzung des *Jafü* (bezeichnenderweise dem Fliegerkorps in Disziplinarfragen und Verwaltung unterstellt) stellte sicherlich keinen Weg dar, der Waffe Jagdflugzeug mehr Nachdruck zu verleihen.

Die Maschinen im Vergleich

Es ist schwer, die feindlichen Luftstreitkräfte zu vergleichen. Ganz einfach ausgedrückt, war es eine Schlacht zwischen der RAF – die 2913 Flugzeuge besaß – und der deutschen Luftwaffe mit 4549 Maschinen. Aber solche Vergleiche führen in die Irre. So spielten beispielsweise die Maschinen des RAF-Bomberkommandos bei der Schlacht um England nur eine indirekte Rolle. Die Flugzeuge des Küstenkommandos waren überhaupt nicht beteiligt. Hunderte von Transport- und Verbindungsmaschinen waren nützliches »Spielzeug« für die hohen Offiziere. Aber sie konnten nicht die Entwicklung der Schlacht beeinflussen.

Selbst bei den Beständen des Jägerkommandos muß man Unterschiede machen. Ein Flugzeug, das als »dienstbereit« beschrieben wird, heißt, daß ein Pilot dafür unterschreiben und losfliegen kann. Eine »verfügbare« Maschine bedeutet irgend etwas zwischen Reifen aufpumpen und Grundüberholung. Am 20. Juli standen Dowding von insgesamt 609 Flugzeugen 531 dienstbereite Jäger zur Verfügung. Weitere 289 Jagdflugzeuge hatte er in Reserve.

Aber während jede Bürokratie gewunden ist, stellt sich militärische Bürokratie als geradezu verschwörerisch dar. So kann die Wirksamkeit der feindlichen Luftstreitkräfte nicht allein an Zahlen gemessen werden. Die RAF ermittelte die Wirksamkeit ihrer Staffeln (und der Kommandos) nach dem Prozentsatz jener Flugzeuge, die »dienstbereit« standen. So lag ein Schwerpunkt, um nicht zu sagen eine Besessenheit, darin, diese Zahl hoch zu halten. Aber alle Maschinen benötigen Inspektionen, Checks oder Ersatzteile je nachdem, wie viele Stunden sie geflogen sind. So besaßen einige Staffeln mit dem höchsten Prozentsatz einsatzbereiter Flugzeuge die geringste Zahl an Flugstunden. Eine Staffel konnte letztlich hundert Prozent ständige Einsatzbereitschaft der Maschinen erreichen, wenn sie nie flog.

Die Schlachten von 1940 zwangen alle Staffeln, ihre Flugstunden bis zur Höchstgrenze zu steigern. Daraus ergab sich ein drastischer Fall im Prozentsatz der Einsatzfähigkeit. Im Zweikampf war es den Piloten gestattet, für wenige Minuten sprunghafte Höhenunterschiede zu bewältigen, was den Motor gewaltig belastete. All das trug zu einem Niedergang der Einsatzbereitschaftszahlen bei. Schließlich wurden die »prozentualen Einsatzbereitschaftszahlen« als sehr irreführende Beschreibung für Wirksamkeit angesehen. Die Staffeln wurden angewiesen, die bestmöglichen anstelle der höchstmöglichen Prozentzahlen zu erreichen.

Ein Vergleich der absoluten Zahlen an Flugzeugen wird noch weit irreführender, wenn man sie auf die deutschen Luftwaffenbestände anwendet. Auch sie besaßen eine große Zahl von Transport- oder Verbindungsmaschinen, die keine direkte Rolle in der Schlacht spielten. Genauso verhielt es sich auch mit den Staffeln, die in Polen, Süddeutschland und Österreich stationiert waren oder den einsitzigen Jägern in Norwegen, die nicht einmal eine ausreichende Reichweite besaßen, um die Nordsee zu überfliegen. Die deutsche Luftstreitmacht besaß keine Reserven an Maschinen, wie sie den Engländern zur Verfügung standen. Aber das Oberkommando der Luftwaffe zählte auf Einheiten, die zunächst nicht an den Kämpfen beteiligt waren. Von den überaus wichtigen einsitzigen Messerschmitt Bf-109-Jägern wurden monatlich ganze 140 Stück gebaut. Die britische Industrie, von Beaverbrook neu in Schwung gebracht, lieferte zur Zeit der Schlacht fast 500 »Hurricanes« und »Spitfires« monatlich ab.

Die Qualität der Flugzeugentwicklung ist von größerer Bedeutung als ihre totalen Zahlen. Die deutschen Luftflotten hatten im Sommer des Jahres 1940 vier Bombertypen im Einsatz. Man muß nachdrücklich betonen, daß die folgenden Beschreibungen allein auf diese hinweisen und nicht unbedingt auf die nachfolgenden Modelle desselben Flugzeugmusters.

Dornier Do 17 Z und Dornier Do 215

Die älteste Type, die noch 1940 im Einsatz war, war die Do 17, der »Fliegende Bleistift«. Noch immer war etwa ein Viertel der Bomber- und Aufklärungseinheiten, die gegen England flogen, mit ihm ausgerüstet. Während der Schlacht endete die Produktion, und die Bauserie lief aus.

1934, als sich dieses Modell auf den Zeichenbrettern befand, herrschte bei den zivilen Luftlinien die Idee vor, daß mit Luftpost viel Geld zu verdienen sei. Aber jene Hoffnungen und der auf Krampf gebaute Dornier-Prototyp wurden eingelagert als sich die Zeiten änderten, und die Luftverkehrsgesellschaften ihren Erfolg mit dem Passagierverkehr ansammelten. Durch die Luftwaffe wieder zum Leben erweckt, erlebte die Do 17 bei der Züricher Luftschau im Jahr 1937 einen kurzen Moment des Ruhms, als sie mit Daimler-Benz DB-600-A-Motoren ausgerüstet war und sich schneller als jeder Jäger erwies, der irgendwo im Einsatz war.

Aber Willy Messerschmitt gewann die Schlacht um den Daimler-Benz-Motor, um ihn in seine Bf-109-Flugzeuge einzubauen. Die »Schnellbomber« mußten mit jenen Antriebsaggregaten zufrieden sein, die Dornier überhaupt bekommen konnte. Und während die Geschwindigkeit der Dorniers abnahm, kamen schnelle Eindecker-Jagdflugzeuge zum Einsatz. Mit der Absicht, seinem »Bleistift« neuen Auftrieb zu geben, nannte Dornier seine Exportmaschine Do 17 Z um in Do 215. Spätere Varianten (einige von ihnen erhielten den begehrten DB-601-Motor) wurden ausdrücklich für Aufklärungszwecke ausgerüstet. Bei Flügen für Fotozwecke spielte die sehr geringe Nutzlast keine Rolle. Trotz seiner verhältnismäßig niedrigen Geschwindigkeit und dem weitgehenden Mangel an Abwehrbewaffnung war das Flugzeug bei den Besatzungen beliebt. Sie schätzten die zuverlässigen und ruhigen Flugeigenschaften.

Heinkel He 111

Die Heinkel He 111 war am zahlreichsten unter allen Luftflottenbombern vertreten. Sie besaß ein widerstandsfähiges Gerippe, das sich für viele Umbauten eignete. Seit dem Spanischen Bürgerkrieg wurde sie mit einer vollständig neuen, gläsernen Kanzel ausgerüstet. Sie konnte fast das Doppelte an Bombenlast wie die Do 17 aufnehmen. Aber auch Heinkel mußte die Daimler-Benz-Motoren für Willy Messerschmitt opfern. Der He 111 P (mit dem DB-601-A-Motor wie die Bf

Zeichnung 16: In einer Heinkel He 111

Eine deutsche Zeichnung von der Schlacht um England, aus der Kanzel einer He 111 aus gesehen, die RAF-Jäger angreifen.

109 E) folgte jetzt die He 111 H mit dem Jumo-211-A-Motor. Damit war sie der langsamste aller zweimotorigen Bomber, langsamer sogar noch als die Do 17. Um den Mannschaften, die mit ihr fliegen mußten, die Pille zu versüßen, wurden die neuen Heinkel-Maschinen mit einer Menge Panzerschutz (bis zu 300 Kilo) sowie zusätzlichen Maschinengewehren versehen. Aber die He 111 erwies sich als unterlegen gegenüber einer entschlossenen Abwehr. Obwohl sie an anderen Fronten im Einsatz war, wurde sie im Westen etwa Mitte September des Jahres 1940 zunächst zu Nachtbomberangriffen verbannt und dann nur noch gegen Schiffe und für Transportaufgaben eingesetzt.

Junkers Ju 88 A

Das war nicht nur der beste Bomber, den die Luftwaffe im Einsatz hatte, es war sicherlich auch der beste, der zu dieser Zeit überhaupt irgendwo flog. Die Junkers Ju 88 A war dem späteren de Havilland »Mosquito« der RAF vollständig ebenbürtig. Die Maschine wurde in einem erstaunlichen Tempo hergestellt; innerhalb des Jahres 1936 ging sie den Weg von den Reißbrettern bis zum ersten Flug. Da es zu spät für die Erprobung im Spanischen Bürgerkrieg war, liefen ihre Einsatzversuche im Frühling des Jahres 1939. Ihre Bombenlast war weit geringer als die der He 111, aber der Junkers-Bomber war dafür weit schneller. Kriegstagebücher von 1940 zeigen, daß die Männer der deutschen Bombergeschwader in dieser Maschine eine bessere Chance für Kampf und Überleben hatten, als in jedem anderen Flugzeug.

Die Entscheidung, in die Junkers Ju 88 eine Sturzbomberausrüstung einzubauen, brachte Probleme mit einem überbeanspruchten Rumpf mit sich. Die Piloten der Ju 88 wurden vor Kunstflugtricks gewarnt. Das gab Gerüchten Auftrieb und ließ Zweifel an der Lufttauglichkeit der Maschine aufkommen. Die Situation wurde durch die hohen Verluste, unter denen die Bomberflotten 1940 litten, nicht verbessert.

Zeichnung 17:

Junkers Ju 88-Sturzbomber – eine Anzeige der Junkers-Werke.

Motiviert durch Zorn und Ehrgeiz sorgte Feldmarschall Milch für ein Ende, indem er einen Feldzug gegen die Ju 88 führte. Es war ein Feldzug, von dem sich das feine Junkers-Flugzeug nie vollständig erholte.

Junkers Ju 87 B

Die Junkers Ju 87 wurde in Anlehnung an eine frühe Junkers-Entwicklung gebaut, nachdem Udet bei Curtiss eine Flugvorführung mit der »Hawk« gesehen hatte. Sie gehörte zu einer völlig anderen Kategorie als die mittleren Bomber der Kampfgeschwader. Diese einmotorige Maschine mit den stark geknickten Flügeln, feststehendem Fahrwerk und lautheulender Sirene war die einzige, die die Bezeichnung »Stuka« verdiente.

Das Oberkommando der Luftwaffe sah die Ju 87 als Flugzeug an, das zielgenaue Bombenangriffe garantierte und dabei nur wenig Geld, Material und Menschenmaterial benötigte. Hervorragend ausbalanciert und ein Genuß zu fliegen, war es eine der am höchsten spezialisierten Entwicklungen, die je in eine Massenproduktion kamen. In den Boden war ein Fenster eingelassen, damit der Pilot sein Ziel ausmachen konnte. Außerdem waren auf das Kabinendach Linien aufgetragen, um beim Sturzflug den Fallwinkel abzulesen. Ein automatischer Gleichgewichtsausgleich schaltete sich beim Sturzflug ein. Luftbremsen machten den Sturzflug – vertikal bei einem erfahrenen Piloten – sehr langsam. Dadurch konnte sehr sorgfältig gezielt werden. Aber die Junkers Ju 87 B, die 1940 im Einsatz war, trug nur eine 500-kg-Bombe oder eine 250-kg-Bombe zusammen mit vier 50-kg-Bomben. Die Do 17 dagegen flog mit 1000 kg und die He 111 mit 2000 kg in all ihren Bauausführungen. Die Reichweite der Ju 87 B betrug nur rd. 300 km. Der Motor leistete lediglich 900 PS und die mangelhafte aerodynamische Form des Flugzeugs bot eine nur geringe Chance für eine Steigerung der Bombenlast oder dafür, sie mit Waffen auszustatten. Sogar während der Kämpfe in Polen, mußte die »Bertha« angesichts von Handfeuerwaffen und Luftabwehrgeschützen schwere Verluste hinnehmen. So befand sich während der Zeit der Schlacht um England die weit bessere Ju 87 D auf dem Reißbrett. Inzwischen mußten die Stuka-Besatzungen sich mit der »Bertha« abfinden, die mit einer Geschwindigkeit von 371 km/h das langsamste Einsatzflugzeug auf beiden Seiten war.

Die Ju 87 R (Reichweite) war nicht besser als die B-Version, abgesehen davon, daß sie mit Tanks für große Reichweiten ausgerüstet war. Diese Maschinen flogen zu Jahresbeginn 1940. Die ersten Auslieferungen gingen an die erfahrene I/StG 1.

Die Stuka-Einheiten genossen durch die Arbeit der Propagandamaschinerie weithin eine Menge Beachtung in der

Öffentlichkeit. Für einen leidenschaftlichen jungen Piloten war die Kommandierung zu einer Stuka-Einheit (oder zu einer Messerschmitt Bf-110-Einheit) erstrebenswerter, als für die einmotorigen Jäger ausgewählt zu werden.

Messerschmitt Bf 110

Die Jägerstreitmacht der Luftwaffe setzte sich aus zwei Maschinentypen zusammen. Der einzige einsitzige Jäger, der zur Zeit der Schlacht um England im Einsatz war, war die Messerschmitt Bf 109. Ihre Reichweite war begrenzt. Von den nördlichsten französischen Flughäfen kam sie nur bis London und zurück.

Dennoch hatte die Luftwaffe versucht, das Problem des Jägerschutzes für Bomberflotten in einer Weise zu lösen, wie das damals bei keiner anderen Luftstreitmacht der Fall war. Sie hatte Jagdflugzeuge großer Reichweite für diese Schutzrolle. Diese zweimotorigen Messerschmitt Bf 110 wurden mit den hervorragenden DB-601-A-Motoren ausgerüstet, und die Auslese der Jägerpiloten der Luftwaffe wurde hierfür von den Bf-109-Einheiten abgezogen. Es war Teil des Planes, um Görings Zerstörergeschwader zu Eliteeinheiten zu machen.

Die Bf 110 ist häufig falsch beurteilt und von vielen Geschichtsschreibern als nebensächlicher Faktor in den Schlachten von 1940 angesehen worden. Sie ist es indessen wert, daß man ihr respektvolle Aufmerksamkeit schenkt. In die Nase der Bf 110 war eine Batterie von vier 7,9-mm-MG-17-Maschinengewehren und zwei 20-mm-MG-FF-Kanonen eingebaut. Außerdem existierte ein Heck-MG für das zweite Besatzungsmitglied.

Nachträglich besehen ist es einfach, die Zerstörertheorien der Luftwaffe zu verlachen. Aber die Luftwaffe hielt die Bf 110 bis in die letzten Kriegstage in Produktion und stattete sie in der gesamten Zeit mit denselben Hochleistungsmotoren aus, die bei den einsitzigen Jägern benötigt wurden. Jedes

Jagdflugzeug hat eine doppelte Rolle: Unter gleichen Bedingungen war die Bf 110 nicht in der Lage, feindliche Jäger anzugreifen. Später im Krieg erwies sie sich jedoch als nützlich gegen Bomber. An der Ostfront, gegen die amerikanischen B-17 »Flying Fortress« bei Tage und mit Radarunterstützung als Nachtjäger verdiente sich »Ironside« seine Lorbeeren. Letztlich war sie die billigste zweimotorige Maschine, die die Deutschen im Einsatz hatten.

Sogar für die harte, manchmal unmögliche Aufgabe, im Jahr 1940 die Bomberflotten zu begleiten, war die Bf 110 kein vollständiger Fehlgriff. Der Wendekreis der 110 war sehr groß und ihre Beschleunigung gering. Aber ihre Geschwindigkeit von 538 km/h war fast so hoch wie die der »Spitfire« und weit höher als die jeder »Hurricane«*.

Die Bf 110 war eine schwere Maschine, gut geeignet für die klassische Taktik eines Jägerpiloten, sich auf den Feind von oben zu stürzen, eine lange Salve aus den Buggeschützen abzufeuern (die von der Bf 110 gewöhnlich das Ende für den Gegner bedeutete) und sich schleunigst davonzumachen. Als hochfliegender Begleitschutz, der auf diese Taktik eingeschränkt war, war das Flugzeug großartig.

Die Männer im Vergleich

Die Deutschen kannten lange keinen Mangel an Piloten und Flugzeugbesatzungen. Jahrelang entließen die Ausbildungsschulen 800 Piloten in jedem Monat. Ein großer Teil der deutschen Besatzungsmitglieder war in Spanien, Polen und Frankreich unter Kriegsbedingungen geflogen. Ihre Taktik war überdacht und erprobt, und ihre Flugerfahrungen waren unvergleichbar besser als die der RAF-Staffeln.

Göring hatte sichergestellt, daß seine Luftwaffe nur Rekru-

---

* Dowding persönlich schrieb, daß die Spitzengeschwindigkeit von sechs »Hurricanes« im Vergleichstest ein Durchschnittstempo von 455 km/h brachte. In 5000 m Höhe bedeutete dies für die Bf 109 die Reisegeschwindigkeit.

ten mit sehr hohem Niveau anzog. Er hatte dafür gesorgt, daß Bezahlung, Uniform und Arbeitsbedingungen hervorragend waren. C. G. Grey, ein englischer Besucher der Vorkriegs-Luftwaffe bei der Einheit in Gatow-Kadow, wurde »in eine große Messe mit einer erstaunlichen Bar, einem Lesezimmer und einem ruhigen Raum für Schreibarbeiten geführt. Ich bemerkte, wie die Offiziere glücklich über solchen Komfort waren.« Aber das stellte sich als Messe für die Transportfahrer heraus. Als er in die Offiziersmesse geleitet wurde, fand er sie »einem Luxushotel ähnlicher als jeder Art militärischer Einrichtung. Sie war so komfortabel, wie es sich für die Benutzung durch zivilisierte Menschen gehört. Dagegen zeigte sich, wie ich zu jener Zeit schrieb, jede RAF-Messe so, als ob sie für die Sanitätsabteilung eines Gefängnisses entworfen und ausgerüstet worden war.« Geschlafen wurde nicht etwa in großen Baracken oder riesigen Schlafsälen. Es gab vielmehr kleine Zimmer für drei, vier oder fünf Flieger. Jedes wurde durch Möbelstoffe, gerahmte Bilder und Schnittblumen in Vasen geschmückt.

Wenn in Friedenszeiten die Dienstzeit eines Fliegers auslief, sorgte Göring dafür, daß in der zivilen Luftfahrt, die er ebenfalls kontrollierte, Posten offenstanden. Darlehen vom Staat waren verfügbar. Während der Umgang zwischen Offizieren und Soldaten in der RAF hervorragend war, wies C. G. Grey, den der Standard der deutschen Einrichtungen so sehr beeindruckte, besonders auf die »Kameradschaft« hin, die zwischen allen Diensträngen der deutschen Flieger bestand. Es gab eine klare Trennungslinie zwischen Offizieren und Soldaten, aber »diese Linie bildete keine Grenze«. Greys Gedanken sind es aus drei Gründen wert, berichtet zu werden: Er war ein ausgezeichneter Beobachter, kein Anhänger des Nazitums, und er schrieb, während der Krieg noch im Gange war.

Erwartungsgemäß war das deutsche Flugtraining sehr sorgfältig. Piloten, die zu den Bomberstaffeln kommandiert wurden, besaßen gewöhnlich über 250 Stunden Flugerfahrung. Eingeschlossen waren zahlreiche Nachtflüge sowie 50

Zeichnung 18: Die Kommandokette der Luftwaffe – von Hitler bis zu den Bomberbesatzungen

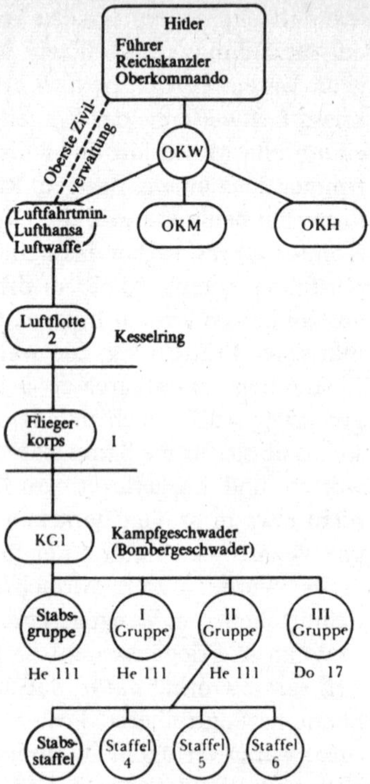

Hitler verband oberste zivile Macht (eingeschlossen Kontrolle über Polizei und SS-Einheiten) mit der Rolle des obersten Befehlshabers der Wehrmacht.

Das OKW war nicht mehr als das Büro, durch das Hitler die Wehrmacht überwachte.

OKH – Oberkommando des Heeres. Bis Hitler das OKW gründete, um seine Macht zu untermauern, entstanden alle Armee-Einsatzbefehle hier.

OKM – Oberkommando der Marine, dasselbe wie beim OKH. Nur Göring und Milch verbanden zivile Macht des Luftfahrtministeriums mit dem Kommando über die Luftstreitkräfte. Göring war Oberbefehlshaber der Luftwaffe, und sein Kommando wurde bis 1944 nicht OKL genannt.

Die Luftflotten waren von den Nachrichtenabteilungen bis zur Wetterforschung selbständige Organisationen. Jede hatte bestimmte Einsatzterritorien.

Das Fliegerkorps wurde ursprünglich geschaffen als ein »allgemeines« Hauptquartier für gemischte Verbände. Inzwischen waren sie jedoch spezialisiert. Dieses war ein Langstrecken-Bomber- und Aufklärer-Kommando.

Das Geschwader bildetete die größte Formation mit einem Flugzeugtyp. Aber weil alte Dorniers durch neue Heinkels ersetzt wurden, konnte dies nie durchgehalten werden. Ein Geschwader umfaßte theoretisch 120 Maschinen (3 mal 39 sowie ein Stabsflugzeug). Während der Schlacht um England hatten einige nicht mehr als 80 Maschinen. Unabhängig von seinem Dienstrang wurde der Kommandeur eines Geschwaders Kommodore genannt.

Eine Gruppe war im Normalfall auf einem Flugplatz zusammen.

Eine Staffel bestand aus 10 bis 12 Flugzeugen meist eines Typs. Die Staffeln wurden immer 1, 2, 3 usw. bezeichnet, während Gruppen als I, II, III gekennzeichnet werden.

weitere Stunden Blindflug auf einem Flugsimulator. Auf einer Spezialschule flogen die Piloten jene Maschinen, die sie auch bei den Staffeln vorfanden. Und sie flogen dort schon mit derselben Besatzung.

Das Schwergewicht lag auf der Bomberstreitmacht. Nicht der Pilot, sondern der Beobachter führte das Flugzeug. Solche Kommandanten waren darin ausgebildet, die Arbeit eines jeden Besatzungsmitgliedes zu leisten. Das schloß auch die Arbeit des Piloten mit ein. Der Kommandant besaß gewöhnlich rund 150 Flugstunden als Pilot. Außerdem war er in Navigation, Funk, Waffenwesen und Bombenzielen erfahren.

Bei Kriegsausbruch wurde die Ausbildungszeit verkürzt und vereinfacht. Im Verlauf des Jahres 1940 kletterten mehr und mehr Kommandanten (Beobachter) auf den Sitz des Piloten. Diese Männer trugen ein »Doppelabzeichen« und bildeten ein Kader höchst erfahrener Flieger, die jenen von irgendeiner anderen Luftstreitmacht weit voraus waren. Zahlreiche dieser erfahrenen Flieger fielen oder wurden 1940 Gefangene. Kein Wunder, daß viele der Luftwaffen-Überlebenden im Rückblick das Jahr 1940 als Wendepunkt des Glücks ansehen. Alle Luftstreitkräfte der kriegführenden Länder veränderten sich, als die aktiven Flieger mit Wehrpflichtigen vermischt wurden. Aber für die Luftwaffe der USA und für die RAF wurde die Ausbildung realistischer und in einigen Punkten besser, als sie in Friedenszeiten gewesen war. Für die Deutschen konnte es nur schlechter werden.

Bei Kriegsausbruch erhielt die RAF nur 200 Piloten monatlich von den Ausbildungsschulen. Das Training war von geringer Qualität. Noch im Dezember 1939 mußte eine im vollen Einsatz stehende Jägerstaffel sich ein »Harvard«-Übungsflugzeug ausleihen, als vier Piloten von der Ausbildungsschule eintrafen, die nie zuvor einen Eindecker geflogen hatten. Wenig später erschien ein neuernannter Offizier und gab zu, daß auch er noch nie einen Eindecker geflogen hatte.

Im Frühling des Jahres 1940 schaffte es Johnny Kent, Berufsoffizier und RAF-Testpilot, einen Posten bei einer Einsatzstaffel zu bekommen. Er beschreibt seinen kurzen Lehrgang in der Einsatzausbildungseinheit rein sachlich. Er feuerte die acht Maschinengewehre seiner »Hurricane« auf ein Bodenziel, das in Dee Estuary aufgebaut war, ab. Nach einem Feuerstoß von einer halben Sekunde setzten alle acht MGs aus. Als er zurückkehrte und die klemmenden Waffen verfluchte, erklärte man ihm, daß er alle Geschosse, die man aufbringen konnte, verfeuert hatte. Kent berichtete, »viele der neuen Jungs feuerten ihre Waffen erst ab, als sie das erste Mal zum Kampf aufstiegen«. Schließlich fielen Einweisungen oder praktische Übungen im Luftkampf völlig aus. Kaum einer von Kents Lehrern war jemals Einsätze geflogen. Einer hatte seit mehr als drei Jahren nicht mehr in einer Staffel Dienst gemacht.

Die RAF hatte sich in Friedenszeiten darauf konzentriert, enge Formationen zu fliegen – eine Attraktion bei Flugvorführungen. Das Waffenwesen war der am meisten vernachlässigte Teil der Arbeit in den Jägerstaffeln. Die Behauptung, daß die RAF-Jägerpiloten in der Schießkunst den Luftwaffenbesatzungen unterlegen waren, ist noch untertrieben. Wenige RAF-Jägerpiloten besaßen ausreichende Waffenerfahrung, um überhaupt zu wissen, wie ihre Erfahrung hätte sein sollen.

Im Frühling des Jahres 1940 wurde die Schwäche der Hilfsluftstreitmacht augenfällig. Die AAF-Piloten waren nicht nur beträchtlich älter als der Durchschnitt. Diese Männer waren auch in derselben Nachbarschaft aufgewachsen, und diese Staffeln besaßen die besondere Vertrautheit eines glücklichen Klubs. (Zwangsläufig muß man sie mit den »Kumpel-Bataillonen« des Ersten Weltkrieges vergleichen.)

Zu solchen Gemeinschaften kommt der Tod wie ein schrecklicher Luftzug. Die eisige Reserviertheit, mit der sich Veteranen selber vor solchem Kummer schützen, war nicht für die Männer der AAF anwendbar. Gegen Ende des Juli – bevor die Schlacht um England richtig begann – hatte die 609. Staffel sieben ihrer ursprünglich zwölf Piloten verloren (dazu noch zwei vom Ersatz). Sogar große Formationen aus

Berufssoldaten können diese Art von Verlusten nicht durchstehen.

Es wurde offensichtlich, daß nur ganz ungewöhnliche Männer ihre Aufgabe als Jägerpilot noch über das Alter von dreißig Jahren hinaus erfüllen konnten. Dadurch schieden weitere AAF-Flieger aus, obwohl sie eine wertvolle Bereicherung der Ausbildungskommandos darstellten. Weit entfernt von sinkender Moral begann das Jägerkommando damit, den Staffeln zähe Berufssoldaten zuzuweisen. Bald war alles, was von der Hilfsluftstreitmacht noch übrig blieb, die Abzeichen und die Erinnerungen.

Die Kommandeure im Vergleich

Die Luftwaffe, bislang eine taktische Unterstützung für den Blitzkrieg, eine Streitmacht, die Befehle von der Armee entgegennehmen mußte, war dabei, selber eine strategische Rolle zu übernehmen. Mehr noch. Sie wurde aufgefordert, eine Strategie zu entwickeln und sie dann in tägliche taktische Anweisungen für ihre Bomber und Jäger umzusetzen. Die Erfahrung ihrer Stabsoffiziere kam mit der gestellten Aufgabe nicht mit.

Als Keith Park seine Arbeit als Dowdings Stabschef niederlegte und Kommandeur der 11. Gruppe wurde, setzte sich Albert Kesselring zu seinem Büro im besetzten Brüssel in Bewegung und bereitete die Luftflotte 2 auf die kommende Schlacht vor. Bis dahin hatte es keine Konferenzen, keine Stabsstudien und keine Zusammenarbeit mit Sperrle, dem Kommandeur der benachbarten Luftflotte 3, gegeben. Am 30. Juli gab Göring seine allgemeinen Befehle heraus. Sie sprachen davon, England von seiner Versorgung abzuschneiden und die RAF zu zerstören. Aber tatsächlich waren die Befehle nur wenig mehr als eine gesetzliche Rechtfertigung für das Geld, das Kesselring und Sperrle jetzt in den eroberten Luftbasen ausgaben.

Einer der großen Erfolge der Luftwaffeneinsätze vom Mai

Texte zu den Bildern 40 – 45:

40 *RAF-Jägerpiloten sitzen in ihrer Alarmbaracke*
Jagdflugzeuge wurden rund um die Flugplätze auseinandergezogen, um sie für Luftangriffe weniger verwundbar zu machen. Für die Piloten gab es Annehmlichkeit, in der Art, wie sie hier gezeigt wird. Die Piloten sitzen um einen kleinen Kohleofen, da diese Hütten eisig kalt waren, wenn früh morgens ihr Tag begann. Oft wurde Nahrung zu ihnen hinausgebracht. Auf vielen Flugfeldern besaßen die Abstellhütten keine Waschgelegenheiten oder Toiletten. Dieses für die Öffentlichkeit bestimmte Bild, das im Frühling des Jahres 1940 aufgenommen wurde, zeigt das Leben des Jägerpiloten von seiner komfortabelsten Seite.

41 *Alarm*
Dieses Bild wurde kurz nach dem vorgehenden aufgenommen. Ein Telefonanruf vom Abschnittsleiter schickt die Piloten nach draußen zu ihren Maschinen. Die Flieger tragen ihre Fliegerkombination und Schaffelljacken, was Verordnungen extra vorschrieben (teilweise um die Männer im Feuerfall zu schützen). Aber als es wärmer wurde, flogen die Männer mit geringstmöglicher Ausrüstung und manchmal in Hemdsärmeln. Auf einer Tafel an der Wand der Hütte stehen die Namen der Piloten neben der Codebezeichnung ihrer Maschinen. Die obersten drei stehen »einsatzbereit«, und die folgenden drei sind »verfügbar«.

42 *Eine Hawker »Hurricane« geht in Flammen auf*
Die weiße wurmähnliche Linie an der rechten Flügelwurzel des ersten Bildes stellt eine Leuchtspur dar, die ins Ziel einschlägt. Die deutschen Jagdflugzeuge hatten selten Kameras an ihren Maschinen befestigt. Deshalb sind Filmaufnahmen von RAF-Flugzeugen unter Angriff selten.

43 *Ein deutscher Jägerpilot beschreibt seinen Sieg*
Sein Rottenkamerad steht dicht bei ihm. Er hat sich auf die Lippen gebissen und hält die Augen weit offen, noch unter der Spannung des Kampfes. Hinter ihnen steht das Bodenpersonal, das »schwarze Männer« von den Deutschen genannt wurde, da sie schwarze Overalls trugen.

44 *RAF-Jägerpiloten berichten ihrem Nachrichtenoffizier nach einem Feindflug*
Der Nachrichtenoffizier ist ein Pilot aus dem Ersten Weltkrieg. Aber viele dieser Männer waren bis zum Kriegsausbruch Zivilisten (nicht wenige ehemalige Schullehrer) und besaßen keine vorangegangenen Diensterfahrungen. Solche Männer empfanden es als schwierig, die Berufspiloten zu befragen, die in der Schlacht kämpften. Deshalb wurden viele Siegesmeldungen ohne ausreichende Zeugen entgegengenommen. Die Gesamtzahl der RAF-Erfolge war höchst ungenau.

▲ 40

▼ 41

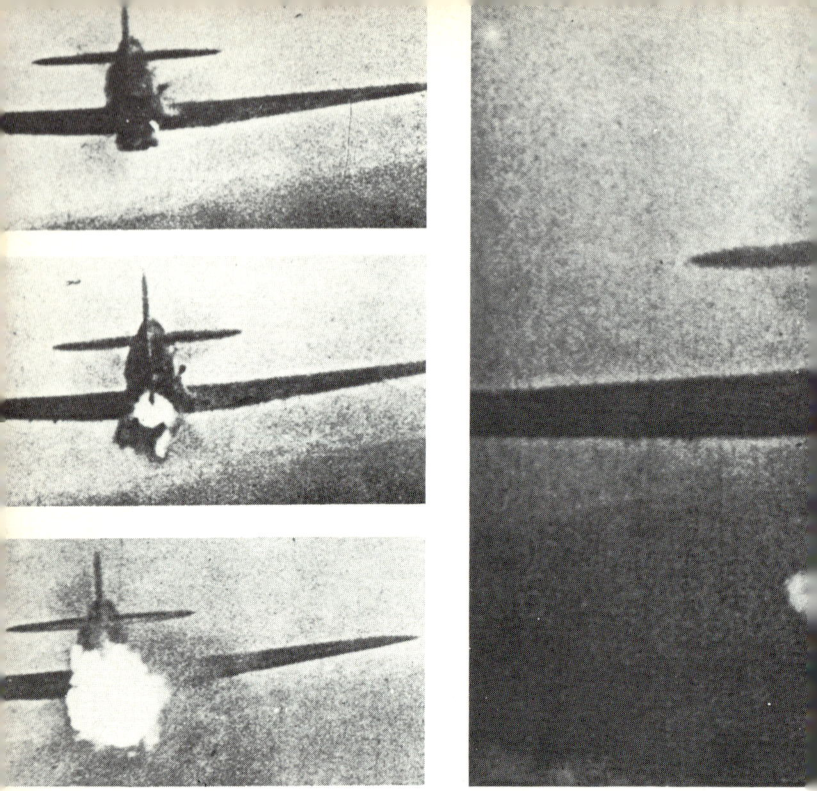

▼ 43 ▲ 42 ▲

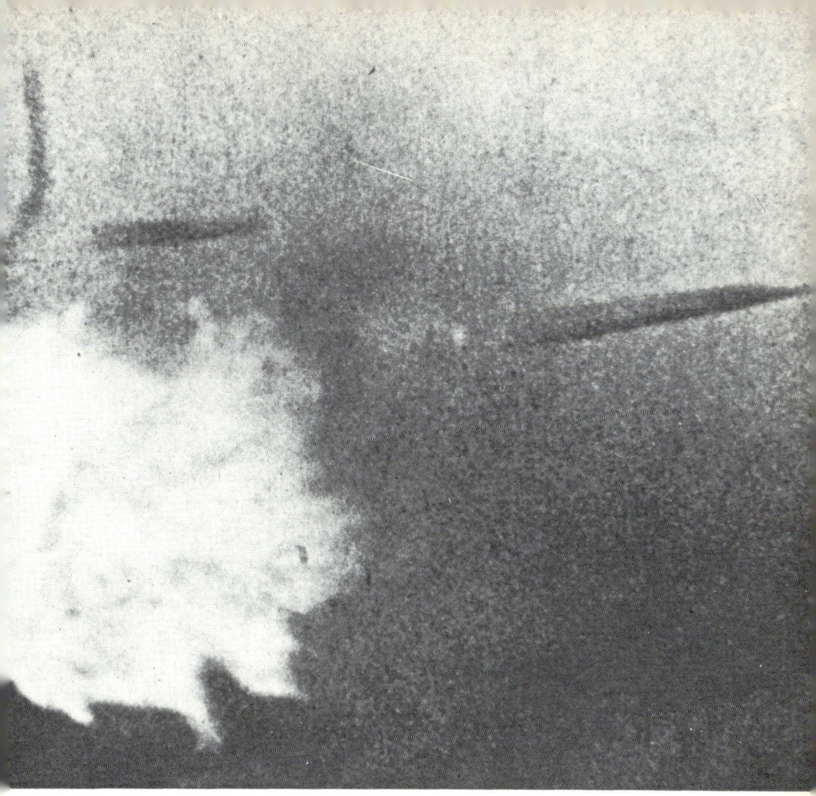

▼ 44

45

45 *Die Luftaktivität über Folkestone war während des Sommers von 1940 selten flau*
Pressefotografen gingen dort voller Zuversicht über ihre Chancen hin, Einsatzbilder zu schießen. Hier machte ein Fotograf des »Daily Mirror« eine erstaunliche Aufnahme. Die unverwechselbare Silhouette einer »Spitfire« wendet gerade, so daß ihr Pilot eine Messerschmitt Bf 109 sehen kann, die eben mit ausgefahrenem Fahrwerk an der Mole des Hafens von Folkestone vorbeifliegt. Manchmal wurde das Herauslassen der Räder als Zeichen der Aufgabe und als Willen zur Landung in feindlichem Gebiet gebraucht. Manchmal bedeutete es jedoch nur, daß die Hydraulik zerschossen war.

---

und Juni war darauf zurückzuführen, wie Junkers Ju-52-Transportmaschinen Personal und Ausrüstung zu den eben besetzten Flughäfen brachten. Die Fernmeldeeinheiten der Luftwaffe setzten die Junkers-Flugzeuge als fliegende Funkstationen und Peileinheiten ein. Dies war ein entscheidender, aber wenig bekannt gewordener Teil der Siege gewesen. Aber jetzt mußte das Durcheinander jener sprunghaft wechselnden Art von Basen ausgeschaltet werden. Telefon- und Telegrafennetze mußten gelegt, Hangars gebaut und Startbahnen verlängert werden. Ersatzteile, Munition, Bomben und die vielfältigen Notwendigkeiten eines Luftkrieges erforderten genau wie die Männer geeignete Räumlichkeiten.

Ein großer Teil des Geldes wurde für Luftabwehranlagen auf fast 100 frisch eroberten Flughäfen ausgegeben, da die Deutschen nicht wußten, daß Dowding bereits entschieden hatte, er habe keine Jäger für Angriffe auf die Stützpunkte der Luftwaffe übrig. Später kritisierten einige Experten diese Entscheidung. Es kann jedoch nur wenig Zweifel daran geben, daß solche »Stör«-Flüge der RAF das bereits umfangreiche Bild auf den Radarschirmen zu einem Chaos geführt hätten.

Der »lächelnde Albert« Kesselring, 55 Jahre alt, war einer der erfahrensten und populärsten deutschen Kommandeure. Später machte er sich im Krieg einen weiteren guten Namen als Kommandeur von Landstreitkräften in Italien. Er war gegen seinen Willen vom Heer zur Luftwaffe versetzt worden. Aber einmal dort, widmete er sich dieser Aufgabe.

Im fortgeschrittenen Alter von 48 Jahren lernte er fliegen und spielte bei seinen Besuchen der Einheiten gewöhnlich selbst den Piloten. In den dreißiger Jahren wurde er zum Stabschef der Luftwaffe ernannt. Als Sprecher der Berufssoldaten befand er sich häufig in Konflikt mit Göring und Milch.

Nach einem schrecklichen Krach mit Milch bat Kesselring um seinen Abschied. Alarmiert von dem Gedanken, einen der allerbesten Männer der Luftwaffe zu verlieren, überredete Göring ihn zum Bleiben und bot ihm das Kommando über eine Luftflotte als einen Weg an, zwischen Milch und sich Abstand zu legen. Bei Kriegsausbruch erkannte der gerissene und ehrgeizige Milch – als der Schwerpunkt von ziviler zu militärischer Luftfahrt wechselte –, daß die Erfahrung, die ihm den Anfangsstart im Luftfahrtministerium ermöglicht hatte, durch Wissen und Übung der langgedienten Berufssoldaten in seiner Umgebung wettgemacht wurde. Milch entschied, daß ein Frontkommando seine Position festigen würde*.

Milchs Untertanentreue gegenüber Hitler war eindeutig. Ob daran nun seine monarchistische Erziehung oder sein Instinkt zum Überleben schuld war, sie erwies sich als wertvoll, wenn er sich – wie so oft – im schlechten Verhältnis mit Göring befand. Oft gingen Gerüchte in den Fluren des riesigen Luftfahrtministeriums um, daß Milch dabei sei, Görings Posten zu übernehmen. Göring antwortete mit Gerüchten, wonach Udet drauf und dran war, die Arbeit von Milch zu erhalten.

Hitler hatte persönliches Interesse am Bombenmangel der Luftwaffe genommen, nachdem er bis zum 12. Oktober 1939 die Erlaubnis zur Herstellung größerer Mengen verweigert hatte. Er nahm noch immer an, daß England und Frankreich bald mit ihm Frieden schließen würden. Als die Bombenproduktion wieder auflebte, schaffte es Milch, die Kontrolle darüber zu erhalten, anstatt sich auf Udets Luftzeug-

---

* Als der Krieg mit der deutschen Invasion in Polen begann, hatten Göring und Milch bereits dafür gesorgt, daß ihre eigenen engen Verwandten von Fronteinheiten zurückstellt und mit sicheren Posten bei der Nachhut versehen wurden.

amt zu verlassen. Als Teil seines Planes, Feldkommandeur zu werden, beschlagnahmte Milch für sich eine Dornier Do 17 und flog über die polnischen Schlachtfelder. Auf einem dieser Flüge beobachtete er die Stukas, wie sie Warschau in Trümmer bombten.

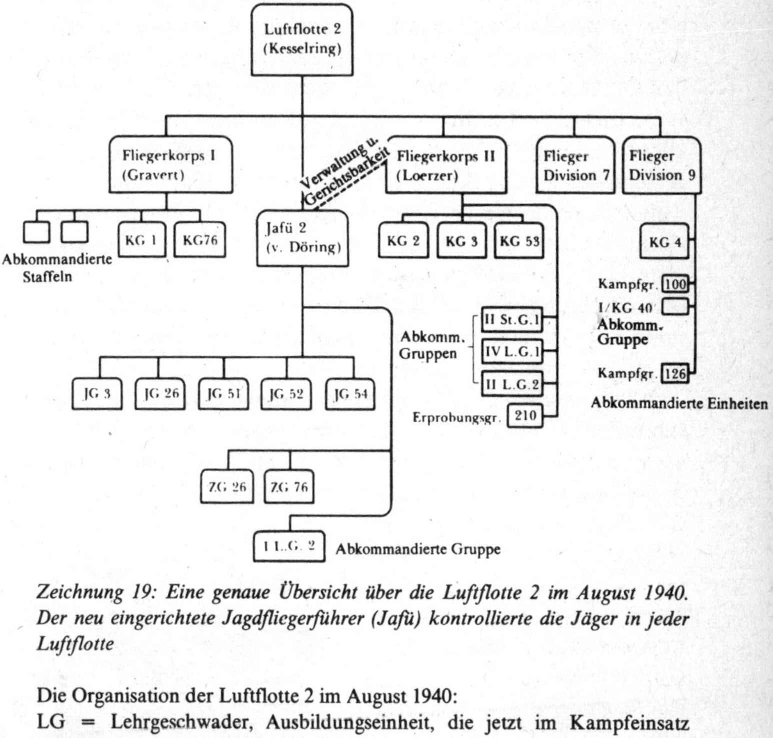

Zeichnung 19: Eine genaue Übersicht über die Luftflotte 2 im August 1940. Der neu eingerichtete Jagdfliegerführer (Jafü) kontrollierte die Jäger in jeder Luftflotte

Die Organisation der Luftflotte 2 im August 1940:
LG = Lehrgeschwader, Ausbildungseinheit, die jetzt im Kampfeinsatz stand.
StG = Stukageschwader.
KG = Kampfgeschwader.
JG = Jagdgeschwader.
ZG = Zerstörergeschwader (zweimotorige Bf-110-Jäger).
II/LG 2 = Die zweite Gruppe des LG 2.
4/LG 2 = Die vierte Staffel des LG 2.
Man beachte: I/LG 2 flog Bf-109-E-Maschinen unter dem Kommando eines Jafüs, während die II/LG 2 im Fliegerkorps II Jagdbomber flog.

Als ein Kurierflugzeug vom Typ Bf 108 im Januar in Belgien notlandete, das Pläne hinsichtlich der bevorstehenden Invasion der neutralen Beneluxländer mit sich führte, wurde der Kommandeur der Luftflotte 2 gefeuert. Genau das war es, was Milch sich wünschte. Aber Göring erklärte Milch, daß es Einwände vom Stabschef der Luftwaffe gegeben hatte, obwohl er persönlich einer solchen Ernennung zustimmen würde. Der Einwand ist leicht zu begreifen, aber die Vorstellung, daß Göring ihn beachten würde, nicht weniger.

Zu dieser Zeit hatte Göring längst erkannt, daß Udet bei allen Unzulänglichkeiten, die er besaß – wovon es viele und verschiedene gab – keine Gefahr für seine Macht darstellte. Außenstehende waren (fälschlicherweise) immer geneigt, zu vermuten, daß Göring und Udet seit dem Ersten Weltkrieg enge Freunde gewesen waren. Aber erst jetzt war eine echte Freundschaft zwischen den beiden erwachsen. Görings Tür stand Udet immer offen, der manchmal mit Abteilungsproblemen zu ihm kam, die er vor Milch verheimlichen wollte. Und Udet sprach über Göring nicht länger als von »dem Dikken«. Dafür gebrauchte er den weit respektvolleren Kosenamen »der Eiserne«. Udet vertraute dem »Eisernen« in einer Weise, die kein geschickter Politiker verdient haben konnte.

Zeichnung 20: Udets Karikatur von Milch

Begierig auf ein Frontkommando nutzte Erhard Milch seine Position als Generalinspekteur dazu aus, von Schlachtfront zu Schlachtfront zu eilen. Er beobachtete die Bombenangriffe auf Warschau aus der Luft, und er sparte nie mit Ratschlägen oder Kritik.

Zeichnung 21: Sperrle und Kesselring

Der große, bärenähnliche Hugo Sperrle kommandierte die Luftflotte 3 von Paris aus, während der »lächelnde Albert« Kesselring die benachbarte Luftflotte 2 von Brüssel oder manchmal vom Untergrund-Hauptquartier im Pas de Calais, das sein Stab »heiliger Berg« nannte, aus führte. Hier sind die beiden Männer, die die Schlacht um England auf deutscher Seite des Kanals fochten, von Udet gezeichnet.

Göring war weit von dem grenzenlosen Ehrgeiz seiner rechten Hand entfernt. Als Milchs Versuch, das Kommando über die Luftflotte 2 zu erhalten, abgeblockt wurde, zeigte Göring sich erfreut darüber, daß dieser Schlüsselposten an Kesselring ging, der kein Freund von Milch war, wie sein vorhergehendes Angebot zum Rücktritt bewiesen hatte.

Aber für einen Mann, der scharf darauf war, eine Position an der Front zu erhalten, war 1940 auch Berlin der richtige Platz. Milch lenkte sein Interesse jetzt ganz auf die bevorstehende Invasion in Skandinavien. Der Feldzug wurde unter dem persönlichen Kommando Hitlers geplant und durchgeführt. Für den Soldatentransport nach Norwegen bildete man aus Lufthansa-Besatzungen eine Spezialmannschaft, die der Verkehrsdirektor der Firma überwachte. Dies war die Art von Einsatz, mit der Milch hervorragend umzugehen wußte. Nachdem die Anfangsversuche erfolgreich abliefen, wurde es Milch gestattet, die Luftwaffeneinheiten in Skandinavien neu zu organisieren, so daß sie zur Luftflotte 5 wurden. In den Tagen, bevor der neuernannte Kommandeur der Luftflotte eintraf, erreichte Milch sein ehrgeiziges Ziel, eine Luftstreitmacht in die Schlacht zu führen. Als Ergebnis erhielt Milch das begehrte Ritterkreuz. Der »Blechschlips« war die höchste Auszeichnung für Tapferkeit in Hitlers Deutschland und wurde gewöhnlich an Luftwaffen-Asse verliehen, die wenigstens zwanzig feindliche Flugzeuge abgeschossen hatten.

Jetzt fand es Milch als schwierig, sich mit seinem Schreibtisch in Berlin abzufinden. Mit seinen persönlichen Maschinen flog er zur Westfront und verfolgte die Kämpfe um Frankreich. Regelmäßig besuchte er die im Einsatz befindlichen Einheiten und liebte es, Bombenangriffe aus der Luft zu beobachten. Es war Milch, der nach Dünkirchen flog und hinterher Göring gegenüber berichtete, daß das Luftbombardement das britische Expeditionskorps nicht vernichtet oder die Evakuierung hatte verhindert werden können. Dies erschütterte Görings übermäßiges Vertrauen in die kommenden Angriffe gegen England nicht. Und auch hierfür entwikkelte Milch eine Idee, die nicht weniger als napoleonisch war. Er drang auf eine sofortige Landung von Fallschirmjägern auf ausgewählten Flughäfen Südenglands (Fallschirmjägertruppen waren ein Teil der Luftwaffe). Jäger und Sturzbomber würden dann die eroberten Flugfelder nutzen können, während Transportmaschinen Truppen herüberfliegen würden. Zum Glück für die Stuka-Einheiten und die Junkers-Transportflugzeuge – die während der Kämpfe um Holland nicht weniger als 40 Prozent Ausfälle erleiden mußten – schob Göring diese irrsinnige Idee mit der Rechtfertigung beiseite, ihm stünde nur eine Fallschirmjäger-Division zur Verfügung, und er wüßte, daß das Heer nie zustimmen würde, ihm für eine solche Operation Soldaten zu leihen. Milch wertete dies als Deutschlands ersten großen Fehler.

Hugo Sperrle, Kommandeur der Luftflotte 3, war ein Jahr älter als Kesselring und acht Jahre älter als Milch. Er war ein großer Mann, der an einen Bären erinnerte und dessen langsame Bewegungen einige dazu brachten, ihn als faul abzustempeln. Milch dachte so, genau wie Sperrle seinen Chef für nichts weiter hielt, als einen Luftverkehrsdirektor, den man in eine Soldatenuniform gesteckt hatte. Trotzdem kamen die beiden Männer gut miteinander aus.

Sperrle war in Angelegenheiten der Militärfliegerei weit erfahrener als jeder andere hohe Offizier. Er war im Ersten Weltkrieg Militärflieger gewesen, hatte die Legion Condor in Spanien kommandiert und eine lange Zeit in seiner gegenwärtigen Position als Luftflottenkommandeur verbracht. Aber er zeigte sich als abschreckender Mann mit keinem Gefühl für die Technik der Propagandaeinheiten mit ihren Journalisten, Kameramännern und Filmteams. Sperrle, ein großer Mann mit hängenden Wangen, wird immer mit einem finsteren Blick abgebildet, der vielleicht notwendig war, um sein Monokel am Platz zu halten. Nicht nur Sperrles körperlicher Umfang war mit Görings vergleichbar, sondern auch sein Lebensstil. Sperrle wählte das berühmte Palais du Luxembourg zu seinem Hauptquartier, das einst der Palast von Marie von Medici gewesen war. Albert Speer sagte von ihm: »Das heftige Verlangen des Feldmarschalls nach Luxus und öffentlicher Anerkennung rangierte dicht hinter dem seines Chefs Göring.«

Als im Juli 1940 aus einem Feldmarschall der Luftwaffe (Göring) drei wurden (wobei Göring einen neugeschaffenen, noch höheren Rang erhielt), waren es diese Männer – Milch, Kesselring und Sperrle –, die so ausgezeichnet wurden. Kesselring erklärte später, daß diese Beförderungen nur stattgefunden hätten, weil Hitler glaubte, der Krieg im Westen sei praktisch beendet. Tatsächlich ging er erst los und das in einem erschreckenden Maßstab. Die Deutschen wollten nicht nur eine Art von Eroberung – Sieg durch Bombenangriffe –, die beispiellos in der Geschichte der Kriegsführung dastand, sie mußten damit auch in einer begrenzten Zeit fertig werden. Die Vorherrschaft der Luft mußten sie vor den Herbststürmen erringen, die eine Seeinvasion praktisch unmöglich machen würden. Und trotz der hohen Kampfmoral, die ein Ergebnis der deutschen Siege war, hatte die Luftwaffe schwere Verluste erlitten. Wenn man Flugzeugverluste durch Luftunfälle miteinbezieht, kosteten die Monate Mai und Juni die Luftwaffe nicht weniger als 1469 Maschinen. Jetzt brauchten die Luftflotten Zeit für das Wiederauffüllen und die Neuorganisation. Aber es wurde ihnen keine Zeit bewilligt.

Dasselbe konnte vom RAF-Jägerkommando gesagt werden. Die besten Piloten waren der 11. Gruppe im Südosten

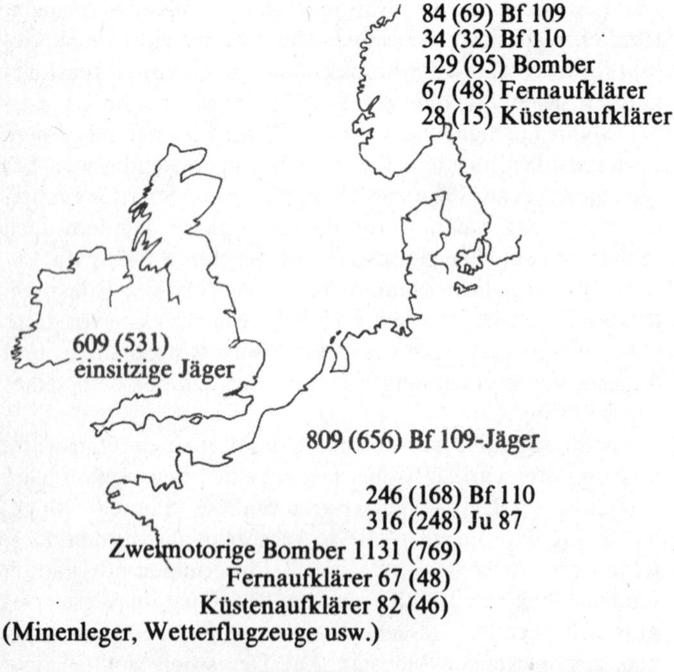

Zeichnung 22: Die Flugzeugstärke am 20. Juli

Die Zeichnung zeigt die Flugzeugstärke und in Klammern die Zahl der Maschinen, die einsatzbereit waren. Die Stärke der einsitzigen Jäger der anderen Seite ist gerastert eingetragen. Die einsitzigen Jäger in Norwegen und Dänemark waren für die örtliche Verteidigung vorgesehen und besaßen keine ausreichende Reichweite, um die Nordsee zu überfliegen. Deshalb sind diese in Schwarz eingezeichnet. Die RAF-Zahlen schließen 27 »Defiant«-Jäger mit ein, die, wie sich am 19. Juli zeigte, keine Gegner für die Bf 109 waren und bald aus der Frontlinie zurückgezogen wurden.

Englands überstellt worden. Aber niemand behauptete, daß sie schlachtbereit sei. Währenddessen befanden sich die Jägerstaffeln überall sonst in England noch im Chaos. Eine Staffel flog noch immer alte »Hurricanes« mit stoffüberzogenen Tragflächen. Die Staffel Nr. 73 wurde als letzte von Frankreich abgezogen, wo sie im vorausgegangenen Krieg noch ihre Sopwith »Camels« geflogen hatte.

Die Staffel hatte »Cobber« Kain, eines der ersten Asse der RAF, in ihren Reihen. Aber jede ihrer »Hurricanes« mußte in die Reparatur gehen, und es waren nur sieben Piloten fit zum Fliegen. Der Staffel Nr. 87 stand nur die Hälfte der Ausrüstung für ihr Bodenpersonal zur Verfügung, und es gab überhaupt keine Waffenmeister. Jede Staffel mußte mit Knappheiten irgendeiner Art fertig werden. Anfang Juli war ein Drittel der RAF-Einsatzmaschinen noch nicht mit dem IFF-Gerät ausgerüstet, das sie auf den Radarschirmen von den feindlichen Echozeichen unterschied.

Dowding, Oberbefehlshaber des Jägerkommandos, war tief in die Aufgabe eingespannt, seine Staffeln zur Kampfeinsatzbereitschaft zu bringen. Aber ein Auge blieb immer auf den Kalender gerichtet. Seine Vorgesetzten im Luftfahrtministerium hatten den 14. Juli als den Tag festgesetzt, an dem er zurücktreten mußte. Unglaublicherweise hatten die Männer von Whitehall alle Anfragen Dowdings über das gewaltsame Ende seiner Karriere ignoriert. Erst am 5. Juli ließ sich der Luftwaffenstab zu einer Antwort herab. Ein schmeichelnder Brief vom Chef des Luftwaffenstabes erklärte, daß er sehr froh sein würde, wenn Dowding seine Arbeit bis Ende Oktober fortsetzen würde.

Verständlicherweise irritiert antwortete Dowding: »Abgesehen von der Frage der Höflichkeit, über die ich einmal hinwegsehen will, muß ich auf die fehlende Überlegung hinweisen, die dadurch offenkundig wird, daß man eine Entscheidung dieser Art erst zehn Tage vor dem Datum meiner Pensionierung fällt. Mir sind bereits vier Daten für meinen Abschied genannt worden, und nun schlagen Sie mir ein fünftes Datum vor . . . «

Dowding vermutete, daß das Luftfahrtministerium beim ersten vorgeschlagenen Pensionsdatum bleiben würde. Das sah seinen Abschied in zwei Jahren, an seinem sechzigsten Geburtstag vor. In seiner Antwort wies Dowding auf die anderen Pensionsdaten und auf die kurzfristigen Wechsel hin. Er fügte einen verdrießlichen Denkzettel über seinen Streit mit Churchill an, bei dem es um die nach Frankreich geschickten »Hurricanes« ging. »Ich bin begierig darauf, zu bleiben. Denn ich fühle, daß es keinen gibt, der so wie ich kämpfen wird, wenn Vorschläge gemacht werden, welche die Verteidigungskraft des Landes unter den äußersten Gefahrenpunkt bringen.«

Es war ein Rüffel an den Minister der Luftfahrt und an den Chef des Luftstabes, die das Kabinett schon lange vor dem persönlichen Eingriff von Dowding auf diese Gefahren hätten hinweisen sollen. Um seiner Überzeugung Nachdruck zu verleihen, schickte Dowding eine Durchschrift des Briefes sowohl an den Luftfahrtminister wie an den Chef des Luftstabes. Dowdings Antwort war überaus gerechtfertigt, aber sie änderte nichts an seiner Lage. Seine Gegner warteten auf ihre Zeit.

Die Antworten vom Luftfahrtminister und vom Chef des Stabes fielen seicht aus. Der letztere bemerkte sanftmütig, daß er »glücklich ist, Ihre Unterstützung im Kabinett zu haben, wenn die Frage der Jägerentsendung nach Frankreich zur Entscheidung ansteht«. Nachdem er den Brief zu seiner eigenen Zufriedenheit beantwortet hatte, weigerte sich der Chef des Stabes, Dowding irgendeine Zusicherung zu geben, daß er über den Oktober hinaus in der RAF bleiben könne. Aber Dowding fühlte sich beruhigt. Er hatte seinem Ärger Luft gemacht. Und verglichen mit dem vorherigen Verhalten – rüden Briefen, kurzen Telefonaten und ignorierten Nachfragen – waren freundliche Ausflüchte eine entscheidende Verbesserung. Gegenwärtig schien er nur die deutsche Luftwaffe als Feind vor sich zu haben.

Vierter Teil: Taktiken

»Die Unterschiede waren groß; unser Spielraum klein; die Rennen endlos.«

Winston S. Churchill

Der Nachschub an Waffen – Gestein, Speer oder Pfeil – hatte im Altertum die Dauer von Kämpfen ebenso begrenzt wie Erschöpfung und Dunkelheit. Nur wenn Armeen auf dem Schlachtfeld mit Nachschub versorgt wurden, hörte das Wort »Schlacht« auf, ein kurzes Waffengerassel bei Tageslicht zu bedeuten. Im 20. Jahrhundert war die Dauer einer Schlacht unbegrenzt. Die Schlacht um England dauerte nicht Stunden, sondern Monate. Ich habe die Schlacht in vier Phasen unterteilt. Jede ist durch einen Wechsel in den Taktiken und Zielen der Deutschen gekennzeichnet. Aber die vier Phasen bilden keine genaue Abgrenzung. Die Perioden überschnitten sich, Taktiken wurden nebeneinander ausprobiert und verschiedene Zielarten am selben Tag angegriffen.

Phase eins Sie begann im Juli mit einem Monat der Angriffe auf britische Küstenkonvois und mit Luftschlachten über dem Kanal: Kanalkampf.

Phase zwei Vom 12. August – dem Abend des »Adlertags« – lief der größte Sturm. Göring und die deutsche Propaganda nannten ihn *Adlerangriff*. Er dauerte nur eben über eine Woche.

Phase drei Die RAF nannte dies die »kritische Periode«, in der RAF-Jägerflugplätze in Südost-England bevorzugte Angriffsziele wurden. Diese Phase dauerte vom 24. August bis 6. September.

Phase vier Vom 7. September an. Die Angriffe konzentrierten sich auf London, zuerst bei Tag, dann bei Nacht.

Phase eins: die Kämpfe über dem Kanal

Zu Beginn wurde Oberst Fink, Geschwaderkommodore der Bombereinheit KG 2, zum *Kanalkampfführer* (Kommandeur der Luftkämpfe über dem Kanal) ernannt. Seine Aufgabe lag darin, den Kanal für britischen Schiffsverkehr dicht zu machen. Um das zu erreichen, wurden ihm zu seinen eigenen Bombern zwei Stukagruppen und ein Jagdgeschwader mit Jägern zusätzlich überstellt. Fink errichtete seinen Kommandostand in einem Bus nahe der Statue von Bleriot, dem ersten Mann, der den Kanal überflogen hatte.

Es lagen gute Gründe für die deutschen Angriffe auf die Küstenschiffahrt im Juli und Anfang August vor. Man hatte entschieden, daß die Luftwaffe ihre Großoffensive erst nach dem Befehl von Hitler starten sollte. Man vermutete, daß der Oberste Befehlshaber die Pläne von Heer und Marine koordinieren wollte – indem er die Luftoffensive so legte, daß das eindringende Heer die britischen Verteidiger in einer ähnlichen Art von Lähmung vorfand, wie sie die Luftwaffe schon in Frankreich und Polen hervorgerufen hatte.

Inzwischen sollten die Angriffe auf die Kanalkonvois dazu dienen, die wahren Pläne zu verschleiern. Wenn die RAF-Jäger zum Schutz der Schiffe aufsteigen würden, wären sie in Abnutzungsschlachten hineingezogen und ermüdet, bevor die Deutschen den *Adlerangriff* starteten. Wenn das RAF-Jägerkommando sich weigerte, einzugreifen, würden die Bomber die britischen Schiffe versenken.

Dowding hatte in seinen ursprünglichen Plänen Schiffsschutz nicht einkalkuliert. Jetzt warnte er den Luftstab und auch die Admiralität, daß er den Schiffsverkehr nur schützen könne, indem er einen gefährlich hohen Prozentsatz seiner Gesamtstreitmacht abstellte. Deshalb konnten die Konvois nur geringe Luftunterstützung bekommen.

Das britische Radarnetz war während des Kanalkampfs nicht sehr effektiv, da die Jäger und Bomber in ihre Einsatzhöhe klettern und Formationen außerhalb der »Sicht« des britischen Radars bilden konnten. Es dauerte nur fünf Minuten, den Kanal zu überqueren. Eine »Spitfire« benötigte dagegen fünfzehn Minuten, hoch genug aufzusteigen, um sie zu bekämpfen.

Als mehr und mehr Schiffe versenkt wurden, wuchs der Druck auf Dowding an. Es war typisch für bestimmte Mitglieder des Luftstabes zu dieser Zeit, daß sie sich in der Lage fühlten, Dowding Ratschläge zu erteilen. Man riet ihm, die Jagdflugzeuge auf die Küstenflugplätze zu verlegen, so daß sie nur aufzusteigen brauchten, wenn die Deutschen sehr dicht heran waren. In begrenztem Maße wurde das auch getan. Es war jedoch gefährlich, so nahe den feindlichen Formationen zu sein, bevor man gleiche oder größere Höhe gewonnen hatte. Denn die deutschen Flieger waren hervorragend.

Kanalkampfführer Fink war 50 Jahre alt und flog noch immer Bomber-Einsätze. Der Kommodore des Jagdgeschwaders, das ihm zugeteilt war, war ebenfalls ein Veteran und ein noch bemerkenswerterer Flieger.

»Onkel Theo« Osterkamp war ein schlanker, anspruchsvoller Mann mit einem ausgeprägten Kinn und pointierten Gesichtszügen, die ihn für einige »gnomenhaft« erscheinen ließen. Der Eindruck wurde von jedem zurückgewiesen, der einmal auf der Empfängerseite seines schnellen Verstandes, der scharfen Zunge oder seiner Maschinengewehre gewesen war.

Im Ersten Weltkrieg war Osterkamp ein herausragendes Marineflieger-As gewesen. Er hatte 32 Abschüsse erzielt und war mit dem »Pour le mérite« ausgezeichnet worden. Er war ein enger Freund von Richthofen, hatte mit Boelcke trainiert, einen Luftkampf mit Guynemer überlebt und wurde von Albert Ball abgeschossen. Er war einer der wenigen Männer, die auch im Zweiten Weltkrieg ein Jagdflugzeug fliegen sollten. Und wiederum wurde der verblüffende »Onkel Theo« zu einem As auf ganzer Linie.

Bis zur letzten Juliwoche war Osterkamps JG 51 die einzige einsitzige Jägereinheit, die sich über dem Kanal im Einsatz befand. Und die Stärke seiner Einheit war abgesunken, bis

Texte zu den Bildern 46–50:

46 *Eine Messerschmitt Bf 110 überfliegt die Kreidefelsen von Dover*
Wie konnte die deutsche Propagandaabteilung da widerstehen? Sie widerstand nicht. Und dieses Bild wurde in der ganzen Welt verbreitet. Es war ein riesiges, zweiseitiges Farbfoto im internationalen Propaganda-Magazin »Signal«. Weniger publiziert wurde die schreckliche Verlustrate, die diese »Zerstörer«-Flugzeuge erlitten. Von *Adlertag* (13. August) bis zum Monatsende hatten die Bf-110-Einheiten nicht weniger als 40 Prozent Verluste. Dieses spezielle Flugzeug kann als zugehörig zur II/ZG 2 identifiziert werden, einer Einheit, die wegen ihres Verlustanteils vollständig abgezogen wurde.

47 *Ein erbeutetes deutsches Rettungs-Wasserflugzeug*
Am 9. Juli 1940 wurde diese unbewaffnete (!) Heinkel He 59 des Seenotflugkommandos 1 in Boulogne von Staffelführer J. F. Allan von der 54. Staffel während einer Schlacht abgeschossen, bei der Al Deere in einen Frontalzusammenstoß mit einer Bf 109 des JG 51 verwickelt wurde. Das Rettungs-Wasserflugzeug machte eine Notlandung auf den Sandbänken von Goodwin und wurde vertäut vom Walmer-Rettungsboot nach Deal gebracht. Die Besatzung wurde gefangengenommen. Wenige Tage später befahl das britische Luftfahrtministerium den Jägerstaffeln, alle solche Rotkreuz-Rettungsflugzeuge anzugreifen. Die Luftwaffe versah sie dann mit einem Tarnanstrich und rüstete sie mit Maschinengewehren zur Selbstverteidigung aus.

48 *Rettung aus See*
Diese erstaunliche Bilderfolge zeigt eine Messerschmitt Bf 110, die nahe der französischen Küste auf dem Meer aufschlägt. Inzwischen hatten die Deutschen ihre Rotkreuz-Wasserflugzeuge mit Tarnfarben versehen. Eines von ihnen kam sehr schnell nach dem Unglück herbei. Die Besatzung entschied sich, ihr Schlauchboot nicht zu Wasser zu bringen. Sie schwamm zu der Heinkel hinüber. Dabei wurden sie durch die mit Wasser vollgesogene Flugkleidung so schwer, daß die Rettungsmannschaft große Schwierigkeiten hatte, die Flieger aus dem Wasser zu ziehen. Man beachte, daß der Heinkel-Pilot die Motoren abgestellt hat, damit der Luftschraubenstrahl nicht noch für mehr Ärger sorgt. Die Heinkel liegt sehr tief im Wasser, weil die Schwimmer als Treibstofftanks genutzt wurden. In diesem Fall scheinen die Tanks noch ziemlich voll zu sein.

49 *Fotografie im Krieg*
Eine deutsche Heeres-Propaganda-Kompanie (man beachte die Ärmelmanschette des Mannes) war ausgeschickt worden, um Bilder über den Kanal zu schießen. Die Männer benutzten eine 35-mm-Kamera und dieses ungewöhnliche Teleobjektiv. Die gewaltige Optik war mit einer Lenkstange in der Höhe verstellbar und mit einer besonderen Teleskop-Zielvorrichtung

▲46

▼47

▲ 48

49▶

50

ausgerüstet, die auf der Linse befestigt war. Der Apparat wurde in dem Anhänger untergebracht, der im Einsatz zum Standplatz wurde, komplett mit Treppenaufgang und Geländer ausgerüstet. Das Kamerateam fotografierte sowohl die Bilderfolge vom Wasseraufprall wie auch die Radartürme von Dover.

50 *Die Warte des Bodenpersonals befestigen die Motorhaube über den Jumo-Motoren einer Heinkel He 111 H vor einem Testflug*
Der Mangel an wirklich guten Flugzeugmotoren schränkte die Wirksamkeit der Luftwaffe während des gesamten Krieges ein. Früher waren He-111-Bomber mit dem überragenden Daimler-Benz-DB-601-Motor ausgerüstet. Aber jetzt waren diese in die Jägerproduktion überstellt, und die Heinkels mußten mit den Jumo-Motoren von dieser Art auskommen, an der diese Männer arbeiten. Dies bedeutete, daß die Heinkel zum langsamsten deutschen Bomber wurde. Um die Lücke zu schließen, wurden sie mit Panzerplatten bis zu 300 kg und zusätzlichen Maschinengewehren ausgestattet. Aber diese Flugzeuge waren schon zur Transport- und Verbindungsrolle verbannt.

---

ihm am 12. Juli die dritte Gruppe des JG 3 überstellt wurde, um zwischen 60 und 70 dienstbereite Maschinen zu besitzen.

Fink und Osterkamp zeigten sich mit ihrer kleinen Streitmacht bemerkenswert erfahren, wie sie die britischen Verteidiger auf die Probe stellten, ihre Reaktionszeiten erkundeten und Küstenkonvois aufstöberten und trafen, die zahlreich entlang der Südost-Küste fuhren. Gewöhnlich blieben die Jäger dicht bei den Bombern, aber ab und zu gab »Onkel Theo« sie für die freie Jagd über Kent frei. Sie war zeitlich begrenzt wegen der geringen Reichweite der Bf-109-Maschinen.

Dowdings Antwort war gerissen. Park (Gruppenkommandeur von Südost-England) schickte nur kleine Formationen gegen die Angreifer und ließ den Freijagdflug unbehindert. In den Radarstationen begannen die Mädel an den Kathodenröhren zu merken, daß Erfolg sich nur einstellte, wenn sie schnell arbeiteten und »unterrichtende Vorschläge« über feindliche Vorhaben lieferten, während sich die Bomberformationen noch am äußersten Rand der Radarreichweite befanden.

9. Juli. Al Deere, ein Neuseeländer, war um die halbe Welt gereist, um 1937 der RAF beizutreten. Im Juli 1940 war er Wing Commander bei der 54. Staffel. Nach einem Monat harter Luftkämpfe erhielt er aus der Hand des Königs in einer Zeremonie auf dem Flugplatz Hornchurch sein DFC. Inzwischen war er erfahrener als irgendein anderer Pilot, den die Engländer hatten.

Am 9. Juli* führte er eine Formation zu seinem vierten Flug des Tages, als sie eine deutsche Seenotrettungsmaschine entdeckten, die auf Wellenhöhe flog. Das Wasserflugzeug wurde von einem Dutzend BF-109-Jägern begleitet, die dicht dahinter flogen.

Während eine Abteilung das Rotkreuz-Wasserflugzeug angriff, ging Deere im Sturzflug auf die Messerschmitts nieder, die sich in zwei Formationen teilten, steil nach rechts und links aufstiegen und wendeten, als sie verschwanden. Deere behielt diese Taktik im Gedächtnis und wandte sie später mit einigem Erfolg an. Nun brachen Deeres Flieger auseinander, und es begannen Einzelkämpfe. Deere bemerkte mit Genugtuung, wie die neuen De-Wilde-Geschosse in »kleinen gelben Flammen tanzten«, wenn sie an einem feindlichen Jäger explodierten. Er hielt dies für einen wertvollen Weg zur Beurteilung des Effekts seines Gewehrfeuers.

»Ich fand bald ein anderes Ziel. Etwa 2 700 Meter direkt vor mir auf gleicher Höhe vollendete ein Deutscher gerade eine Wendung und bereitete sich darauf vor, wieder in die Schlägerei einzugreifen. Er sah mich sofort und rollte sich aus der Wendung auf mich zu, so daß ein Frontalangriff unvermeidlich wurde. Ich hielt mit beiden Händen die Steuersäule, um die Maschine und so mein Ziel ruhig zu halten, und spähte durch das Visier auf das schnell näherkommende feindliche Flugzeug. Wir eröffneten das Feuer, und sofort dröhnte ein Bleihagel in meine ›Spitfire‹. Für

* Deeres Autobiographie »Neun Leben« (Hodder und Stoughton, 1969) nennt das Datum des 11. Juli. Aber das Datum des Kampfberichts und die Meldung von einer Heinkel He 59, zeigen beide an, daß der 9. Juli das richtige Datum war.

einen Moment nahm die Messerschmitt eine klar umgrenzte Form an, ihre Flügelspannweite füllte dann mein Visier vollständig aus, als nächstes war sie genau über mir, und es knallte schrecklich. Der Himmel um uns verdunkelte sich. Dann stießen wir zusammen.«

Der Aufprall riß die Steuersäule aus Deeres Händen, und der Cockpitgurt biß schmerzvoll tief in seine Schultern. Der Motor vibrierte, die Steuersäule sprang vor und zurück. Wie Deere bemerkte, spuckte der Motor Rauch und Flammen. Bevor er die Zündung ausschalten konnte, stoppte der Propeller. Die Blätter waren stark verbogen. Die Bf 109 war an der Spitze seiner »Spitfire« entlanggeschrammt.

Da er es nicht schaffte, die Haube zu öffnen, brachte Deere mit viel Geduld das Flugzeug in einen Gleitflug in Richtung auf die entfernte Küstenlinie, während er sich abmühte, herauszukommen. Mit Erfahrung und seinem glücklichen Geschick brachte er das beschädigte Flugzeug auf einem Feld, nicht weit vom Flugplatz Manston, nieder. Immer noch nicht in der Lage, die Haube zu öffnen, zerschlug er sie, um herauszugelangen. Es war, wie er sagte, als ob »die nackten Hände voller Verzweiflung die Stärke von Werkzeug hatten«. Er kam aus dem Wrack heraus, das in helle Flammen aufging, als die Geschosse explodierten. »Wollen Sie nicht auf eine Tasse Tee hereinkommen?« fragte ihn eine Frau, die aus einem nahegelegenen Farmhaus herbeieilte.

»Ja, gerne«, antwortete Deere, »aber ich würde etwas Härteres vorziehen, wenn Sie es haben.«

Gemächlich machte sich Deere auf den Weg zurück zu seiner Einheit. Er erhoffte nichts mehr, als ein paar freie Tage. Aber sie waren so knapp an Piloten, daß ihn sein Kommandeur bat, sofort wieder aufzusteigen. Die Staffel hatte zwei Piloten gegen die Messerschmitts verloren, und wenn Deere wegfiel, blieben nur vier »Spitfires« dienstbereit übrig. »Sie müssen nicht unbedingt heute morgen fliegen«, wurde ihm gesagt.

»Ich habe es nicht eilig«, antwortete Deere.

Die Luftwaffe benötigte regelmäßige Wetterberichte und

weitere Fotos von ihren Zielen. Die Deutschen ahnten noch nicht, daß sich ein einsames Flugzeug gleich einer sitzenden Ente auf dem Radarschirm ausmachte. Sie flogen von der Nordsee über einen Landstrich ein, der ihrer Hoffnung nach unverteidigt war. Oft erwies es sich für die deutschen Besatzungen als fatal. Aber manchmal gab es Überraschungen. Am 10. Juli hatte eine Do 17, die an der nördlichen Landspitze nach einem Konvoi suchte, nicht weniger als eine ganze Gruppe des JG 51 als Eskorte bei sich. Die anderen Aktionen an diesem Tag bildeten nichts weiter als Scharmützel. Am Ende hatte das Jägerkommando nicht weniger als 600 Feindflüge* gestartet.

11. Juli. An diesem Tag kam ein endloser Strom alleinfliegender deutscher Maschinen. Die RAF antwortete, indem sie einzelne Flugzeuge losschickte, um auf sie zu stoßen. Oft übernahmen die Staffelkommandeure diese Aufgabe selbst. So war nicht lange nach Morgendämmerung Peter Townsend – Kommandeur der 85. Staffel in Martlesham – über die Kontrollinstrumente seiner »Hurricane« VY-K gebeugt und stieg durch Bodennebel in tiefhängende graue Wolken und schweren Regen auf. Die Stimme des Kontrollmannes führte ihn in 2 500 m Höhe. Dort bildete er in Wolken einen vollkommenen Abfänger.

Eine Dornier Do 17 M war die Y 5+GM von *Kanalkampfführer* Finks eigenem Geschwader, der II/KG 2 »Holzhammer«. Diese kam nach einem weiten Schwenk über die Nordsee nach England und erreichte die Küste nahe Lowestoft. Es war verboten, das Land tagsüber zu bebomben. Deshalb warfen sie ihre zehn kleinen 50-kg-Bomben über dem Hafen ab, nachdem sie einen kurzen »Rundflug« unternommen hatten, wie es ein Mitglied der Mannschaft beschrieb. Die Besatzung hegte wegen der Wolken und dem Re-

* Feindflug ist eine Einheit, nach der Lufteinsätze gemessen werden. Ein Feindflug bedeutet einen Einsatzflug, den eine Maschine unternimmt. So kann zehn Feindflüge bedeuten, daß zehn Maschinen einen, oder eine Maschine zehn Aufträge flog.

gen gemischte Gefühle. Das Wetter machte die Arbeit des Piloten noch schwieriger und reduzierte die Sichtverhältnisse für Bombenzieler und Bordschützen. Aber das Wetter sorgte auch für den beruhigenden Glauben, daß die RAF-Jäger dieselben Probleme haben würden beim Aufspüren. Die Deutschen waren zufrieden, und als die Nase der Dornier sich Richtung Heimat gedreht hatte, begann die Besatzung zu singen: »Good bye, Johnny.« Die Melodie wurde durch den plötzlichen Ruf des Bordschützen Werner Borner unterbrochen: »Achtung, Jäger!«

Der »Jäger« war Peter Townsend, der kaum durch seine regennasse Windschutzscheibe sehen konnte und deshalb die Cockpithaube nach hinten schob, um den Kopf in den Regensturm zu stecken. Er hatte sich bis zu den letzten wenigen Sekunden nicht nur auf die Sicht verlassen müssen. Denn die einzelne Dornier versorgte die Radarzeichner mit einem Echozeichen auf der Kathodenröhre, das nicht schwieriger auszulegen war, als eines von Vorkriegsübungen.

Und Townsend war schon im Frieden Pilot, ein erfahrener Flieger mit großer Praxis. Seine acht Browning-Maschinengewehre beharkten den Bomber. Im Bomber gab es »überall Spuren und Stücke: blutbedeckte Gesichter, der Geruch nach Kordit, alle Fenster zerschossen«. Von der Besatzung war der Heckschütze am Kopf getroffen und auf den Boden gefallen. Eine Sekunde später fiel ein zweiter Mann, getroffen an Kopf und Kehle über ihn. Alles war blutig. Aber »unsere gute alte Gustav-Marie« flog noch immer, erinnerte sich ein Besatzungsmitglied. Townsend hatte 220 Geschosse in die Dornier gejagt, aber sie kam nach Arras zurück. Die gesamte Besatzung lebte und zählte die Einschußlöcher.

Die deutschen Bomber waren robust genug, um schreckliche Mengen von Feuer – besonders kleinkalibriges – auszuhalten. Die Stärke beruhte nicht auf Stützdrähten oder hölzernen Spanten. Diese metallenen Bomber besaßen Panzerschutz, der einige der entscheidenden technischen Teile umspannte. Noch wertvoller waren die selbstdichtenden Benzintanks. Es war eine einfache Konstruktion aus verschiedenen

Lagen, deren mittlere aus Rohgummi bestand. Wenn ein Treffer das Benzin auslaufen ließ, löste sich das Gummi auf, schwoll an und dichtete das Loch. Die Ereignisse dieses Tages machten deutlich, wie nützlich diese Vorrichtung war, wenn es darum ging, einen beschädigten Bomber nach Hause zu holen.

Die Geschosse von Townsends Maschinengewehr verfehlten es nicht nur, die Dornier abzuschießen. Ein Zufallstreffer eines der Maschinengewehre der Do 17 traf das Kühlsystem seiner »Hurricane«. Der Motor setzte aus, als er noch zwanzig Meilen von der englischen Küste entfernt war. Townsend stieg mit dem Fallschirm aus. Er wurde von einem Trawler aus dem Wasser gefischt, der in ein Minenfeld hineinfuhr, um ihn zu erreichen.

Ein wenig später, gegen 6 Uhr in der Früh, stieß ein anderer Staffelkommandeur auf eine andere Dornier. Diesmal war es der bemerkenswerte Douglas Bader. Diesem Friedens-Jägerpiloten mußten nach einem Flugunfall beide Beine amputiert werden. Aber bei Kriegsbeginn wurde ihm der Wiedereintritt in die RAF gestattet, und er flog – mit zwei Prothesen – wiederum als Jägerpilot. Inzwischen hatte er seine Zeitgenossen eingeholt, wurde gegen Ende Juni Staffelführer und mit dem Kommando über die 242. (Canadian) Jägerstaffel betraut. Diese Staffel flog die alte Mark I »Hurricane« mit zweiblättrigen, feststehenden Propellern. Sie bestand aus Kanadiern, die in der RAF Dienst taten (war aber keine RCAF-Einheit), und war bei einigen Luftkämpfen in Frankreich dabei gewesen. Der Staffel mangelte es an Ausrüstung und Moral, als Bader eintraf. Er war jetzt erfolgreich dabei, diese Fehler zu beheben.

Gegen 7 Uhr am Morgen des 11. Juli beantwortete Bader den Telefonanruf aus der Hütte neben dem Flugplatz. Ein einzelner »Bandit« flog die Küste nahe Cromer ab. Der Verantwortliche wünschte den Aufstieg einiger »Hurricanes«, um ihn abzufangen. Bader beobachtete die niedrig hängenden Wolken und entschied, daß es den »Hurricanes« nicht möglich sein würde, sich zu formieren. Deshalb wollte er allein fliegen. Es war eine typische Entscheidung für den Mann, der später zum begeisterten Verfechter der »großen Verbände« wurde, jenem System, bei dem Jäger in großer Formation in die Schlacht flogen. Interessant ist auch, daß Bader (der später dringend darum bat, die Verantwortlichen sollten den Jägerpiloten beim Flug gegen den Feind keine Befehle, sondern Ratschläge erteilen), an diesem Tag sein Opfer ohne Hilfe der Radarzeichner fand.

Sein Opfer war eine Dornier Do 17 der Wettererkundungsstaffel 261. Sie hatte schon zwei »Spitfires« abgewehrt. Eine, geflogen vom Kommandeur der 66. Staffel, wurde am Öltank beschädigt. Als Bader seine Dornier fand, befand sie sich gerade unter der Wolkendecke von etwa 300 m. Ohne ausgemacht zu werden, näherte sich Bader methodisch bis auf 250 Meter. Da eröffnete der deutsche Heckschütze das Feuer. Bader jagte zwei Feuerstöße heraus, als die Dornier wendete und auf ihrem Weg zurückflog. Dann stieg sie in einer leichten Kurve auf und verschwand in den Wolken. Bader flog nach Coltishall zurück und berichtete, daß die Dornier entkommen war. Wenige Minuten später wurde ihm telefonisch mitgeteilt, die Maschine sei kurze Zeit nach seiner Aktion ins Meer gestürzt. Bader beschrieb dies als »glücklichen Start für den Kommandeur der 242. Staffel«. Es gab jedoch keinen Zweifel, daß dieser Erfolg auf Erfahrung und Routine zurückzuführen war. Allein vom Glück konnten solche Erfolge nicht abhängen.

Die Kämpfe über See bildeten ein zusätzliches Ärgernis für Dowding. Denn anders als die Luftwaffe besaßen seine Piloten keine Schlauchboote, keinen Wasserfärbstoff und keine Luft-See-Rettungsorganisation. Es war nicht ratsam, Jäger auf dem Meer zu landen. Der Kühler zog beim Aufprall das Flugzeug kopfüber nach unten. In dieser Lage sank es schnell. Auch das Landen auf See mit dem Fallschirm bot nur eine geringe Chance, gefunden zu werden. Trotzdem gab es keine Beschwerden oder gar Zögern. Die Ereignisse dieses Tages zeigten, wie die Staffelkommandeure entschlossen waren, die Aktion zu leiten. Ihnen solche Einsätze zu verbieten, würde einen Schlag gegen die Moral bedeuten. Aber wie viele solcher Männer konnte er sich leisten zu verlieren?

Die RAF-Jägerpiloten – wie die Berufsoffiziere, die so viele von ihnen waren – hatten versucht, die enge V-Formation aus der Friedenszeit an die Notwendigkeiten des Krieges anzupassen. Aber enge Formationen erfordern die uneingeschränkte Aufmerksamkeit und lassen keine Zeit für einen Rundblick übrig. Die modernen Hochgeschwindigkeits-Eindecker waren technisch weit komplizierter als die Doppeldekker. Abgesehen davon, daß der Himmel nach feindlichen Maschinen abgesucht werden mußte, hatten die Piloten ihre zahlreichen Instrumente zu beachten. Und bei engen Formationen verdeckt jede Maschine einen großen Abschnitt vom Himmelsblick ihres Nachbarn. Es wurde ein »Schwanz-Ende-Charlie« eingeführt. Der pendelte am Ende der Formation von einer Seite zur anderen. Aber dieser Schutz des Schwanzes hatte den Verlust von zu vielen Schwanz-Enden-Charlies mit sich gebracht. Ab Mitte Juli wurden diese Pendler nur noch selten gesehen.

Vor dem Krieg hatte die RAF »Flächenangriffe« praktiziert. Dies waren sorgfältig einstudierte Flugbewegungen. Typisch dafür war, daß aus einer Linie von Jägern jeder einen Feuerstoß auf das Opfer abfeuerte, sobald man darauf abgeschwenkt war. Aber die Deutschen würden nicht bereitwillig das Opfer dafür spielen. Was gut genug bei Luftübungen gewesen war, stellte keine Taktik für den modernen Krieg dar. Die Staffeln, die in die Kanalkämpfe verwickelt waren, erkannten bald die Vorteile des losen Schwärmens, das die Deutschen flogen. Erschöpfte Staffeln lieferten der RAF den Vorwand für das Erproben neuer Formationen.

Die *Rotte* war Basis einer Formation, die das deutsche Jagdflieger-As Mölders über dem Himmel von Spanien zu entwickeln begonnen hatte. Das V, ein natürliches Dreieck, ist nicht psychologisch stabil, wie jeder Leser von romantischen Geschichten weiß. Die Rotte bestand aus einem Chef und einem Assistenten. Der Chef war der erfahrenste Flieger und beste Schütze. Sein Flügelmann klebte an ihm und war

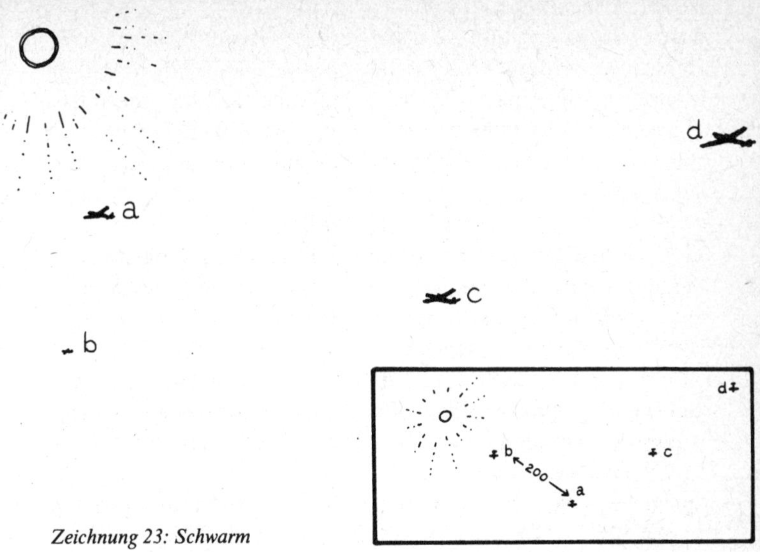

Zeichnung 23: Schwarm

Der *Schwarm* – von den alliierten Piloten vier Finger genannt – wurde von Luftwaffenpiloten während des spanischen Bürgerkrieges entwickelt und von Mölders, dem deutschen Jagdflieger-As, verfeinert.

a ist der Führer; *b* ist der Flügelmann des Führers, der nie von seiner Seite weicht. Er fliegt auf der Sonnenseite des Führers und tief, damit die anderen nicht in die Sonne starren müssen, um ihn zu sehen. *c* ist der Führer der zweiten *Rotte*; *d* ist sein Flügelmann. Seine Aufgabe in dieser Formation liegt darin, die Sonne zu beobachten, weil von dort ein Feind angreifen wird, wenn er erfahren ist. Der Kasten zeigt die Formation als Draufsicht. Man beachte, daß sich alle Maschinen in verschiedenen Höhen befinden.

verantwortlich für den Schutz des Schwanzes. Zwei Rotten zusammen bildeten einen Schwarm. Der erfahrenste Flieger übernahm die Aufsicht, die beiden Paare blieben jedoch einzeln effektiv. Dem Flügelmann wurde gewöhnlich befohlen zu folgen, wenn sein Chef nach unten zog. Es gab weitere feine Vorteile für die deutschen Formationen. Die leicht unterschiedliche Höhe jeder Maschine verminderte das Risiko einer Kollision.

Die RAF testete solche Formationen inoffiziell. Aber – angebunden an die Flugvorschriften der Friedenszeit – war keine Jägerformation so lose gespreizt wie bei den Deutschen. Außerdem waren enge Formationen am Himmel leichter auszumachen. Traurige Tatsache war, daß die RAF-Einheiten nicht über Nacht die umfassende Erfahrung erreichen konnten, die einige Kampfjahre die Deutschen gelehrt hatten.

17. Juli. Zu diesem Ereignis kam es an einem erbärmlichen Regentag mit Wolken, als zwölf »Spitfires« der 64. Staffel, die von Kenley gestartet waren, über Beachy Head »irregeführt« wurden. Die Deutschen tauchten aus dem Nichts auf. Sie schossen eine »Spitfire« ab und verschwanden so schnell, daß kein Mitglied der RAF-Formation auch nur einen flüchtigen Blick von den feindlichen Flugzeugen erhaschte.

Während es noch immer an irgendwelchen gezielten taktischen Anweisungen mangelte – außer dem unbestimmten neuen Befehl, die britische Home Fleet anzugreifen – brachte die Luftwaffe mehr und mehr Einheiten in die Kämpfe. Sowohl die Luftflotten 2 und 3 in Frankreich und den südlich gelegenen Gebieten wie auch die Luftflotte 5 in Skandinavien schickten Einsatzverbände über die Nordsee. *Küstenfliegergruppen* setzten beinahe jede Nacht ihre Präzisionsaufgabe fort, im Firth of Forth sowie in den Mündungen von Themse und Humber Minen abzuwerfen. Es gab Überraschungsangriffe auf Fabriken im weiter entfernten Glasgow und Yeovil, und nach Dunkelheit flogen Versuchsbombereinheiten über England und testeten ihr Funkführungssystem.

18. Juli. So wie es den Luftflotten an einer allgemeinen Strategie mangelte, so mangelte es ihnen auch an einer richtigen Einschätzung der britischen Verteidigungseinrichtungen, auf der ihre taktischen Maßnahmen hätten basieren können. Und trotzdem bewirkte am 18. Juli eine List, durchgeführt von der Luftflotte 2, daß man beim Stab erkannte, wie das britische Radar arbeitete. Kurz nach 8 Uhr in der Frühe entdeckten Radarmänner der RAF, daß sich so etwas wie eine Staffel hochschraubte und in Formation für einen Angriff auf einen Küstenkonvoi ging, der sich durch die Straße von Dover bewegte.

Von Biggin Hill stieg die Staffel 610 (Grafschaft Chester) auf, um den Verband zu finden. Sie flog eben unter der niedrigen Wolkendecke, als sie ihn entdeckte. Als diese Flieger vom Hilfskorps dort angekommen waren, wurden sie von Bf-109-Maschinen angegriffen. Eine »Spitfire« wurde abgeschossen. Die Deutschen, die sich nach Art einer Bomberstaffel formiert hatten, waren ausnahmslos Jäger. Sie entkamen ohne eine Schramme.

19. Juli. Inzwischen waren die RAF-Verlustzahlen schnell hoch genug gestiegen, um auf einer Grafik festgehalten zu werden. Sie würde beweisen, daß das Jägerkommando innerhalb von sechs Wochen zu existieren aufhören würde. Und das, bevor der angekündigte *Adlerangriff* überhaupt angelaufen war. Soweit bekannt, malte keiner vom Jägerkommando eine solche Grafik tatsächlich. Schuld daran müssen teilweise die aufgebauschten RAF-Ziele gewesen sein. Diese überzeugten sogar einige hohe RAF-Offiziere davon, daß die deutschen Luftflotten schlimme Schläge einstecken mußten. Aber am 19. Juli müssen diese RAF-Optimisten von kurzem Gedächtnis gewesen sein. Obwohl der Umfang der Luftschlacht sehr klein war, waren die Verlustzahlen auffallend. Unter fünf deutschen Flugzeugverlusten befand sich nur ein Jäger. Die anderen waren Versprengte sowie ein He-115-Wasserflugzeug. Auf der anderen Seite verlor die RAF zehn Jäger. Im Zweikampf Jäger gegen Jäger erwies sich die RAF den Deutschen als deutlich unterlegen.

An diesem Tag schickte die RAF den zweisitzigen Boulton Paul »Defiant« in den Kampf. Es war eine aufgefrischte Version des Bristol »Fighters«, der im Ersten Weltkrieg so erfolgreich war. 1940 aber gab es ein Desaster.

Das Luftwaffen-As Trautloft führte die dritte Gruppe des JG 51. Ihm standen nur noch fünfzehn seiner ursprünglich vierzig Jäger zur Verfügung. Trautloft entdeckte neun Maschinen und bemerkte ein Turmgeschütz hinter den Cockpits.

Er bereitete seinen Angriff entsprechend vor. Die »Defiant« besaß keine vorwärts ausgerichtete Bewaffnung. Ein Pilot umschrieb das so: »Die ›Defiant‹ konnte ein anderes Flugzeug nur angreifen, wenn sie an ihm vorbeigeflogen war.« Aber mit einem dreiviertel Tonnen schweren, feuerbereiten Turmgeschütz und einem zusätzlichen Mann flogen die »Defiants« nicht gerade an vielen anderen Maschinen vorbei. Von einer Neunerformation kamen nur drei nach Hawkinge zurück, und eine davon war so schwer beschädigt, daß der Schütze mit dem Fallschirm abspringen mußte.

Keine der »Defiants« der 141. Staffel hätte überlebt, wenn nicht die Staffel 111 eingegriffen hätte. Diese »Hurricane«-Staffel machte sich einen Namen, indem sie eine neue Taktik anwandte. Die deutschen Piloten liebten Angriffe Nase gegen Nase, Jäger gegen Jäger. Die »Hurricanes« flogen nebeneinander durch die deutschen Bomberformationen. Gewöhnlich hatten sie Erfolg, und die Bomberformation brach auseinander. Aber die Staffel 111 verlor so viele »Hurricanes« in Frontalkollisionen mit dem Feind, daß die Piloten am Wert dieser Methode zweifelten.

24. Juli. Seitdem »Dolfo« Galland seine hervorragenden Berichte über die Einsatzmöglichkeiten von Flugzeugen als Unterstützung der Armee einmal vorgelegt hatte, wurde er für diese Spezialaufgabe herangezogen. Sehr gegen seinen Willen wurde ihm eine Arbeit im Berliner Luftfahrtministerium übertragen. Für Einsatzflüge kehrte er nur in Schlachtgeschwader zurück. Das bedeutete Flüge mit alten Doppeldekkern wie Heinkel He 45 oder Heinkel He 51. Sogar als Deutschland in Polen eindrang, bekam Galland kein besseres Flugzeug als eine Henschel Hs 123, ein Doppeldecker-Schlachtflugzeug mit Sternmotor. Schließlich schaffte er es durch heimliche Unterstützung eines befreundeten Arztes, daß seine medizinischen Berichte mit dem Zusatz versehen wurden, wonach er keine Maschine mit offenem Cockpit fliegen sollte. Was ihn zu einem kurzen Leben bei den Stukas verurteilt haben könnte, brachte ihm eine Kommandierung

Zeichnung 24: Galland und Mölders

Udet zeichnete die beiden berühmten Jäger-Asse als rivalisierende Jäger. Galland links mit Groucho-Marx-Zigarre und Oberlippenbart und der ernste »Vati« Mölders rechts zählen die Strecke.

zu den Jägern ein. Aber der Papierkram ließ ihm als Einsatzoffizier beim JG 27 nur wenig Zeit für Kampfflüge, bis er am 12. Mai 1940 als Teil des großen deutschen Vorstoßes westwärts nach Frankreich und in die südlicheren Gebiete mitflog. An einem Tag schoß er drei »Hurricanes« ab.

Galland war sich dessen bewußt, wie sehr Mölders – der Untergebene, der von ihm in Spanien die Leitung übernommen hatte – inzwischen als deutsches Jäger-As anerkannt wurde. Und Galland fühlte sich nun nicht zu stolz, Mölders um Rat zu fragen, und erklärt noch heute: »Werner Mölders lehrte mich, Flugzeuge abzuschießen und herunterzuholen.« Im Juni, als sich die Luftwaffe auf den Luftkrieg mit England vorbereitete, wurde Galland mit dem Kommando über die III/JG 26 betraut. Am ersten Tag seines neuen Kommandos schoß er zwei feindliche Jäger ab. Während des Juli bemerkte Galland etwas zynisch, Hitlers Ernennung von einem Dutzend neuer Feldmarschälle in der Kroll-Oper in Berlin sei bis zu ihm durchgeschlagen: Galland wurde zum Major ernannt. Das hatte aber keinen Einfluß auf Gallands Kommando über seine Gruppe (etwa 30 Jagdflugzeuge). In Deutschland bedeutete eine neue Beförderung keinen Anspruch auf eine neue Dienststellung.*

Inzwischen war auch Galland ein bekanntes As unter den Jägerpiloten. Sein kohlrabenschwarzes Haar, von einer hohen Stirn streng nach hinten gekämmt, der große Groucho-Marx-Bart und ein verschmitztes Lächeln überzeugten die Jägerpiloten, daß ihr Gruppenkommandeur** weiterhin »einer der unsrigen« war. Die schwarze Zigarre, an der er so hing, daß er einen Aschenbecher im Cockpit angebracht hatte, um rauchen zu können, bis er auf Sauerstoff umstieg, tat ein übriges. Aber nur ein Narr erkannte nicht, daß hinter dem Lächeln ein kalter, ruhiger und berechnender Jagdflieger steckte, der zu diesem Zeitpunkt entschlossen war, die Abschußzahlen von Mölders zu übertreffen.

Mölders' jüngster Abschuß datierte vom 5. Juni. Nachdem er über Frankreich sein 25. Opfer erledigt hatte, wurde er selbst abgeschossen und kam bis zum französischen Waffenstillstand sieben Wochen lang in Kriegsgefangenschaft. Galland war entschlossen, das Beste aus dem Ausfall seines Rivalen zu machen. Gegen Mittag des 24. Juli führte Galland seine Messerschmitts wieder in die Schlacht. Aber die Jäger der Luftwaffe bemerkten immer stärker die Widerstandsfähigkeit der »Spitfire«. Wie wir sehen werden, teilten die »Spitfires« an diesem Morgen mehr Schläge aus, als sie einsteckten.

Juli war der Monat der Experimente. Kesselring entdeckte, daß gleichzeitige Angriffe auf zwei Küstenkonvois die Vertei-

---

* Bemerkenswertes Beispiel hierfür ist Wolfgang Falck. Ihm wurde nicht nur das Kommando über ein Nachtjägergeschwader (NJG 1) übertragen, während er Hauptmann blieb, sondern schließlich führte er acht Gruppen (fast drei Geschwader) und wurde dennoch nie mehr als Oberst.

** Der Offizier, der eine Staffel führte, wurde Staffelkapitän genannt. Der Chef einer Gruppe (wie jetzt Galland) war Gruppenkommandeur. Wer ein Geschwader führte, wie Mölders ab Ende Juli, wurde Geschwaderkommodore.

diger zum Aufteilen zwangen. Diese Taktik funktionierte gegen 8 Uhr in der Frühe am 24. Juli besonders gut, als zwei koordinierte Angriffe geflogen wurden: einer auf einen Konvoi, der Dover verließ, und einer auf einen, der in die Them-

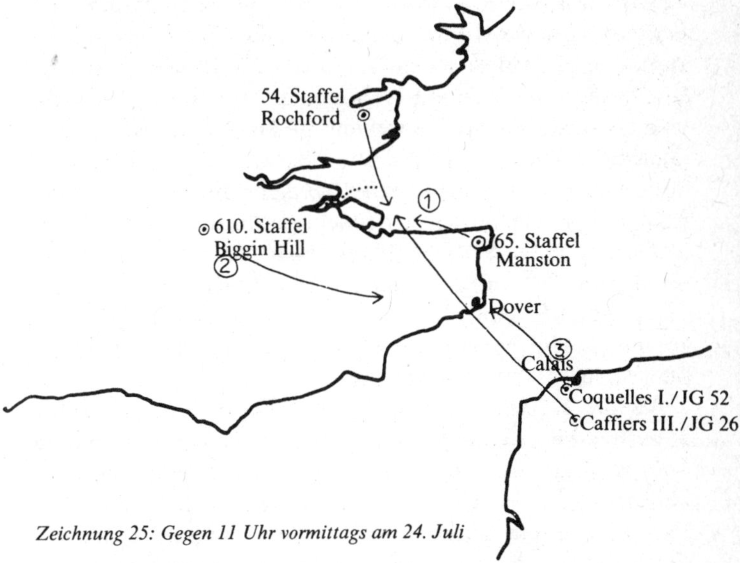

Zeichnung 25: Gegen 11 Uhr vormittags am 24. Juli

Ein Konvoi (gepunktete Linie) verließ den Medway und bog in die Themsemündung ein. Er zog einen Bombenangriff auf sich, bei dem Dorniers Do 17, eskortiert von Messerschmitts Bf 109 der dritten Gruppe des JG 26, »Schlageter«, geführt von »Dolfo« Galland, beteiligt waren.

1 Die 54. Staffel wurde zum Abfangen ausgeschickt, und es kam zur Schlacht. Während dies geschah, startete die 65. Staffel von Manston, um die jetzt ungeschützten Dorniers anzugreifen. Enge Formationen und überlegtes Maschinengewehrfeuer der Bomber verhinderten dichte Angriffe, und sie entkamen ohne Verluste. Zwei der vierzig Messerschmitts wurden abgeschossen. Als ihnen allen das Benzin knapp wurde, machten sie sich im Sturzflug aus dem Kampf davon und flogen sehr niedrig über Kent heim.

2 Inzwischen war die 610. Staffel als Patrouille nach Dover geschickt worden, in der Hoffnung, Gallands Jägern den Fluchtweg abschneiden zu können.

3 Aber eine andere deutsche Jägereinheit kam herbei und übernahm die Pflicht der Eskorte. Zwischen diesen Messerschmitts und den »Spitfires« aus Biggin Hill kam es zum Kampf.

semündung einlief. Die Verteidiger – die 54. Staffel aus Rochford – entdeckten beide, als sie gegen einen Angreifer ausgeschickt wurden, und mußten sich teilen, um sie anzugreifen. Die Angreifer entkamen ohne Verluste, aber die Bombenabwürfe verfehlten die Schiffe. Gegen 11 Uhr kehrten zwei Staffeln von Do-17-Maschinen in die Themsemündung zurück und griffen einen Konvoi an. »Dolfo« Gallands Bf-109-Jäger waren zum Begleitschutz bestimmt. Park schickte die 54. Staffel zum Gegenangriff los. Da er wußte, daß Gallands Jäger-Eskorte bald unter Benzinmangel leiden würde, schickte er die 610. Staffel (Biggin Hill) als Patrouille nach Dover, um ihr so den Fluchtweg abzuschneiden. Tatsächlich stieß die Staffel 610 auf das JG 52, das von Norden anflog, um den zurückkehrenden Messerschmitts zu helfen. Es kam zum Kampf. Die Angreifer-Eskorte, Gallands III/JG 26, und das JG 52 verloren je drei Maschinen, die zwei RAF-Staffeln insgesamt drei »Spitfires«.

Als die Kämpfe beendet waren, stießen die ermutigten »Spitfire«-Piloten im Sturzflug auf eine andere Formation und schossen davon eine Maschine ab. Der siegreiche Pilot berichtete, daß es kein Erwiderungsfeuer gegeben hätte, und identifizierte sein Opfer als eine Chance Vought V. 156. Der RAF-Nachrichtendienst glaubte, die Deutschen litten unter einem solchen Mangel an Maschinen, daß sie jetzt auch erbeutete französische einsetzten. Doch dann meldete die Royal Navy den Verlust einer Blackburn »Skua« der 806. Staffel der Marineluftwaffe.

Die Jägerpiloten lernten ihre Gegner besser kennen. Die Bf 109 mit ihrem Einspritzmotor konnte nicht nur in den Sturzflug gehen, ohne einen oder zwei Takte auszusetzen (im Gegensatz zum »Merlin«-Motor mit Vergaser), sondern auch die RAF-Jäger überdauern. Gallands Messerschmitts waren aus dem Kampf in den Sturzflug gegangen und entkamen auf diese Art, als am Morgen ihr Treibstoff knapp wurde.

Aber nie zuvor hatte sich die Luftwaffe einem so guten Jagdflugzeug wie der »Spitfire« gegenübergesehen. Dies wurde anerkannt von der unverhältnismäßig hohen Zahl von

Messerschmitt-Jägerpiloten, die nach ihrer Gefangennahme zugaben, von einer »Spitfire« abgeschossen worden zu sein. Die »Hurricane«-Piloten, deren Abschußmeldungen deswegen manchmal abgelehnt wurden, nannten dies »Spitfire-Snobismus«.

Die RAF-Anweisungen sahen vor, daß die acht Brownings so justiert werden sollten, daß ihre Geschosse etwa 600 Meter vor dem Flugzeug in einem Punkt zusammenliefen. Ein Pilot der 54. Staffel beurteilte das damals so: »Alles was dadurch garantiert wird, sind wenige Treffer durch einen ungenauen Schuß. Dagegen wird andererseits ein guter Schuß fast unmöglich gemacht.« Die Piloten, die darauf vorbereitet wurden, dicht an den Feind heranzugehen, bestreuten alles mit Maschinengewehrfeuer.

Die Anweisungen wurden bereits ignoriert. Waffenoffiziere justierten die Gewehre so, wie es die Piloten wünschten (und schließlich wurde das offiziell gebilligt).

Der Mut, sehr dicht aufzufliegen, unterschied nahezu alle Männer, die Asse wurden, von den anderen. Aber ohne die Erfahrung eines vorausgezielten Schusses, konnte auch so ein Pilot keinen Abschuß erzielen. Dieses Vorauszielen ist nicht mit dem eines Jägers zu vergleichen, der einen Vogel in der Luft schießt. Jägerpiloten rasten mit fünf- bis sechshundert Kilometer in der Stunde in drei Dimensionen dahin. Und genauso verhielt es sich mit dem Ziel. Um einen Treffer zu landen, erforderte es gleichzeitig der Einschätzung der Geschwindigkeit des Feindes, der Berechnung des Winkels und der Entfernung zwischen den beiden Flugzeugen. (Im späteren Verlauf des Krieges gab es Visiereinrichtungen, die einen Teil der Berechnung übernahmen. 1940 besaßen die Piloten auf beiden Seiten jedoch nur eine kreisförmige Visierhilfe auf der Frontscheibe.) Die Einschätzung des Bruchteils einer Sekunde, die für diese Art des Kampfs erforderlich war, stellte etwas dar, das viele Piloten nie zu begreifen lernten.

Im Ersten Weltkrieg kümmerten sich einige Jäger-Asse wie besessen um die Art der Geschosse, die sie benutzten. Je nach persönlichem Geschmack ordneten sie die Munition in den

Gurten nach bestimmten Folgen an. Die Bestückung mit acht getrennten, identischen Maschinengewehren gestaltete die Variierung der Bewaffnung sehr einfach. Bei einer gewöhnlichen Mischung wurden vier MGs mit normalen Geschossen, zwei mit panzerbrechenden und zwei mit den neuen De-Wilde-Brandgeschossen bestückt. Gerade die letztgenannten waren bei den Jägerpiloten besonders beliebt. Dowding meinte, daß sie diese Munition weit über ihren Wert einschätzten. Aber er zog nicht in Betracht, daß sie beim Aufschlag einen leuchtend gelben Blitz hinterließ, obwohl sie keine Leucht- oder Rauchspur wie frühere Brandgeschosse lieferte. Der Aufschlag aber erwies sich als wertvolle Zielhilfe. Dowding meinte, seine Piloten sollten bekommen, was sie sich wünschten. Deshalb unternahm er besondere Anstrengungen, um den Nachschub an De-Wilde-Geschossen zu steigern. »Seemann« Malan und Al Deere waren überzeugt, daß der Schußgleichlauf nach 200 Metern und die De-Wilde-Geschosse den Unterschied ausmachten zwischen der Beschädigung und der Zerstörung eines feindlichen Flugzeugs.

Während des Juli entdeckten die Jägerpiloten erneut, daß Luftsiege an jene Formation gingen, die einen nichtsahnenden Feind überraschte. Die alten Experten griffen aus der Sonne an. Sichtfähigkeit bildete den ausschlaggebenden Faktor im Krieg der Jägerpiloten. Deutsche Piloten, die ihre »Emils« in Spanien, Polen und Frankreich als gut genug empfunden hatten, forderten jetzt eine bessere Klarsicht-Cockpit-Abdeckung. Die RAF-Piloten wurden mit Irving-Garnitur, Handschuhen und einem Sutton-Anschnallgurt ausgerüstet. Ein Inspekteur meinte, »scheinbar ist dies geradezu dafür entwickelt, Sauerstoff- und Funkleitungen abzuschnüren«. Die RAF-Fliegerhauben besaßen Kopfhörer, die sich mit dem Kragenteil der »Mae-West«-Rettungswesten verstrickten. Um sich aus diesem Gewirr zu befreien, drehten viele Piloten die Cockpitheizungen auf und flogen in Uniformjacken oder hemdsärmelig.

Aber für den Bodenstab gab es nur wenige Tage, die für Hemdsärmel geeignet waren. Das Wetter im Juli war trübe und naß: Dunst, Nieselregen, tiefhängende Wolken, Gewitterstürme und sogar Nebel. Oft waren es die erschreckenden Sichtverhältnisse, die einen Konvoi unbehelligt den Kanal durchqueren ließen. Es regnete so stark, daß einige Flugplätze auf beiden Seiten wegen Überschwemmung unbrauchbar wurden.

Und dann sorgte der 25. Juli für einen der wenigen Lichtblicke in diesem schlechten Wetter: Der Morgenhimmel leuchtete blau.

25. Juli. Kesselring spielte Katz und Maus mit einem Konvoi, der durch die Straße von Dover fuhr. C. W. 8 (der für Westen bestimmte Kohlenkonvoi Nummer 8) bestand aus 21 Kohlenschiffen und Küstenfahrern. Nur elf passierten Dungeness, nur zwei erreichten ihren Bestimmungsort unbeschädigt. Eben nach Mittag flog ein Verband von Bf 109 gerade in Seehöhe Richtung Dover. Sie hatten den Auftrag, die RAF-Jäger so auf Seehöhe zu bringen und damit den Stukas freie Bahn zu besorgen. Die Staffel Nr. 65 stieg auf zum Kampf. Sie flogen alle so tief, daß eine Bf 109 des JG 52 auf dem Wasser aufschlug und auseinanderfiel, als sie einen Angriff falsch abschätzte.

»Hurricanes« der 32. Staffel von Biggin Hill und der 615. Staffel von Kenley schalteten sich in die Kämpfe gegen vierzig Bf 109 mit ein. Es gibt die alte Pilotenregel »Nimm beim Kampf nie Gas weg!«, und so zwang die Höchstgeschwindigkeit beide Seiten schon nach wenigen Minuten den geringer werdenden Treibstoff zu beachten. Als die Jäger abdrehten, kamen drei Stukageschwader in mittlerer Höhe heran und stießen im Sturzflug auf den ungeschützten Konvoi nieder.

Die Eskorte des Konvois feuerte mit Luftabwehrgeschützen und bat dringend um Jägerschutz. Neun »Spitfires« der 54. Staffel eilten zu seiner Hilfe. Als sie eintrafen, stellten sie fest, daß Kesselring eine überwältigende Streitmacht an Bf-109-Maschinen ausgeschickt hatte, die sie erwartete. Unter den Verlusten der 54. Staffel befand sich ein Kettenführer. Keines der deutschen Jagdflugzeuge wurde abgeschossen.

Der Abschnittsverantwortliche erkannte, daß er ausgeblutet wäre, wenn er die deutschen Angriffe Flugzeug um Flugzeug beantwortet hätte. Deshalb schickte er nur acht »Spitfires« der 64. Staffel aus, als gegen 2.30 Uhr an jenem Nachmittag dreißig Ju 88 anflogen und den Konvoi bebombten. Sie stießen auf einen Jägerschutz von fünfzig Bf 109. Unerschrocken rief der neuernannte Staffelkommandeur sein »Vorwärts!« und griff an.

Der *Sector Controller* schickte den Rest der 64. Staffel – drei »Spitfires« – und die Staffel 111 in den Kampf. Die letzten flogen nebeneinander einen Frontalangriff auf die Junkers-Bomber. Deren Formation brach auseinander, und sie verschwanden. Als die Messerschmitts der Jägereskorte dies bemerkten, drehten auch sie ab.

Aber es war erst Nachmittag. Die Männer des Konvois hatten noch immer keinen Feierabend. Als sie Folkestone passierten, griffen die Bf 109 wiederum im Tiefflug auf Seehöhe an. Dabei lenkten sie die Aufmerksamkeit der Marineschützen auf sich, so daß etwa sechzig Stukas im Sturzflug aus der Nachmittagssonne herabstürzen konnten. Der Angriff war zeitlich hervorragend auf die RAF-Patrouillen abgestimmt. Mit nicht überstürzter Präzision versenkten sie fünf Schiffe und beschädigten vier. In diesem Moment griff eine Gruppe deutscher Schnellboote den Konvoi noch zusätzlich an. Bei Einbruch der Dunkelheit liefen zwei beschädigte Zerstörer in den Hafen von Dover ein; einer wurde geschleppt. Die Admiralität beschloß, daß Küstenkonvois nur noch im Schutz der Dunkelheit versuchen sollten, die Straße von Dover zu passieren.

Obwohl das Jägerkommando nur sieben Flugzeuge – im Vergleich zu sechzehn abgeschossenen deutschen Angreifern – verloren hatte, gab es nichts zu feiern. Die Staffel 54 wurde für eine Pause nach Norden zurückgezogen. In drei Wochen Einsatz hatte die Staffel fünf Piloten verloren – darunter einen sehr erfahrenen Kettenführer. Drei weitere wurden verwundet. Die Staffel hatte 800 Flugstunden absolviert, war zu 504 Kampfflügen aufgestiegen und hatte zwölf Maschinen verloren*. Es war eine Warnung an das gesamte Jägerkommando, was passieren könnte, wenn man in noch größere Kämpfe hineingezogen würde. Anstatt die Küstenkonvois aufzugeben – die Ladung war Kohle, die viel besser auf der Schiene hätte transportiert werden können, wie es später auch geschah –, drängten Admiralität und Luftfahrtministerium Dowding, weitere Teile seiner Jägerstreitmacht zum Schutz der Schiffe abzustellen. Dowding sträubte sich.

Der US-Botschafter in London – Joe Kennedy, der Vater des Mannes, der später US-Präsident wurde – besaß wenig Vertrauen in Englands Fähigkeit zu überleben, und es störte ihn nicht, wer seine Ansicht kannte. Am 1. Juli schrieb der britische Premierminister in sein Tagebuch: »Ich traf Joe Kennedy. Er meint, jedermann in den USA denke, wir würden noch vor Monatsende geschlagen sein.« Jetzt war nur noch eine Woche übrig. Das britische Außenministerium hörte, daß Kennedy neutrale Journalisten zu einer Pressekonferenz geladen hatte, bei der er ihnen sagen wollte, Hitler wäre etwa am 15. August in London. Solch Verhalten erboste Offizielle im Außenministerium. Einer schrieb: »Er ist das bedeutendste Mitglied der Fünften Kolonne in diesem Land.« Aber es gab wenig, was sie gegen ihn unternehmen konnten. Joe Kennedy übte großen politischen Einfluß in den USA aus (und er hatte die Londoner Botschaft in Anerkennung vergangener Hilfe erhalten). Jetzt war Wahljahr in den USA. Präsident Roosevelt kämpfte gegen Wendell Wilkie für eine noch nie dagewesene dritte Periode. Er brauchte Kennedys Unterstützung, um die Wahl zu gewinnen – und die Briten brauchten Roosevelt, um den Krieg zu gewinnen. Es war eine schwierige Lage für alle Beteiligten, nicht zuletzt für die Amerikaner, die kein teures Kriegsmaterial an eine Nation schicken wollten, die am Zusammenbrechen war.

Um eine zweite Ansicht zu erhalten, schickte Roosevelt einen anderen Irisch-Amerikaner nach England. »Wild Bill« Dono-

---

* Eine typische Staffel des Jägerkommandos bestand zu dieser Zeit aus 22 Piloten und 16 Einsatzflugzeugen plus zwei weiteren als Kommandoreserve.

van war angeblich in England, um das Ausmaß der deutschen Spionage und die Art der britischen Gegenmaßnahmen zu erkunden. In Wirklichkeit sollte er Roosevelt über Englands Überlebenschancen berichten. Einen Mann mit einem Geheimauftrag zu schicken, für eine Arbeit, die mehr eine diplomatische Funktion erforderte, war eine merkwürdige Umkehrung der Art, wie solche Dinge gewöhnlich erledigt wurden.

28. Juli. Wenige Tage später sorgten Sturmwolken wieder für einen blauen Himmel. Gegen 2 Uhr nachmittags, als die meisten Engländer zu ihrem traditionellen Sunday-Lunch zusammensaßen, passierte etwas, das im Luftkrieg so ungewöhnlich war, daß es beinahe einmalig war: Zwei Luft-Asse stießen im Kampf aufeinander.

Der Südafrikaner »Sailor« Malan beendete den Krieg als ein Pilot mit den meisten Abschüssen auf alliierter Seite. Auch sein Einfluß auf RAF-Taktiken und Formationen war entscheidend.

Der in Wellington, Südafrika, geborene Malan war ein Mann von rundlicher Statur mit einem liebenswürdigen Lächeln, das Menschen, die ihn trafen, über seinen tiefen, krankhaften Haß auf seine deutschen Gegner hinwegtäuschte. Er erklärte einem seiner jungen Offiziere, daß es besser sei, feindliche Bomber so schwer zu zerstören, daß sie mit Toten und Sterbenden an Bord zurückkehrten, als sie abzuschießen. Denn das würde mehr Eindruck auf die Moral der Luftwaffe ausüben. Genauso versuchte er zu handeln.

Malan war Offizier der Handelsmarine, ehe er 1935 freiwillig der RAF beitrat. Wie seine Fluglehrer berichteten, erwies er sich als außergewöhnlicher Pilot. Er wurde Kettenführer zu der Zeit, als er im Mai 1940 in die Kämpfe eingeschaltet wurde. Am anderen Ende seiner Geschosse war an diesem Tag ein noch bekannterer Meister im »Geschäft« der Jägerpiloten: der legendäre Werner Mölders. Beide Männer wurden von ihresgleichen als die möglicherweise größten Jägerpiloten des Krieges bezeichnet.

Werner Mölders war ein stattlicher junger Mann mit einem Gesicht wie gemalt, tiefliegenden Augen, einer knochigen Nase und einem dünnen Mund. Selten wurde er lächelnd auf Filme gebannt. Er war ein in sich gekehrter Mensch, und durch seine nachdenkliche Art wurde ihm der Spitzname »Vati« verliehen. Er war so versessen darauf, Jägerpilot zu sein, daß er (wie viele vorher und nachher) Pein und Erniedrigung von dauernder Luftkrankheit auf sich nahm.

Mölders übernahm Gallands Kommando in Spanien, gerade als die neuen Bf-109-Jäger die alten He-51-Doppeldecker ersetzten. Das veränderte die Siegeschancen, und er kehrte mit vierzehn Eintragungen über zerstörte Flugzeuge in seinem Logbuch nach Deutschland zurück. Er war ein erfahrener Verwalter und pflichtbewußter Lehrer ebenso wie Deutschlands erstes Jäger-As. Viele Nazis protestierten gegen die Art, wie »Vati« Mölders kein Geheimnis aus seiner katholischen Religion machte. Aber Göring sorgte dafür, daß ihm deswegen keine Nachteile erwuchsen. 1940 entschied man, das begehrte Ritterkreuz des Eisernen Kreuzes einem Piloten für zwanzig feindliche Abschüsse zu verleihen.

Mölders war der erste Jägerpilot, der es erhielt. Er wurde bei der Luftwaffe vor seinem 29. Geburtstag »General der Jagdflieger«.

Sonntag, der 28. Juli, war ein glückverheißender Tag für Mölders. Es war sein erster Tag als Kommodore des JG 51. Am vorhergehenden Tag hatte »Onkel Theo« Osterkamp ihm das Geschwader übergeben, um als *Jafü 2* Kommandeur über alle Jagdflugzeuge in der Luftflotte 2 zu werden. Betroffen, wie er durch seine sieben Wochen ohne Einsatz und die Siege von Galland und Wick (die beiden anderen deutschen Asse) gewesen sein dürfte, konnte Werner Mölders an diesem Tag mit Genugtuung feststellen, daß er der jüngste Kommodore in der Luftwaffe war.

Mit Mölders stiegen vier Staffeln Messerschmitts auf. Das Jägerkommando behielt seine Politik bei und schickte gegen sie »Spitfires«, während »Hurricanes« an die deutsche Bomberformation geführt wurden. Malan suchte sich ein Opfer aus der Führungskette aus. Er feuerte und beobachtete, wie es abstürzte. Mölders führte diese Formation an. Er wendete und schoß eine »Spitfire« ab. Für Mölders war es der 126. Einsatzflug im Krieg und sein 26. Sieg. Dabei sind die vierzehn Maschinen, die er in Spanien abschoß, nicht mitgezählt. Er flog wiederum an und spähte nach seinem 27. Opfer aus.

Mölders und Malan waren beide schnell, aber Mölders war um Sekundenbruchteile schneller. Als Malan noch seinen Sieg markierte, klebte Mölders bereits an seinem Schwanz. Getreu der klassischen Reaktion eines Jägerpiloten wendete Malan Richtung Angriff. Er drehte eng genug, um Mölders in sein Visier zu bekommen. Seine Maschinengewehrgeschosse beharkten die Messerschmitt. Wenn die »Spitfires« mit Kanonen bewaffnet gewesen wären, wäre Mölders wohl nicht mehr in der Lage gewesen, seine stark beschädigte Maschine vorsichtig zu seiner Basis nach Wissant zurückzubringen. Als er landete, erwiesen sich seine Beinverletzungen als schwer genug, um ihn ins Krankenhaus zu überführen. Es dauerte einen weiteren Monat, ehe Mölders sein Opfer Nummer 27 anvisieren konnte.

Viele Messerschmitt-Piloten schafften es nicht mehr, über den Kanal zurückzukommen. Deshalb wurden deutsche Rettungs-Wasserflugzeuge ausgeschickt, um nach ihnen zu suchen. Diese großen, zweimotorigen Rettungsflugzeuge vom Typ Heinkel He 59 waren weiß gestrichen und mit acht riesigen roten Kreuzen deutlich gekennzeichnet. Das Luftfahrtministerium in London hatte entschieden, daß jede dieser Maschinen abgeschossen werden sollte, sobald sie nahe alliierter Schiffe oder der englischen Küste gesehen wurden. Diese Anweisung ging am 14. Juli an alle Staffeln. Getreu diesem Befehl schossen »Hurricanes« der 111. Staffel eines im mittleren Kanalbereich ab und beschädigten ein anderes, das 16 Kilometer westlich von Boulogne wasserte, schwer.

Die daraus resultierenden Kontroversen blieben nicht auf die rivalisierenden Propaganda-Apparate beschränkt. Einige RAF-Piloten machten deutlich, daß sie einer solchen Anweisung nicht gehorchen würden. Andere wünschten, sie schriftlich zu sehen. Die Veröffentlichung dieses Befehls aus dem Luftwaffenministerium am 29. Juli mit ihrer vagen Beschreibung, wonach solche Angriffe auf unbewaffnete Flugzeuge beschränkt wurde, auf »Flächen, in denen Einsätze im Verlauf waren«, und rechtlich abgesichertes doppelzüngiges Gerede taten nichts, um die Dinge zu verbessern oder sie sogar klarzustellen. Denn ertrinkende Flieger würden nur dort gefunden werden, wo Einsätze im Verlauf waren.

Mölders' stark beschädigtes Flugzeug lieferte ein Beispiel für ein anderes Problem. Allein an diesem Tag wurden zwei Junkers Ju-88-Bomber der 9/KG 4 vom »General Wever«-Geschwader mit Basis in Amsterdam-Schipol durch Luftabwehrgeschütze über der Themsemündung beschädigt. Beide zerbrachen bei der Landung und wurden vollständig abgeschrieben. Fast alle Überlebenden waren verwundet. Eine andere Ju 88 – vom »Edelweiß-Geschwader« – hatte Motorversagen. Die Notlandung war so schwer, daß sie sehr stark beschädigt wurde. Auch war Mölders' Bf 109 nicht der einzige Jäger, der am nächsten oder für viele folgende Tage nicht flugbereit sein würde. Offizielle Berichte der Luftwaffe zeigten, daß eine Bf 109 der II/JG 27 abseits ihrer Basis mit einem verwundeten Piloten notlandete. Sie wurde schwer in Mitleidenschaft gezogen. Zwei weitere Bf 109 mußten nach Notlandungen abgeschrieben werden. Bei einer davon wurde der Pilot getötet. Am Nachmittag wurden zwei weitere Jagdflugzeuge des JG 51 bei Notlandungen beschädigt. Und dann gab es noch das zertrümmerte Heinkel-Wasserflugzeug nahe Boulogne. Außerdem mußte eine Do 17 Z des KG 2 nach einem Unfall abgeschrieben werden, der nichts mit einer feindlichen Aktion zu tun hatte.

So ging es fast jeden Tag. Kollisionen beim Rollen, beim Start und bei der Landung ebenso wie merkwürdige Ereignisse, bei denen Flugzeuge einfach verschwanden, wie es bei einer Ju 88 der II/KG 51, dem »Edelweiß-Geschwader« – in der Nacht vom 25. Juli der Fall war. Weder Armee, Marine oder Luftstreitkräfte auf beiden Seiten des Kanals geben irgendeinen Bericht über ihren Verbleib. Diese Verluste am

Rande erklären manchmal die Diskussionen, die um die Schlachten von 1940 auftauchen.

Englands zivile Reparatur-Organisation

In England gab es eine hochwirksame Organisation, die jeden Fetzen eines Flugzeuggerippes barg, der gesammelt werden konnte. Die Gerippe wurden eingeschmolzen, und viele der deutschen Legierungen stiegen als Teile von RAF-Maschinen wieder in die Luft.

Für zerstörte RAF-Flugzeuge gab es einen erstaunlichen Rekord. Von allen Jagdflugzeugen, die aus der Staffelstärke gelöscht wurden, weil sie nicht örtlich repariert werden konnten, flogen dennoch 61 Prozent wieder. Dafür sorgten die Anstrengungen der Civilian Repair Organisation (CRO), der zivilen Reparatur-Organisation.

Militärflüge in Friedenszeiten sorgen nur für einen Bruchteil der gewaltigen Mengen an Flugzeugreparaturen, die im Kampf zu erwarten sind. Die Krise von München zwang die RAF, sich auf den Krieg vorzubereiten. Am dringendsten wurde ein Fahrzeug benötigt, das ein Jagdflugzeug auf der Straße transportieren konnte (die Flügel wurden demontiert und längsseitig verstaut). Eine Baubeschreibung für einen geeigneten Tieflader wurde entworfen und innerhalb von nur zehn Tagen wurde der Prototyp »Queen Mary« getestet. Die Produktion begann unverzüglich. Solche Fahrzeuge trugen einen großen Teil zu den Reparaturzahlen bei.

Ebenfalls als Ergebnis der Krise von München im Jahr 1938 organisierte Lord Nuffield, ein millionenschwerer Autoindustrieller und Philanthrop, die CRO. Im Mai 1940 erhielt der neuernannte Minister für Flugzeugproduktion die Verantwortung darüber. Er war ein asthmatischer Zeitungsmagnat, dem Lloyd George im Ersten Weltkrieg für politische Dienste die Pairswürde verliehen hatte. Der umstrittene Lord Beaverbrook führte sein Ministerium, wie er seine Zeitungen geführt hatte. Über seinem Schreibtisch hing der

Spruch: »Organisation ist der Feind von Improvisation.« Er verbannte die Vorstellung, daß seine Rolle darin lag, die Flugzeuge herzustellen, die das Luftfahrtministerium wünschte. Sein Biograph A. J. P. Taylor meint: »Beaverbrook entschied, welche Flugzeugtypen in welchen Stückzahlen produziert wurden. Das Luftfahrtministerium hatte nicht viel zu melden. Es ernannte nur solche Kommandeure und operierte mit jener Strategie, die Beaverbrook genehmigte.«

Zum Glück für das Jägerkommando und für England fand Beaverbrook einen augenblicklichen Gefallen am taktischen Verhalten von Dowding. Beide Männer hatten Söhne, die als Jägerpiloten in der Schlacht kämpften. Die Ansichten, die Dowdings Gegner im Luftfahrtministerium ausdrückten, verstärkten nur Beaverbrooks Meinung über das Ministerium.

Beaverbrook zielte darauf ab, daß alle Flugzeuge der RAF-Depoteinheiten unter die Kontrolle seines Ministeriums kommen sollten. Während das Luftfahrtministerium verbittert darauf hinwies, daß die Maschinen ihm unterstünden, schickte »der Biber« seine Männer aus und machte die Hangars mit Vorhängeschlössern dicht. Erfreut über den Schock, den er damit hervorrief, schmückte er die Geschichte mit dem Zusatz aus, er sei dabei, Jagdflugzeuge in Winchester Cathedral einzulagern.

Während der Schlacht um England empfing Beaverbrook jeden Abend einen Anruf von seinem Sohn – Max Aitken –, um beruhigt zu sein, daß er die Kämpfe des Tages unverletzt überstanden hatte. Außerdem telefonierte er mit Park bei der 11. Gruppe, um zu erfahren, wie viele »Spitfires« und »Hurricanes« er benötige. Am folgenden Tag wurde der Nachschub geschickt. Dem Luftfahrtministerium wurde keine Möglichkeit zur Einmischung gegeben. Es wurde weder befragt, noch informiert.

Die seltene Eigenschaft, die die Engländer beim Verschmelzen von ziviler und militärischer Autorität zeigten, war nirgendwo deutlicher als in der CRO. »Der Biber« warf alles Vorausgegangene über Bord und schlachtete zerstörte Flugzeuge so vollständig aus, daß er aus zwei oder drei von ihnen einen kompletten Jäger erstellte. Seine Männer wurden ausgeschickt, RAF-Staffeln nach Ersatzteilen und Motoren abzugrasen, die zuviel vom Fließband geliefert worden waren. Dazu erklärte Beaverbrook: »Besser eine Verknappung an Ersatzteilen und ein freigiebiger Nachschub an Flugzeugen, als ein Plus an Ersatzteilen und Mangel an Maschinen.«

Er benutzte Geschäftsleute – die meisten besonders beauftragt und wenige bezahlt –, um Produktionsprobleme und Engpässe auszumerzen. Beaverbrook sorgte dafür, daß nur wenige von ihnen aus der Luftfahrtindustrie stammten: ». . . Industrie ist wie Theologie. Wenn man die Anfangsgründe eines Glaubens kennt, kann man die Bedeutung des anderen begreifen.«

Die Produktion der »Spitfire« hinkte weit hinter der von »Hurricanes« her. 1938 hatte Kingsley-Wood – der Luftfahrtminister, der sich geweigert hatte, Krupp in Essen zu bombardieren – beschlossen, es sei besser, den neuen »Spitfire«-Vertrag der Nuffield-Organisation zu geben. Er gab ihn nicht an Vickers-Supermarine, jene Firma, die die »Spitfire« entwickelt hatte und schon dabei war, sie zu bauen.

Die zweite »Spitfire«-Fabrik – oder »Schattenfabrik«, wie sie im Sprachgebrauch jener Zeit genannt wurde – wurde in Castle Bromwich, Birmingham, gebaut. Mit einem Vertrag über 1500 »Spitfire« sollte die Fabrik im Januar 1940 eigentlich einen guten Start gehabt haben. Aber als Beaverbrook am 14. Mai sein Amt übernahm, war noch keine Maschine fertig. Als eine seiner ersten Aktionen rief er Vickers-Supermarine an und forderte sie auf, die zweite Fabrik zu übernehmen. Er erklärte, sie sollten alle Pläne vergessen, wonach dort auch »Wellington«- und »Halifax«-Bomber gebaut werden sollten. Er wünsche nur »Spitfires«. Es gab bittere Proteste – die von Lord Nuffield eingeschlossen, dessen Firma die erfolglose Fabrik geführt hatte. Er ging zu Churchill und versuchte zu erreichen, daß Beaverbrook den Laufpaß erhielt. Aber er scheiterte. Am 6. Juni war die erste »Spitfire« zusammengebaut und in der Luft. Am Monatsende flogen weitere neun. Die Stückzahlen waren gering. Aber diese Fabrik lag weiter von der gefährdeten Zone entfernt, und von hier kam die leicht verbesserte »Spitfire II« mit eingebauter Panzerung, Hülsenauswerfer und dem stärkeren »Merlin«-XII-Motor.

Einige von Beaverbrooks Entscheidungen waren viel weitreichender als diese. Henry Ford weigerte sich, Englands Kriegsanstrengungen zu unterstützen. Deshalb wurden Rolls-Royce »Merlin«-Motoren nicht unter Lizenz in den USA gebaut. Es war Beaverbrook, der die Firma Packard darum bat und ihr persönlich genug Geld versprach, um für diesen Zweck die Fabrik zu vergrößern. Es war eine kühne, um nicht zu sagen unbekümmerte Geste. Aber Churchill deckte Beaverbrook. Und diese Entscheidung garantierte nicht nur die Versorgung mit dem besten (Kolben-)Flugzeugmotor des Krieges, sondern bahnte den Weg für den Bau von »Mustang«-Jägern mit »Merlin«-Motoren.

Eine andere von Beaverbrooks Leidenschaften war das Überführen von Flugzeugen über den Atlantik. Er tat dies ohne die Billigung des Kriegskabinetts und ungeachtet der Behauptung des Luftfahrtministeriums, daß es unpraktisch sei. Tatsächlich erwies es sich als sehr praktisch. Während des Winters 1940/41 flogen 160 Flugzeuge über den Atlantik. Nur eines ging verloren. Charakteristischerweise setzte das Luftfahrtministerium die Überführungen nicht fort, als Beaverbrook sein Amt aufgab.

Kurzgesagt trug Beaverbrook durch die zivile Reparatur-Organisation am meisten zur Schlacht um England bei. Nicht weniger als ein Drittel aller »neuen« Flugzeuge, mit denen die Jägerstaffeln versorgt wurden, kamen von solchen Einheiten. Zusätzlich wurde im Juli die erste seiner »Out-Patients-Abteilungen« in Betrieb genommen. Dorthin flogen Jägerpiloten direkt von der Schlacht ihre Maschinen und konnten auf die Reparatur warten. Dowding urteilte später: »Das Land schuldet Beaverbrook für die Schlacht um England ebensoviel wie mir.«

Weder die Luftflottenkommandeure noch das Jägerkommando besaßen ein klares Bild von den Zerstörungen, die sie ihren jeweilen Feinden zufügten. Die Treffer der Jägerpiloten wurden wild aufgebauscht, und die deutsche Propaganda gab an Verlusten nur etwa die Hälfte der wahren Zahlen zu. Die RAF nannte ihre wahren Verlustzahlen, glaubte aber zu bereitwillig ihren Jägerpiloten die Abschußzahlen. Die Tatsache, daß so viele Luftkämpfe über dem Meer stattgefunden hatten, machte es für beide Seiten unmöglich, die Abschüsse zu verifizieren. Alles, dessen Dowding sicher sein konnte, war, daß im Juli die Verlustzahlen der Jäger bei 145 lagen. Und er durfte über die Tatsache beruhigt sein, daß dies nur etwa die Hälfte des Wochenausstoßes der Fabriken war.

Die gute Versorgung mit Flugzeugen hatte Dowding in die Lage versetzt, seine Staffeln wieder mit der normalen Stärke von 20 Jägern, zuzüglich zwei in Reserve, aufzufüllen (die Luftkämpfe von Dünkirchen hatten das Jägerkommando gezwungen, die Staffelstärke auf sechzehn plus zwei Maschinen zu verringern). Und da dem Jägerkommando fast seine volle Stärke von 1454 Piloten zur Verfügung stand, steigerte Dowding die Sollstärke auf 1588. Dadurch hatte er – auf dem Papier – einen plötzlichen Mangel an 174 Piloten. Dies birgt eine gefährliche Falle für Historiker, welche die Verluste des Jägerkommandos während dieser Zeit beurteilen.

Die qualitativen Verluste waren weit schwieriger einzuschätzen. Dies war erst die Periode einleitender Scharmützel und schon waren achtzig Ketten- und Staffelkommandeure aus dem Kampf geworfen. Als der August 1940 begann, hatte etwa nur die Hälfte von Dowdings Piloten jemals einen Deutschen gesehen, geschweige denn Kampferfahrung. Auch wenn die Ausbildungseinheiten umgehend jeden Verlust wieder auffüllten, wurde das Jägerkommando weiterhin in der Qualität geschwächt. Und die ärgerlichen Angriffe der Luftwaffe mit einsamen Bombern störten, ebenso wie das schlechte Wetter, nachhaltig das Flugtraining der RAF.

Die nachlassende Qualität der Leistung wurde zur Basis von Dowdings ärgsten Sorgen. Nicht einfach Pilotentraining oder einfach Erfahrung, sondern auch der Qualitätsverlust, den Ermüdung mit sich brachte. Es gab die förmliche Anweisung von der Admiralität (über das Luftfahrtministerium), daß Dowding auf Dauer Patrouillen über den Konvois fliegen lassen mußte. Um genau das zu verhindern, war Radar entwickelt worden. Dowding schloß einen Kompromiß. Aber auch so gab es noch viele Julitage, an denen das Jägerkommando mehr als 600 Feindflüge startete. Der Kraftaufwand für die Piloten und die Wartungseinheiten war ungeheuer. Aber es konnte keine Frage nach einem allgemeinen Wechsel der Staffeln geben, selbst wenn die in den ruhigeren Abschnitten auf Einsatzstandard standen. Und sie hatten diesen Standard noch nicht erreicht.

Dowdings Piloten, die Wartungsmannschaften und die Versorgungsorganisationen konnten seinen Marschschritt nicht für einen länger anhaltenden Zeitabschnitt durchhalten und dann eine große Schlacht kämpfen. Auf der anderen Seite konnte sich die Luftwaffe diese Verlustzahlen leisten, wenn am Ende das Jägerkommando zu existieren aufhörte. Inzwischen waren die Luftflotten in der Lage, ihren Flugplan nach Gutdünken aufzustellen. Das Jägerkommando aber war gezwungen, seine dauernden Patrouillen jeden Tag zu fliegen.

8. August. Bislang waren achtzehn Schiffe und vier Zerstörer der Royal Navy versenkt worden. Tagsüber waren die Wasserstraßen so gefährlich geworden, daß die Zerstörer von Dover abgezogen wurden. Anstatt den Kohlentransport auf die Schiene zu verlagern, entschied die Admiralität, es wäre ausreichend, die Küstenkonvois so einzusetzen, daß sie die Straße von Dover mit Einbruch der Dunkelheit erreichten. CW 9, der erste solcher Konvois, wurde in Southend zusammengestellt. Die Schiffsführer von gut zwei Dutzend Kohlenschiffen wurden in der Tanzhalle am Southend-Pier zusammengeholt und hörten die Ansprache eines Kapitäns zur See der Reserve. Er erzählte diesen Männern, die jetzt unter dem Befehl der Admiralität fuhren, da ihre Schiffe beschlagnahmt worden waren, daß die deutsche Radiopropaganda behauptet hätte, den Kanal dichtgemacht zu haben. Dann meinte er: »Auf eure Kohle geben wir einen Dreck. Wenn es sein muß, würden wir euch auch leer losschicken. Es ist eine Sache des Prestiges.« Mit der Abendflut des 7. August verließ der Konvoi CW 9 die Themse. Ihn begleitete eine Eskorte von neun Marine-Schiffen, darunter zwei Zerstörer mit vollbemannten Luftabwehrgeschützen und Fesselballons.

Gegenüber Folkestone, auf den Klippen von Wissant, hatten die Deutschen eine ihrer Freya-Radaranlagen aufgebaut. Sie orteten damit Schiffe und erhielten frühzeitige Meldung von der Annäherung eines Konvois. In der Abenddämmerung griffen deutsche Torpedoboote aus dem Schutz des Zwielichts an. Sie versenkten drei Schiffe und beschädigten drei weitere.

Das Fliegerkorps VIII unter dem Kommando Wolfram von Richthofens, eines Sturzbomberspezialisten und Vetters des berühmten »roten Barons« aus dem Ersten Weltkrieg, wurde ausgewählt, um die meisten Angriffe dieses Tages gegen den Konvoi zu fliegen. Die Wolkenbasis lag an diesem Morgen etwas über 650 m. Das war nicht viel Freiraum für Sturzbomber, besonders seit es Fesselballons auf den Schiffen gab. Park übertrug die Abwehr fünf Staffeln. Trotz Jägerbegleitung fanden es die Ju 87, die in kleinen Verbänden ankamen, fast unmöglich, einen gezielten Bombenabwurf durchzuführen.

Gegen Mittag versuchte die Luftwaffe eine andere Taktik. Etwa dreißig Bf 109 des JG 27 und einige Bf 110 flogen Begleitschutz für drei Geschwader von Ju 87.

Ventnor-Radar auf der Isle of Wight entdeckte ein ungewöhnlich deutliches Echozeichen auf der Kathodenröhre. Schuld daran war die Größe dieser Flugzeugformation. Der Abschnittsverantwortliche beorderte mehr als dreißig »Hurricanes« und »Spitfires« über dem Verband in die Luft. Die Schlacht begann, und das erfahrene JG 27 nahm die britischen Jagdflugzeuge so in Anspruch, daß für die Stukas der Weg zum Bomben frei wurde. Die Genauigkeit der Sturzbomber wurde in den folgenden zehn Minuten nachdrücklich demonstriert. Vier Handelsschiffe wurden versenkt und sieben schwer beschädigt. Als der Angriff weiterging, zerstreuten sich die Schiffe und breiteten so den Schutz der Ballonbarrikade aus.

Entschlossen, jedes Schiff in diesem Konvoi zu zerstören, stieg von Richthofens Fliegerkorps VIII am Nachmittag zu einem weiteren Angriff auf, als der Konvoi sich abseits der Isle of Wight wieder zu sammeln suchte. Zweiundachtzig Ju 87 und fast ebenso viele Jagdflugzeuge nahmen an diesem Angriff teil. Wiederum trafen sie auf RAF-Jäger, die durch sehr genaue Echozeichen des Radarschirms zu ihnen hingeführt wurden.

Gegen Ende des Tages war der Konvoi zerschmettert. Lokkere Ladung wie Kohle sorgt bei rauhem Wasser für fortschreitende Schlagseite und kann die Schiffe leicht zum Kentern bringen. Von den ursprünglich zwanzig Schiffen erreichten nur vier Swanage, Dorset. Sechs wurden so schwer beschädigt, daß sie mühsam den nächsten Hafen »antuckerten«. Sieben waren versenkt.

Und für die Männer, die Geschützfeuer, brennendes Benzin und zertrümmerte Flugzeuge überlebten, gab es keine Hilfe auf dem Meer. Von Bembridge auf der Isle of Wight lief gegen 5.45 Uhr in der Frühe das Rettungsboot »Jesse Lumb« in etwas aus, das beschrieben wurde als »starker Südwest-Wind und sehr rauhe See«. Es erreichte einen Platz, über dem ein Flugzeug kreiste. Aber dort fanden sie keine Flieger, sondern ein Flugsicherungsboot der RAF, das von MGs getroffen war und jetzt Notsignale ausschickte.

Das Jägerkommando, eine Streitmacht, die gezielt zur Verteidigung der britischen Küste aufgestellt war, besaß keine eigene Seerettungsorganisation. Jetzt versuchten nicht mehr als achtzehn Motorboote die gesamte Südküste mit einem Rettungsdienst zu versorgen. Oder sorgten sie nur für eine Art vorgespielter Versicherung für die Flieger?

Die deutsche Luftwaffe stattete ihre Besatzungen mit einer eigenen Luft-See-Rettungsorganisation aus. Schlüssel hierfür waren die Wasserflugzeuge, die in der Lage waren, sowohl zu suchen wie auch zu retten. Und die Luftwaffe stattete ihre Flieger mit Leuchtsignalen und einem Wasserfarbstoff, gelben Fliegerhauben und einem Einmann-Schlauchboot aus, womit ein Jägerpilot der See entkommen konnte. Sogar im Sommer waren die britischen Gewässer kalt. Viele RAF-Flieger, die im Meer schwammen, nur mit einer »Mae-West«-Schwimmweste ausgerüstet, die erschöpfte oder verwundete Männer aufblasen mußten, ertranken – die englische Küste vor Augen. Auch im Sommer blieben nur wenige Männer nach zwei Stunden im Meer noch bei Bewußtsein.

In diesem Monat gab es keine weiteren »Prestige«-Kohlenkonvois durch den Kanal. Dieselben Männer der Admiralität, die mit Unterstützung ihres Gegenparts aus dem Luftfahrtministerium Dowding gezwungen hatten, ständige Patrouillen über den heimischen Schiffen zu fliegen, entdeckten jetzt, daß diese Transporte auch auf der Schiene zu bewältigen waren. Wenn man zu dieser Einsicht schon wenige Wochen zuvor gelangt wäre, hätten viele RAF-Piloten – ein großer Teil von Ketten- und Staffelführern und erfahrenen Berufsoffizieren eingeschlossen – noch am Leben sein können. In den ganzen drei Juliwochen verlor die RAF nicht weniger als 220 Flieger in der See. Und dann waren da noch die verletzten und toten Seeleute.

Aber in England gestaltete sich dies zu einem Tag der Freude. Die Mathematiker im Luftfahrtministerium blieben ihrer gewöhnlichen Routine treu und nannten die wahren Verluste der RAF und akzeptierten ohne Rückfrage die viel zu hohen Abschußzahlen der RAF-Piloten. Sie gaben bekannt, daß sechzig deutsche Flugzeuge zerstört worden waren. Leute, die über den zu großen Optimismus der Piloten Bescheid wußten, behielten ihre Meinung für sich. Auf jeden Fall waren die wahren Zahlen (31 abgeschossene deutsche Flugzeuge gegenüber dem Verlust von 19 RAF-Jagdflugzeugen) lobenswert. Der Propagandadienst der Deutschen meldete den Abschuß von 49 RAF-Jägern. Und die Deutschen feierten das auch! Sie hatten den Schiffen große Verluste zugefügt, und die Aufgabe des *Kanalkampfführers* war erfüllt, auch wenn sich die Kampfgruppe, die ihm ursprünglich zur Verfügung gestanden hatte, als unzulänglich erwies.

Die äußerst geringen Erkenntnisse des Nachrichtendienstes, auf die das Oberkommando der Luftwaffe vertraute, hatten die Jägerstärke der RAF überschätzt, aber sie hatten die Produktionshöhe stark unterschätzt. Die Zurückhaltung von Dowding, der nur kleine Flugzeugverbände einsetzte, der Mangel an RAF-Piloten, die verhört werden konnten und die Art der Berichte, die Luftwaffenbesatzungen aus dem Kampf zurückbrachten – all diese Faktoren bestärkten das Oberkommando der Luftwaffe im Glauben, daß dem Jägerkommando nur noch geringe Mittel zur Verfügung stünden. In diesem Zusammenhang wurde die vergleichsweise große Luftschlacht vom 8. August (in der einige hundert Flugzeuge kämpften) vom deutschen Geheimdienst als der letzte verzweifelte Schlag des Jägerkommandos angesehen.

Wenn die Einschätzung der Luftwaffe gegenüber der RAF zuversichtlich war, so verlor auch die RAF einen Teil ihrer Furcht vor der Luftwaffe. Die Luftkämpfe am Tag hatten die Ju 87 als einen höchst verwundbaren Gegner gezeigt, während sich die »Hurricanes« als gut genug erwiesen, neun von zehn der zerstörten Bf 109 zu erledigen.

Auf Einsatzebene wurde deutlich, daß das deutsche System der Luftflotten große Nachteile barg. Gerade vom Juli-Beginn an, als die Stabsoffiziere der Luftflotten Göring getrennte Pläne unterbreiteten, war dies sicherlich kein Weg, um eine Luftstreitmacht zu führen. Die verschiedenen meteorologischen Abteilungen lieferten oft widersprüchliche Wettervoraussagen. Die verschiedenen Kanäle für Personal, Treibstoff, Bewaffnung und Ersatzteile waren unwirtschaftlich. Und viele Schiffe, die durch den Kanal fuhren (eingeschlossen der Konyoi von diesem Tag) entkamen, indem sie sich teilten und sich über die Grenzen der deutschen Luftflotten zerstreuten.

Wertvollster Aspekt dieser Kämpfe vom 8. August war für Dowding die Art, in der die Mädchen an den Radarschirmen die Reichweite und Richtung der Angreifer abgelesen hatten. Es hatte sich als leichter erwiesen, die größeren Formationen zu beurteilen, und die Verantwortlichen hatten sich als bemerkenswert gut gezeigt, wenn es darum ging, das schemen-

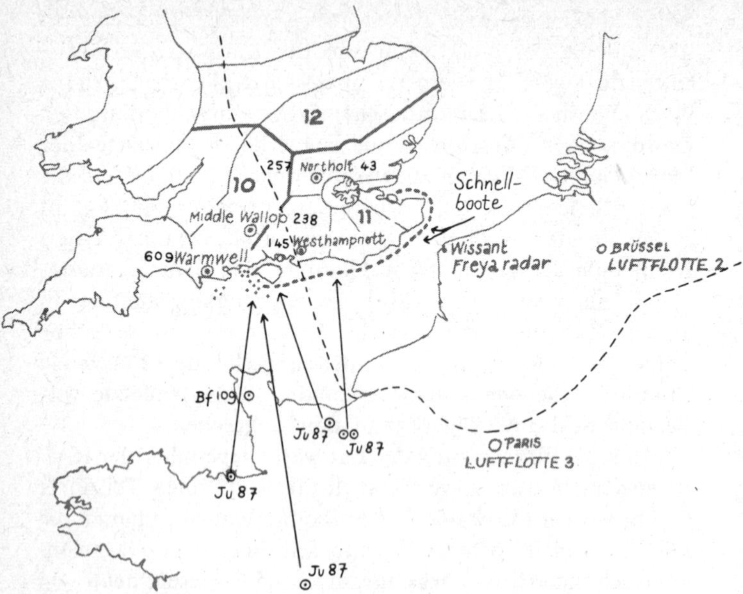

Zeichnung 26: 8. August, Konvoi CW 9 »Peewit« (Kiebitz)

Die britischen Seeleute, die an diesem Tag starben, wurden Opfer von zwei Punkten offizieller Dummheit. Erstens wurden die Küstenkonvois, die heimatliche Ladung transportierten, noch immer durch die gefährlichen Wasser des Kanals geschickt (anstatt die Güter auf der Schiene zu transportieren, wie es später geschah). Zweitens weigerte sich die Admiralität trotz ungezählter Zeugenaussagen, die Tatsache zu akzeptieren, daß die Deutschen über ein ausgezeichnetes Radar verfügten.

Unterwegs in der Dunkelheit wurde der Konvoi CW 9 (RAF-Kodename: *Kiebitz*) leicht von dem großen Freya-Radar in Wissant ausgemacht. Deutsche Schnellboote griffen während des trügerischen Morgenlichts an. Drei Schiffe wurden versenkt und drei beschädigt.

Ju-87-Sturzbomber des Fliegerkorps VIII griffen den Konvoi an, als er sich südlich von Brighton befand. Aber sie waren wegen der RAF-Jäger-Verteidigung und der Ballonsperren, die über den Schiffen aufgezogen waren, um solche Angriffe zu verhindern, nicht erfolgreich.

Ein weiterer Angriff wurde gegen Mittag angesetzt, als Stukas vom Elite-Lehrgeschwader 1 ebenso wie Stukageschwader aus St. Malo, Caen und Angers eskortiert von Bf 109 anflogen und den Konvoi nahe der Isle of Wight bebombten. Die Lehrgeschwader waren ursprünglich vorgesehen, um Taktiken und Ausrüstung zu erproben. Das Personal war zu dieser Zeit außergewöhnlich erfahren. RAF-Staffeln, die zum Schutz des Konvois ausgeschickt wurden, sind in Schwarz eingezeichnet.

Die deutschen Ergebnisse waren gut. Aber sie hätten noch zerstörender sein können, wenn die beiden deutschen Luftflotten nicht unterschiedliche Wettervorhersagen, Planungsstäbe und Nachrichtennetze zur Verfügung gehabt hätten. Daher nahm Kesselrings Luftflotte 2 nicht an der Aktion teil.

Auf der anderen Seite arbeiteten dagegen die 10. und 11. Gruppe des Jägerkommandos gut zusammen. Dasselbe kann nicht von späteren Gelegenheiten behauptet werden, als die gleiche Zusammenarbeit mit Leigh-Mallory und seiner 12. Gruppe gefordert wurde.

---

hafte Lichtflackern in eine Beurteilung der Angreiferstärke umzusetzen. Wie sich gezeigt hatte, war die Höhe der Angreifer schwerer zu beurteilen. Dies blieb während der gesamten Schlacht eine Frage der Ausrüstung, nicht nur für die Leute an den Radarschirmen, sondern auch für das Beobachter-Korps. Und trotzdem beeinflußte die Höhenbestimmung die berichtete Position (berechnet durch einfache Trigonometrie). Denn die Spuren verliefen im Zickzack über die Zeichentische und verliefen selten in den geraden Linien, die das Flugzeug tatsächlich flog. Aber es erwies sich als ausreichend.

Gemäß ihrer Nationalität war die Moral der britischen Öffentlichkeit stets hoch. Die RAF-Jägerpiloten hatten eine Tradition aufgebaut, sich mit den großen Bataillonen zu vermischen, ohne auf Vorurteile zu achten und ungeachtet des Wissens, daß Hunderte von »Hurricanes« und »Spitfires« ungenutzt auf britischen Flugplätzen herumstanden. Es war ein Akt des Vertrauens in Dowding, auch wenn er selber nicht unumstritten war. »Die endgültige Entscheidung, nur sehr kleine Jägerformationen loszuschicken, auf daß sie mit der gewaltigen feindlichen Aktivität im Gebiet von Portland fertig werden, mißbilligen die Piloten sehr«, schrieb ein Jägerpilot in das Einsatzbuch der 609. Staffel. Aber trotzdem flogen sie weiterhin ihre Angriffe.

Die »Vorwärts!«-Tradition führten Friedenspiloten ein, die Ketten oder Staffeln führten. Als mit Fortlauf der Schlacht ihre Plätze von Hilfstruppen und freiwilligen Reservisten

Zeichnung 27: 8. August (12 Uhr mittags), die Bestände der 11. Gruppe

Wenn wir einen Moment der Schlacht einfrieren – mittags am 8. August –, ist es möglich, die Schlacht genau bis auf den letzten Piloten und die letzte Maschine zu untersuchen. Hier sind alle Jägerstaffeln gezeigt, die Park in der 11. Gruppe verfügbar hatte. Die Staffelnummern sind gerastert, und die einsatzbereiten Flugzeuge an jenem Morgen – »Hurricane« oder »Spitfire« – in Schwarz eingezeichnet. Die zweimotorige Bristol-»Blenheim«-Staffeln sind angeführt. Aber sie wurden für Nachtkämpfe gebraucht.

Obwohl Park es vorzog, seine Staffeln paarweise fliegen zu lassen (eine »Hurricane«- und eine »Spitfire«-Staffel), war dies nicht immer möglich. Und obwohl in Kenley und Biggin Hill paarweise Staffeln lagen, bedeutete dies, daß Hallen und Werkstätten Ersatzteile und Werkzeug-Einrichtungen für zwei völlig verschiedene Flugzeugtypen lagern mußten.

Im gezeigten Moment haben einige Staffeln Ausweichflugplätze besetzt. Martlesham war ein solcher Platz für Debden. Genau wie Rochford war es auch Ausweichplatz für North Weald. Gravesend und Manston waren Ausweichplätze, die meist von Staffeln aus Biggin Hill genutzt wurden, ebenso wie Kenley den alten Londoner Flugplatz von Croydon und Tangmere Westhampnett nutzte. Einige der Ausweichflugplätze waren sehr primitiv.

Man beachte den sehr kleinen Maßstab der Kämpfe. Selten hat eine so geringe Anzahl von Männern den Lauf der Geschichte entschieden. Man beachte auch die kleine Anzahl der »Spitfires« im Vergleich zu den »Hurricanes«, und dies war in einer Gruppe, der Vorrang an Menge und Qualität eingeräumt wurde. Der Unterschied zwischen »einsatzbereiten« und »verfügbaren« Maschinen wird im Text erläutert.

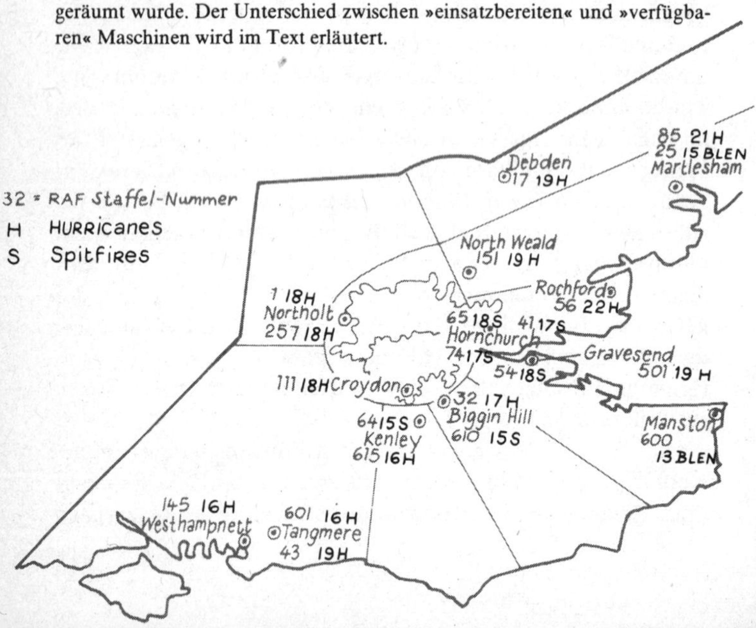

übernommen wurden, war dieser aggressive Schlachtruf etwas, gegen das niemand etwas hatte oder es wagte, es nicht fortzusetzen. In diesem Punkt waren es die Berufsoffiziere des Jägerkommandos, welche die Schlacht gewannen.

11. August. »Sailor« Malan, der Mölders' Messerschmitt am 28. Juli beschädigt hatte, kommandierte an diesem Tag erstmals die 74. (Tiger) Staffel in der Luft. Gegen Ende des Monats wurde er mit dem DFC ausgezeichnet. Am 11. August stieg er dreimal auf, beschädigte zwei Bf 109 schwer und schoß zwei Bf 109 ab. Aber Malan war mit dreißig Jahren nach offizieller Ansicht zu alt, um Staffelführer zu sein. An diesem Tag flog in einer Linie, achtern von Malan, der bemerkenswerte Stabsfeldwebel Ernie Mayne. In der Nähe der französischen Küste flog »Sailor« Malan eine enge Wende. Mayne mußte hinter ihm die engste aller Kurven fliegen. Als das Blut aus seinem Kopf schoß, wurde ihm schwarz vor Augen. Seine »Spitfire« fiel von 7300 m auf 1200 m durch die Luft. Mayne erholte sich rechtzeitig, um sich vor einem Sturz ins Meer zu retten. Noch immer benommen, flog er auf eine benachbarte Formation in der Hoffnung zu, sie würde ihn nach Hause führen. »Natürlich waren das Deutsche. Ich glaube, das rüttelte mich ein wenig auf. Als ich die Kreuze erkannte, schoß ich auf einen. Aber dann glaubte ich, es wäre doch kein Platz für mich und daß ich besser verschwinden sollte. Das machte ich denn auch und kam zurück. Aber der Sturz hatte meinen Ohren nicht sehr gut getan.«

Das war eine Untertreibung. Warrant Officer Mayne mußte ins Krankenhaus – als Folge seines fast 6000 m tiefen Sturzes vom Himmel. Er war 40 Jahre alt, vermutlich der einzige RFC-Veteran, der in der Schlacht eine »Spitfire« flog. Aber dies war sein letzter Aufstieg im Einsatz.

Später im Krieg, bei der Ausweitung des Bomberkommandos, wurden Sergeant-Besatzungen direkt aus dem Zivilleben rekrutiert. Aber zum Zeitpunkt der Schlacht um England stammten NCO-Piloten entweder aus der RAF-Freiwilligen-Reserve oder es waren aktive Flieger, welche die RAF-

Ausbildungsschule für technische Berufe durchlaufen hatten. Diese »Jungmänner« begannen ihre Ausbildung zwischen $15^1/_2$ und 17 Jahren, nachdem sie sich verpflichtet hatten, bis zum 30. Lebensjahr in der RAF zu bleiben.

Sergeant-Pilot Frank Carey war ein ehemaliger Jungmann der RAF. Der 1912 in Brixton, London, Geborene war der RAF bereits wenige Tage nach seinem fünfzehnten Geburtstag beigetreten. Nach drei Jahren Ausbildung kam er als Mechaniker zur 43. Staffel. Dann verbrachte er ein Jahr auf einem Ingenieurskurs. Ausgewählt zum Pilotentraining kehrte Carey im September 1935 als Sergeant-Pilot zur 43. Staffel zurück. Im Januar 1940 beschädigte er eine Heinkel He 111. Es war der erste Erfolg der Staffel. Er erhielt die DFM (sie entsprach für die unteren Dienstränge dem DFC, das Offizieren vorbehalten war) und wurde später zum Offizier ernannt. Er kam zur 3. Staffel nach Frankreich, und praktisch noch in seinen Ankunftsstunden zeichnete er sich auch mit dem ersten Erfolg für seine neue Staffel aus. Im Sommer 1940 war Frank Carey wieder in seine alte 43. Staffel zurückgekehrt. Inzwischen aber war er Kettenführer und ihr Top-As. Als er im August verwundet wurde, hatte er achtzehn Siege erzielt. Gegen Kriegsende war er Group Captain (Oberst).

Sammy Allard war ein anderer außergewöhnlicher Sergeant-Pilot. Mit seiner charakteristischen Großzügigkeit und Bescheidenheit schätzte Peter Townsend, der Führer der 85. Staffel (der einst auch Mannock und Billy Bishop angehörten), ihn als besten Piloten der Staffel. Allard wurde mit der DFM ausgezeichnet und erhielt nach Erhalt des Offizierspatentes auch das DFC. Im Oktober hatte er neun feindliche Flugzeuge zerstört und war Hauptmann.

Aber nicht alle Sergeant-Piloten wurden zum Offizier befördert. Sergeant Alan Feary war während der gesamten Sommermonate der einzige NCO-Pilot bei der 609. Staffel. Die Staffelgeschichte berichtet: »... manchmal muß er sich schrecklich einsam gefühlt haben.« Ausgeschlossen vom sozialen Leben ihrer Pilotenkameraden, die Offiziere waren, wurden diese NCOs von den alten Hasen, die die Sergeants-

Messe kontrollierten und von denen einige das Fliegen nur als schnellen und leichten Weg ansehen, die drei Streifen zu bekommen, oft mit Ablehnung behandelt.

In anderen Staffeln übertrafen NCO-Piloten die Offiziere manchmal zahlenmäßig. So gab es im September bei der 501. Staffel, als drei Offizierspiloten im Krankenhaus lagen, zwölf Piloten in der Sergeants-Messe. In der Offiziers-Messe saßen dagegen nur der Kommandeur und vier Piloten.

Diese ehemaligen Handwerker, die so viele Jahre mit Arbeit an Flugzeugrümpfen und Motoren verbracht hatten, besaßen eine sehr enge Verbindung zu den Maschinen, die sie flogen. Einige von ihnen empfanden es als schwierig, ihre sorgfältig gewarteten Jäger jener Art von roher Abnutzung zu unterwerfen, die notwendiger Teil einer normalen Schlacht war (aus ähnlichen Gründen werden Rennfahrer und Rallyeexperten selten aus den Männern ausgewählt, welche die Autos warten). Als Sergeant Feary von der 609. Staffel in einem Einzelkampf mit einigen Bf 109 und Bf 110 abgeschossen wurde, versuchte er, seine »Spitfire« nach Hause zu lotsen. Das Tagebuch der 609. Staffel berichtete: »Er schien seine ›Spitfire‹ mit jener Art besorgter Sorgfalt und Zuneigung zu betrachten, die andere meistens Tieren entgegenbringen. Einige, die ihn näher kannten, meinten, daß dieser Charakterzug zum Verlust seines Lebens beitragen könnte, wenn er dazu gezwungen sein würde, aus einem trudelnden Flugzeug abzuspringen, weil es nicht mehr zu kontrollieren sei.«

Sergeant »Ginger« Lacey von der 501. (Grafschaft Gloucester) Staffel, einer Einheit der Hilfsluftstreitmacht, war nie ein Jungmann gewesen. Lacey hatte das Fliegen als Mitglied der RAF-Freiwilligeneinheit an Wochenenden und in Sommerlagern gelernt. Erst bei Ausbruch des Krieges wurde er hauptberuflicher Jägerpilot. Von all den Männern, die während der Schlacht um England »Spitfires« und »Hurricanes« flogen, waren fast ein Viertel keine Offiziere (fast alle aber waren Sergeants). Von diesen NCO-Piloten stammten etwa zwei Fünftel aus der Freiwilligenreserve.

Aber es gab noch einen anderen Typ von NCO-Piloten.

Dies waren erfahrene Flieger ausländischer Luftstreitmächte, meist Polen und Tschechen. Diese Männer erhielten gewöhnlich Dienstränge, die unter ihren in der Heimat lagen.

Von allen Sergeants, die an den Luftkämpfen beteiligt waren, war keiner so bemerkenswert wie der Tscheche Josef Frantisek, ein Berufsflieger, der sich nach der deutschen Besetzung ein Flugzeug gegriffen und seine Heimat verlassen hatte. Er trat der polnischen Luftwaffe bei und kämpfte drei Wochen gegen die Deutschen, ehe er nach Rumänien flüchtete. Er entkam aus einem Todescamp und durchstreifte die Balkanländer. In Mittelost angekommen, überredete er die Franzosen, ihn nach Frankreich zu schicken. Bis Juli 1940 flog er für die französische Luftstreitmacht, erkämpfte mehrere Siege und wurde mit dem *Croix de Guerre* (Kriegskreuz) ausgezeichnet. Wiederum entkam er den eindringenden Deutschen. Und diesmal trat er der RAF bei. Nach einem Einweisungslehrgang kam er zur 303. (Polnischen) Staffel.

Sergeant Frantisek besaß Flug- und Luftkampferfahrung im Überfluß. Aber ihm fehlte jede Art von Flugdisziplin. Sobald er einmal in der Luft war, jagte er einfach Deutsche. Mehr als einmal brachte dieses Verhalten die Männer, die mit ihm flogen, in Gefahr. Er wurde wiederholt gerügt, bis die Polen letztlich entschieden, ihn als »Gast der Staffel« zu betrachten. Das gab ihm das einzigartige Privileg, seinen eigenen Krieg zu kämpfen, wie es ihm gefiel und wann er es wollte. Es erwies sich als weise Entscheidung. Heutige Forschungen lassen den Schluß zu, daß er der erfolgreichste Jägerpilot jener Tage in Diensten der RAF war*.

Auch die Luftwaffe besaß Piloten im Unteroffiziersrang, die sich einen guten Ruf als Luftkämpfer eroberten. Einer der berühmtesten war Siegfried Schnell von der II/JG 2, dem »Richthofen«-Geschwader. Hier wurde er sogar mit Ma-

---

* Die Historische Abteilung des Verteidigungsministeriums nennt Lock und McKellar als die besten Schützen mit je zwanzig Siegen. Sergeant Frantisek steht dort an dritter Stelle. Das Guinness-Buch der Luftfahrtrekorde nennt ihn mit 17 Siegen in der Battle of Britain an erster Stelle.

jor Helmut Wick verglichen, dem schnell aufsteigenden Stern der Jäger-Streitmacht, der bald dieses Geschwader führen sollte. Sowohl der Major wie auch der junge Unteroffizier waren dabei, ihre zwanzig sicheren Abschüsse zu leisten, die meist automatisch das Ritterkreuz einbrachten. Diese Auszeichnung, die am Halsband getragen wurde, versorgte den Inhaber mit jener Art von Respekt und Lobhudelei, wie sie Popstars und Fußballer heute erfahren. Es bedeutete die besten Plätze im Restaurant, einen Platz an der Spitze der Formation, Achtung auch von viel höheren Offizieren, Fotos in den Zeitungen und Umarmungen von Mädchen.

Auch Kurt Bühligen gehörte zum »Richthofen«-Geschwader. Er war ein junger Unteroffizier, dem schließlich (als Oberstleutnant) die höchsten Tapferkeitsauszeichnungen verliehen wurden und der eines der wenigen Asse mit mehr als 100 Abschüssen während des Krieges an der Westfront war. Es gab noch einen weiteren Unteroffizier, der im JG 51 neben dem berühmten Mölders flog (eine Einheit, die in späteren Jahren den Namen von Mölders trug, so, wie das JG 2 »Richthofen« genannt wurde). Dies war Heinz »Pritzl« Bär.

Er wurde 1913 in der Nähe von Leipzig als Sohn eines Bauern geboren. Bär flog Segelflugzeuge, dann Motorsegler, ehe er 1930 seine Pilotenlizenz erhielt. Aber sosehr er sich auch anstrengte, er erhielt keine Fliegeranstellung bei der Lufthansa. 1937 trat er der Luftwaffe bei. Seinen ersten Luftsieg errang er in Frankreich noch im ersten Kriegsmonat. Während der Schlacht um England zeichnete sich Bär durch siebzehn Siege aus und erhielt bald sein Offizierspatent. Gegen Ende des Krieges war Bär eines der großen deutschen Asse. Er hatte an jeder Front gekämpft und war ausgezeichnet mit dem Ritterkreuz mit Eichenlaub und Schwertern. Er hatte das Me-262-Düsenflugzeug geflogen und 220 Siege errungen. Er hatte die meisten Treffer während der Kämpfe im Westen gelandet und war das erfolgreichste As mit Düsenmaschinen (sechzehn Siege). Zu diesem Zeitpunkt des Krieges fiel eine Voraussage schwer, welcher der Jägerpiloten zum Top-As aufsteigen würde. Einige Piloten wie Georg-Peter Eder (der den Krieg mit 78 Siegen beendete) schafften während des Sommers 1940 auch nicht einen einzigen Sieg.

Es gab andere Beispiele, bei denen außergewöhnliche Piloten des Jahres 1940 hinterher mit Arbeiten betraut wurden, bei denen ihnen nur wenige Möglichkeiten zum Kampfflug blieben. Ende Juli wurde dem 48 Jahre alten »Onkel Theo« Osterkamp offiziell befohlen, sich vom aktiven Kampf zurückzuziehen. Seitdem er 1939 das JG 51 aufgestellt hatte, war er ständig geflogen und hatte seinen Zahlen aus dem Ersten Weltkrieg sechs Opfer hinzugefügt. Im August erhielt er das Ritterkreuz und wurde zum *Jafü 2* ernannt (damit kommandierte er alle Jagdflugzeuge Kesselrings). Aber Mölders' Kampf mit Malan und die dabei erlittenen Verletzungen brachten es mit sich, daß Osterkamp jetzt versuchte, beide Aufgaben zu erfüllen. Zum Glück für ihn lagen sowohl der Stab des JG 51 und der Stab des Jafü 2 auf dem Flugplatz von Wissant an der äußersten Spitze des Pas de Calais.

Ganz ohne Frage war »Onkel Theo« nicht der einzige Veteran des Ersten Weltkrieges, der in der Schlacht um England auf deutscher Seite flog. Harry von Bülow-Bothkamp, Kommodore des JG 2, hatte nicht weniger als achtzehn Siege zu seinen sechs aus dem Ersten Weltkrieg erzielt. Er war 45 Jahre alt. Seine III. Gruppe führte der 41jährige Erich Mix. Er hatte im Ersten Weltkrieg drei alliierte Maschinen abgeschossen und war jetzt dabei, im Verlauf des Zweiten Weltkrieges dreizehn weitere nach unten zu bringen.

Zu diesem müssen verschiedene Veteranen hinzugezählt werden, die in den anderen Einheiten flogen – wie der erstaunliche Huth, der im Ersten Weltkrieg ein Bein verloren hatte, aber jetzt die Bf 110 des ZG 76 führte. Der älteste von allen war Ritter vom Schleich, der nur mit Mühe vom Kampfflug wegkommandiert werden konnte, als er 51 Jahre alt war.

Phase zwei: »Adlerangriff«

Während des Juli hatten die Horchfunkereinheiten der Luftwaffe und das Deutsche Postministerium entlang der Kanalküste Abhöreinheiten eingerichtet. Das Bedienungspersonal hörte jede Menge Funkaktivität auf dem Zwölf-Meter-Band mit. Einige Experten vermuteten, daß diese Signale in Zusammenhang mit den geheimnisvollen, 100 m hohen Masten entlang der englischen Küste ständen.

Als sich der Kanalkampf ausweitete, hatten die deutschen Horchfunker andere Dinge zu enträtseln. Als Antwort auf die aufgeregten Gesprächsfetzen der Jägerpiloten tauchten ruhigere Stimmen im Funkverkehr auf. Immer gleichmäßig und aus einer festen Position heraus steuerten diese gottgleichen Stimmen die RAF-Formationen und informierten über die deutsche Stärke, ihre Richtung und Höhe.

Der deutsche Nachrichtendienst wertete alle Berichte über diese Stimmen aus und legte am 7. August seinen geheimen Bericht den Einsatzkommandos vor.

> So, wie die britischen Jagdflugzeuge durch Funk vom Boden kontrolliert werden, so sind sie an die jeweilige Bodenstation angebunden. Deshalb sind sie in der Beweglichkeit eingeschränkt, selbst wenn man die Möglichkeit berücksichtigt, daß die Bodenstationen teilweise mobil sind. Folglich ist die kurzfristige Ansammlung von starken Jägerverbänden an bestimmten Punkten nicht zu erwarten.

Diese Einschätzung stellte einen katastrophalen Irrtum dar. Der Fehler des deutschen Nachrichtendienstes, diese fremden Stimmen nicht zu begreifen, war sogar noch schlimmer, als nichts über sie zu wissen. Die Luftwaffe glaubte, daß die RAF nur über diese primitive Art von Funkkontrolle verfügte, mit Staffeln, die an ihre örtlichen Stationen gebunden waren. Daher würden nach Meinung der Luftwaffe bei Massenangriffen nur örtliche Jägergruppen in die Kämpfe eingreifen*. Nicht einmal Radar wurde in die Rechnung miteinbezogen.

Man muß daran erinnern, daß noch immer nur eine kleine Zahl von Männern und Frauen das Geheimnis des Radar teilten. General Martini vom Fernmeldewesen der Luftwaffe war sicherlich über die gesamten technischen Vorzüge informiert. Er bestand auf Angriffen gegen diese Funkstationen mit Sonderanlagen, wie sie auf den Zielkarten der Luftwaffe verzeichnet waren. So entschied man, den Tag vor *Adlertag* für Angriffe auf diese Stationen und auf RAF-Jäger-Flughäfen nahe der Küste frei zu halten. Die Verbindung von Angriffen würde ja ergeben, ob die RAF-Jäger auf diese Stationen angewiesen waren oder nicht.

Die viermotorigen Fw 200 von der Marinegruppe West in Lorient waren weit über den Atlantik geflogen, um über den Azoren eine Hochdruckzone abzuwarten. Als es soweit war, wurden die Befehle der Luftflotten datiert und über die Fernschreiber gegeben. *Adlertag* wurde für den 13. August festgesetzt. Tags zuvor sollten vorbereitende Angriffe vorausgehen.

Auch die RAF bekam über Männer, die heimlich auf deutschen Frequenzen mithörten, zu diesen Berichten Zugang. Die deutschen Wetterdiensteinheiten sollten nicht nur allgemeine Informationen liefern, sondern wurden auch um Voraussagen über das Wetter an den bestimmten Zielen gebeten. Ein zusätzliches Sicherheitsrisiko lag darin, daß solche Besatzungen ihre Berichte schon funkten, während sie sich noch über England befanden. Dieser und anderer Funkverkehr der Luftwaffe wurde von einer Geheimeinheit – bekannt als Y-Dienst – in Übereinstimmung gebracht. Bei jedem deutschen Flugzeug, das für einen Einsatz vorbereitet wurde, gehörte ein Funktest dazu. Das Mithören dieser Testsignale versetzte den Nachrichtendienst in die Lage, eine ziemlich genaue Schätzung der Flugzeugzahl zu liefern, die

* Ironischerweise machte die Luftwaffe genau diesen Fehler, als sie ihr eigenes Radar- und Berichtnetz aufbaute. Sie band die Jäger an eine örtliche Radaranlage und wurde so von RAF-Nachtbombern total überschwemmt, die in dichten Strömen ankamen.

während der folgenden 24 Stunden zum Einsatz kommen sollte. Als *Adlertag* näherkam, konnte der Abhördienst Dowding berichten, daß ihm ein Angriff bevorstand, der wesentlich größer als alle vorausgegangenen sein würde.

12. August. Die Erprobungsgruppe 210 stellte eine erst kürzlich aufgestellte Einheit dar. Ihre vordringliche Aufgabe, die Erprobung der neuen Messerschmitt Me 210 A-0 unter Kampfbedingungen, wurde vorläufig verschoben. Diese Entscheidung war glücklich für sie, denn die Me 210 A-0 war eine der offenkundigsten Fehlentwicklungen des Krieges. Soweit wie berichtet wird, nahm nicht ein einziges Exemplar an der Schlacht teil.

Die gegenwärtige Aufgabe der Erprobungsgruppe 210 lag darin, die Jabos zu testen. Das waren Bf-109- und Bf-110-Maschinen in der Rolle eines leichten, tieffliegenden Bombers, die nach Abwurf der Bomben wieder in ihre Jägerrolle zurückschlüpfen konnten.

Diese erfahrene Einheit hatte genug Erfolge erzielt, um für den entscheidendsten Vorbereitungsangriff für *Adlerangriff* abgestellt zu werden. Um 8.40 Uhr in der Frühe stiegen sechzehn Maschinen vom Flugplatz bei Calais auf. Ihre Aufgabe war ein Bombenpunktwurf-Angriff auf vier Radarstationen.

Schon hatten die Bf 109 der II/JG 52 Dover passiert und jagten über Kent. »Spitfires« der 610., einer Staffel der Hilfs-Luftstreitmacht, wurden hinter ihnen hergeschickt. In den folgenden Einzelkämpfen zogen die Deutschen die Schlacht bewußt ostwärts. Das würde die Luft freimachen für die Erpr.-Gr. 210.

Hauptmann Rubensdörffer, ein dreißig Jahre alter gebürtiger Schweizer, brachte seine Formation von Bf 110 entlang des Kanals auf 5500 m Höhe. Sie näherten sich Dover in einem spitzen Winkel, um so die Aufgabe für die Einsatzkräfte an den Radarschirmen noch schwieriger zu gestalten. Das Rye-Radar erfaßte sie. Man bemerkte, daß die Spur geradewegs über sie hinweg verlief. Das neunzehn Jahre alte Mädchen am Einsatzschirm war leicht irritiert, als der Filterraum

Texte zu den Bildern 51–56:

51 *Deutsche Junkers-Ju-88-Besatzungen auf dem Weg zur Arbeit*
Die meisten Bilder von deutschen oder englischen Fliegern aus dieser Zeit sind verblüffenderweise solche, welche die Flieger beim Streicheln ihrer Hunde, beim Schachspielen oder beim Entspannen in der Nähe ihrer Maschinen zeigen. Es ist aber schwer, sich RAF-Besatzungen vorzustellen, die in den langen Strahlen der frühen Morgensonne mit Gesang zu ihren Maschinen marschieren, wie es diese Männer machen.

52 *Besatzungsmitglieder bereiten sich vor, an Bord ihrer Dornier zu gehen*
Dies war einer der »fliegenden Bleistifte«, die für den Export nach Schweden und Jugoslawien vorgesehen und mit DB-601-A-Motoren ausgerüstet waren. Bei Kriegsausbruch übernahm die Luftwaffe die Flugzeuge. Da sie etwa 50 Kilometer schneller als die anderen Dorniers waren, wurden sie für Spezialaufgaben wie Aufklärung eingesetzt.

Der deutsche Zensor hat das Einheitsabzeichen an der Nase abgedeckt. Aber dieses Bild wurde sicherlich in Brest, Frankreich, aufgenommen. Die Männer tragen volle Flugausrüstung, so daß ihre Maschine bis zu 10 000 m aufsteigen und Wetterberichte über vorgeschlagene deutsche Zielgebiete zurückfunken kann. Der britische Abhördienst fing solche Berichte ab und war in der Lage, viele Angriffe einige Stunden vor ihrem Beginn vorauszusagen.

Der Mann rechts trägt einen Rucksack-Fallschirm und ist vermutlich der Pilot. Der Fallschirmsack des anderen Mannes befindet sich zwischen seinen Füßen. Einsame Maschinen wurden gewöhnlich leicht vom englischen Radar aufgepickt. Nur dadurch, daß sie in sehr große Höhe stiegen, konnten die deutschen Besatzungen ihre Überlebenschancen verbessern.

53 *In einer Dornier Do 17*
Es war wohlbewußter Gesichtspunkt der deutschen Flugzeugentwicklung (und auch der Panzerentwicklung), daß die Besatzungen in der Kabine sehr dicht beieinander saßen. Man hielt dies gut für die Moral, ebenso wie für einen Platzwechsel bei einem Notfall durch Tod oder Verletzung. Der Einstieg in diese Dornier Do 17 war eine sorgfältig einstudierte Prozedur. Das erste Bild zeigt den Bordfunker, der durch den Boden auf seine Position am Maschinengewehr klettert. Das zweite Bild zeigt den Bordmechaniker, der ihm folgt. Er hat ebenfalls ein MG zu bedienen. Der dritte Mann an Bord war der Pilot, und der vierte ist der Flugzeug-Kommandant (anders als der RAF-Pilot war der deutsche nicht immer Kapitän des Flugzeugs, das er flog). Dieser Kommandant setzt sich auf seinen Stuhl (der links auf dem Bild heruntergeklappt ist). Er wird auch die Bomben auslösen.

51

▲ 52

54 ▶

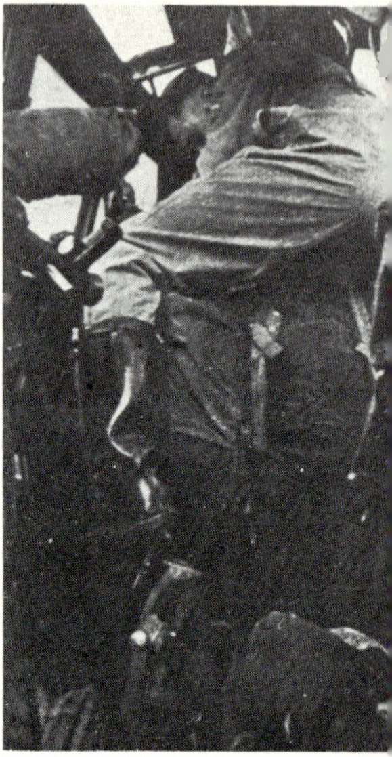

▲ 53

▲ 55

▼ 56

54 *Ein Flugplatz des Jägerkommandos unter Tiefflieger-Angriff*
Das Bild stammt aus der Sicht eines deutschen Bombers. Diese Aufnahme, entstanden im Sommer 1940, wurde sicherlich aus einer Dornier Do 17 gemacht, die sich auf diese Tiefflug-Bombenangriffe spezialisierten. Auch nach Beginn der Schlacht standen viele RAF-Maschinen aufgereiht auf dem Flugplatz. Sie warteten so – gleich sitzenden Enten – auf die Deutschen. Bald jedoch wurden sie verteilt und in »Schutzpferche« von jener Art gestellt, der die »Spitfire« im Bildmittelpunkt sichert.

55 *Rückkehr von einem Angriff*
Es war ein vertrauter Anblick auf vielen Luftwaffen-Flugplätzen während des Sommers von 1940. Dieses Bild, aufgenommen im August, zeigt, wie ein schwerverletzter Schütze vorsichtig von seinem Sitz in einer Junkers Ju 88 gehoben wird. Sein Flugoverall ist teilweise entfernt, und der Doktor öffnet seine schwarze Tasche. Auf dem Originalbild ist der Pilot noch immer in voller Kombination einschließlich Haube zu sehen, wie er geduldig wartet. Die Position der Köpfe im Vordergrund läßt darauf schließen, daß diese Junkers eine Notlandung mit eingezogenen Rädern gemacht hat.

56 *Das Ende einer Dornier*
Hier ist eine der Dorniers aus Oberst Finks bemerkenswertem KG 2 (»Holzhammer«) schließlich auf dem Schrottplatz gelandet, wo die Engländer die Wracks aufhäuften, bis sie zu Metall für die britische Flugzeugindustrie eingeschmolzen wurden. Das Punktbomben und die Tiefflugangriffe von Finks Einheit aus Arras brachte den Deutschen schreckliche Verluste unter den längst veralteten Do 17, die sie flogen, bei.

---

im Jägerkommando dem Zeichen ein X-Code beifügte. Das bedeutete: Bericht zweifelhaft, möglicherweise ein Freundflugzeug oder ein Fehler.

Die ersten vier Messerschmitts schälten sich aus der Formation heraus und warfen ihre Bomben auf die 100 m hohen Masten von Dover. Ihre wohlplazierten Bomben erschütterten die Türme und zerstörten einige Hütten.

Rubensdörffer führte den nächsten Verband nördlich über Kent zu der im Landinnern gelegenen RDF-Station von Dunkirk, Kent. Einer dieser Jabos warf eine Bombe so dicht beim Sendergebäude ab, daß sich das gesamte Haus um ein paar Zentimeter bewegte. Es gab weitere Treffer auf die dortigen Hütten.

In Rye beobachtete das Bedienungspersonal noch immer

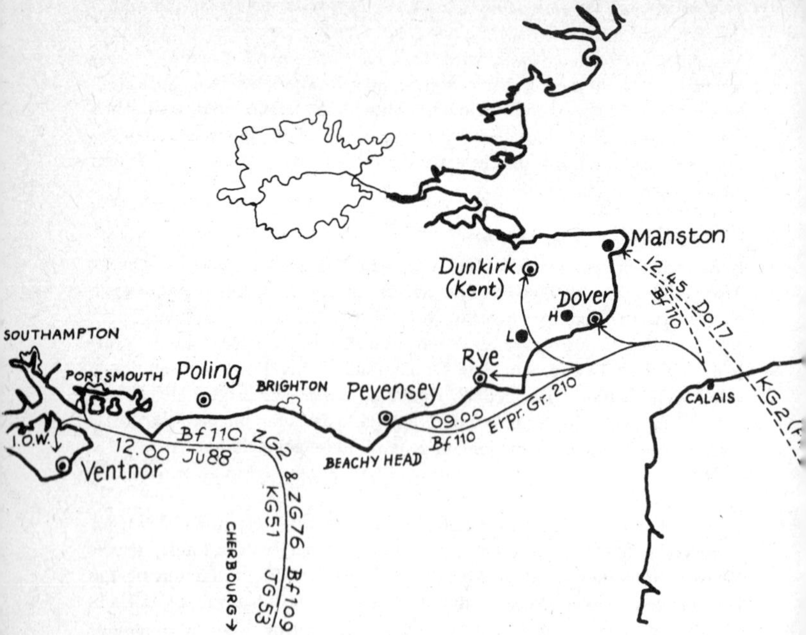

Zeichnung 28: 12. August

Die weit bedeutendste Aufgabe für den Tag vor *Adlertag* war die der Erpr.-Gr. 210, die mit Bomben bestückte Bf 110 für Punktangriffe auf Radarstationen benutzte.

Gegen Mittag näherte sich eine weitere riesige Formation Brighton und flog dann entlang der Küste und versuchte hinter das Langstrecken-Radar von Ventnor (Isle of Wight) zu kommen. Sie wurden jedoch von dem Poling-Radar entdeckt, das am Morgen nicht angegriffen worden war, und außerdem von den Beobachter-Korps an der Küste.

Dieser Angriff teilte sich: Ein Teil flog einen Bombenangriff auf Portsmouth, der andere griff vom Norden her die Radarstation Ventnor an. Im nahegelegenen Southampton war die Fabrik von Vickers Supermarine bis zu dieser Zeit der einzige Platz, an dem »Spitfires« hergestellt wurden. Die Fabrik wurde nicht in die Ziele mit eingeschlossen.

Lympne und Hawkinge, deren Flugfelder an diesem Tag angegriffen wurden, sind mit L und H auf der Zeichnung eingetragen.

gespannt das Geschehen, als die Echozeichen immer näher kamen. Plötzlich fielen die Bomben auf sie. Fast jedes Gebäude bis auf den Sender- und Empfangsblock wurde getroffen. Der Filterraum rief wiederholt an, um eine Erklärung für das Geschehen zu erhalten. »Ihr zweifelhafter X-Angreifer bombardiert uns gerade«, erklärte das Mädchen spitz.

Der letzte Verband der Maschinen traf Pevensey mit acht 500-Kilo-Bomben. Eine von ihnen schlug in die elektrischen Leitungen ein, und die gesamte Station flog in die Luft. Die Erpr.-Gr. 210 schwenkte südwärts und jagte nach Hause. Ihre Mission war erfüllt. Es konnte keine bessere Demonstration für die Fähigkeiten der Bf 110 in der Jagdbomberrolle geben. Von den vier angegriffenen Radarstationen blieb nur Dunkirk in Kent stehen.

Mit einer 160 km breiten Bresche, die in die Radarkette geschlagen war, konnten keine Jagdflugzeuge mehr ausgeschickt werden, um die Formationen abzufangen, die jetzt die Jägerflugplätze von Lympne und Hawkinge angriffen. Der erstere wurde nur als Ausweichplatz genutzt. Deshalb zählten die schweren Verwüstungen auf ihm für das Jägerkommando nicht so schwer. Hawkinge jedoch war bedeutend. Die Zerstörungen dort schlossen die Vernichtung von zwei Hangars und Bodenwerkstätten ein. Außerdem wurden vier Jagdflugzeuge am Boden beschädigt.

Auch die Stukagruppen zogen Vorteile aus dem Radarloch. Sie griffen Schiffe an, die entlang der Küste von Kent fuhren. Da Radar fehlte, erschienen die Jäger zu spät. Die Ju 87 kehrten alle sicher zurück.

Es war fast Mittag, als die nichtangegriffene Radarstation von Poling eine sehr große Formation ausmachte, die sich Brighton genau von Süden näherte. Es war das gesamte KG 51 – fast 100 Maschinen vom Typ Ju 88. Außerdem flogen das ZG 2 und ZG 76 an: 120 Bf 110. Eskorte bildeten 25 Bf 109 vom JG 53, dem »Pik-As«-Geschwader, so genannt nach der Spielkarte, die auf ihre Jagdflugzeuge aufgemalt war.

Bevor Brighton erreicht war, schwenkte die gesamte Formation nach Westen ab und folgte dem Verlauf der Küste

Richtung Isle of Wight. In Spithead drehten bis auf fünfzehn Maschinen alle nach Norden auf Portsmouth. Durch eine Lücke in der Ballonsperre, die durch den Hafen hervorgerufen wurde, flogen sie einen heftigen Angriff auf die Docks und die Stadt.

Die »Hurricanes« der 213. Staffel vermieden einen Anflug auf Portsmouth, wo sie sehen konnten, wie intensives Feuer der Luftabwehrgeschütze den Himmel entlang der deutschen Bomberstrecke verfärbte. Das große Schlachtschiff HMS »Queen Elizabeth« lag im Hafen. Die Ju 88 folgten ihrem Kommodore und tauchten in einen Sturzflugangriff ein. Jedoch entkamen alle Schiffe, und eine Brauerei mußte dafür büßen. Mindestens eine Staffel besaß noch keine praktische Erfahrung im Sturzbomben, und die Sturzflugbremsen einer Maschine verklemmten sich. Zwei der Ju 88 fielen den Luftabwehrgeschützen zum Opfer. Dann wendete der Kommodore des »Edelweiß«-Geschwaders und führte seine Formation aus dem Zielgebiet. Die »Hurricanes« stießen auf sie nieder. Die Ju 88 des Kommodore flog den Weg zurück, auf dem sie gekommen war. Sie wurde abgeschossen und stürzte südlich der Radarstation Poling ins Meer. Niemand von der Besatzung überlebte.

Mittlerweile drehten die fünfzehn Ju 88, die sich von der Hauptformation getrennt hatten, in Richtung Süden über die Isle of Wight und griffen die Radarstation Ventnor von der Landseite an. Die Antennen, hoch wie die Spitze einer Kathedrale und auf den Hügeln abseits der Stadt gelegen, versahen das speziell entwickelte Radar mit einer sehr großen Reichweite. Aber sie bildeten ein auffallendes Ziel. Die Bomber warfen fünfzehn 500-Kilo-Bomben auf das Gelände und zerstörten jedes Gebäude dort. Auch die Antennen wurden vernichtet: Das Radar flackerte und erlosch.

Die Küstenposten des Beobachter-Korps hatten schon von der deutschen Formation berichtet, als sie sich Brighton näherte. Während die Bomben auf die Radarstation Ventnor fielen, flogen »Spitfires« der 152. und 609. Staffel heran.

Geschickterweise hatte Park seine Jäger gruppenweise in

die Schlacht geschickt. 3000 m hoch über den Bombern drehte die hochfliegende Eskorte der Bf 109 ihre Kreise und erwartete die Ankunft des Hauptteils der RAF-Jagdflugzeuge. Erst als zehn Bomber verlorengegangen waren, stürzte sich der Führer der »Pik-As«-Formation im Sturzflug in die Schlacht.

In den vorausgegangenen Angriffen hatte die Luftwaffe frische Bf 109 geschickt, um die Bomber nach Hause zu begleiten. Park war auch darauf vorbereitet. Als weitere Bf 109 mit westlicher Flugrichung über Beachy Head gesichtet wurden, plazierte er ein Dutzend »Hurricanes« – von der 615. Staffel – zwischen diese Maschinen und die Kämpfe über der Isle of Wight.

Es sprach für die Erfahrung und Bedeutung von Rubensdörffers Gruppe, daß sie so bald wieder in die Schlacht geworfen wurde, nachdem sie von den morgendlichen Angriffen auf die Radarstationen zurückgekehrt war. Wiederum überflogen sie die enge Straße von Dover. Es war noch nicht ein Uhr, als die Messerschmitts den Küstenflugplatz bei Manston bebombten und mit Maschinengewehrfeuer bestrichen. Sie kamen gerade an, als »Spitfires« der 65. Staffel zu einem Patrouillenflug abhoben.

Hinter den Jabos flogen achtzehn Dornier Do 17 des KG 2. Wie die Junkers Ju 88 bei dem Angriff auf Portsmouth, wurden diese Bomber von ihrem Geschwaderkommodore geführt. Im Fall des »Holzhammer«-Geschwaders war es der *Kanalkampfführer* persönlich: Oberst Fink.

Der Flugplatz von Manston verschwand unter einer Wolke aus Rauch und Flammen, als 150 Bomben Werkstätten, Hangars und einen zweimotorigen »Blenheim«-Nachtjäger trafen. Manston, das hoch auf Klippen gelegen war und Blick über die See bot, lieferte Fink die Chance, über das Meer abzudrehen und zu verschwinden, bevor sich irgendwelche Jagdflugzeuge zur Verteidigung des Flugplatzes aufrappeln konnten. Für viele RAF-Leute in Manston war dieser Angriff mehr, als sie ertragen konnten. »Hunderte« von RAF-Soldaten zogen sich in die Bunker zurück und blieben dort Tag um Tag trotz Drohungen, Befehlen oder dringender Bitten ihrer Offiziere.

Sogar die tapfersten Patrioten in Manston begriffen nur schwer, warum der Flugplatz nicht evakuiert wurde. Die Einrichtungen waren so schwer beschädigt, daß Flugeinsätze kaum möglich waren. Und kein Pilot, der Landung oder Start versuchte, machte dies, ohne den Himmel ängstlich nach deutschen Herumtreibern abzusuchen.

Dennoch weigerte sich das Jägerkommando, sich von Manston zurückzuziehen. Vielleicht glaubte man, eine solche Bewegung könne von den Deutschen zu einem Propagandasieg ausgeschlachtet werden. Aber selbst das kann kaum als Erklärung dafür gelten, weshalb die 600. (Stadt London) Staffel während der langen, harten Sommertage des August 1940 in Manston gehalten wurde.

Diese Hilfsstaffel flog Bristol »Blenheims«, zweimotorige Bomber. Die RAF hatte den Typ zu einer Zeit bestellt, als seine Flugleistung denen der damaligen Jäger überlegen war. Aber als Eindecker-Jagdflugzeuge die Doppeldecker ersetzten, war die »Blenheim« überaltert. Mit fatalen Ergebnissen wurden die »Blenheims« 1940 viel zu oft als Junkers Ju 88 mißverstanden. Denn sie waren für Einsätze bei Tageslicht oder in der Jägerrolle viel zu verwundbar.

Jetzt aber waren die »Blenheims« für eine erstaunliche neue Erfindung ausgerüstet: die erste Radaranlage der Welt, die klein genug war, um in einem Flugzeug eingebaut zu werden. Nachts jagten die »Blenheims« einsame deutsche Bomber über heimatlicher Gegend. Aber die langsame »Blenheim« brauchte ein zu großes Stück Glück, um sich auch in der Rolle des Nachtjägers als erfolgreich zu erweisen.

Von allen in Manston hatten die Besatzungen der 600. Staffel mehr Grund zum Klagen, als irgend jemand sonst. Und trotzdem standen ihre Spannkraft und Heiterkeit in einem bemerkenswerten Kontrast zum moralischen Knacks, der überall um sie herum auffällig war. Als sich der Bodenstab in die Bunker zurückzog und sich weigerte, herauszukommen, konnten die Besatzungen der 600. Staffel beobachtet werden, wie sie im August Tag für Tag mit Hand anlegten, um die »Spitfires« aufzutanken und wieder zu bewaffnen. Al Deere von der 54. Staffel machte deutlich: »Mehr als einmal mußte dies unter feindlichem Feuer geschehen und trotz der Tatsache, daß die Piloten der 600. Staffel sich eigentlich von ihren vorausgegangenen Nachteinsätzen erholen sollten.«

Aber auch am Himmel entdeckten die Männer, daß seelische und physische Erschöpfung den Weg für Furcht bereitet. Eine der »Spitfires«, die an jenem Nachmittag in Manston landete, flog ein junger Sergeant-Pilot, der pausenlos seit der Evakuierung von Dünkirchen im Einsatz stand. Jetzt ging er einfach dem Kampf aus dem Wege und hatte das schon mehrere Tage so gemacht. Beim ersten Anblick des Feindes verließ er die Formation, feuerte seine Waffen ab und wendete Richtung Heimat. »Er ist nicht einfach müde, er ist feige«, erklärte einer der Offiziere der 54. Staffel. Traurig stimmten ihm die anderen zu. Voller Furcht, daß sich die Ängste des Sergeants auf die neuen Piloten übertragen würden, wurde er bei den Flugbefehlen des nächsten Tages ausgelassen. Dann wurde er sofort auf Urlaub geschickt.

Es war ein Tag der bemerkenswerten Triumphe für die deutschen Luftflotten: eine perfekte Vorbereitung für eine Großoffensive. Und trotzdem – als Kesselring an jenem Nachmittag seine Dornier-Bomber zu einem Angriff auf die Küste von Kent losschickte, fanden sie die RAF-Stationen bereits ausgebessert und bereit für weiteren Einsatz vor. Nur Ventnor war stark genug beschädigt und bildete ein Loch in der Kette. Wegen Ausfall ihrer Signale wurden sie von einer anderen Station übermittelt.

Der deutsche Funkabhördienst berichtete mit Bedauern, daß keine der britischen Stationen ihre Signale eingestellt hatte. Keine der zurückkehrenden Besatzungen konnte von einem umgestürzten Mast berichten. Die 100 m hohen Masten waren als Gitterkonstruktion gebaut. Es war schwer, sie aus einem schnellen und hohen Flug zu treffen. Und es war schwer, sie mit einer Explosion zu zerstören, weil ihre große

Höhe einen Sturzflugangriff verhinderte. Die Deutschen nahmen als selbstverständlich an, daß alle Kontrollräume und elektronischen Teile tief unterirdisch lagen und durch Bombenangriffe nicht zu verwunden seien.

Görings *Adlerangriff* wurde ohne irgendeine zwingende Strategie in Gang gesetzt, auch wenn der »Eiserne« seinen Bomberflotten lange Listen mit Befehlen übergab. Schiffe und Anlagen sollten ebenso zerstört werden wie alle Arten von Häfen, der Küstenschiffsverkehr, und es gab eine lange Liste von »Blockade-Zielen«. Ohne Ausnahme sollten RAF-Einheiten bebombt werden und Fabriken, die Flugzeuge, Zubehörteile oder Flugzeugbewaffnung herstellten. Auch die Royal Navy sollte von Dover bis Scapa Flow angegriffen werden. Dies war besonders schwierig, da die Luftwaffe keine panzerbrechenden Bomben besaß, die notwendig waren, um große Kriegsschiffe zu versenken.

Göring setzte keine Prioritäten bei dieser Überfülle an Zielen. Und keiner war ganz sicher, ob man plante, das Jägerkommando durch Bomben zu zerstören oder ob das geschehen sollte, indem man die Jäger zum Kampf in die Luft brachte. Oberst Paul Deichmann, Stabschef des Fliegerkorps II, sagte: »Wenn die Spezialfunkstationen die RAF-Jäger in die Schlacht führen würden, sollte man sie nicht besser so handeln lassen und sie in der Luft zerstören?« Es gab keine offizielle Antwort.

So schwankend wie die Strategie waren auch die Taktiken, denn der Nachrichtendienst der Luftwaffe besaß nur vage Vorstellungen vom Verteidigungssystem der RAF. Beispielsweise wurde der Portsmouth/Ventnor-Angriff so geplant, daß die Angreifer parallel zur englischen Küste anflogen. Dies war ein guter Weg, um Radarüberwachung während der Annäherung zu vermeiden (denn es war die flache Ebene der See, die ein gutes Bild verhinderte). Aber Benützer dieser Route ahnten nicht, daß die Radarstation von Poling glänzende Bilder empfangen würde, und sie berücksichtigten auch nicht die zahllosen Posten des Beobachter-Korps, die ebenso entlang der Küste wie im Inland plaziert waren. Und alle waren durch das Telefon an das Jägerkontrollsystem angeschlossen.

Mangelnde Arbeit des Nachrichtendienstes war daran schuld, daß die Einsatzkarten der Luftwaffe nicht korrekt zwischen Flugplätzen unterschieden, die vom Jägerkommando, von anderen Einheiten der RAF oder überhaupt nicht benutzt wurden. Nach dem Krieg erklärten einige Kommandeure der Luftwaffe, daß man dies als unwichtig angesehen hätte. Denn man glaubte, daß die RAF-Staffeln ebenso mobil wie die Luftflotten waren. Als Irrtum offenbarte sich auch die grundlegende Fehleinschätzung der Jägerkontrollorganisation, die auf einem umständlichen Netz von Einsatzräumen, Abschnittsflugplätzen, Beobachterposten und Funkpeilräumen basierte. Alle waren durch Telefonleitungen verknüpft und von Überlandleitungen abhängig.

Die Spezialisten vom Geheimdienst der Luftwaffe zeigten kein besseres Verständnis für die britische Luftfahrtindustrie. Die meisten englischen Schuljungen wußten, daß Rolls-Royce »Merlin«-Motoren die »Spitfires« und »Hurricanes« antrieben. Nur zwei Fabriken bauten sie, und eine davon war die weltberühmte Heimat von Rolls-Royce in Derby. Die »Spitfire« war sogar noch verwundbarer, denn nur in einer Fabrik lief die Flugzeugrumpfproduktion auf vollen Touren. Das war die wohlbekannte Vickers-Supermarine-Fabrik in Southampton, gefährlich dicht an den Bomberbasen der Luftwaffe gelegen. Mit erstaunlicher Dummheit hatten die Experten vom Luftwaffennachrichtendienst diese Anlage als zu A. V. Roe gehörig bezeichnet, eine Firma, die Bomber herstellte. Das waren sicherlich drei Ziele, die beinahe jedes Opfer wert gewesen wären, um vor *Adlertag* zerstört zu werden. Tatsächlich aber konnte von allen Zielen, die für den *Adlertag*-Angriff ausgesucht wurden, keines dem Jägerkommando einen möglichen Todesstoß versetzen.

13. August. Adlerangriff begann mit einer unglaublichen Serie von Stabs-Schnitzern. Zunächst lieferten die »Wetterfrösche« eine falsche Voraussage. Es gab durchwachsenes

Wetter mit Wolken, Nebel und Nieselregen. Göring persönlich erließ einen Befehl zur Verschiebung. Aber diese Anweisung erreichte Oberst Finks KG-2-Hauptquartier in Arras nicht.

Der 50 Jahre alte Fink war immer an vorderster Front der Schlacht gewesen, seit er im Juli zum *Kanalkampfführer* ernannt worden war. Er war der älteste Kommodore, der noch Einsätze flog. Eben nach 5 Uhr kletterte er an jenem Morgen in seinen Bomber und führte das »Holzhammer«-Geschwader wiederum in seine Aufgabe.

Während des Juli hatten die ermüdeten, alten Dornier Do 17 Verluste erlitten, die in keinem Verhältnis zur Produktionsrate standen. Viele waren zerstört worden, während sie einsame Fotoaufklärungsaufträge über England flogen. (Deshalb erhielten einige der Aufklärereinheiten jetzt die schnellere Messerschmitt Bf 110, einen zweimotorigen Jäger, der für Kameras umgebaut war.)

Selbst für *Adlertag* konnte das gesamte »Holzhammer«-Geschwader nur 47 Do 17 in die Luft bringen. Und so nahmen die Besatzungen in ihren veralteten Bombern ihren Mut zusammen, als sie die bewölkte Küste von Frankreich überflogen und eine Jägereskorte aufsteigen sahen, die sich ihrer Formation anschloß. Auch sie hatte den aufschiebenden Befehl nicht erhalten. Diese Jagdflugzeuge waren Bf 110 des ZG 26 – dem »Horst-Wessel«-Geschwader. Angeführt wurden sie von ihrem einbeinigen Kommodore, der wie Fink ein Veteran des Ersten Weltkriegs war. Dieser Mann – Oberstleutnant Huth – flog seine Bf 110 jetzt in einer Serie ausgelassener Wendungen über die Spur von Finks Dornier. Fink, der vorher oberster Unfallprüfer der Luftwaffe gewesen war, mißbilligte zweifellos das, was er später »gehobene Stimmung« nannte. Aber bald verdeckten Wolken die Sicht auf die Jagdflugzeuge.

Tatsächlich hatte das Fernmeldewesen der Luftwaffe versäumt, die Dorniers mit den richtigen Kristallen für ihre Funkwellenlänge zu versorgen. Die Bf 110 hatten ihren Rückruf in der Luft empfangen. Huths »ausgelassene Stimmung« war sein Versuch, Fink zu erklären, er solle wenden und seine Bomber wieder nach Hause führen. Aber Huth war nicht erfolgreicher, den Bombern ihren Rückruf mitzuteilen, als es das Funkpersonal am Boden war. Nichtahnend, daß der Rest der Luftflotten sich am Boden befand, setzte Fink seinen Flug fort. Die Wolken, die für die Aufschiebung gesorgt hatten, machten es jetzt für die RAF-Jäger schwierig, sie zu finden. Durch Glück oder Fügung, oder durch eine Verbindung von beiden, tauchte Fink nahe seinen Zielen aus den Wolken auf.

Finks III. Gruppe befand sich über der Insel Sheppey in der Themse-Mündung, bevor sie von der 74. Staffel gefunden wurde, die »Sailor« Malan führte. Es gab ein Rückzugsgefecht. Sie warfen aus 500 m Höhe Bomben, während sie in der Ferne die Ballonsperren von London sahen. Als sie abdrehten, flog Finks Stabskette, die die Formation anführte, in die 111. Staffel. Es war die erste RAF-Einheit, die mit Eindecker-Jägern ausgerüstet worden war. Ihre Erfahrung war ihr während der Schlacht von großem Nutzen. Von den fünf Do 17, die das KG 2 an jenem Morgen verlor, wurden vier von der 111. Staffel zerstört. Die andere Dornier hatte das Pech, auf einen der sehr wenigen RAF-Jäger zu treffen, der mit Kanonen bewaffnet war. Es war eine »Hurricane« der 151. Staffel, die der Pilot Smith flog.

Vom Rest von Finks »Holzhammer«-Geschwader kehrten weitere fünf Dorniers so schwer getroffen zu ihren Flugplätzen zurück, daß sie nicht mehr fliegen konnten. In einem furchtbaren Zorn kletterte Fink von seinem Pilotensitz. Er rief Kesselring in Blanc Nez an und beschwerte sich ärgerlich über das Durcheinander. In Kesselrings unterirdischem Hauptquartier – inoffiziell »Heiliger Berg« genannt – hatte es einen geschäftigen Morgen gegeben. Nicht nur »Robinson«, der Zug des Luftwaffenstabschefs, war in Frankreich, sondern auch »Asien«, der private Zug von Göring. Das bedeutete, daß sich auch der Oberfehlshaber im Anmarsch befand. Trotz dieser anderen Ziele für seine Zeit und Aufmerksamkeit unternahm Kesselring eine Reise zu Fink nach Arras, um sich persönlich zu entschuldigen. Die Verluste von Fink bestätigten die Befürchtungen des Oberkommandos. Welche Art von Funküberwachung die RAF auch immer im Einsatz hatte, sie war nicht durch die tags zuvor erfolgten Punktangriffe außer Gefecht gesetzt worden.

Das Durcheinander ging weiter. Der Schutz der I/JG 2 (das »Richthofen«-Geschwader) für die Ju 88 des KG 54 erwies sich als überflüssig, weil die Bomber so schlechtes Wetter fanden, daß sie umdrehten, kurz nachdem die Küste überflogen war. Und so gab es bei diesem »Totenkopf«-Geschwader nur einen Ausfall. Ein Ingenieur sprang aus einer Maschine, die als B3+TP von der sechsten Staffel markiert war, mit dem Fallschirm ab, als sie nahe der Isle of Wight von Jägern angegriffen wurde. Der Flieger landete in England, aber seine Junkers 88 überstand den Angriff und kehrte sicher nach Hause zurück. Man fand den Ingenieur in Flugausrüstung und Uniform auf einer Landstraße. Da jedoch kein Flugzeug in der Nähe abgestürzt war, erwies sich seine Anwesenheit zu dieser Zeit als Mysterium. Es war sein erster Einsatzflug.

Eine andere Gruppe des KG 54 wurde für einen Scheinangriff auf Portland ausgewählt, um die Jagdflugzeuge dorthin zu ziehen. Sie wurden durch den aufschiebenden Befehl zum Boden zurückgerufen. Aber ihre Jägerbegleitung vom Typ Bf 110, die gesamte erste Gruppe des ZG 2, hatte den Befehl nicht empfangen, obwohl es inzwischen schon Mittag war. Sie flog ohne die Bomber weiter. Über Portland stießen sie auf »Hurricanes« der 238. Staffel, die sie erwarteten. Denn obwohl das Radar von Ventnor noch immer nicht einsatzbereit war, arbeitete der Rest der Kette weiterhin. Die obdachlosen Flieger und Lufthelferinnen lieferten mit gutem Zureden Signale von zerstörten Antennen und mobilen Generatoren.

Am späten Nachmittag hatte sich das Wetter gebessert. Die Fernschreiber der Luftflotten ratterten neue Befehle heraus, und die Flugzeuge starteten nun zum offiziellen *Adlerangriff*. Der Plan sah schwere Bombenangriffe auf militärische Ziele im gesamten Südengland vor, mit einer Konzentrierung auf

Flugplätze des Jägerkommandos. Hauptfehler an dem Plan war die Tatsache, daß die Luftwaffe keine Vorstellungen davon besaß, welche Flugplätze solche des Jägerkommandos waren. Finks unbegleitete Dorniers hatten am Morgen einen genauen Schlag auf dem Flugfeld von Eastchurch gelandet. Luftaufklärungsbilder hatten dort »Spitfires« gezeigt. Aber es war ein Flugplatz des Küstenkommandos, und »Spitfires« lagen dort nur zeitweilig. Andere angegriffene Flugplätze waren für die Schlacht ähnlich unbedeutend: das RAF-Forschungszentrum in Farnborough und das nahegelegene Odiham.

Weitreichende Stuka-Einheiten flogen in vorderster Reihe des Angriffs. Eine Gruppe des Elite-LG 1, kommandiert von Hauptmann von Brauchitsch – dem Sohn des Heeres-Oberbefehlshabers – machte einen Sturzbomberangriff auf den Flugplatz Detling nahe Maidstone.

Der Weg für die IV. (Stuka)/LG 1 war schon von der erstklassigen Jägereinheit JG 26 freigeräumt worden. Dies war das »Schlageter«-Geschwader von Galland und Priller. An diesem Tag wurde es von Major Handrick, dem Fünfkampf-Olympiasieger 1936, geführt. Sie beschäftigten »Spitfires« der 65. Staffel und zogen sie nach hoch oben, während von Brauchitschs Ju 87 im Sturzflug auf Detling niedergingen. Es war wenige Minuten nach fünf Uhr am Nachmittag, gerade als sich die Messehallen mit Fliegern füllten. 67 wurden getötet. Der Einsatzblock wurde verwüstet und 22 RAF-Maschinen am Boden zerstört. Ohne Ausfall kam die IV. (Stuka)/LG 1 sicher zurück. Es war eine wohlgeplante Operation, durchgeführt mit textbuchähnlicher Perfektion. 22 am Boden zerstörte Maschinen in einem Angriff bedeuten für jede Luftstreitmacht einen empfindlichen Schlag, ebenso wie der Verlust von so vielen ausgebildeten Männern. Aber Detling war kein Teil des Jägerkommandos der RAF, und sein Schicksal konnte keine Auswirkung auf die Luftkämpfe haben.

Auch die RAF-Abschnittsverantwortlichen lernten die Tricks. Als ein Jägerschwarm des JG 53 – das »Pik-As«-Geschwader – versuchte, die Jäger westlich der Isle of Wight zu locken, folgten sie nicht. Tatsächlich verschlechterte diese Taktik nur die Lage für die nachfolgenden Bomber. Die RAF, durch den Jägerschwarm in die Luft gelockt, besaß jetzt genug Höhe, um die Bomber anzugreifen. Neun Ju 87 Rs – eine Staffel der II/St. G 2 – wurden über Lyme Regis von »Spitfires« der 609. Staffel genau ausgemacht. Nur drei Stukas entkamen der Vernichtung, und eine davon war noch beschädigt.

Am Abend begannen Presseoffiziere und die »gelehrten Propagandahäuser« auf beiden Seiten, ihre übertriebenen Erfolge mitzuteilen. Tatsächlich hatten die Deutschen 46 Flugzeuge verloren und dreizehn RAF-Jäger abgeschossen. Außerdem wurde ein Jagdflugzeug auf dem Flugplatz von Eastchurch zerstört.

Es war offensichtlich ein englischer Sieg – oder nicht? Nicht weniger als 47 RAF-Maschinen waren am Boden zerstört und zusätzlich zu diesem Verlust ging vom RAF-Bomberkommando die Nachricht ein, daß elf Vickers-»Wellington«-Bomber über Deutschland abgeschossen worden waren.

Und in einem Angriff, der mehr Erfolg in moralischer Hinsicht brachte als Treffer auf die Flugzeugfabriken von Fiat und Caproni, flogen 36 Bomber der RAF bis nach Mailand und Turin und zurück.

Auch die deutschen Nachtbomber waren aktiv gegen die größeren Städte von England, Schottland und Wales. Von all diesen Angriffen brachten zwei ungewöhnlich genaue Treffer auf Flugzeugfabriken. Es waren Shorts in Belfast und – weit bedeutender – die Fabrik in Castle Bromwich, Birmingham, wo man gerade mit der Produktion der »Spitfire« Mk II begonnen hatte. Beide Angriffe flogen Heinkel-Maschinen der speziell ausgebildeten Kampfgruppe 100, einer Einheit, die bei künftigen Angriffen eine wichtige Rolle spielen sollte.

Die Luftflotten hatten ihre größte Leistung auf 1485 Feindflüge gesteigert. Das Jägerkommando der RAF hatte mit 700 Flügen geantwortet. Im Vergleich zum Juli, als die Verantwortlichen 600 Feindflüge am Tag nur zum Schutz der Konvois ansetzen mußten, war dies genau das Erwartete.

Wie zwei Männer, die Schläge ausgetauscht haben, taumelten beide Seiten zurück: überrascht, voller Schmerzen und besorgt. Die Luftkämpfe des nächsten Tages waren von weit geringerem Ausmaß. Aber beide Luftstreitmächte waren jetzt mit allem Drum und Dran in die Schlacht verwickelt, und als die Sommertage kürzer wurden, mußte die Luftwaffe auf eine schnelle, heftige Entscheidung drängen.

Beide Seiten überschätzten weiterhin die Verwüstungen, die sie anrichteten. Die Engländer störte das nicht sehr. Ihre Strategie lief einfach darauf hinaus, das Jägerkommando als Streitmacht intakt zu halten, bis das Wetter zu schlecht für einen Invasionsversuch wurde. Sie konnten nie hoffen, die deutschen Luftflotten zu zerstören.

Auf der anderen Seite mußten die Deutschen das Jägerkommando ausschalten, bevor sie von RAF-Zielen auf Invasionsziele übergehen konnten. So war es für die Strategie der Luftwaffe entscheidend, ein tägliches Bild vom Stand ihres Feindes zu erhalten. Aber sie schafften das nicht. Sie zeigten zu viel Vertrauen in die Luftkampfberichte, und sie unterschieden nicht zwischen Zielen, die zum Jägerkommando gehörten, und solchen, die nicht dorthin gehörten. Selbst wenn es die richtigen Ziele waren, herrschte eine Tendenz vor, die angegriffenen Ziele zahlenmäßig und buchstabengetreu abzuhaken, als ob sie nicht länger existierten.

Der deutsche Nachrichtendienst hatte eine sehr genaue Schätzung der Jagdflugzeugzahlen geliefert, die im Juli verfügbar waren. Aber er schätzte die Herstellungsrate falsch ein. Und er lag noch schlechter in der Vermutung über das, was Beaverbrooks Reparatureinheiten leisteten.

Auch schätzten die Deutschen nicht annähernd den Nachschub an Piloten richtig ein. Die Lage war schwierig, aber nicht so schwierig, wie die deutschen Planer hofften. Sie kalkulierten, daß inzwischen die RAF-Staffeln in der 10., 12. und 13. Gruppe verdünnt wurden, um die 11. Gruppe, die Frontlinie, zu verstärken.

Man entschied, die Gesamtstärke des Jägerkommandos zu testen. Dafür wurden gleichzeitige Angriffe von allen Seiten

Text zu den Bildern 57–62:

57 *Der Kriegsraum in Whitehall*
Die Kriegsgeschichte der letzten paar Jahrhunderte zeigt, wie sich Soldaten immer dichter auf den Boden werfen und dann immer tiefer in ihn eindringen. Im Jahr 1940 brachten es regelmäßige Bombenangriffe, erst bei Tag und dann bei Nacht, mit sich, daß lebenswichtige Dienststellen und Kontrollzentren unterirdisch verlegt wurden. Diese beiden Bilder zeigen den bedeutendsten unterirdischen Kontrollraum – den Kriegsraum in Whitehall –, von dem aus Churchill schließlich den gesamten Krieg leitet. (a) Churchills Schreibtisch, (b) sein Bett.

58 *Eine Unterhaltung, die ich gern belauscht hätte (Nummer eins)*
Göring und Udet bei einer Vorkriegs-Flugvorführung: Göring zeigt mit dem Marschallstab, auf der rechten Taschenseite trägt er den »Blutorden«, der nur an Teilnehmer des 9. November 1923 verliehen wurde. An seinem Hals (verdeckt und schwer auf diesem Bild zu sehen) trägt er den »Pour le mérite«, den höchsten deutschen Tapferkeitsorden des Ersten Weltkriegs, in dem Göring ein As der Jägerpiloten war. Udet, ein weiteres As aus dem Ersten Weltkrieg, trägt auch den »Pour le mérite« am Hals. An seiner linken Tasche trägt er (von links nach rechts) das Pilotenabzeichen des Ersten Weltkriegs, das Eiserne Kreuz Erster Klasse und das Doppelabzeichen, das die Luftwaffe an Flieger verlieh, die sich als Beobachter und als Pilot qualifiziert hatten. Hinter Göring, den Kopf nach hinten geneigt und den Mund weit offen, ist Hitler zu sehen.

59 *Eine Unterhaltung, die ich gern belauscht hätte (Nummer zwei)*
Wenige Wochen nach Kriegsende zog sich Dowding wieder die Uniform der RAF an, aus der man ihn gefeuert hatte. Er ging zum Flugfeld von North Weald, um die erste der jährlichen Friedens-Flugparaden anläßlich der Schlacht um England zu beobachten. Die Formation führte Douglas Bader, das Flieger-As ohne Beine, der erst kurz zuvor aus einem Kriegsgefangenenlager freigelassen wurde, wo er einen großen Teil des Krieges verbracht hatte. Bader hatte die Theorien der »großen Verbände« entwickelt, die eine bedeutende Rolle bei Dowdings Sturz spielten. Hier tauschen die beiden Männer vor dem Start einige Worte aus.

60 *Eine Unterhaltung, die ich gern belauscht hätte (Nummer drei)*
Lange nach 1940 trafen Asse der Schlacht um England zusammen. Von links nach rechts: Al Deere, Peter Townsend und Denys (Kill'em – Töte ihn) Gillam. Ganz rechts außen steht Johnnie Johnson.

61 *Eine Unterhaltung, die ich gern belauscht hätte (Nummer vier)*
Bei einer internationalen Funknavigations-Konferenz im Nachkriegs-Frank-

▲ 57 a

▼ 57 b

▲ 58

▼ 59

▲ 60

▼ 61

furt ist Watson-Watt (Mitte), der Erfinder des britischen Radar und des sich daraus entwickelnden Systems, dabei. Rechts steht Nachrichtenchef der Luftwaffe, General Martini, der es versäumte, die Rolle zu begreifen, die das Radar bei der Verteidigung der englischen Küste spielte. Links steht der »lächelnde Albert« Kesselring, Kommandeur der Luftflotte 2, der die Konsequenzen erleiden mußte. Er bestätigt seinen Spitznamen.

62 *Eine Unterhaltung, die ich nicht hören muß*
Ein deutscher Flieger wird in die Heimat zurückgeführt.

---

angesetzt. Die Luftflotte 5 in Norwegen und Dänemark hatte beträchtliche Erfahrung in selbständigen Angriffen und Aufklärungsflügen gegen Schottland und Nordengland gesammelt. Nun sollte sie einen großen Teil zur sorgfältig geplanten Offensive des Tages beisteuern.

15. August. Der Tag begann mit einem weiteren Beispiel für das Kuddelmuddel im Stab der Luftwaffe. Die Wetterexperten sagten dichte Wolken voraus. Wegen der Bedeutung dieser Aussage entschied Göring, daß der große Angriff nicht stattfinden sollte. Stattdessen wollte er eine genaue Untersuchung zum *Adlertag* abhalten. Es war typisch für ihn, daß er dabei Gastgeber auf Karinhall, seinem großen Haus und Jagdgut, spielen wollte. Also machte sich der Führungsstab der Luftflotten auf den Weg nach der Schorfheide, rund 70 km außerhalb von Berlin.

Am frühen Morgen aber hatten sich die Wolken bis auf verstreute Fleckchen in einem klaren blauen Himmel verzogen. Die Windgeschwindigkeit betrug unbedeutende 4 km/h. Deutsche Luftaufklärer berichteten, daß sich dasselbe schöne Wetter von Zentral-Frankreich über fast ganz England ausdehnte.

Die detaillierten Befehle für diesen massiven Luftangriff waren lange vorher an die Luftflotten verteilt. Der Stoßkeil des Angriffs sollte vom II. Fliegerkorps kommen. Ursprünglich waren solche Einheiten als gemischte Kommandos gegründet. Später wurden sie mehr und mehr spezialisiert. Dieses Korps umfaßte zwei Dornier-Do-17-Bomber-Geschwader – eines von ihnen war Finks –, das »Legion-Condor«-Geschwader mit Heinkel He 111 sowie drei abgetrennte und selbständige Ju-87-Gruppen und die hervorragenden Jabos von der Erpr.-Gr. 210. Alles stand unter dem Kommando von General Bruno Loerzer, dem Freund Görings aus dem Ersten Weltkrieg (Loerzer hatte Göring damals aus der Dunkelheit einer Arthritis-Haft in einem Militärhospital herausholt und zu einer fliegenden Einheit an der Front gebracht). Es ist überflüssig zu erwähnen, daß auch Loerzer zu dem großen gesellschaftlichen Ereignis dieses Tages eingeladen war. Dem Essen bei Göring schloß sich eine militärische Diskussion an. Es war ein Tag jener Art, die Göring sehr schätzte, von verschwenderischer Gastfreundschaft mit Champagner, exzellenten Speisen, Brandy und Zigarren zu Vorträgen oder endlosen Tiraden, die unausweichlich solche Zusammensein beendeten. Und alles fand im entfernten Karinhall statt.

Bruno Loerzer war oft an Görings Seite zu sehen, wie er sich über dessen Scherze freute, die Karten hielt oder aufmerksam zuhörte. Einige behaupteten, er verbrachte viel zuviel Zeit außerhalb seines Hauptquartiers des II. Fliegerkorps in Gent, Belgien, zu. Sicherlich war sein Stabschef, Oberst Paul Deichmann, während Loerzers Abwesenheit durchaus in der Lage, das Kommando zu führen. An diesem schicksalsschweren Tag blickte Deichmann auf den klaren blauen Himmel und entschied auf seine eigene Verantwortung, den gesamten Angriff in Gang zu setzen.

So wurden im Hauptquartier der IV. (Stuka)/LG 1 die Fernschreiber zum Leben erweckt. Zwei Staffeln von von Brauchitschs Ju 87 wurden für einen Sturzflugangriff auf den RAF-Flugplatz Hawkinge bestimmt. Weitere Ju 87 (von der II./St G 1 im Pas de Calais) sollten Lympne angreifen. Eine Gruppe Dornier Do 17 des KG 3 – das »Blitz«-Geschwader – wurde zum Flugplatz Rochester geschickt, und eine andere steuerte den RAF-Platz Hornchurch an. Als sich die Bomber in Küstennähe formiert hatten, stieg ein großer Begleitschutz an Jägern zur Eskorte auf. Um mit dem Benzin hauszuhalten, starteten sie in letzter Minute.

Nachdem er seinen Einheiten einen der größten Luftangriffe in der Geschichte anvertraut hatte, machte sich Deichmann auf den Weg zu Kesselrings »Heiligem Berg«, um zu sehen, wie sich die Sache entwickelte. Natürlich weilte Kesselring in Karinhall, aber sein Einsatzoffizier (Ia), Oberstleutnant Rieckhoff, war dort. Er hatte die Maschinen gehört und wunderte sich, was im Gange war. Er war entsetzt darüber, was Oberst Deichmann trotz Görings Anweisungen getan hatte.

Deichmann verwies darauf, daß Göring nicht verboten hatte, den Angriff an diesem Tag zu starten; er hatte nur eine Konferenz einberufen, die auf einer Wettervorhersage basierte, die sich als gänzlich falsch erwiesen hatte.

Rieckhoff griff zum Telefon, um die Befehle zu widerrufen. Aber Deichmann erklärte, daß es zu spät sei. Die Bomber befanden sich auf ihrem Weg nach England. Rieckhoff entschloß sich, unverzüglich Kesselring anzurufen. Mit größtmöglicher Dringlichkeit meldete er das Gespräch an. Aber als er nach Karinhall durchkam, erklärte man ihm, daß nach Görings Anweisung die Konferenz unter keinen Umständen gestört werden sollte.

So führte die Entscheidung des Fliegerkorps II, den Angriff zu starten, zu Aktionen der Einheiten von Lannion in der Bretagne bis hoch nach Stavanger in Norwegen. Es sollte der intensivste Tageskampf der gesamten Schlacht werden.

Geschickterweise startete die Luftflotte 5 mit einem Scheinangriff auf die schottische Küste. Eingesetzt war dafür eine Formation von He-115-C-Aufklärungs-Wasserflugzeugen der Küstenfliegergruppe 506. Man machte dies, um die Jagdflugzeuge der 13. Gruppe weit nördlich des eigentlichen Angriffs hinzuziehen.

Die Hauptstreitmacht bestand aus 72 Heinkel-He-111-Bombern des KG 26, das »Löwen«-Geschwader. Diese Einheit war berühmt als Torpedo- und Schiffsbekämpfungs-Spezialisten. 21 zweimotorige Messerschmitt-Bf-110-Jagdflugzeuge begleiteten sie: die zweite und dritte Staffel des ZG 76. Man hatte allen Grund anzunehmen, daß sie für genügenden Schutz sorgen würden, denn sie hatten im Dezember 1939 einen unbegleiteten Verband von »Wellington«-Bombern der RAF über Helgoland vernichtet. Die Kommandeure waren so selbstsicher, daß diese speziellen Bf 110 D-1/R 1-Maschinen ihre Bordschützen zurückgelassen hatten, um das Gewicht des zusätzlichen Treibstoffs, der in 1000 Liter »Dachshund-Bäuchen« unter den Flugzeugen aufgehängt war, auszugleichen.

Der Tag begann schlecht für diese Langstreckenangreifer. Wegen eines Navigationsfehlers lag ihre Spur so dicht an dem Scheinangriff, daß sie auf dem englischen Radar als eine riesige Formation ausgemacht wurden. Die Verteidiger waren alarmiert.

Die Radarbeobachter dieses nördlichen Teils von Englands Kette schätzten den Angriff auf etwa dreißig Flugzeuge, da ihnen die Erfahrung ihrer Kollegen von der 11. Gruppe fehlte. Gegen 12.15 Uhr mittags schickte der Verantwortliche die 72. Staffel von Acklington in Northumberland los. Ihr Führer flog in 5500 m Höhe weit draußen über dem Meer und hielt nach dreißig deutschen Angreifern Ausschau, als es zur Begegnung kam. Ebenso wie zwei Gruppen Heinkel III des KG 26 traf er eine ganze Gruppe Bf 110: fast 100 »Banditen« insgesamt.

Die zwölf RAF-Jäger flogen knapp 1000 m höher als die Angreifer. Der Führer der RAF-Formation flog weiter seewärts, um dann zu wenden und aus der Sonne heraus anzugreifen. Über Sprechfunk fragte ihn einer der Piloten: »Hast du sie nicht gesehen?«

In einer Antwort, die im gesamten Jägerkommando berühmt werden sollte, sagte der Verbandsführer: »Natürlich habe ich die B. B. B. B. Bastarde entdeckt. Ich versuche herauszufinden, w. w. w. w. was man machen sollte!«

Die 72. Staffel teilte sich: Eine Hälfte übernahm die Bf-110-Jäger, die andere griff die Heinkels an. Der Gruppenkommandeur der BF 110 führte die Jägereskorte an. Er versuchte, seinen Langstreckentank abzuwerfen. Diese unförmigen Tanks waren immer unzuverlässig. Dieser fiel nicht ab, bevor ihn ein Geschoß sprengte. Seine Bf 110 explodierte wie eine Bombe. Einige der Bf 110 bildeten einen Abwehrkreis, bei dem die gewaltige vorwärts ausgerichtete Feuerkraft den schutzlosen Schwanz des Nachbarn schützen konnte. Für diesen Flug ohne Bordschützen war ein Kreis das einzige ratsame.

Einige Heinkel warfen ihre Bomben ab und änderten den Kurs in Richtung auf Wolkenfelder. Aber mit wilder Entschlossenheit klammerten sich die meisten Bomberbesatzungen an ihre Aufgabe und näherten sich den Küstenstädten, ungeachtet wiederholter Jägerangriffe.

Eine andere Art von Mut zeigte der Verantwortliche der 13. Gruppe. Er vermutete (richtigerweise), daß dies die gesamten Luftwaffenkräfte waren, die gegen seine Gruppe standen. Mit beispielloser Kühnheit – denn der Luftkampf im Süden hatte voraussehbare Stoßrichtungen – wurden Staffeln von so weit nördlich wie Drem in Schottland und so weit südlich wie Carterick in Yorkshire gegen die deutschen Angreifer geführt. Diese wagemutige Taktik vernichtete das »Löwen«-Geschwader und seine Eskorte. Fünfzehn deutsche Maschinen wurden abgeschossen, gegenüber dem Verlust eines RAF-Jägers.

Den südlichen Stoß des Angriffs über die Nordsee führten Junkers-Ju-88-Bomber des KG 30, das »Adler«-Geschwader. Sie gehörten zu den neuesten Maschinen der Luftwaffe. Ihre Leistungsfähigkeit hatte Generaloberst Stumpff, Kommandeur der Luftflotte 5, dazu veranlaßt, sie ohne Begleitung fliegen zu lassen (deshalb stellte er seine Bf 110 für die Heinkel-Maschinen ab). Um für Schutz zu sorgen, waren wenige Ju 88 speziell auf Kanonen im Bug umgerüstet worden.

Dieser Angriff von Aalborg in Dänemark stieß über Land auf die 12. Gruppe, deren Kommandeur, Air Vice-Marshal Trafford Leigh-Mallory, ein plumper, stets korrekt gekleideter Günstling von Dowding, die meiste Zeit seiner Karriere mit Begleitflügen für die Armee verbracht hatte. Er hatte kritisiert, wie Keith Park, der Kommandeur der 11. Gruppe, die Schlacht führte und argumentierte, daß größere RAF-Jägerformationen weit sinnvoller gegen die deutschen Angreifer sein würden. Mehr und mehr tadelte er auch Dowding, weil der Park nicht befahl, diese Taktik der »großen Verbände« zu übernehmen.

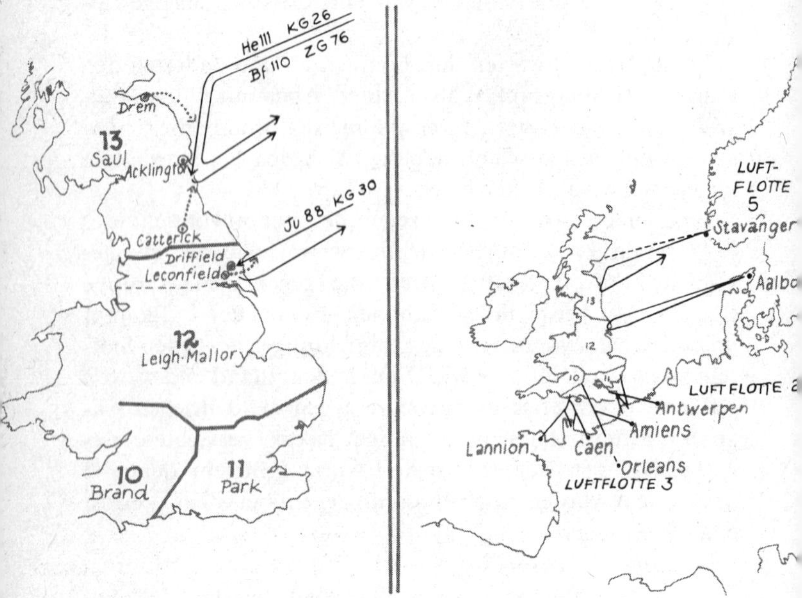

Zeichnung 29: 15. August

Der gigantische Luftangriff wurde in Gang gesetzt durch ein Mißverständnis eines im Dienstrang verhältnismäßig niedrigen Offiziers (siehe Text). Zum ersten Mal beteiligte sich die Luftflotte 5 an den Angriffen gegen England. Sie flog mit Heinkel-Wasserflugzeugen Scheinangriffe (unterbrochene schwarze Linie).

Die nördlichen beiden Gruppen waren nicht im Überraschungsangriff zu nehmen. Sauls Leiter war besonders kühn bei seinem Einsatz der Jagdflugzeuge (gerasterte, gepunktete Linie). Leigh-Mallory (der Park kritisierte, da dieser Jagdflugzeuge nicht kühn genug zu Gegenangriffen an der Südküste einsetzte) handelte jetzt ängstlich und setzte nur Jagdflugzeuge aus dem angegriffenen Abschnitt ein.

Deshalb ist es interessant zu bemerken, daß Air Vice-Marshal Leigh-Mallory nur Furcht als Reaktion zeigte, als Air Vice-Marshal Saul von der 13. Gruppe kühnerweise Staffeln von so weit nördlich wie Drem hatte heranfliegen lassen. Hier kamen keine »großen Verbände« zur Entfaltung. Der angegriffene Abschnitt setzte nur seine eigenen Staffeln ein. Zwölf »Spitfires« der 616. Staffel und sechs »Hurricanes« der 73. Staffel marschierten gegen die Ju 88 auf. Das »Adler«-Geschwader warf tapfer seine Bomben auf die RAF-Station in Driffield, Yorkshire. Sie zerstörten zehn »Whitley«-Bomber am Boden. Trotzdem wurden sieben Junkers Ju 88 abgeschossen, und drei weitere mußten in Dänemark, Deutschland und Holland notlanden.

Selbst wenn man die zerstörten RAF-Bomber in Driffield berücksichtigt, bezahlten die Deutschen einen hohen Preis. Von der Angriffsstreitmacht der Luftflotte 5 gingen fast 20 Prozent verloren. Es war eine Enttäuschung für die Strategieplaner der Luftwaffe. Offensichtlich waren die nördlichen Jägergruppen nicht entblößt worden, um die 11. Gruppe zu verstärken. Es zeigte sich, daß deutsche Bomberformationen nicht ohne (einsitzige) Jagdflugzeugeskorte operieren konnten.

Der einsitzige Jäger erlangte ausschlaggebende Bedeutung nach den Kämpfen dieses Tages. Vergessen waren die Theorien über Schnellbomber, die die Verfolger hinter sich lassen. Von diesem Tag an war klar, daß jeder Angriff von Maschinen begleitet werden mußte, die so gut wie die der Verteidiger waren.

Jetzt konnte die Luftwaffe mit Schlagkraft nur dorthin gehen, wo auch ihre Bf 109 hingehen konnten: Das bedeutete einen kleinen Abschnitt von Südost-England. Umgekehrt gestattete dies Dowding, bei einer Strategie des verzweifelten letzten Kampfes, seine Jäger auf Flugplätze außerhalb der Reichweite der Bf 109 zu verlegen. Falls notwendig, würden sie dort in der Lage sein, von unbebombten Flugplätzen die Angreifer zu bekämpfen.

Und noch ein weiterer Pluspunkt für die einsitzigen Jagdflugzeuge tauchte aus den Statistiken auf. Die Bomberformationen der Luftwaffe konnten nur moralschädigenden Verlusten entrinnen, wenn man zwei Jagdflugzeuge für jeden Bomber in den Formationen abstellte. So flogen beispielsweise an diesem Tag die Deutschen 1786 Feindflüge, davon nur 520 mit Bombern. So mußte aus Mangel an Jägereskorten fast die Hälfte der verfügbaren Bomber der Luftflotte ohne Einsatz zurückbleiben.

Im Süden setzten die Luftflotten 2 und 3 die Bf 109 wie gewöhnlich ein. Aber auch sie konnten ernsthafte Verluste unter den verwundbareren Flugzeugtypen wie Ju 87 und Bf 110 nicht verhindern. Die Angreifer richteten bemerkenswerte Schäden auf den Flugplätzen an, auf die sich ihre Angriffe konzentrierten. Aber sie griffen noch immer viele Flugplätze getrennt vom Jägerkommando an. Taktisch gesehen richteten einige Fehlabwürfe die größten Schäden an, indem sie die Überlandleitungen zertrennten und so die Radarstationen außer Gefecht setzten.

Bei Kämpfen, die von Schottland bis Devon reichten, verlor die RAF 34 Jagdflugzeuge in der Luft. Weitere sechzehn Maschinen der RAF gingen auf den angegriffenen Flugplätzen verloren. Die Luftwaffe verlor etwa 75 Maschinen (obwohl man darüber noch immer diskutiert. Hans Ring von der Deutschen Jäger-Pilotenvereinigung meint, 55 würde genauer sein). Wie hoch auch immer die wahren Verluste sind – bald begann die Luftwaffe von diesem Tag als dem *schwarzen Donnerstag* zu sprechen.

Inzwischen leisteten die Propagandaabteilungen ihre Arbeit mit Vergnügen. Die Deutschen rühmten sich 101 Siegen und die RAF heldenhafter 182.

Auf Görings Spitzenkonferenz von Luftflotten- und Fliegerkorpskommandeuren fanden die weitreichendsten Vorgänge statt. Göring verfügte, da die Luftwaffenverluste an Offiziersbesatzungen jetzt so schwerwiegend waren, daß nicht mehr als ein Offizier in jeder Maschine fliegen durfte und daß jeder Stuka nicht weniger als drei Jagdflugzeuge zum Schutz haben sollte. Er fügte hinzu: »Es ist zweifelhaft, ob es irgendeinen Grund gibt, die Angriffe auf die Radaranlagen fortzusetzen, angesichts der Tatsache, daß bislang nicht eine der angegriffenen außer Gefecht gesetzt wurde.«

Es war einer der größten Irrtümer des Krieges.

16. August. Der Druck hielt an. Nach den 1786 Feindflügen der Luftflotten vom *schwarzen Donnerstag* flogen sie während des nächsten Tages und der Nacht weitere 1700.

Entgegen Görings Befehl wurde die Radarstation von Ventnor wiederum angegriffen. Sie war gerade wieder betriebsbereit nach der Zerstörung, für die das Bombardement vom 12. August gesorgt hatte. Dieses Mal richteten die Ju 87 genug Schäden an, um die Anlagen für sieben Tage auszuschalten. Eine mobile Anlage wurde nach Bembridge gebracht. Aber ihre Leistung erwies sich als so schwach, daß der einzige Wert darin lag, die Luftwaffe zu überzeugen, daß es kein Loch gab.

Eine Demonstration vom taktischen Leistungsvermögen der Luftwaffe wurde an jenem Abend geliefert, als zwei Junkers Ju 88 bis zum Brize Norton-Flugplatz nahe Oxford durchdrangen. Die Route war so ausgewählt und zeitlich gelegt, daß vorausgegangene Luftkämpfe die RAF-Jäger zur Wiederbewaffnung und zum Auftanken auf den Boden gezwungen hatten. Die Deutschen wählten den Moment hervorragend und flogen an, als ob sie sich zur Landung vorbereiteten. Sie fuhren sogar die Räder aus, in der Hoffnung als »Blenheims« verkannt zu werden.

Die von den beiden Ju 88 abgeworfenen Bomben trafen Hangars, in denen aufgetankte Flugzeuge standen. Die daraus resultierenden Brände und Explosionen zerstörten 46 Flugzeuge und beschädigten sieben weitere. Mit diesen verlorenen Maschinen, die meist Ausbildungsflugzeuge waren, wurden auch elf »Hurricanes« zerstört, als Bomben in die Wartungseinheit einschlugen, die den Flugplatz mit den anderen teilte. Die Deutschen entkamen ohne Gegenangriff.

Dieser Angriff zeigte das immer gegenwärtige Dilemma der Verteidigung auf. Flugzeuge, die während dieser schweren Angriffe auf den Flugplätzen zurückgelassen wurden, gingen durch Bomben oder Bordwaffen der Tiefflieger verloren. Falls alle Maschinen in die Luft geschickt wurden, mußten sie zur gleichen Zeit erneut bewaffnet und aufgetankt werden. Das würde einen ungeschützten Himmel bedeuten. Weitere Jagdflugzeuge würden am Boden durch nachfolgende Attacken verwundbar sein.

Nachdem die Piloten von den Luftkämpfen des Tages zurückgekehrt waren, reichten sie Kampfberichte ein, die einen Wechsel bei den deutschen Formationen aufzeigten. Deutsche Jagdflugzeugeskorten flogen nicht länger höher als die Bomber. Sie hielten sich nun mehr auf derselben Ebene, gewöhnlich davor und daneben. Als Antwort darauf änderten die Verantwortlichen des Jägerkommandos ihre Taktik ab, eine »Spitfire«-Staffel gegen die hochfliegenden Jäger zu schicken, während sich eine Staffel »Hurricane« hinter die Bomber hängte. Nun wurden alle RAF-Jagdflugzeuge angewiesen, sich die Bomber herauszusuchen. Die meisten Luftkämpfe fanden zwischen 3650 m und 6000 m Höhe statt. In dieser Höhe zeigten sich die RAF-Jagdflugzeuge von ihrer besten Seite. Dies war ein weiterer Grund dafür, weshalb es die deutschen Jägerpiloten nicht schätzten, dichte Eskorten zu fliegen.

Die Bf 109 E war den englischen Jagdflugzeugen in größeren Höhen überlegen. Im vorausgegangenen November, während des »Scheinkriegs« oder »Sitzkriegs«, wie es die Deutschen nannten, war eine Messerschmitt Bf 109 E-3 des II/JG 54 auf der französischen Seite des Rheins gelandet. Erst im Mai kam diese Maschine wieder von den Untersuchungen der RAF-Forschungsabteilungen zurück. Die RAF war so sicher, daß der Luftkrieg in niedrigen Höhen stattfinden würde, daß kein Sauerstoff für irgendeinen Testflug benutzt wurde. Dafür mußte man bald bezahlen. Die Bf 109 mit einem hervorragenden Vorverdichter war in der Lage, die Küste in 10 300 m Höhe zu überqueren. Man hatte entdeckt, daß die »Spitfire« – trotz ihrer in der Betriebsanleitung angegebenen Höhe von 11 400 m – nicht über knapp 9200 m gehen konnte, ohne abzutrudeln, und nicht mehr fähig war, eine

Formation einzuhalten. Höhe bedeutete für die Jagdflugzeuge alles. Und die Messerschmitts konnten das Feuer von einer überlegenen Höhe eröffnen (da ihre Kanonen wesentlich weitreichender als die Maschinengewehre der »Spitfire« waren) und über den RAF-Formationen bleiben.

Geschwindigkeit bedeutete oft den Unterschied zwischen Leben und Tod. Das Bodenpersonal verbrachte einen großen Teil seiner Zeit damit, zusätzliche Maschinengewehre in die deutschen Bomber einzubauen; die Dornier Do 17 besaß inzwischen schon acht.

Und die Dorniers hatten eine Technik entwickelt, sich ihrem Ziel in einem langen, seichten Sturzflug zu nähern. Dadurch holten sie zu ihrer Höchstgeschwindigkeit weitere 160 km/h heraus. Mit 592 km/h waren sie selbst von einer »Spitfire« nur schwer abzufangen.

18. August. Geschwindigkeit bedeutete auch für die »Hurricanes« die hauptsächliche Begrenzung. Gleichwertig, wenn sie direkt zu einer feindlichen Formation geführt wurde, war sie nicht gut genug, einen entfernten Feind zu jagen. Gegen feindliche Jagdflugzeuge stellte dies eine ausgesprochene Gefahr dar. Dieser Situation sahen sich die »Hurricanes« der 615. Staffel etwa zur Mittagszeit am Sonntag, dem 18. August, gegenüber. Sie waren von Hawkinge ausgeschickt, um schätzungsweise 150 »Banditen« zu treffen, die sich von Südosten näherten. Sie befanden sich noch im Aufstieg, als der Verantwortliche seine Befehle änderte. Er erklärte ihnen, sie müßten hinter den deutschen Jägern in 7620 m Höhe herfliegen. Es war eine Aufgabe, für die die »Spitfire«, mit größerer Geschwindigkeit und besserer Steigrate, weit geeigneter war.

Leutnant der RAF Looker in der KW-Z war sogar noch enttäuschter, als der Rest der 615. Staffel. Denn sein eigentliches Flugzeug war beschädigt, was ihn dazu zwang, eine »Hurricane« I aus der Reserve zu fliegen. Sie hatte stoffbespannte Tragflächen und keinen selbstdichtenden Tank. Mit einer in zwei Positionen verstellbaren De-Havilland-Luftschraube anstelle des konstanten Rotol-Propellers ausgerüstet, war sie schlecht zu fliegen. Dies bedeutete weniger Leistung und mehr Arbeit für den Piloten.

Die 615. Staffel flog noch immer in der alten Formation (vier V's) und hielt sich im Vorkriegsstil eng zusammen. Zweifelsfrei war sie dadurch leichter auszumachen. Aus der Sonne heraus wurden sie von den Bf 109 angegriffen, nach denen sie ausschauten. Der Schwanz von KW-Z wurde durch eine Kanone getroffen. Die »Hurricane« begann zu trudeln, aber Looker war erfahren genug, um die Kontrolle wiederzugewinnen. Es widerstrebte ihm, mit dem Fallschirm abzuspringen, nachdem er gerade einen Monat mit Beinverletzungen im Hospital verbracht hatte, die er sich in einem Einzelkampf während der Kämpfe in Frankreich zugezogen hatte. Er schlüpfte durch die Kabel der Ballonsperren, die ausdrücklich dort waren, um solche Manöver zu verhindern, und brachte die »Hurricane« dann auf dem ersten Landefeld herunter, das er sah. Es war Londons Vorkriegsflugplatz Croydon. Als er anflog, mußte er vor den Luftabwehrgeschützen Spießruten laufen. Die dachten, er sei ein deutscher Bomber.

Leutnant Looker überlebte. Aber unglaublicherweise formulierte einer der Flugplatzoffiziellen von Croydon eine schriftliche Beschwerde, weil sein Flugplatz als Notlandefeld genutzt worden war. Auch Lookers »Hurricane« überlebte und wurde Ausstellungsstück im Londoner Wissenschafts-Museum.

Die veraltete V-Formation, in der die 615. Staffel an diesem Tag flog – von der Luftwaffe »Bananenbündel« genannt –, hatte sich als gefährlich erwiesen. Aber sie stellte nicht den einzigen Grund für die Beschwerden beim Jägerkommando dar. Die Tatsache, daß Flugformationen und Taktiken offensichtlich falsch waren, ermutigten die Piloten, das gesamte Konzept der radargeführten Bodenkontrolle in Frage zu stellen. Die Jägerpiloten konnten weder das Gesamtbild sehen, noch konnten sie die Anspannung einschätzen, die ständige Patrouillen auf das Jägerkommando ausüben würden. Tatsächlich wäre es unmöglich gewesen, die Südost-Küste mit den verfügbaren Mitteln zu überwachen.

Obwohl die Jägerpiloten nur ihre eigenen, sehr kleinen Formationen sahen, die gegen die gewaltigen Zahlen der Deutschen geschickt wurden, wurden oft andere RAF-Jagdflugzeuge vor oder nach ihnen in die Schlacht beordert. Diese zögernden Taktiken waren ein notwendiger Weg, das Jägerkommando davor zu bewahren und zu schützen, daß sich nicht die gesamte Streitmacht der Jagdflugzeuge gleichzeitig zum Auftanken und Wiederbewaffnen am Boden befand.

Aber viele der Beschwerden waren ein Symptom für Müdigkeit. Das Überleben für einen Jägerpiloten kann auf höchster physischer Kondition beruhen. Aber Alarme beim ersten Morgenlicht bedeuteten, um drei Uhr in der Früh abrufbereit zu stehen. In Biggin Hill schlief die 32. Staffel unter ihren »Hurricanes«. Ihren Fallschirmsack benutzte sie als Kopfkissen. In Rochford schliefen die Piloten der 151. Staffel einfach in den Cockpits. Jeder Pilot, der nach drei solchen Nächten eine volle Nacht durchschlafen konnte, war glücklich.

Die Jägerstaffeln wurden von Flugplatz zu Flugplatz verlegt, je nachdem, wie es Dowdings Strategie, Staffelverluste oder Erschöpfung erforderten. Einige der Flugfelder waren RAF-Vorkriegseinrichtungen mit ziegelgebauten Unterkünften, Hangars, Werkstätten und angemessenem Komfort. Andere waren baufälliger. In jedem Fall kam es eine Menge auf den Mann an, der es leitete; der Stationskommandeur stand im Rang über dem Staffelkommandeur und entschied über alles, außer die Einsatzflüge.

Einige »Stationsmeister« verwandten ihre gesamte Energie darauf, es den Fliegern komfortabel zu machen. Aber in Warmwell, Dorset, waren die Einrichtungen, die für die Flieger der 609. Staffel bereitgestellt wurden, so schlecht, daß es viele von ihnen vorzogen, unter filzigen Decken in Zelten zu schlafen. Trotz Schmutz, Staub, fehlenden Toiletten, Waschgelegenheiten und sogar fließendem Wasser.

Der Stationskommandeur zeigte kein besonderes Interesse, die Situation zu verbessern. Aber er beklagte sich bei den Jägerpiloten, daß sie nicht unverzüglich zu den Mahlzeiten in der Offiziersmesse eintrafen. Um sie dazu anzuspornen, befahl er, daß der Speiseraum außer zu den festgesetzten Speisezeiten abgeschlossen wurde.

Squadron-Leader George Darley berichtete später: »Alle unsere Anstrengungen, die Luftwaffe in Respekt zu zwingen ... Essenszeiten verfehlt, der tote Punkt trat ein.« Die Jägerpiloten mußten hungrig davongehen.

Die zivilen Köche in Warmwell waren begeistert über die Entscheidung des Stationskommandeurs. Und sie gaben bekannt, daß sie nicht aufstehen wollten, um die Jägerpiloten mit Frühstück zu versorgen (die sehr früh bei ihren Maschinen sein mußten). Also begab sich Darley, der die Jägerstaffel kommandierte, persönlich in die Küche von Warmwell und bereitete Eier, Schinken und Tee für seine Männer. Aber als sich die Köche über die schmutzigen Tische beschwerten, die er zurückgelassen hatte, ließ der Stationskommandeur Darley holen und verbot ihm, die Küche jemals wieder zu benutzen.

Am Tag, als Darley gerügt wurde, fing die 609. Staffel eine Formation von Ju 87 ab, die sich im direkten Anflug auf Warmwell befand. Sie griffen die Maschinen energisch an, und nur ein paar Bomben trafen den Flugplatz. Nach der Landung sagte Darley: »Ich konnte der Versuchung nicht widerstehen, den Stationskommandeur von Warmwell anzurufen und mitzuteilen, daß ich keinen Dank für die Rettung der Hangars, Menschen und Maschinen erwartete, von der Offiziersmesse und der Küche gar nicht erst zu sprechen.«

Aber wenn Darley glaubte, dies würde die unfreundliche Haltung des Stationskommandeurs ändern, lag er falsch. Von diesem Tag an kochten die Männer der 609. Staffel ihr Essen selbst. Sie benutzten Campingausrüstungen und Drucköfen. Als RAF-Männer in der Küche davon hörten, versorgten sie die Jägerstaffel mit einem »Berg von Eiern, Tee, Zucker, Büchsen mit Milch und Paketen mit Cornflakes«. Dazu ließen sie bestellen, daß sie die Jägerstaffel »schrecklich wunderbar« fänden.

Viele Jägerpiloten wurden in eine eigene Welt hineingezogen. Endlose Flüge, einige davon in großen Höhen, Schlafmangel, der Verlust an Freunden und die Art, in der so viele von ihnen physische Verletzungen erlitten hatten – und sei es nur durch das »Aussteigen« mit dem Fallschirm –, zehrten an der Moral. Die Männer wurden auf verschiedenen Wegen beeinflußt; viele Piloten landeten und mußten dem Nachrichtenoffizier erzählen, daß sie sich an nichts mehr erinnern konnten. Einer ermahnte seine jungen Piloten, untereinander besonders freundlich zu sein, aus Furcht, daß die letzten Worte zu einem Freund böse sein könnten. Bei der 54. Staffel brachte Müdigkeit die Männer dahin, beleidigt zu sein, obwohl keiner die Absicht dazu hatte. Ein Pilot, der vor einem Teller mit Eiern und Schinken saß, schwankte und wakkelte, bis sein Kopf ins Essen fiel, und er einschlief. »Du wolltest die Eier essen, nicht den Kopf darin betten«, rief ein anderer Pilot, um ihn aufzuwecken. Al Deere erinnert sich: »Schlagartig saß George aufrecht. Er schaute sich böse um, bevor er schweigend den Raum verließ. Diese Art und Weise sah ihm gar nicht ähnlich.«

In Manston wurde zuletzt befohlen, die »Blenheims« der 600. Staffel abzuziehen. Der Flugplatz wurde weiterhin benutzt – als Frontbasis für die Jägerstaffeln. Aber es war schwierig, die Jagdflugzeuge in die Luft zu bekommen, da sich ein großer Teil des Bodenpersonals strikt weigerte, die Luftschutzunterstände außer bei Nacht zu verlassen.

19. August. Park wählte Montag, den 19. August, für eine Stabskonferenz. Er erklärte seinen Abschnittskommandeuren und den Leitern, daß ihre Hauptaufgabe darin liegen müsse, die Abschnittsflugplätze zu verteidigen, von denen die Leiter ihre Staffeln in die Schlacht schickten. Zweitens müßten sie weiterhin darauf achten, Kämpfe Jäger gegen Jäger zu vermeiden. Was es auch immer kosten würde, sie müßten die Eskorte von ihren Schützlingen abdrängen und sich darauf konzentrieren, die Bomber abzuschießen.

Dieser einfache – aber, wie sich herausstellen sollte, meisterliche – taktische Plan legte die Art der Schlacht fest, welche die RAF würde kämpfen müssen. Um die Abschnittsstationen zu schützen, war es erforderlich, sich den deutschen Angreifern so früh wie möglich entgegenzustellen. Die Zeit fehlte, »große Verbände« zu bilden, bevor es in die Schlacht ging. Es bedeutete auch, daß einige Staffeln ausgewählt wurden, die Abschnittsflugplätze zu überwachen anstatt auf die Angreifer zu treffen. Wegen dieser beiden Punkte entbrannten harte Diskussionen.

Man konnte argumentieren, daß die beste Taktik darin liegen müsse, feindliche Jagdflugzeuge abzuschießen, nachdem die Luftwaffe ihre Bombenflüge bereits aus Mangel an Jägern verringert hatte. Park war sich klar darüber, daß dies ein trügerischer Schluß sei. Abschüsse von Bombern würden es mit sich bringen, daß die deutschen Bomberbesatzungen noch stärkeren Schutz verlangen würden und daß die Jägereskorten auf die Höhe der Bomber heruntergehen würden. Dies würde die deutschen Jäger verwundbar für seine Jagdflugzeuge machen.

Vielc RAF-Jägerpiloten waren darüber unglücklich. Sie forderten lautstark eine Möglichkeit, auf die deutschen Jagdflugzeuge losgehen zu können. Es waren junge Männer, die mit den Schuljungengeschichten eines anderen Alters aufgewachsen waren. Aber wie die Flieger der vorhergegangenen Generation mußten sie sich mit einer grimmigeren Wahrheit abfinden: Es wurde ihnen befohlen, die Männer in den langsameren, verwundbareren Bombern zu töten. Sie mußten vor den feindlichen Jägern »abhauen«, bis sie angewiesen wurden, ihnen nachzusetzen.

Ein erfahrener Jägerpilot gewann Höhe, so schnell man es ihm erlaubte, und schätzte diesen Vorteil sehr. Er hoffte immer, den Feind auszumachen, bevor der ihn ausmachte, und beeilte sich, auf die Sonnenseite zu kommen, um so selber unsichtbar zu bleiben. Er benötigte eine überlegene Geschwindigkeit. Deshalb brachte er sich in die Position für einen Sturzflugangriff. Und er würde sich ein Opfer am äußersten Ende der feindlichen Formation aussuchen, um nicht feindliches Feuer durchfliegen zu müssen. Er würde hoffen, beim ersten Sturzflug zu töten. Bei einem Fehlschuß würde der pflichtbewußte Profi lieber flüchten, anstatt sich dem alarmierten Feind gegenüberzustellen.

Dies war die klassische Fliegertaktik, und trotzdem war sie gefährlich. Am 13. August wurde die 56. Staffel von einer Stuka-Formation bedrängt und böse von ihren Heckwaffen zusammengeschossen. »Die lehrten uns eine strenge Lektion«, berichtete einer der Jägerpiloten. Deshalb war es immer Höhe, was die Jägerpiloten anstrebten. Kein Wunder, daß die deutschen Jägerpiloten nicht bei den Sturzbombern während der Angriffe bleiben wollten. Dank der Sturzflugbremsen der Stukas waren sie glücklicherweise in der Lage zu »beweisen«, daß dies unmöglich war. Die großen Luftschlachten Tag um Tag hatten für keine Seite ein entscheidendes Ergebnis erbracht. An diesem Tag berief Göring wie Park ein Treffen seiner hohen Offiziere ein. Weit entfernt davon, genaue Ziele zu benennen, erklärte Göring, die Luftflotten könnten sich ihre eigenen Ziele aussuchen (mit Ausnahme von London). Er riet, weitere Angriffe auf RAF-Bomberflugplätze zu unternehmen, um jede Gegenoffensive zu verhindern.

Die Verluste, der Ju-87-Sturzbomber-Einheiten und ihr Erfolgsmangel angesichts entschlossener Luftverteidigung führten zu der Entscheidung, sie aus der Schlacht herauszuziehen. Von Richthofen, Kommandeur der Stukas, war bei der Konferenz zugegen. Ätzend schrieb er in sein Tagebuch: »Der Feldzug gegen England ist tatkräftig, aber anders fortzusetzen.«

Göring begann allmählich zuzugeben, daß seine zweimotorigen Zerstörereinheiten nicht den Erfolg erzielten, den er oft für sie vorausgesagt hatte. Er riet, die Bf 110 mit Eskorten der Bf 109 zu unterstützen: Jagdflugzeuge zum Schutz von Jagdflugzeugen!

Vom Planungsstandpunkt aus gesehen bedeutete es eine Entblößung um Hunderte von Jagdflugzeugen, nämlich: die Bf 110 aus der Kategorie der Jäger auszuschließen. Trotzdem spiegelte es nur wider, was schon selbstverständlich war; die speziell ausgewählten Besatzungen waren jetzt dezimiert und demoralisiert. Die große Fehleinschätzung hatte darin gelegen, der Bf 110 wegen ihrer geringen Beschleunigung keinen richtigen Spielraum ausgesucht zu haben. Einmal angegriffen, konnte sie dem Strom der Geschosse nicht mehr entrinnen. Albert Kesselring erkannte überrascht, was er »lästig« an der Bf 110 nannte.

Göring besaß weitere Ideen, um seinen Luftflotten zu helfen. Er appellierte an das Verantwortungsgefühl der Jägerpiloten für ihre Schützlinge. Er befahl, Jägerpiloten und Bomberbesatzungen die Möglichkeiten zu geben, einander zu treffen. Dieselben Besatzungen sollten immer dieselben Eskorten bekommen. Die Bomber müßten eng zusammengehalten werden. Und er drohte, daß jedes Abdrehen eines Jägerpiloten wegen schlechten Wetters ein Kriegsgerichtsverfahren nach sich ziehen würde. Es war der gefühlsbetonte Appell eines Mannes, der keine technische Ausbildung besaß, der kein echtes Interesse an dem zeigte, was wirklich mit seinen Besatzungen geschah und der über keinen Einsatzplan verfügte.

Wenn Göring wirklich etwas für die Verbindung zwischen Jägerpiloten und Bomberbesatzungen hätte tun wollen, würde er ihnen eine gemeinsame Funkverbindung gegeben haben. So wie es war, konnten die Jägerpiloten nicht mehr mit den Bombern sprechen, wenn sie sich einmal in der Luft befanden. Sie hatten nicht einmal Kontakt mit ihrer Bodenkontrolle.

Was auch sonst noch bei der Konferenz beschlossen wurde, es war klar geworden, daß einmotorige Jagdflugzeuge den Schlüssel zum Sieg bildeten. Die Jäger der Luftflotte 3 sollten von der Halbinsel von Cherbourg in den Pas de Calais, dichter an England heran, verlegt werden und Osterkamps Kommando unterstellt werden. Um Sperrles verlorengegangene Bf-109-Einheiten wettzumachen, erhielt er die Bf 110 von der Luftflotte 5 in Skandinavien. Zukünftig sollten diese nördlichen Verbände nur für Aufklärungsflüge und Nachtangriffe gegen die britischen Inseln eingesetzt werden.

Göring erwählte seine beiden herausragendsten Jägerpiloten – Mölders und Galland – für die Auszeichnung mit einem speziellen goldenen Pilotenabzeichen, das mit Brillanten besetzt war. Und dann erniedrigte er sie mit einer Lektion darüber, daß ihre Jägerpiloten einen Mangel an Angriffsschwung gezeigt hätten. Er forderte noch dichtere Eskorten für die Bomberformationen. Er wünschte, daß die Bomberbesatzungen ihren Schutz sehen sollten und sich nicht nur in der Hoffnung wähnten, daß er sich einige hundert Meter über ihnen befand.

Damit seine neuen Befehle buchstabengetreu befolgt wurden, hatte Göring seine herausragendsten Jägerpiloten ausgewählt und jedem von ihnen das Kommando über ein Jagdgeschwader gegeben.*

Aber kein erfahrener Jägerpilot zeigte viel Begeisterung dafür, eine dichte Eskorte für Bomber zu fliegen. Die Jägerpiloten trauten der Höhe noch mehr als der Geschwindigkeit (in die Höhe je nach Gutdünken umgesetzt werden konnte). Nun forderte man sie auf, beides zu opfern. Indem man die Jagdflugzeuge an die Bomber band, ermöglichte man es den Engländern, den Moment des Angriffs auszuwählen und den Kampf nach eigenem Willen vom Zaun zu brechen. Auf jeden Fall, argumentierten die Jägerpiloten der Luftwaffe, hätten sie gezeigt, daß sie dem RAF-Jägerkommando größte Schäden zufügen konnten, wenn ihnen ihre eigenen Taktiken gelassen wurden. Dies war die Wahrheit.

Galland sagt: »... ständig wechselnde Befehle, die einen Mangel an Zielbewußtsein offenbarten und offensichtliche Fehleinschätzung der Lage durch die Kommandierenden so-

---

* Es ist oft geschrieben worden, daß Göring an diesem Tag seine alten Kommodores wie Generalmajor Osterkamp ablöste und durch junge Jägerpiloten wie Mölders ersetzte. Aber dem ist nicht so. Von den acht im Kampf befindlichen Geschwadern hatten sechs bereits Majore als Kommodores, und alle Jägerpiloten, die mit dem Kommando über ein Geschwader betraut werden sollten, standen bereits im Majorsrang. Major Mölders wurde nicht bei dieser Konferenz ernannt. Dies war geschehen, als Osterkamp am 27. Juli Jafü 2 wurde. Es wurde jedoch eine allgemeine Regel über das Höchstalter von Kommandeuren aufgestellt: 32 Jahre für Geschwader, 30 für eine Gruppe und 27 für eine Staffel.

wie ungerechtfertigte Anschuldigungen übten einen demoralisierenden Effekt auf die Piloten der Jagdflugzeuge aus.«

Und inzwischen erkannten die Piloten der Bf 109 allmählich, daß ihre Jäger im Kampf gegen »Spitfires« bestimmte Nachteile aufwiesen. Als Göring seine beiden Jäger-Asse fragte, ob sie irgendwelche Wünsche hätten, bat Mölders um ein stärkeres Triebwerk für die Bf 109 und Galland (in einer der am stärksten mißbilligten Bemerkungen des Krieges) um einen »Haufen ›Spitfires‹ für meine Gruppe«.

Die schwachen Tragflächen der Messerschmitts stellten die Piloten vor ein neues Problem. Die »Spitfire«-Piloten hatten entdeckt, wie man sich die überlegene Stabilität der »Spitfire«-Flügel zunutze machen konnte. Obwohl schneller im Sturzflug, wurden die Messerschmitts überholt, weil sie in einer seichten Kurve ausflogen, ängstlich darauf bedacht, ihre Tragflächen nicht abzureißen. Die Vorsicht, mit der deutsche Piloten ihre eigenen Maschinen dem Druck aussetzten, brachte sie dazu, Taktiken wie negativen Druck, Sturzflugwendungen mit abgeklappten Seitenrudern, zu erfinden. Und es war dieselbe Vorsicht im Hinblick auf die Flügelwurzeln, die dem weitverbreiteten Glauben Auftrieb gab, die Bf 109 können nicht so eng wie die »Spitfires« drehen. Theoretisch war ihr Wendekreis sogar enger. Aber nur wenige Piloten waren darauf vorbereitet, dies bis zum Grenzbereich zu testen.

Der Bericht des Luftwaffengeheimdienstes vom 16. August schätzte die RAF-Verluste seit Juli auf 574 und fügte einige hundert Jagdflugzeuge hinzu, die am Boden oder bei Unfällen verlorengegangen waren. Man glaubte, daß die englischen Fabriken Dowding nicht mehr als 300 Jagdflugzeuge zur Verfügung gestellt hätten. Damit lagen nach der Kalkulation die gesamten Mittel bei 430 Jägern, von denen vermutlich 300 einsatzbereit wären. Die Flieger bei Görings Konferenz zeigten sich skeptisch. Diese Zahlen waren schwer mit den Schlägen in Einklang zu bringen, die sie bei ihren Einsätzen noch immer durch die Kräfte des Jägerkommandos einstecken mußten. Sie hatten recht, skeptisch zu sein. In jener

Woche, in der nach Görings Meinung die RAF etwa 300 Jagdflugzeuge dienstbereit hatte, lag die richtige Zahl bei über 700.

Und die »Spitfire« hatte sich als hervorragende Allzweckwaffe erwiesen, mit Fehlern, aber keiner verheerenden Schwäche. Dank der Energie von Lord Beaverbrook wurden außerdem »Hurricanes« und »Spitfires« in weiter ansteigenden Zahlen geliefert. Gegen Ende August würde er berichten können, daß 1081 Jagdflugzeuge sofort verfügbar standen und weitere 500 in Reparatur waren.

Es war der Nachschub an Piloten, der Dowding Kopfschmerzen bereitete. In der Woche seit *Adlertag* hatte er fast 80 Prozent seiner Staffelkommandeure verloren (tot, verwundet oder von den Kämpfen abgezogen). Die Männer, die jetzt die Abfangflüge leiteten, besaßen oft überhaupt keine Kampferfahrung von welcher Art auch immer. Ein Staffelkommandeur übernahm seine Aufgabe, ohne jemals eine »Hurricane« geflogen zu haben. Er unternahm drei Starts und Landungen, bevor er seine Staffel in den Kampf führen mußte.

Und wenn schon den Kommandeuren Kampferfahrung fehlte, so hatten die Männer, die ihnen folgten, häufig nicht mehr als zehn Flugstunden in einsitzigen Jagdflugzeugen in ihre Logbücher eingetragen. Solche Männer, für die es schon eine Heldentat war, einen Hochgeschwindigkeitsjäger zu landen, wurden alleingelassen, um in einem zu kämpfen. Am 10. August stimmte Dowding zu, die Dauer des Einsatztrainings weiter zu verkürzen. Jetzt blieben den Piloten nur zwei Wochen zwischen dem Fliegenlernen und dem Kampf. Bis Juli hatte derselbe Kurs sechs Monate gedauert.

Dowding hatte bereits einen Geheimplan aufgestellt, um die Einheiten der Einsatzausbildung (OTU, Operational Trainings Units) in den Kampf zu werfen. Eine Folge von Zahlen für Jägerstaffeln – von 551 an – war für diesen Zweck freigestellt worden. Geschichtsforscher berichten, daß die OTUs nie in den Kampf kamen. Tatsächlich jedoch bedeutete die starke Kürzung der Ausbildungsdauer von sechs Monate auf zwei Wochen, daß die Männer, die noch an den

OTUs in der Ausbildung stehen sollten, sich bereits im Kampf befanden.

Aus strategischer Sicht mochte das vielleicht gerechtfertigt sein. Im November würde die Schlacht beendet sein – im Guten oder im Schlechten. Die Männer, die von den OTUs nach diesem Datum eintreffen würden, hätten keinen Einfluß auf das Ergebnis. Und trotzdem war es vom menschlichen Standpunkt eine tragische Entscheidung. Im Krieg wurden die OTUs zum entscheidenden Bindeglied zwischen den Theorien der Ausbildung und den harten Tatsachen der Einsätze. Die OTUs sollten ihren Schülern etwas über die neuen Taktiken der Deutschen erzählt haben und wie man ihnen begegnet. Traurige Tatsache war jedoch, daß Staffeln, die zum ersten Mal in die Schlacht geführt wurden, selten etwas von modernem Luftkampf wußten. Einige hatten noch nie ihre Maschinengewehre abgefeuert. Und sie flogen noch immer ihre engen V-Formationen und wurden nicht einmal gründlich aufgeklärt über die Gefahren der »Deutschen aus der Sonne«.

Außerdem erhielten die Staffeln im Norden überhaupt keine Praxis oder Anweisung über den Kampf – einige flogen nicht einmal. In Usworth in County Durham mußte sich die 607. Staffel damit zufriedengeben, ihre Motoren zu testen, anstatt ihre »Hurricanes« zu fliegen. Offizielle Entschuldigung war ein Mangel an Ersatzteilen.

So beispielhaft die Jägerstaffeln in den Kampf geführt wurden, so skandalös war die Vorbereitung der Staffeln auf den Kampf. Denn es gab keine Vorbereitung! Trotz des großzügigen Nachschubs an Flugzeugen und trotz der Verfügbarkeit von kriegserfahrenen Veteranen, die aus dem Süden abgezogen waren, gab es keinen Versuch, diese beiden Teile so zu kombinieren, daß die rotierenden Staffeln mit einer Vorstellung von dem, was sie erwartete, in den Kampf gingen. Möglicherweise zweifelte die RAF an der Moral ihrer kriegserfahrenen Veteranen und fürchtete den Einfluß, den die erfahrenen Piloten auf die Moral der unerfahrenen Einheiten hätten ausüben können.

Phase drei: Die Angriffe auf die Flugplätze der 11. Gruppe zwischen dem 24. August und 6. September

Die Luftflotten erfüllten Görings Forderung nach einer Offensive rund um die Uhr. Sie schickten Angreifer – manchmal nicht mehr als einen einzelnen Bomber – bei Tag und Nacht zu allen Teilen des Vereinigten Königreichs.

Tagsüber setzte Kesselring unaufhörliche Luftaktivitäten über seiner Küste fort, so daß die englischen Radarbeobachter nicht zu unterscheiden vermochten, welches davon Angreifer waren, die sich in Formation setzten. Dadurch waren echte Angreifer oft in der Lage, Küstenziele anzugreifen und unbeschädigt zu verschwinden. Eilends wurden die Jagdflugzeuge der Luftflotte 3 in den Pas de Calais verlegt, so daß am 24. August alle beisammen waren. Jetzt standen den deutschen Formationen große Mengen an Jagdflugzeugen zur Verfügung, die eng über ihnen flogen. Oft befanden sich noch weitere unter ihnen. Keine Seite mochte diese Taktik. Zehn RAF-Jagdflugzeuge, die aufgestiegen waren und sich zehn Bombern in Begleitung von zehn Jägern gegenübersahen, werteten dies als Kampf, in dem sie zwei zu eins in der Minderheit waren. Die deutschen Jägerpiloten werteten es als Kampf, in dem die Nachteile auf ihrer Seite lagen. Denn sie standen einer gleichen Zahl an Jagdflugzeugen gegenüber, während sie gleichzeitig versuchen mußten, die Bomber zu schützen.

Die Jagdflugzeuge waren mit vorwärtsgerichteter Bewaffnung ausgerüstet, eigens für die Rolle als Angreifer. Für einen Einsatz mußte man auf den Feind zufliegen. Die enge Verbindung zu den Bombern hinderte die deutschen Jägerpiloten auf diese Art anzugreifen. Die Jagdflugzeuge konnten sich nicht länger aus der Sonne heraus auf einen ahnungslosen Feind stürzen. Die neue Taktik brachte den Bomberflotten geringere Verluste, dafür stiegen die der deutschen Jäger an.

Nach Ansicht des Oberkommandos waren die neuen deutschen Taktiken wirksam. Diese engen Formationen erzwangen ihren Weg bis zu den Zielen und vernichteten sie manchmal.

Am 26. August loderte der glimmende Streit zwischen Park und seinem ärgsten Kritiker – Leigh-Mallory, der die 12. Gruppe führte – auf. Wie es gewöhnlich Praxis war, bat Park seine nördlichen Nachbarn, die bedrohten Flugplätze nördlich der Themsemündung zu überwachen, als er seine eigenen Jäger losschickte, deutsche Angreifer abzufangen. Parks Flugplatz in Debden, Essex, blieb ungeschützt zurück. Die Deutschen bewarfen ihn mit Bomben. Park fragte, warum Leigh-Mallorys Jäger nicht dort waren. Der antwortete ihm, daß er zu spät gebeten worden sei.

Dieser Streit war Teil einer langen Verstimmung zwischen den beiden Männern. Douglas Bader, der Jägerpilot ohne Beine, der jetzt eine von Leigh-Mallorys Staffeln führte, fachte die schlechte Stimmung unabsichtlich an.

Bader, ein 30 Jahre alter Squadron Leader, war ein Graduierter des neuen RAF-College in Cranwell. Kurz nach seiner Graduierung war er abgestürzt. Beide Beine mußten amputiert werden. Trotz einer Demonstration, daß er mit Prothesen besser als die meisten Männer mit richtigen Beinen fliegen konnte, weigerte sich die RAF ihn weitermachen zu lassen. Baders Karriere schien beendet zu sein, bevor sie angefangen hatte. Während der vielen Jahre seines Zivillebens unternahm Bader andauernde Versuche, wieder zum Fliegen zurückzukommen. Aber erst im November 1939 ließ sich das Luftfahrtministerium erweichen. Derselbe Mut und die Ausdauer, die ihn befähigt hatten, die Doppelamputation zu bezwingen, machten ihn jetzt zu einem fabelhaften Jägerpiloten. Innerhalb von sechs Monaten nach seiner Rückkehr hatte er seine Cranwell-Mitabsolventen eingeholt.

Leigh-Mallory zeigte genausoviel Interesse an Baders Karriere wie Dowding an seiner, Parks und Sholto-Douglas' gezeigt hatte, die eine Generation zuvor seine Untergebenen waren. Staffelführer Bader übernahm das Kommando über die

242. Staffel im Juni 1940, gerade rechtzeitig zur Schlacht. Sein Name war bereits im gesamten Jägerkommando bekannt.

Bader argumentierte, daß Park darin falsch lag, seine Jagdflugzeuge nur in staffelstarken Einheiten aufsteigen zu lassen. Er behauptete, nur sehr große Jägerformationen, die zusammen angriffen, könnten den deutschen Formationen einen tödlichen Schlag versetzen.

Diese »großen Verbände« (sie wurden manchmal Balbos, nach dem berühmten italienischen Flieger genannt) benötigten eine lange Zeit, um sich in der Luft zu formieren. Für die 12. Gruppe, die gewöhnlich eine reichlich frühzeitige Warnung vor einem deutschen Angriff erhielt, war das praktikabler, als bei den frontnahen Notwendigkeiten der 11. Gruppe. Die Verfechter der »großen Verbände« ließen jedoch hören, daß es besser sei, einen deutschen Angreifer nach dem Bombenabwurf zu dezimieren, als vorher an ihm herumzukratzen. Solche Überlegungen verfehlten es, die Bedeutung der Abschnittsflugplätze oder des gesamten Kontrollsystems zu berücksichtigen. Und genau aus diesem Grund gefiel es Männern, die sich durch die Befehle der Leiter eingeengt fühlten. Für Leigh-Mallory lieferte Bader eine ausgesprochene Kritik an den beiden Männern, die er besonders wenig schätzte: Park und Dowding. So war es ein vom Himmel gesandter Umstand, der Bader einen Adjutanten geschickt hatte, der Mitglied des Parlaments mit gut vierzehn Jahren Erfahrung war.

Es war ein merkwürdiger Umstand, und für Dowding sollte es vielleicht ein schicksalsschwerer sein. Wie Baders Biograph Paul Brickhill berichtet, sprach das Parlamentsmitglied direkt mit dem Luftfahrtminister über die Probleme der Staffeln. Daraufhin wurde es arrangiert, daß er eineinhalb Stunden mit Churchill sprechen konnte, der »am nächsten Tag begann, sich verschiedene Gruppenkommandeure kommen zu lassen«. Wie wir sehen werden, wirft diese erstaunliche Verbindung ein Licht auf spätere Vorgänge, die viele Jahre ein Geheimnis blieben.

Einige der kühnsten Piloten der 12. Gruppe beneideten die

Staffeln der 11. Gruppe, die ständig im Kampf standen. Das Fliegen an der Koppelleine einer genauen Bodenkontrolle ärgerte besonders Veteranen einer Ära des Flugs im offenen Cockpit. Ausgeschickt zu werden, um die Flugplätze der Piloten zu bewachen, die im Kampf standen, muß solchen Männern wie der letzte Strohhalm erschienen sein. Selbst die unkritischsten Anhänger dieser Gedanken glaubten, daß die Bodenleiter raten und bitten anstatt befehlen sollten. Squadron Leader Bader glaubte, daß sehr große Jagdflugzeugformationen genug Spielraum haben würden, um den Feind zu der Zeit, an dem Platz und in der Art zu verwickeln, die der Formationsführer für richtig hielt.

Wenn es nicht in der Zeit gewesen wäre, in der deutsche Angreifer die Flugplätze der 11. Gruppe, die dem Schutz der 12. Gruppe anvertraut waren, schwer bebombten, hätten die Theorien über die »großen Verbände« unbemerkt untergehen können, trotz Baders Adjutanten und jenen Gesprächen mit höheren Autoritäten. Aber Park reagierte scharf darauf, daß seine Jägerflugplätze für die Bomber offenstanden. Leigh-Mallorys Antwort kam darin zum Ausdruck, Parks gesamte Strategie zu kritisieren und Baders Theorien seinen Freunden mitzuteilen. Darunter befand sich Sholto-Douglas, inzwischen Air Vice-Marshal und stellvertretender Chef des Luftstabes.

Die aufgebauschten Kampferfolge auf beiden Seiten standen gewöhnlich in keinem Verhältnis zu der Anzahl der Flugzeuge, die an der Aktion beteiligt waren. (Dies lag daran, daß mehrere Piloten einen schnellen Schuß auf eine feindliche Maschine abgaben, und dann alle davon berichteten, wenn sie abstürzte). Unausweichlich zogen Leigh-Mallorys »große Verbände« einen Vorteil aus diesem grundlegenden Gesetz des Luftkampfs. Bei einer Gelegenheit meldeten die »großen Verbände« den Erfolg von 75 heruntergebrachten Deutschen. Nach dem Krieg ergaben genaue Nachforschungen in deutschen Berichten, daß nur acht der Angreifer es nicht geschafft hatten, nach Hause zu kommen. Gewöhnlich stießen die »großen Verbände« der 12. Gruppe auf die

Zeichnung 30: 24. August bis 6. September

Die Zeit zwischen dem 24. August und dem 6. September wurde beim Jägerkommando bekannt als »kritische Phase«, in der es an den Rand der Zerstörung kam. Die Angriffe konzentrierten sich auf die Abschnittsflugfelder der 11. Gruppe, die Park kommandierte. Von diesen Plätzen (schwarze Punkte) kamen die Befehle der Abschnittsleiter zu den Jagdflugzeugen in der Luft. Andere Flugplätze des Jägerkommandos (gerasterte Punkte) besaßen keine solche Einsatzräume.

Während der ersten wenigen Tage der kritischen Phase wurden die Messerschmitt-Bf-109-Jäger aus dem Gebiet von Cherbourg dem Kommando des Jafü 2 überstellt. So war Ende August ein große Konzentration einsitziger Jagdflugzeuge im Pas de Calais aufgebaut. Dadurch änderte sich das Einsatzgebiet (schwarz gepunktete Linie) leicht.

Man beachte, daß der Flughafen von Duxford im Norden unter dem Kommando von Leigh-Mallory von der benachbarten 12. Gruppe steht. Kesselrings vorgezogenes (unterirdisches) Hauptquartier ist eingetragen; sein normales Hauptquartier lag in Brüssel. Man beachte, wie die deutschen Kurzstreckenjäger beim Heimflug von Südwestengland nur einen kleinen navigatorischen Irrtum machen mußten, um den Pas de Calais zu verfehlen.

Die gepunktete Linie kennzeichnet die äußerste Grenze der Reichweite der Bf 109 an (der westliche Teil davon ging verloren, als die Jäger aus den Gebiet um Cherbourg abgezogen wurden). Die Reichweite des britischen Radar für Tiefflugangriffe (CHL) ist auch markiert. CHL = engl. Tiefflieger-Radar.

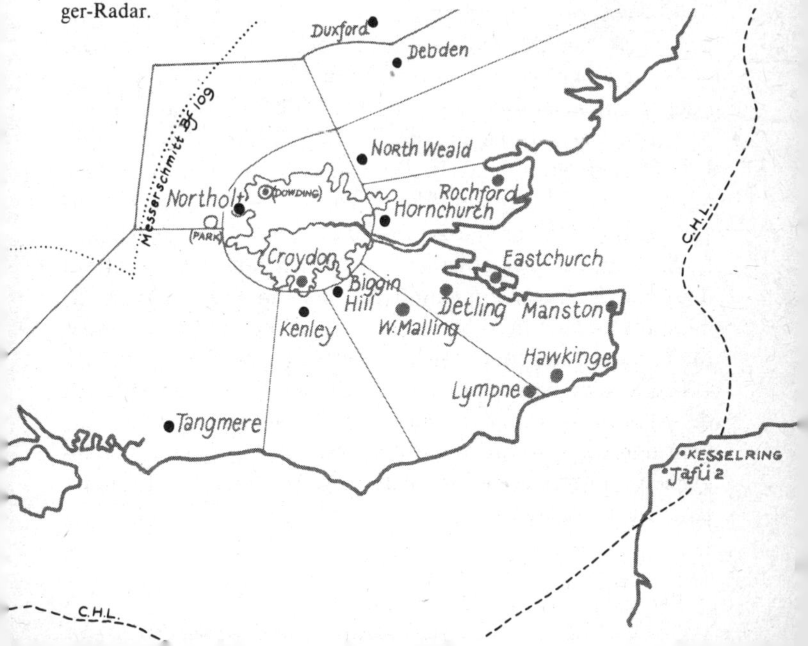

Deutschen an der äußersten Grenze der Reichweite der Bf 109. Dadurch kamen sie in den guten Ruf, fähig zu sein, die deutschen Angreifer zurückzuwerfen. So kam es, daß die Theoretiker der »großen Verbände« den Vorstellungen des Luftfahrtministeriums und vermutlich auch Churchills entsprachen.

Die Angriffe auf die Abschnittsflugplätze zogen weitere Menschen in das Kampfgeschehen. Als Elektrizität, Telefon, Fernschreiber, Abwasser und der Verkehr unterbrochen waren, vertrauten die Jägerflugplätze auf Bodenpersonal und Zivilbevölkerung, um die einzelnen Teile wieder zusammenzufügen. In Manston saßen am 24. August Ingenieure der Post neben einer nicht explodierten Bombe und sortierten sich durch Hunderte von zertrennten Kabeln hindurch, um den Einsatzraum und die Jäger wieder mit dem Gruppenhauptquartier zu verbinden. Elektrizitätsarbeiter, weibliche Hilfskräfte und Feuerwehrleute nahmen genauso große Risiken wie die Piloten auf sich, und es war nicht jedermanns schönste Zeit.

Der RAF-Flugplatz Manston – auf den Klippen entlang der See gebaut – litt nicht nur unter den fahrplanmäßigen Bombenangriffen, sondern auch unter spontanen Tiefflugattacken der Jagdflugzeuge, die flach über dem Meer anflogen und das Flugfeld fast auf Bodenhöhe überquerten. Viele Flieger saßen seit dem Angriff, den Fink zur Mittagszeit des 12. August gegen den Flugplatz unternommen hatte, in den Luftschutzbunkern. Jetzt wollten sich die erschreckten Männer nicht von der Stelle rühren. Der Rechnungsführer-Offizier konnte nicht einmal genügend Flieger an der Oberfläche finden, um Zahltag abhalten zu können. Staffelführer Leathart von der 54. Gruppe hinderte einen anderen Offizier nur mühsam daran, in den Bunker zu gehen und den ersten Mann zu erschießen, der sich weigerte herauszukommen.

Der Kaplan entwaffnete einen Offizier, der drohte, jeden in der Messe zu erschießen. Während sich die RAF in den Bunkern duckte, nutzten Zivilisten aus der Umgebung die Gelegenheit, die zerstörten Gebäude nach Werkzeug und Ersatzteilen auszuplündern.

Manston war nicht nur der einzige Flugplatz, auf dem Männer Woche um Woche wie versteinert in den Bunkern verbrachten. Die Maßnahme, die einige vorausblickende Offizielle des Luftfahrtministeriums in Zusammenhang mit den Bombenkratern getroffen hatten, war jetzt völlig falsch gelaufen. Die Zivilisten, die Lohn für Nichtstun bekommen hatten, bis die Aktion anlief, entschieden jetzt, daß die Arbeit zu gefährlich war, während Fliegeralarm im Gange war. Also saßen auch sie in den unterirdischen Bunkern. Die wenigen übrigbleibenden Männer, die sich um die Maschinen kümmerten und den Flugplatz und die Einsatzräume in Gang hielten, rannten mit Schaufeln nach draußen und füllten auch die Krater. Zu dieser Zeit hatten die meisten Piloten etwas von der Arbeit des Wiederauftankens und Neubewaffnens ihrer Jagdflugzeuge gelernt.

Aber selbst die wenigen ruhmreichen Momente der Schlacht behielten ihre Art von Klassenbewußtsein bei. Die umwälzenden Bewegungen von Nationen und Rassen in Europa und die sozialen Nachwirkungen sollten noch kommen. Dieser Krieg in der Luft gehörte Männern von den Universitäten mit Graduierten von Technikerschulen als wandernde Reserve. Indem sie dieselben Mittelklassenwerte ihrer Gegner teilten, brachten die Stukabesatzungen – wie jene vom Bomberkommando – oft ihre Bomben zur Basis zurück, wenn sie es verfehlten, ihre militärischen Ziele zu identifizieren. Schließlich wurde ein deutscher Flieger von Mölders gerügt, weil er ein so »unmilitärisches Ziel« wie einen Zug angriff. Die Überlebenden würden leben, um sich über solche Feinheiten zu wundern.

Inzwischen fotografierten sie sich gegenseitig beim Haushundstreicheln, beim Kartenspielen und beim Entspannen in Liegestühlen auf sorgfältig geschnittenem Rasen. 1940 war noch Muße für Tee vorhanden, in dieser letzten romantischen Schlacht der Welt.

25. August. Um zu den Abschnittsflugplätzen der 11. Gruppe zu gelangen, die ringförmig um London lagen, legte

Kesselring einen Angriff oft direkt und einen anderen entlang des großen, schlechtauszumachenden Gebietes, das durch die Themsemündung hervorgerufen wurde. Die kurzen Stunden von Sonntag, dem 25. August, nutzte ein Nachtangriff auf der Themseroute, um die Öltanks im Themsehafen zu erreichen. Die Besatzung einer Maschine kam vom Weg ab, flog zu weit westlich weiter und warf ihre Bomben ab. Sie trafen die City von London. Dieser Angriff sorgte für mehr Schrecken beim britischen Kriegskabinett und beim Stab der Luftflotte 2 als unter den Londonern selbst. Die äußeren Vororte waren schon bebombt worden, und die Londoner hatten Angriffe erwartet. Die Bombenlast von gerade einem verirrten Bomber war eine freundliche Einleitung des totalen Kriegs. Gerade wie die Bomben auf Rotterdam unverzüglich das Kriegskabinett (am 15. Mai) veranlaßten, die RAF am nächsten Tag auszuschicken, um die Ruhr zu bebomben, so genehmigte Churchill jetzt einen unverzüglichen Vergeltungsangriff auf Berlin. Während dieser Phase glaubte das RAF-Bomberkommando, daß es dabei wäre, »die Zahl der deutschen Luftangriffe durch Bombenabwürfe auf Flugzeugmontagehallen zu verringern«. Jetzt flogen in der Nacht zum Sonntag, dem 25. August, 81 RAF-Bomber Richtung Berlin. Weitere Zivilisten starben. Hier trafen die Bomben unerwartet. Die Naziführer hatten versprochen, daß Berlin unverletzlich sei. Sie gelobten feierlich, die »Greueltaten« zu rächen. So begann eine Kette von Vorfällen, die schließlich nicht nur die Schlacht um England, sondern – in Hiroshima – den Krieg beendete.

Die deutschen Jägerformationen waren zu der Praxis zurückgekehrt, hoch über den Bombern zu fliegen. Eine Zusammenfassung vom Nachrichtendienst des Jägerkommandos berichtete am 30. August, daß sich die Jagdflugzeuge zwischen Höhen von 6100 und 7620 m aufhielten, während sich die Bomber gewöhnlich in 4000 m Höhe befanden und einige bestimmte deutsche Einheiten auf 1200 m zum Bomben herunterkamen.

Für neue Piloten konnten Kämpfe in großen Höhen eine

schreckliche Erfahrung sein. Es war sehr, sehr kalt in 7620 m, und die »Spitfire« rutschte und schleuderte durch die dünne Luft, wenn die Propellerblätter aussetzten. Konstant nebelte die Haube ein und beschränkte die Sicht. Nur langsam stieg die Maschine um wenige hundert Meter, und deshalb blieb der Gashebel voll aufgedreht. Das bedeutete, daß ein Pilot, der aus Mangel an Flugerfahrung von seiner Formation abfiel, nie wieder aufschließen konnte. Und über ihnen waren die Bf 109, die Ausschau hielten und nur auf solche Nachzügler warteten. Auf diese Weise starben viele junge Männer allein und frierend in der dünnen blauen Luft, durch die Kondensation in den Glanz der Sonne starrend, unfähig, die Männer zu sehen, die sie töteten.

Um die Bodenbeobachter zu verwirren, teilten die Deutschen die Formationen jetzt auf, sobald sie die Küste überquerten. Das bedeutete, daß Berichte vom Beobachter-Korps manchmal schwierig mit den Radaraufzeichnungen in Übereinstimmung zu bringen waren. Park befahl, daß seine Formationsführer die Einzelheiten jeder feindlichen Formation mitteilen sollten, die sie sahen, um so den Verantwortlichen zu helfen, ein genaues Bild der Geschehnisse zu bilden.

Aber das unsichere Wetter des August bereitete der Luftwaffe mehr Ärger als den Briten. Wenn die Angreifer unter der Wolkendecke flogen, waren sie für jeden sichtbar, der nach oben schaute. Wenn sie darüber flogen, wurden sie von den Jägern entdeckt, die noch höher flogen. Wenn sie in den Wolken flogen, war es gefährlich, und sie waren nicht in der Lage, den Sichtkontakt zu halten, den sie sowohl für Navigation nach dem Koppelkurs wie auch zum Bombenabwurf auf das Ziel benötigten.

Aber die Verteidiger konnten nicht länger sicher sein, daß die Luftwaffe auf Besteckgnavigation angewiesen war. Während des Sommers von 1940 war noch eine zweite Schlacht um England im Gang. Sie wurde von den Nachtjägern gekämpft, die jede Nacht nach einsamen Nachtbombern suchten, die sich über Südengland im Einsatz befanden. Aber gewöhnlich verfehlten die Jäger die Bomber und konnten keinen einzigen Schuß abgeben.

Keiner der hohen britischen Kommandeure – und sicherlich auch nicht Dowding – besaß irgendwelche Illusionen über die Chancen, auf große Verbände von Nachtbombern antworten zu müssen. Tatsächlich bestimmte eine grimmige Ironie ihre gegenwärtige mißliche Lage: Sie befanden sich in einem verzweifelten Zeitrennen, einen Weg gegen die Nachtbomber zu finden. Je erfolgreicher die RAF-Jäger nämlich bei Tag waren, desto schneller würden deutsche Nachtangriffe kommen, auf die sie jedoch noch nicht vorbereitet waren.

Es war Juni, als die Briten erstmalig eine Ahnung davon erhielten, wie die Präzisionsangriffe zustande kamen, die die Luftwaffe zu führen vermochte. Ein speziell ausgerüstetes RAF-Avro-»Anson«-Aufklärungsflugzeug hatte in der Nachtluft über England einen geheimnisvollen Leitstrahl entdeckt, der nur knapp 420 m breit war und alle Charakteristiken des Lorenz-Strahls für das Blindlandesystem enthielt.

Es war diese letzte Eigenschaft, die am ärgerlichsten für die Verteidiger war, da richtigerweise gefolgert wurde, daß jeder feindliche Bomber durch dieses System zu seinem Ziel geführt werden konnte – ohne zusätzliche Ausrüstung. Untersuchungen von abgeschossenen deutschen Bombern bestätigten, daß die gewöhnliche Lorenz-Ausrüstung geeignet und empfindlich genug war. Jetzt fanden Nachrichtenoffiziere Hinweise auf solche Pläne, als sie Unterlagen durchsahen, die man deutschen Flugzeugbesatzungen abgenommen hatte. Der Codename hierfür lautete *Knickebein.*

Die Untersuchung der Strahlen trieb die Engländer zu äußerst gefährlichen Messungen; Abhörexperten wurden auf die Spitze der hohen Radartürme geschickt. Und es wurde eine RAF-Spezialgruppe (Nummer 80) gegründet, um auf *Knickebein* zu kontern, das von den Engländern den Codenamen *Kopfschmerzen* erhielt.

Alte Lorenz-Blindlandesysteme wurden aufgestöbert ebenso wie Elektro-Diathermie-Anlagen aus Krankenhäusern. Beide Maschinen wurden in Sender umgebaut, um die deutschen Strahlen zu stören. Im September arbeiteten Störer, sogenannte *Aspirins*, die jede Nacht Morsezeichen ausschickten, welche es für die deutschen Piloten schwierig machten, zwischen Punkten und Strichen von ihren eigenen Sendern zu unterscheiden. (Diese arbeiteten auf der Basis der meisten Blindlandesysteme. Punkte bedeuten zu weit links, Striche zu weit rechts. Gleichbleibende Zeichen sagen, man befindet sich auf dem richtigen Kurs.)

Die Schwierigkeit bei solchen Gegenmaßnahmen lag darin, festzustellen, wie erfolgreich man war. Bomber flogen über das verdunkelte Land ein (auf dem Städte, Hochöfen und beleuchtete Fabriken gewöhnlich gesehen, wenn auch nicht erkannt werden konnten) und warfen die Bomben ab. Man konnte nur vermuten, wie nahe die feindlichen Flieger herangekommen waren, um ihre Befehle zu erfüllen.

Die meisten dieser Nachtangreifer kamen von Hugo Sperrles Luftflotte 3. Als alle Bf 109 in den Pas de Calais verlegt wurden, waren die Nachtangriffe größtenteils in seine Verantwortlichkeit überstellt. Man befahl ihm, eine Serie solcher Angriffe gegen Liverpool vorzubereiten. Nach Einbruch der Dunkelheit des 28. August begannen die Angriffe und wurden vier Nächte lang fortgesetzt. Fünf »Blenheim«-Nachtjäger-Staffeln flogen Patrouille, wobei sie ihre Flugzeugradaranlagen benutzten. Aber kein feindliches Flugzeug wurde abgeschossen. Nur eine »Blenheim«-Besatzung – es war eine Maschine der 600. Staffel – entdeckte einen deutschen Bomber. Sie war jedoch zu langsam, um ihn abzufangen.

Die britischen Gegenmaßnahmen waren Hugo Sperrle sicherlich bekannt, dessen Besatzungen irritiert durch die elektronischen Störungen zurückkamen. Die deutschen Besatzungen erzählten von Bombern, die Kreise geflogen waren, bis den Besatzungen schwindlig wurde. Zuletzt landete eine Heinkel in England – auf dem Strand nahe Bridport – im Glauben, daß der Störstrahl ihr eigener Führungsstrahl war. Die Engländer taten alles, um Gerüchte über die Wirksamkeit der Störungen zu verbreiten. Sie hatten damit nur allzu guten Erfolg; selbst heutzutage noch werden (unsinnige)

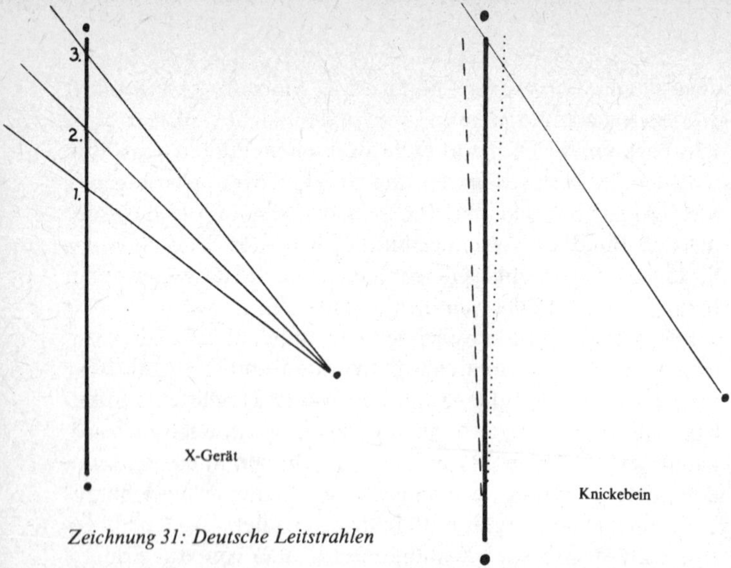

Zeichnung 31: Deutsche Leitstrahlen

Rechts: Das *Knickebein*-System erforderte nicht mehr Ausrüstung oder Erfahrung, als der Gebrauch der Lorenz-Blindlande-Ausrüstung, die bereits in den meisten deutschen Bombern eingebaut war. Genau wie bei der Landung hörte der Pilot ein ständiges Zeichen, wenn er sich auf dem richtigen Kurs zu seinem Ziel befand. Wenn er vom Kurs abwich, hörte er in seinen Kopfhörern Punkte oder Striche, je nach welcher Seite er wanderte. Über dem Ziel kreuzte sich ein zweiter Leitstrahl und sagte dem Bombenschützen, daß er die Bomben abzuwerfen habe.

Links: Das X-Gerät war kompliziert und erforderte ausgebildete Besatzungen mit spezieller Ausrüstung. Die Kampfgruppe 100 wurde hierfür als Einheit ausgewählt. Mit Fortlauf des Jahres 1940 warfen diese »Pfadfinder« nur Brandbomben, um das Ziel für die gewöhnlichen Bomber zu markieren.

Das X-Gerät-Flugzeug besaß eine Empfangsausrüstung für die Leitstrahlen und auch eine einfache Uhrwerkeinrichtung, die mit dem Bomben-Auslöseschalter verbunden war.

Der erste Strahl alarmierte die Besatzung über die Annäherung an das Ziel. Der zweite Strahl gab dem Bombenschützen das Zeichen, eine Zeituhr einzuschalten. Der dritte Strahl veranlaßte ihn, sie ein zweites Mal zu schalten. Dadurch wurde ein Zeiger angehalten. Der zweite Zeiger lief weiter und löste die Bomben automatisch aus.

Die Genauigkeit dieser Methode (sie war weit genauer als *Knickebein*) basierte auf mathematischen Berechnungen, mit denen die Strahlen gezielt wurden, und auch darauf, wie der kleine Uhrwerk-Computer die Grundgeschwindigkeit des Flugzeugs ausglich (zwischen den beiden Zeichen des Leiters) und so die Zeit für die Bombenauslösung festsetzte.

Geschichten darüber erzählt, wie die Engländer die Strahlen ablenkten und die Luftwaffe dahin brachten, Dublin, eine neutrale Stadt, zu bombardieren. Inzwischen fügten 150 Bomber Liverpool den schwersten Angriff zu, der bis dahin von einem britischen Ziel ertragen werden mußte. Beträchtliche Schäden wurden den Docks zugefügt, und es gab 470 Gefallene. Überdies mußten sich Sperrles Bomber nicht mehr allein auf das *Knickebein*-Gerät verlassen.

Seit dem 17. August war eine Spezialeinheit – Kampfgruppe 100 – von Kesselring zu Sperrle überstellt worden. Diese Heinkel-He-111-Gruppe war mit einer Führungsausrüstung ausgestattet, die weit besser als der *Knickebein*-Strahl war. Das X-Gerät (nur in diese Maschinen mit besonders ausgebildeten Besatzungen eingebaut) lieferte einen Strahl, auf dem man flog, sowie eine Serie von drei kreuzenden Strahlen. Die Genauigkeit des X-Gerätes war auf 100 m berechnet, und die hocherfahrenen Männer der K.Gr. 100 führten lange Ströme von Bombern nach Liverpool. Es gab dort keine britischen Gegenmaßnahmen. Für die Gegenwart gehörte der englische Nachthimmel den Deutschen. Gleich wichtig war auch, daß das X-Gerät bei Tageslicht eingesetzt werden konnte, besonders während des bewölkten Wetters, das über England zu dieser Zeit herrschte. Als Beispiel für die Genauigkeit der Methode muß man sich nur an den glücklichen Angriff von vier He 111 erinnern, die in der Nacht des *Adlertag* eine überraschende Anzahl von Treffern auf die »Spitfire«-Fabrik in Castle Bromwich, Birmingham, landeten. Die Heinkels gehörten zur K.Gr. 100, es war also kein Zufall.

26. August. Das durchwachsene Wetter lieferte den Luftflotten genügend Schutz, um Angriffe auf Flugplätze des Jägerkommandos in Kent und Essex zu unternehmen. Eine Welle flog die englische Küste aus dem Osten an und teilte sich für die Angriffe auf Debden im Nordosten Londons, und Hornchurch, praktisch die östlichen Vororte der Hauptstadt.

Park, der einen Angriff auf London fürchtete, ließ sieben

Staffeln zum Abfangen des südlichen Keiles aufsteigen. Den Besatzungen der Dornier Do 17 bot sich das schreckliche Erlebnis, ihre Bf-109-Eskorte Richtung Heimat abdrehen zu sehen, als gerade RAF-Jagdflugzeuge wie ein Mückenschwarm aufstiegen. Der lange Umweg, der die Angreifer sich der Küste von einer unerwarteten Richtung hatte nähern lassen, ließ die Benzinwarnlichter der Messerschmitts aufblinken, lange bevor ihre Ziele erreicht waren.

Eine der Jägerstaffeln war aus Croydon. Es war gegen drei Uhr an jenem Nachmittag, als Townsend den Angriff der 85. Staffel führte. Townsend erzählte: »Dreißig Minuten später segelte ein Dutzend Dorniers majestätisch auf uns zu – eine einwandfreie Phalanx von drei nebeneinander und die anderen gradlinig dahinter.« Sie waren vom KG 2 – Finks Besatzungen –, und einige von ihnen berichteten später, es war ein Flug, bei dem sie keine Bomben trugen. Die Bomberbesatzungen glaubten, ihre Rolle läge darin, als Köder zu dienen und RAF-Jagdflugzeuge anzulocken.

Falls das so war, sollte es sich als kostspielige Taktik erweisen. Denn jetzt, da die Reichweite die Bf 109 zwang, abzudrehen, mußten die Dorniers einen teuren Preis bezahlen. Einige Beobachter berichteten, daß die Führungs-Dornier farbige Signale abfeuerte, und die gesamte Formation Richtung Heimat abdrehte. Denn sie wußten, daß sie in Stücke geschlagen würden – lange vor dem Erreichen ihres Ziels.

Townsend berichtet:

»Ich brachte die Staffel in einem stetigen, weiten Kreis heran und führte sie in einen Staffelflug, als wir zwei Meilen (3,2 km) waagerecht voraus auf Kollisionskurs gingen. Wir verlangsamten, um die Annäherungsgeschwindigkeit zu verringern, die trotzdem nur einen wenige Sekunden langen Feuerstoß erlaubte. Gleich einem Funkfeuer hältst du auf sie zu und kümmerst dich überhaupt nicht um die Geschoßspuren über dir. Immer weiter den Knopf drükken, bist du glaubst zu kollidieren, dann drück den Steuerknüppel hart nach vorn. Unter dem Schock des negativen

Drucks springt dir dein Magen in den Mund, Staub und Dreck wirbeln vom Cockpitboden in deine Augen, und dein Kopf donnert an das Dach, wenn du drunter wegtauchst.«

Sammy Allard flog an diesem Tag mit Townsend. Er war inzwischen mit der DFM ausgezeichnet und vom Sergeant zum Leutnant befördert worden. Er feuerte lange genug auf eine Dornier, um beide Propellerblätter zum Stoppen zu bringen. Dann stieg er auf und kehrte zu einem weiteren Sturzflugangriff zurück. Er fand ein Ziel und feuerte einen Drei-Sekunden-Stoß darauf ab.

Zwei von der Dornier-Besatzung sprangen heraus. Der verwundete Pilot entdeckte den Jägerflugplatz Rochford unter sich und entschied, dort eine Notlandung zu machen.

Allards Opfer taumelte auf das Flugfeld zu. Beobachtet wurde es mit gemischten Gefühlen von jenen auf dem Boden – sie glaubten, es bereitete sich auf den Bombenabwurf vor – und einer »Spitfire« über ihm. Einer der Leute, die das Geschehen aus der Bodensicht beobachteten, war der Amtsarzt aus Hornchurch auf einem Routinebesuch. Die Dornier machte eine Bauchlandung, und mit dem Gekreische von zerreißendem Metall rutschte sie auf dem Bauch über das Flugfeld, bis sie fast dort stoppte, wo der Arzt stand. Er rannte zu dem Wrack und schaffte mit Mühe den verletzten Piloten heraus und zog ihn ins Gras.

»Ich blickte mich dann um, um zu sehen, ob es dort noch weitere Besatzungsmitglieder gab. Zu meinem Entsetzen starrte ich in die Mündung eines MGs, das vom obersten MG-Stand auf mich zielte. Der Maschinengewehrschütze starrte unerschrocken durch das Visier. Ich bekenne, daß ich überall eine Gänsehaut verspürte. Ich drehte mich vorsichtig um, um dem verletzten Piloten als Beweis meines guten Willens Hilfe zu geben. Als ich wieder aufblickte, zielte das Gewehr noch immer auf mich. Deshalb machte ich einen schnellen Satz in den Schutz der

Flügel des Flugzeugs. Von dort machte ich mich entlang des Rumpfes auf den Weg zum MG-Stand. Ein Blick reichte, um mir zu sagen, daß der Schütze seinen letzten Schuß längst gefeuert hatte.«

Der Schrecken eines blutigen Wracks, der Geruch nach Benzin, Blut und Rauch, das hoffnungslose Innere, vom Sonnenlicht durch tausend Einschußlöcher erhellt, ein äußerer Schimmer von silbernen Scheiben, den heißes Metall in Malerarbeit brannte, der Kampf, sich aus Tod und Sterben herauszuwinden und die Schreie von Männern, die nie wieder fliegen würden: All das war den Männern der Bombereinheiten der Luftwaffe von allen Flugplätzen im nördlichen Frankreich wohlbekannt. Kein Wunder, daß diese Flieger jeden Flug als etwas empfanden, in dem sie die Rolle des Köders spielten.

29. August. Das Wetter fing an, sich als Hochdruckgebiet über Nordwesteuropa zu stabilisieren. England hatte Sonnenschein und Schauer mit ausreichend Wolken entlang der Südküste, um ein Abfangen unsicher zu machen.

Die Radarschirme blieben während des gesamten Morgens dunkel. Aber etwa gegen drei Uhr am Nachmittag steuerten kleine Formationen von Heinkel He 111 und Dornier Do 17 Richtung englische Küste zwischen Beachy Head und Hastings. Dreizehn Jägerstaffeln stiegen an jenem Nachmittag in die Luft, denn hinter den Heinkels und Dorniers wurden weitere grüne Echozeichen sichtbar. Aber diese Wellen flogen höher, und von näheren Stellen wurden sie als Jagdflugzeuge identifiziert. Es waren mehr als 500 Bf 109, mit fast allem, was dem Jagdgeschwader angehörte: JG 3 (»Udet«), JG 26 (»Schlageter«), JG 51, die Einheit, die später nach Mölders benannt wurde, JG 52 und JG 54 (»Grünherz«). Und danach kam eine große Welle von Bf 110 des ZG 26 (»Horst Wessel«) und des ZG 76.

Als die RAF-Jägerstaffeln, die zum Abfangen ausgeschickt waren, eingeschlossen wurden, waren die Stimmen der Leiter zu hören, die ihre Flugzeuge wieder nach Hause riefen. Es war Parks Anweisung, die deutschen Jagdflugzeuge unbehelligt in den englischen Himmel fliegen zu lassen. Vom größten Teil wurde der Befehl befolgt.

Als die deutschen Besatzungen an jenem Abend zur Einsatzbesprechung zurückkamen, hatte der Nachrichtendienst der Luftwaffe nicht länger irgendwelche Zweifel, daß neue RAF-Taktiken im Gange waren. Die »Spitfires« und »Hurricanes« wurden geschont, während die Deutschen Flugzeuge verloren und sehr wenig gewannen. Voller Kummer über die Verluste unter seinen jungen Piloten, sprach der alte Theo Osterkamp gegenüber Mölders und Galland davon, daß die Schlacht schlecht verlaufe. Er glaubte, daß die RAF weit weg von jenem erschöpften Stand war, den Göring beschrieb, und die Luftwaffe konnte die hochqualifizierten Flugzeugbesatzungen, die geopfert wurden, nicht ersetzen.

Einige von »Onkel Theos« Ansichten waren selbstverständlich wahr. Aber keines der jungen Asse vermochte den Pessimismus des alten Mannes über den Ausgang zu teilen. Osterkamp kam jetzt zu dem Schluß, er sollte einen genauen Bericht über den Luftkampf schreiben. Aufgrund seiner ausgeprägten Persönlichkeit mußte ein solcher Bericht kritisch gegenüber Göring ausfallen. Osterkamp entschied, ihn an Milch zu schicken.

Es würde nicht schwer sein, mit Milch Kontakt zu bekommen. Seit dem 20. August hatte er seine Inspektionsreisen wieder aufgenommen. Er flog sein »Storch«-Verbindungsflugzeug selber und besuchte große und kleine Einheiten. Für Besuche ohne Flugzeug griff er auf einen großen Mercedes zurück. Unaufhörlich kritzelte Milch Notizen in ein kleines grünes Tagebuch, das vier Jahre alt war. Nichts war zu trivial, um nicht seine Aufmerksamkeit zu erregen: Treibstoffnachschub, Ersatzteile, Taktiken, Moral und die Bomben. Und Milch konnte die Männer, mit denen er sprach, schnell beurteilen; für sie trug er Vorräte an Brasilzigarren und verschiedene Ordensstufen mit sich herum.

Besonderes Interesse zeigte Milch an jedem Fehler der Junkers Ju 88. Diese ausgezeichnete Maschine war eines von Udets Lieblingsprojekten gewesen, tatkräftig unterstützt vom jungen Stabschef der Luftwaffe, Jeschonnek. Der niederschmetternde Bericht, den Milch über diesen Bomber zusammenstellte, würde seine Position gegenüber diesen beiden Rivalen stärken.

Wenn Milch nach Beschwerden suchte, dann gab es allen Grund zur Annahme, daß ihn sein Inspektionsbesuch beim KG 30, dem »Adler«-Geschwader auf den Flugplätzen von Gilze-Rijen und Eindhoven, erfreut haben muß.

Dowdings Politik, wonach er sich die Bomber heraussuchte und die Jagdflugzeuge umging, zehrte am Selbstvertrauen der Bomberbesatzungen. Diese Junkers-Ju-88-Einheit hatte während des Angriffs am 15. August von Dänemark über die Nordsee schreckliche Verluste erlitten. Jetzt schoben die Männer der Ausrüstung, der Taktik, der Maschine selbst und sogar ihren Bombenzielgeräten und den Abwehrmaschinengewehren die Schuld zu. Leutnant Werner Baumbach sagte: »Milch schien für unsere Meinung dankbar zu sein und sagte, er würde sofort nach Abhilfe suchen.« »Er sorgte für Abhilfe«, fügte Baumbach hinzu. »Eine Gruppe, die Aufregung und Druck hervorgerufen hatte... wurde aufgeteilt als Strafe für Meuterei und Defätismus. Die Offiziere wurden versetzt und degradiert.«

30. August. Dieser Freitag sah einen Wechsel in der Taktik und den Anfang der Kämpfe, die die RAF-Jagdflugzeuge an den Rand der Niederlage bringen sollten.

Kesselrings Dornier-Do-17-Maschinen schnupperten an der Morgenluft und am Stand der Verteidiger und gingen dabei bis in die Themsemündung, um Schiffe aus einem für Norden bestimmten Konvoi anzugreifen. Ihre Eskorte waren Bf 110 des III ZG 76. Mit einer Außenseiterchance flogen neun »Hurricanes« bereits auf Abfangkurs, nachdem sie durch einen falschen Alarm aufgeschreckt worden waren. Das »Vorwärts los!« der »Hurricanes« über Funk brachte auch drei »Spitfire« der 54. Staffel in den Kampf.

Aber die Schlacht über der Mündung war nur angelegt worden, um die Aufmerksamkeit von den Hauptversuchen dieses Tages abzulenken. Eine erste Welle von 60 Bf 109 überquerte die Südküste um 10.30 Uhr am Vormittag. Sie wurde von Parks Leiter ignoriert, der einfach seine Staffeln warnte, daß sie mit der zweiten Welle Bomber zu erwarten hätten. Dreißig Minuten später lag er mit seiner Voraussage genau richtig, als dreißig Do 17, begleitet von fast 100 Jägern, die Küste kreuzten. Eine Wolkendecke bei etwa 2200 m machte es unmöglich, die Angreifer zu sehen. Die Posten des Beobachter-Korps konnten nichts besseres tun, als telefonisch vom Motorengeräusch über ihnen zu berichten.

Gegen Mittag befanden sich Parks gesamte Jagdflugzeuge in der Luft, und die meisten von ihnen waren an Aktionen beteiligt. Park bat Leigh-Mallory – Chef der 12. Gruppe –, Luftschutz nach Süden zu senden, um die Flugplätze von Kenley und Biggin Hill zu sichern. Aber die Jagdflugzeuge der 12. Gruppe, die nach Biggin Hill geschickt waren, ließen eine Staffel von Junkers Ju 88 aus einer dritten Angreiferwelle durch. Der Flugplatz und seine Nachbarschaft litten darunter. Dieser Fehler verstärkte das schlechte Verhältnis zwischen den beiden Männern weiter.

Ein zweiter deutscher Angriff folgte sofort. Wieder wurden die Attacken gegen Jägerflugplätze geführt: Kenley, Biggin Hill, Tangmere und Shoreham. Während die Geräusche von MGs und Flugzeugmotoren vom Himmel zu hören waren, wimmerten sieben Stationen der Radarkette, als die Kathodenröhren blind wurden. Die Hauptelektrizitätsversorgung war getroffen. Jetzt gab es keinen Radarschutz für die Südostküste mehr.

Ein dritter Angriff kam in Wellen von Dover, bevor der zweite abgezogen war. Wie die anderen wurde er gegen die lebenswichtigen Flugplätze des Jägerkommandos geleitet. Zehn Angreifer flogen einen Umweg, der sie in die Themsemündung brachte und dann südlich nach Biggin Hill. Es war ein überaus sorgfältig angelegter Tieffliegerangriff. Er bewirkte beträchtliche Beschädigungen an Hangars, Waffenkammer, Werkstätten, Vorratslager und den Quartieren der weiblichen Hilfskräfte. 39 Menschen wurden getötet, 20 verletzt. Außerdem wurden verschiedene Hauptwasserrohre, Gas, Heizung und Telefonkabel beschädigt.

Mitten in all diesen Aktivitäten bat ein Wochenschau-Kamerateam, das den Flugplatz von Gravesend besuchte, um einen Staffelkampf. Zuvorkommend gaben die Piloten der 501. Staffel vor, dem Anruf nachzukommen und stürzten dann zu ihren »Hurricanes« hinaus. Die wartenden Bodenmannschaften halfen den Piloten in das Fallschirmgurtwerk, befestigten die Riemen, starteten die Motoren und zogen die Bremskeile weg, damit die Jagdflugzeuge über den platten Rasen poltern und steil in die Luft aufsteigen konnten. Die Räder zogen sie in der Sekunde ein, in der sie sich in der Luft befanden – ein beliebtes Spiel der Jägerpiloten.

Was das erfreute Kamerateam nicht wußte, war, daß die Piloten ihre Kopfhörer gerade rechtzeitig einschalteten, um die Stimme des Leiters zu hören, der ihnen einen echten Aufstieg befahl und sie Richtung Themsemündung dirigierte.

Die Staffel traf auf die Angreifer in einer Kopf-voraus-Attacke. Weiter in Formation, drückte die gesamte Staffel gleichzeitig die MG-Auslöseknöpfe, wie es von ihrem Kommandeur befohlen war. Kein Feind fiel auf Grund des massierten MG-Feuers, aber die Formation der Heinkel war zerbrochen.

Inzwischen maß der RAF-Nachrichtendienst dem Zerstreuen der deutschen Formationen große Bedeutung bei. Die Zusammenfassung Nummer 166 vom Nachrichtendienst vermerkte, daß die Luftwaffe höher flog, zum Reihenwurf aus 6100 m. Diese Taktik – alle Maschinen bomben, wenn der Führer bombt – wurde von der RAF als Zeichen dafür interpretiert, daß es der Luftwaffe an ausgebildetem Personal mangelte. Dem Zerschlagen von Formationen vor dem Bombenabwurf wurde von nun an Vorrang eingeräumt.

Aber die 501. Staffel hatte keine Zeit zum Selbstbeglückwünschung übrig. Sgt. Lacey war einer der Männer, welche die Heinkel auseinandertrieben. Aber kaum, daß er zu einem zweiten Angriff herangeflogen war, hämmerten Geschosse in seine Tragflächen und den Motor. Die Cockpithaube wurde schwarz, als Öl darüber spritzte. Er legte sich in eine steile Kurve, aber die Geschosse trafen ihn weiterhin, ». . . wer immer schoß, hatte entweder großes Glück oder wußte eine Menge über Abweichung, da der Kurs ständig wechselte«.

Weil er das Geschehen nicht beobachten konnte, warf Lacey seine ölige Haube ab. Aber das graue Wasser der Themsemündung, das er unter sich sah, hinderte ihn an der Idee, mit dem Fallschirm abzuspringen. Er flog in beträchtlicher Höhe und entschied, bis über Land zu gleiten. Als er schon bis zur Isle of Sheppey gekommen war, entschloß er sich zum Versuch, in einem seichten Gleitflug bis nach Hause zu kommen. Als er sich Gravesend näherte, pumpte er sein Fahrwerk in die Landeposition und machte dasselbe mit den Landeklappen. Mit einem leblosen Motor lieferte er eine perfekte Landung und rollte beinahe genau an dem Platz aus, von dem er aufgestiegen war. Das Kamerateam war begeistert und filmte die gesamte Landung. Die »Hurricane« hatte 87 Einschußlöcher, die äußeren nicht mitgezählt.

Lacey war mit sich selber ziemlich zufrieden. Aber der Ingenieur-Offizier wischte das Lächeln aus seinem Gesicht mit der Frage: »Warum zur Hölle bist du nicht mit dem Fallschirm abgesprungen? . . . Ich hätte morgen früh ein neues Flugzeug dagehabt. Jetzt muß ich mich an die Arbeit machen und es ausbessern.«

Zu einem früheren Zeitpunkt war es an jenem Morgen über Maidstone zu einem der unerwartetsten Blutbäder von 1940 und tatsächlich des gesamten Luftkrieges gekommen. Oberstleutnant Tom Gleave war einer der ranghöchsten Offiziere, die zu dieser Zeit Kampfflüge unternahmen. 1908 in Liverpool geboren, hatte er schon in seiner Jugend einen Flugklub gegründet und sich daran gemacht, eine Pilotenlizenz bereits vor seinem Eintritt in die RAF 1930 zu erhalten. Er begann den Krieg als Bomber-Verbindungsoffizier beim Hauptquartier des Jägerkommandos. Aber dann schaffte er es, das Kommando über die 253. Staffel zu erhalten, trotz seiner 32 Jahre. Dies war vollständig gegen Dowdings Befehl, wonach kein Staffelkommandeur auf diesem Posten bleiben sollte, der älter als 26 Jahre war. Im Juli wurde Tom Gleave zum Oberstleutnant befördert. Das bedeutete, er war sowohl zu alt, wie auch zu hoch im Rang für diesen Posten. Verzweifelt daran interessiert, weiterhin seine »Hurricane« zu fliegen, bat er den neuernannten Kommandeur, ob er in der Staffel als gewöhnlicher Pilot bleiben könne. Aber er wurde großzügig eingeladen, mit dem neuen Kommandeur »die Staffel zu teilen«.

Dieser Tag sorgte bei Oberstleutnant Tom Gleave für einen ersten Kampfvorgeschmack. Losgelöst vom Rest der Staffel wurde sein »V« von drei Maschinen zu einer feindlichen Formation geführt. Vor ihm und etwa 150 m höher entdeckte Gleave eine über dem Dunst hintereinander fliegende Formation von Bf 109. Sie waren gut ausgerichtet und erstreckten sich so weit, wie das Auge sehen konnte. Es war der Höhepunkt für Gleaves ganzen Ehrgeiz. Ohne Zögern flog er direkt durch die feindlichen Jagdflugzeuge. Er erinnert sich klar daran und beschreibt den Geruch von Kordit, das Zischen des Luftstromes und wie die Nase der »Hurricane« beim Rückstoß der MGs erzitterte.

Er gab einen vier Sekunden langen Feuerstoß auf die erste Bf 109 ab und sah, wie die Geschosse den Motor trafen. Er sah die Abdeckung der Haube in Stücke platzen, die in der Sonne funkelten. Die Bf 109 rollte auf ihren Rücken, drehte sich um und stürzte dann mit der Nase voran zur Erde. Ein anderes feindliches Flugzeug kam in sein Visier. Gleave drehte mit ihm und feuerte, bis schwarzer Rauch aus den Tragflächen aufstieg, bevor die Bf 109 vertikal, noch immer qualmend, herunterfiel. Gleave ging knapp einer Kollision mit seinem dritten Opfer aus dem Weg und gab ihm dann einen Drei-Sekunden-Feuerstoß, als die Messerschmitt hochzog und in sein MG-Feuer drehte. Das Cockpit schien leer zu sein; der Pilot plumpste nach vorn außer Sicht. Die Messerschmitt fiel. Die deutschen Piloten versuchten, die Formation beizubehalten, und inzwischen lag soviel MG-Feuer in der

Luft, daß Gleave den Eindruck hatte, durch einen riesigen goldenen Vogelkäfig zu fliegen. Eine vierte Messerschmitt flog eben über Gleave hinweg. Er drehte und stieg auf, um in die Unterseite des Rumpfes zu feuern. Aber nach einem zwei oder drei Sekunden langen Feuer vernahm Gleave das verräterische Klicken, das ihm anzeigte, daß er alle seine Geschosse verbraucht hatte. Aber das vierte Opfer war bereits tödlich getroffen und drehte sich auf den Rücken, bevor es abstürzte.

Trotz Alter und Rang besaß Gleave die eine Qualität, die Asse auf beiden Seiten von anderen Piloten unterschied. Es war etwas Bedeutenderes als Flugerfahrung, bedeutender als ein scharfer Blick, sogar noch bedeutender als schnelle Reaktion und die Fähigkeit, mit der richtigen Vorgabe zu zielen. Solche Männer wie Gleave besaßen die Fähigkeit, bis sehr, sehr dicht an den Feind auf Kollisionskurs zu fliegen (was vorwärts gerichtete Maschinengewehre erforderten). Gleave war von seinem ersten Opfer 150 m (sehr dicht nach dem Stand von 1940) und 110 m vom zweiten entfernt. Aber die dritte und vierte Messerschmitt wurden aus nur 50 und 65 m Entfernung getroffen. Bei einem so engen Zwischenraum leisteten die acht Maschinengewehre schreckliche Zerstörung. Überdies entdeckte die RAF, daß die verkürzte, leichte Version der 20-mm-Oerlikon-Kanone, welche die Luftwaffe benutzte, bestimmte Grenzen hatte. Die verringerte Mündungsgeschwindigkeit ließ die Geschosse oft explodieren, bevor sie in die RAF-Rümpfe eindrangen. Und die Geschoßhülsen wurden in so kleine Stücke zerrissen, daß die Schalenrumpfstruktur oft durchdrungen, aber nicht immer zerfetzt wurde. Die zusätzliche Panzerplatte, mit der die Jagdflugzeuge dank der Anstrengung der 1. Staffel in Frankreich jetzt ausgerüstet waren, ermöglichte es vielen Piloten von Jägern zu entkommen, die direkt von einem Geschoß getroffen waren. Einige Piloten brachten sogar solche Maschinen bis nach Hause.

Die Vorkriegstheorien über die Zerstörungsfähigkeit von Explosivgeschossen sollten sich als richtig erweisen. Aber 1940 besaß die kurze Oerlikon-Kanone, die in der Bf 109 E eingebaut war, eine so niedrige Geschwindigkeit und geringe Feuerfolge, daß die Bewaffnung der Jagdflugzeuge auf der anderen Seite fast gleichwertig war. Und die Tragflächen der Messerschmitts legten den Piloten der Luftwaffe noch immer erschreckende Grenzen auf. Selbst mit Ausbuchtungen auf der niedrigeren Oberfläche der Flügel konnten die Geschoßmagazine nicht mehr als sechzig Salven aufnehmen. Dies lieferte der Bf 109 nicht mehr als eine Feuerdauer von neun Sekunden verglichen mit den 14 Sekunden, für die die Maschinengewehre der RAF sorgten. Dieses MG-Feuer konnte genauso zerstörend wirken, wenn der Pilot sehr dicht anflog.

Und an diesem Augusttag war Tom Gleave sehr dicht angeflogen. Es war bezeichnend für die Art der Abschußschätzungen beim Luftfahrtministerium und für eine Gleichgültigkeit gegenüber den üblichen Zeugenaussagen, daß sie zu einer Zeit, in der RAF-Abschußerfolge vielfach weit von der Wirklichkeit entfernt angegeben wurden, Gleaves Behauptung von vier abgeschossenen Bf 109 nur einstuften als vier »mögliche«. Es schien ihnen unglaubwürdig, daß Gleave in nur so wenigen Minuten vier Flugzeuge abgeschossen hatte. Deshalb boten sie ihm einen vagen Kompromiß an. Darüber unzufrieden, stöberte Gleave die Wracks eben südlich von Maidstone auf. Sie waren alle vom JG 27.

Als der Tag zu Ende ging, konnte sich das Jägerkommando mit der Gewißheit trösten, daß 36 deutsche Flugzeuge zerstört waren gegenüber nur 25 RAF-Jägern. Und von diesen wurden 15 Piloten gerettet. Aber die Luftwaffe schien den Weg entdeckt zu haben, wie die Verteidiger zu verletzen waren. Die Angriffe gegen die Abschnittsflugplätze waren mit Talent und Bestimmtheit geführt worden, und die schonungslose Zeitenfolge hatte den RAF-Jagdflugzeugen kaum genügend Zeit zum Munitionieren und Auftanken gegeben. Glücklicherweise hatten sich bei keinem der Angriffe die Jäger noch auf dem Boden befunden, aber unvermeidlich würde das einmal der Fall sein. Und die Ergebnisse konnten sich dann als so verheerend wie in Frankreich und Polen erweisen.

31. August. Es war ein Tag, an dem die Luftwaffe alles genau richtig machte. Jede verfügbare Bf 109 war auf die Fliegerhorste im Pas de Calais unter Kesselring verlegt worden – so dicht, wie es ging an England. Heute wurden nicht weniger als 1300 Jagdflugzeugeinsätze zum Schutz von 150 Bombern geflogen. Die Umsicht und Erfahrung der deutschen Jägerpiloten wurde mit fast jedem Tag besser. Die neu eingesetzten Kanadier der 1. Staffel der RCAF wurden von einer Staffel von Bf 109 angegriffen. Drei »Hurricanes« waren noch vor dem Frühstück abgeschossen.

Dieser ersten Welle von Jagdflugzeugen folgte der erste Bomberangriff. Wiederum wurden die Attacken gegen die Abschnittsflugplätze gerichtet. Die Angriffe wurden mit Erfahrung und Zielstrebigkeit angelegt. Die Staffel Nummer 56 von North Weald stieg auf, um einen Angriff abzufangen, der gegen ihre Basis gerichtet schien. Sie traf den Feind über Colchester. Aber die Bf-109-Eskorte schoß vier »Hurricanes« ab, ohne selbst Verluste zu erleiden oder einen Bomber zu verlieren.

Die Angriffe setzten sich mit derselben schonungslosen Energie des Vortags fort. Unausweichlich wurden einige RAF-Jagdflugzeuge am Boden erwischt. Gegen Mittag rief der Leiter von Kenley die 85. Staffel in Croydon an und ließ sie aufsteigen. Als Staffelführer Townsend den Zaun der Umgrenzung erreichte und zum Hebel für das Einziehen des Fahrwerks langte, setzte der Motor aus. Er stoppte für einige Herzschläge und röhrte dann wieder auf. »Als ich mich im Cockpit umsah, entdeckte ich den Rest der Staffel aus einer gewaltigen Wolke von Rauch und Trümmern aufsteigen.« Die Druckwelle der Bomben hatte den Motor abgewürgt, aber die »Hurricanes« überlebten den Bombenangriff. Außer Sichtweite hinter dem Horizont entdeckten die verwundbaren Dornier Do 17, daß ihr knapper Tiefflug das Ziel nicht warnte und ihnen selbst eine Chance zum Entkommen bot.

Als Townsend mit Vollgas steil aufstieg, sah er entfernt schwarzen Rauch von einem anderen Angriff, der dem benachbarten Biggin Hill gegolten hatte. Bei der Jagd hinter den Angreifern holte die 85. Staffel die Bf-110-Jägereskorte in 2800 m Höhe über Tunbridge Wells ein. Aber als sie soweit waren, stieß eine hochfliegende Bf-109-Eskorte im Sturzflug zum Kampf herab. Alle Bf 110 wurden von ausgewählten Besatzungen geflogen. Aber jene, die Townsend angriffen, waren wirkliche Experten. Sie gehörten zur Erpr.-Gr. 210 (die Präzisions-Jagdbombereinheit, die am 12. August der Radarkette Zerstörungen zugefügt hatte). Die 85. Staffel schoß eine Bf 110 ab und beschädigte zwei weitere. Doch als Townsend auf eine Bf 109 mit dem Finger am Feuerknopf zusteuerte, wurde seine »Hurricane« durch einen Feuerstoß von einer Bf 110 erschüttert. Townsend sah das grelle Licht des Mündungsfeuers, bevor seine Windschutzscheibe sich weiß verfärbte. Treibstoff spritzte über ihn, und die Spitze einer Geschoßhülse traf ihn am Fuß und bohrte sich fest. Aber seine »Hurricane« war noch in einem Stück, und Townsend stieg aus und zog die Reißleine seines Fallschirms. Er erinnert sich, zwei Mädchen angesprochen zu haben, als er immer noch in der Luft baumelte: »Könnten Sie mich etwas stützen, wenn ich herunterkomme?« Am 21. September war Townsend bei seiner Staffel zurück. Er ging mit Hilfe eines Stocks und hatte einen Zeh weniger. Es gab viele solche wunderbaren Rettungen, und teilweise »schuld« daran war die geringe Mündungsgeschwindigkeit der verkürzten Oerlikons. Am 9. August wurde eine »Spitfire« der 92. Staffel durch Geschosse getroffen, eines davon schlug in die Steuersäule ein. Aber der Pilot brachte sein Jagdflugzeug zurück nach Kenley.

Der Rauch, den Townsend als schwarze Wolke von Biggin Hill hatte aufsteigen sehen, war das Ergebnis einer Formation von Heinkel He 111, die aus 3700 m Bomben warfen. Sie drehten südöstlich ab und wurden von der 253. Staffel abgefangen. An diesem Morgen hatte Tom Gleave die Staffel wieder »geerbt«, nachdem der neuernannte Kommandeur (mit dem er die Staffel »teilte«) bei einem Fallschirmabsprung aus seiner »Hurricane« gestorben war. Die Staffelpiloten waren überzeugt, daß er wohlüberlegt von den Deutschen abgeschossen worden war, während er ausstieg. Aber solche Vorfälle waren echt rar, da die Kämpfenden selten Zeit für so gefährliche Aktivitäten fanden. Wenn die kurzen Kämpfe beendet waren, versuchten die Jäger sich wieder zu formieren und/oder Höhe zu gewinnen, anstatt Fallschirme zu umfliegen und wertvolle Munition zu verbrauchen.

Mit Tom Gleave als Kommandeur fand die 253. Staffel jetzt die heimwärtsgerichteten Heinkels. Gleaves »Hurricane« erhielt einen direkten Treffer von einer Bf 109, die aus dem toten Winkel unter seinem Schwanz hervorkam. Flammen schlugen über ihm zusammen, als er sich aus den Funk- und Sauerstoffanschlüssen zu befreien suchte. Er sah, wie seine Haut Blasen warf und geröstet wurde und fühlte die Schmerzen durch seine brennenden Kleider, als er die Haube der Maschine nach hinten schob. Eine Explosion schleuderte ihn aus dem Cockpit. Irgendwie schaffte er es, die Reißleine des Fallschirms zu ziehen. Als er in einer Farm landete, war sein verbranntes Fleisch so angeschwollen, daß die Augen bis auf schmale Schlitze geschlossen waren. Er wurde in ein Bett des Bauernhauses gesteckt und nahm dies dankbar an, da er das saubere, kühle Leinen angenehm spüren würde.

Die Heinkels, die Biggin Hill bebombten, waren Teil eines zweizinkigen Angriffs, von dem die zweite Hälfte zum Flugfeld Hornchurch flog. Dies waren Dorniers; versteckt durch einen Hitzeschleier, bombten sie aus 4600 m. Ihre Bomben fielen gerade, als die 54. Staffel am Aufsteigen war. Acht »Spitfires« entkamen unbeschädigt. Aber der letzte Teil von drei Maschinen wurde in dem Moment zerstört, in dem sie sich in die Luft abhoben. Eine wurde so stark geschüttelt, daß ein Flügel den Boden berührte. Radschlagend rollte sie über zwei Felder, und der Pilot stürzte in einen Fluß. Die zweite wurde mit einem Flügel weniger zur Erde zurückgehämmert, und die führende »Spitfire« – Hauptmann Deere – wurde auf ihren Rücken gedreht und schleuderte 100 m verkehrt herum über den Flugplatz. Deere erinnert sich an den heftigen Aufprall: »... und eine erschreckende Zeit ackerte ich durch das Feld, die Oberseite nach unten, noch immer fest im Cockpit angeschnallt. Steine und Dreck wurden in mein Gesicht geschleudert, und mein Helm wurde von dem steinigen Untergrund, gegen den mein Kopf fest gedrückt wurde, in Stücke gerissen.« Das Wrack der »Spitfire«, bei der Motor und ein Flügel fehlte, kam zum Stehen. Deere im Innern lag in vollständiger Dunkelheit. Benzindünste überdeckten ihn, aber er kroch durch die schmale Cockpittür heraus, wobei er erstaunliche Beweglichkeit bewies. Unglaublicherweise flogen alle drei Piloten am nächsten Tag schon wieder.

Am Nachmittag kehrte die Erpr.-Gr. 210 zur Aufgabe, Radarstationen zu bombardieren, zurück. Beachy Head, Whitstable, Foreness, Rye, Dunkirk und Pevensey wurden angegriffen, aber sobald die Angreifer verschwunden waren, begannen die Techniker, die Schäden zu reparieren. In der Nacht arbeiteten alle Stationen bereits wieder.

Zur Teezeit kreuzte die unermüdliche Erpr.-Gr. 210 die englische Küste jedoch schon wieder. Dieses Mal flog sie nach Hornchurch und Biggin Hill als Eskorte für Junkers Ju 88. Zwei »Spitfires« wurden am Boden zerstört, aber die Staffeln befanden sich in der Luft. Zweifellos waren die Angreifer erfreut zu sehen, welches Chaos an Verwüstung die vorausgegangenen Angriffe besorgt hatten. Aber der deutsche Nachrichtendienst war überzeugt, daß alle RAF-Einsatzräume tief unterirdisch lagen (das war nicht so. Sie lagen an der Oberfläche und waren sehr verwundbar, wie auch die Verbindungskabel, die von ihnen ausgingen). Und in den Sommermonaten waren »Spitfires« und »Hurricanes« nicht auf feste Startbahnen angewiesen – wenige Jägerflugplätze besaßen welche. Sie konnten von jeder platten Rasenfläche abheben. Aber jetzt war Biggin Hill in schlechtem Zustand. Zwei der Staffeln wurden abgezogen, und der Einsatzraum war jetzt ein umgebauter Laden im Dorf.

39 RAF-Jagdflugzeuge gingen verloren, 13 der Piloten wurden getötet. Auch die Verluste der Luftwaffe lagen bei 39 Maschinen. Gemessen daran war Kesselrings neuer Taktik gut begegnet worden. Aber Dowdings größte Sorge war, daß man nicht einfach nur nach der Zahl der Verluste messen konnte.

Die Gefahr kam von der schlechteren Qualität seiner Staffeln, wenn Piloten nach wenigen Stunden Einsatzausbildung an die Front kamen oder vom Bomberkommando, dem Küstenkommando oder von der Marineluftwaffe wegkommandiert wurden. Diese Männer verwässerten die Wirksamkeit der Verteidigung. Die 616. Staffel beispielsweise war Mitte August nach Kenley gegangen. In nur fünfzehn Kampftagen wurden vier Piloten getötet, fünf verwundet und einer fiel in Gefangenschaft. Außerdem lief die Dienstzeit eines Offiziers ab, und ein weiterer wurde von der Staffel abgezogen. Es gab keine andere Möglichkeit, als die Staffel von der Schlacht zurückzuziehen.

Nicht nur Neulinge sahen sich einer schrecklichen Anspannung gegenüber. Die Veteranen flogen mehr Starts und unterrichteten auch unerfahrene Piloten. Bei einer Staffel rollte eine »Spitfire« aus, aber niemand kletterte heraus. Einer vom Bodenstab kletterte auf eine Tragfläche und erwartete, den Piloten tot oder verwundet zu finden. Aber er war über seine Instrumente gefallen und fest eingeschlafen. Oft saßen Männer zum Essen bereit und schliefen ein, noch bevor sie zu Messer und Gabel gegriffen hatten.

Die Deutschen hatten allen Grund, noch müder zu sein. Sie rotierten nicht, wie es die RAF-Flieger taten, und die Notwendigkeit für Jägereskorten – manchmal zwei im rollenden Einsatz für einen Angriff – gab ihnen wenig Ruhepausen.

Die Kämpfe waren hart, und trotzdem herrschte überraschend wenig Bitterkeit zwischen den beiden Seiten. Erich Rudorffer vom »Grün-Herz«-Geschwader JG 54 (der den Krieg als eines der deutschen Spitzen-Asse mit 222 Siegen beendete) erinnert die Schlacht um England als eine Zeit, in der keiner auf Männer feuerte, die mit dem Fallschirm ausstiegen. Er fügte hinzu:

»Einmal, ich glaube, es war am 31. August 1940, lag ich über Dover im Kampf mit vier ›Hurricanes‹. Ich war wieder über dem Kanal, als ich eine weitere ›Hurricane‹ von Calais kommen sah. Sie zog weißen Rauch hinter sich her und war offensichtlich in schlechtem Zustand. Ich flog neben sie und begleitete sie auf dem ganzen Weg nach England und winkte dann mit den Tragflächen ein ›Auf Wiedersehen‹. Wenige Wochen später passierte mir dasselbe. Sowas würde nie in Rußland passiert sein, niemals.«

Oberleutnant Hahn, ein Bf-109-Pilot des I/JG 3 – dem »Udet«-Geschwader –, erinnert sich an das immer gegenwärtige Hindernis des Kanals. Er sagte: »Nur wenige von uns mußten im Kanal nicht mit einem abgeschossenen Flugzeug oder einem stillstehenden Propeller notwassern.«

Ohne Benzin dazustehen war ein stets gegenwärtiges Glücksspiel für die Bf-109-Piloten. Es reichte schon ein sorgloser Irrtum, um die enge Straße von Dover zu den rund 115 km zwischen der englischen Küste und Abbeville auszudehnen. Ein Bf-109-Pilot, dessen rotes Treibstoffwarnlicht blinkte, beobachtete, wie sieben aus seiner Gruppe notwasserten, und dann sah er sechs weitere, die eine Bauchlandung auf dem französischen Strand machten.

Notlandungen und Fallschirmausstiege waren etwas Alltägliches geworden. Von den 18 Piloten der 85. Staffel wurden während der zwei Wochen in Croydon 14 abgeschossen, zwei gleich zweimal. Am 31. August fügte ihr Kommandeur – Peter Townsend – eine weitere »Hurricane« dieser Gesamtzahl hinzu. Auch die 56. Staffel hatte so schwere Verluste erlitten, daß sie von der Schlacht abgezogen wurde.

Wenn die RAF-Jagdflugzeuge zum Abfangen auf eine niedrigere Höhe als ihre Feinde gebracht waren, hatten sie schwere Nachteile. Aber die Leiter hatten keine andere Wahl. Das Radar zeigte, wie sich die deutschen Formationen über Calais sammelten. Doch die kurze Dauerleistung der Jäger bewahrte sie davor, zerschlagen zu werden, bevor der Angriff sich auf seinem Weg befand. In den zwanzig Minuten, die eine »Spitfire« brauchte, um auf 7620 m zu steigen, konnten selbst die langsameren deutschen Bomber 130 km zurücklegen. Dazu kam noch die Unvollkommenheit des Radars, das jetzt regelmäßig unter Störungen litt. Wenige Leiter legten die Größe ihrer Verbände fest, wenn das Wetter gut genug war, daß sie einen sicheren Sichtbericht abwarten konnten.

1. September. Am Sonntag, dem 1. September, erkannte Dowding, daß er seine Staffeln nicht länger rotieren lassen konnte, da ihm keine gleichwertigen ausgeruhten und aufgefüllten Staffeln zur Verfügung standen, um sie nach Süden in die 11. Gruppe zu bringen. Gezwungen zu dem, was er später einen »verzweifelten Notbehelf« nannte, klassifizierte er die Staffeln in drei Typen A, B und C. Die Staffeln der 11. Gruppe sowie Duxford und Middle Wallop wurden A-Staffeln. Die B-Staffeln (die meisten von ihnen in der 10. und 12. Gruppe) sollten stark gehalten werden, um zum Entsatz der A-Staffeln geschickt werden zu können. Aber die C-Staffeln in den ruhigeren Teilen von England wurden jetzt wie Ausbildungseinheiten angesehen, die Piloten vorbereiteten, welche den A-Staffeln überstellt werden sollten.

Sogar noch höheren Tribut als zu Kesselrings Taktik und der mutigen Entschlossenheit seiner Besatzungen mußte das Jägerkommando jetzt als Preis für jeden Sieg in der Luft bezahlen. Die RAF zerstörte nicht länger offensichtlich mehr Angreifer, als ihre eigenen Verluste an Jagdflugzeugen waren. Manche Verluste lagen gleich. Schließlich führten auf einmal die Deutschen. In den zwei Wochen der kritischen Phase verlor das Jägerkommando 200 »Spitfires« und »Hurricanes« mehr, als es erhielt*. Es war noch schlimmer, daß von insgesamt rund 1000 RAF-Piloten 231 getötet, verwundet oder vermißt waren. Sechs von sieben Abschnittsflugplätzen waren schwer beschädigt, und genauso sah es bei fünf Frontflugplätzen aus.

Die Moral der Luftwaffe war hoch. Am 1. September schaute ein deutscher Pilot, der unter bewaffneter Eskorte stand, aus dem Fenster, als sein Zug in der Station von Chatham stoppte. Eine Kellnerin rannte aus ihrem Buffetraum

* In den dreizehn Tagen ab 24. August wurden 466 Jäger zerstört und beschädigt. Es gab 269 neue und reparierte.

und klapperte mit einer Sammelbüchse des »Bürgermeister von Chatham ›Spitfire‹-Fonds«. Sie schüttelte diese vor der Nase des Gefangenen. Er bat die Posten um seine Tasche, lächelte und steckte einen Fünfmarkschein in die Büchse, bevor der Zug weiterfuhr.

Wenn Luftüberlegenheit über Südostengland für die Invasion das war, was Göring wünschte, so fehlte am 1. September nicht mehr viel daran.

Milch empfing Osterkamps langen, pessimistischen Report über die Art, wie die Schlacht verlief und über die Konsequenzen, die sich daraus ergeben würden, daß die Luftwaffe so viele ihrer hervorragenden Flieger verlor. Milch reagierte unverzüglich. Er sorgte dafür, daß »Onkel Theo« gerügt und abgesetzt wurde. Man erklärte dem erfahrenen *Fliegerführer,* daß er vor ein Kriegsgericht kommen würde, wenn er zukünftig solche defätistischen Ansichten ausdrücke, egal ob schriftlich oder im Gespräch.

Wie auch immer die Gezeiten der Schlacht dahinflossen, für Milch war nicht alles Arbeit, sondern manches Spiel. Er genoß einige der Annehmlichkeiten, die Generälen einer siegreichen Armee in einem eroberten Land zur Verfügung stehen. Begleitet von Hugo Sperrle und Udets Stabschef besuchte er das Spielkasino von Deauville und freute sich über einige Gewinne.

Bald sollte auch er seinen eigenen Zug haben. Der wurde von der französischen Eisenbahn im Bahnhof St. Lazare, Paris, zusammengekoppelt. Er schloß Marschall Pétains Salonwagen aus dem Ersten Weltkrieg mit ein (dazu gehörten ein Badezimmer, Kordsamt und grüne Vorhänge aus Fries), sowie ein Speisewagen von Präsident Lebrun für zwei von seinen Chefs, die ihn begleiteten, außerdem zwei gewöhnliche Wagen und Lokomotiven.

2. September. Kesselring setzte seine Angriffe auf die Flugplätze fort. Am frühen Morgen schickte er eine Gruppe von Dorniers vom KG 3 in Begleitung von Bf 109 des JG 51 aus, um die südöstlichen Flugfelder zu bombardieren. Inzwischen kannten die Leiter der 11. Gruppe die Gefahr, ihre Flugfelder ohne Luftschutz zurückzulassen. Dadurch verringerte sich die Zahl der Jäger, die gegen die Angreifer geschickt werden konnten. (Leigh-Mallory von der 12. Gruppe trägt einen großen Teil der Verantwortung für diese ungleiche Taktik.)

Bezeichnenderweise war es die 603. Staffel von Hornchurch, die sich durch den Angriff nicht erschrecken ließ und sich zum Abfangen auf den Weg machte. Es war gegen 8 Uhr am Morgen, als sie die Bf 109 über Kent und hinaus auf See jagten. Vier Messerschmitts wurden abgeschossen, die beiden letzten stürzten in den Kanal. Einer dieser Piloten war Heinz »Pritzl« Bär, das As, das mit der ersten Staffel des JG 51 in Wissant lag. Er versuchte seine beschädigte Messerschmitt über das zu bringen, was die deutschen Piloten »den Bach« nannten, als eine »Spitfire« einen langen Feuerstoß auf ihn abgab. Er schlug auf dem Wasser auf, kletterte heraus und begann zu schwimmen. Bär brauchte zwei Stunden, bevor er eine der grellbemalten Rettungsbojen fand, welche die Luftwaffe für solche Notfälle verankert hatte. Bei Dunkelheit fand ihn ein deutsches Patrouillenboot dort. Am nächsten Tag war er wieder zu Einsatzflügen unterwegs.

Eine der vier Messerschmitts, die in jener Aktion zur Frühstückszeit heruntergebracht wurden, wurde von Leutnant Richard Hillary getroffen. Er hatte inzwischen drei Bf 109 in fünf Tagen abgeschossen. Hillary wurde später berühmt als Autor eines Buches über den Luftkampf »The Last Enemy« (Der letzte Feind). Er schreibt darin:

> »Ich überlegte ruhig, was er wohl sein würde, dieser Mann, den ich töten würde. War er jung, war er fett, würde er mit dem Namen des Führers auf den Lippen sterben, oder würde er einsam sterben, in diesem letzten Moment, in dem er sich selbst als Mensch bewußt war? Ich würde es nie erfahren. Dann wurde ich angeschnallt, automatisch überprüfte ich die Kontrollanzeigen, und wir hoben ab.«

Am nächsten Tag, dem 3. September, etwa zur selben Zeit, wurde Hillary über See nahe North Foreland abgeschossen und von dem Rettungsboot aus Margate geborgen. Aber er hatte nicht soviel Glück wie »Pritzl« Bär. Die »Spitfire« von Richard Hillary ging in Flammen auf. Er wurde in der Feuersbrunst abscheulich verbrannt.

Feuer war das immer gegenwärtige Schreckgespenst für viele Flieger. Die RAF-Jagdflugzeuge hatten den Treibstofftank direkt vor dem Piloten. Und es war nicht immer ein Feuerschutz eingebaut. Der Treibstoff der Bf 109 war in einem großen L-förmigen Tank untergebracht, auf dem der Pilot saß. Die unterschiedlichen Vorteile und Gefahren dieser Entwicklungen bildeten für Jägerpiloten auf beiden Seiten des Kanals ein beliebtes Diskussionsthema und Anlaß für grimmige Scherze. Einige Piloten waren wegen des Feuers so nervös, daß sie sich selbst mit Handschuhen, Schutzbrillen und Schals abdeckten, um sicher zu sein, daß keine Haut bloß lag. Andere zogen es als Vorsichtsmaßnahme vor, stets mit unverschlossener Haube zu fliegen, immer bereit zum Fallschirmabsprung. Es war fröstelig kalt im offenen Cockpit, aber es gab ihnen ein Gefühl der Sicherheit. Tom Gleave war einer der vielen, die eine geladene Pistole bei sich trugen, entschlossen, sich beim ersten Flammenschein zu erschießen. Aber Gleave benutzte die Pistole dann doch nicht, nachdem er brennend abgeschossen worden war.

Dies war, was später »kritische Phase« genannt wurde. Seit dem 24. August hatten die Luftflotten ihre Anstrengungen auf die Flugfelder der 11. Gruppe konzentriert. Die Taktik hatte gut funktioniert. Inzwischen beruhte die Verteidigung auf den beiden einzigen überlebenden Abschnittsflugplätzen: Tangmere und Kenley.

Hätten die Kommandeure der Luftwaffe diese Ziele unter Ausschluß von allen anderen verfolgt, hätten sie sicherlich die Luftherrschaft über Südostengland erringen können. Aber sie machten es nicht. Sie fügten Flugzeugfabriken als Ziele hinzu und gaben so den Abschnittsstationen eine Chance, die Zerstörungen auszubessern. Am 30. August hatte das

Jägerkommando erstmals 1000 Einsätze geflogen. Es war ein großes Ärgernis für Dowding und Park. Aber die Anwesenheit von so vielen »Spitfires« und »Hurricanes« mußte ein Schlag gegen die Moral jedes Deutschen sein, der immer noch an die Zahlen über RAF-Verluste glaubte, welche der Nachrichtendienst der Luftwaffe herausgab. Besonders seit die Verluste der Luftwaffe – 800 Flugzeuge in zwei Monaten – jetzt Einfluß auf die Zahl der Einsätze nahmen. Am 1. September hatte die Luftwaffe nur 640 Feindflüge unternommen, und sie schaffte an keinem der fünf folgenden Tage 1000 Flüge. Die totale Jagdflugzeugstärke der Luftflotten – jetzt gemeinsam im Pas de Calais konzentriert – betrug weniger als 600 Maschinen. Dadurch reduzierte sich die Wirksamkeit der Angriffe, denn Kesselring beharrte darauf, daß die Formationen zu 75 Prozent aus Jagdflugzeugen bestehen mußten. Jedoch sorgte dieses Übergewicht der Jäger für üble Aussichten bei den RAF-Staffeln, die ausgeschickt wurden, um die Angriffe abzufangen. In Erkenntnis dieser Tatsache mißachteten ganze Staffeln bewußt Befehle, wenn sie zu gefährlich waren. In Kenley dirigierte der Abschnittsleiter die 605. Staffel wiederholt zum Flug Richtung Osten, während die Funksignale ihm anzeigten, daß sie westlich flogen – weg vom Feind. Dieselbe Geschichte gab es mit einer Staffel aus Hornchurch, die sich weigerte, die Themse auf einem Abfangkurs zu überfliegen, bevor sie nicht auf 5500 m geklettert war. Überall lernten die Piloten allmählich, daß ein Abfangen von unten her selbstmörderisch war. Manchmal brachte dies mit sich, daß die Bomber unversehrt durchkamen. Am 2. September berichtete der Kommandeur des ZG 76 (der sonst so verwundbaren Bf 110), nachdem er von einem Einsatz zurückgekehrt war: »Da drüben tut sich nicht mehr allzuviel.«

3. September. Die Deutschen setzten die Angriffe auf Flugplätze des Jägerkommandos fort. Diesmal flogen Jagdflugzeuge und Bomber auf einer Höhe, und sie waren durcheinandergemischt, um zu verhindern, daß die RAF nur zu den Bombern durchstieß.

Im Fall der dreißig Dornier Do 17, die North Weald bebombten, schien dies zu funktionieren, trotz der neuen Anweisung, wonach nur Bf 110 bei diesen Dorniers Eskorte flogen. Im Ergebnis reichten sie aus. Hangars und der neue Einsatzblock wurden getroffen. Das Nachrichtenwesen des Flugplatzes funktionierte nicht mehr, eingeschlossen die Hochfrequenzfunkverbindung zu den Flugzeugen.

Göring wählte diesen Tag dazu, um seine Luftflottenkommandeure zu einer Konferenz nach Den Haag zusammenzurufen. Sie erreichten keine Übereinstimmung über die Ergebnisse, die bis dahin zustandegebracht waren. Der »lächelnde Albert« Kesselring war wie gewöhnlich der Optimismus in Person und neigte dazu, die Berichte des deutschen Nachrichtendienstes zu glauben, wonach die RAF nur noch sehr wenige Jagdflugzeuge übrig habe. Hugo Sperrle hatten seine Erfahrungen skeptischer werden lassen. Er zog es vor, zu glauben, die RAF habe noch um die 1000 Jäger übrig.

Trotz der Sonne, die an diesem Tag in Den Haag schien, konnte es keine Diskussion über die Annäherung des Winterwetters geben. Die drei Männer stimmten überein, daß die RAF-Jägerstreitmacht noch schneller in die Schlacht zu verwickeln sei. London bildete sicherlich ein Ziel, das die Engländer mit jedem verfügbaren Jäger verteidigen würden. Hitler hatte »Terrorangriffe« gegen Wohnviertel verboten. Aber die Luftwaffe konnte ihre Bomber zu den Londoner Docks schicken, da diese als legitime militärische Ziele gelten konnten.

Für die RAF gab es wenig Genugtuung über die Kämpfe dieses Tages. Sechzehn RAF-Jagdflugzeuge gingen verloren, gegenüber sechzehn des Feindes. Einziger Trost war, daß acht Piloten gerettet waren. In nur zwei Kampfwochen hatte Dowding 25 Prozent seiner Piloten verloren. Das bedeutete, daß er auf keinen Fall weitere sechs Wochen mit dem Rest kämpfen konnte. Lange vorher würde das Jägerkommando aufhören, eine disziplinierte Streitmacht zu sein. Schon jetzt war ein Viertel seiner Piloten Neulinge mit nur wenigen Flugstunden bei Einsatz-Ausbildungs-Einheiten und mit weniger als zwei Wochen Staffelerfahrung. Er mußte nur den Septemberhimmel zu gefährlich für eine deutsche Invasion halten, um einen Aufschub bis 1941 zu erzwingen. Aber bei dieser Verlustrate schien das unmöglich.

4. September. Nach einem Befehl des Luftwaffeneinsatzstabs vom 1. September wurden Angriffe gegen dreißig Flugzeugfabriken gerichtet. Am ersten Tag dieser neuen Politik wurde die Vickers-Armstrong-Fabrik in Brooklands bebombt. 700 Gefallene waren die Folge.

Phase vier: Tagesangriffe auf Londons Zentrum vom 7. September an

Bislang hatte Hitler Angriffe auf London verboten. Aber die RAF warf nach der ersten Attacke in der Nacht vom 24./25. August weiterhin Bomben auf Berlin. Hitler wurde so wütend darüber, daß er sein Verbot aufhob. Er gab bekannt, daß Terrorangriffe auf Zentral-London beginnen konnten.

Nach seiner Gefangennahme 1945 sprach Göring über diesen Abschnitt. Er beklagte sich darüber, weil er die Fortsetzung der Angriffe auf die Flugplätze gewünscht hatte. Hitler hatte Vergeltung gefordert. Jedoch bestätigte kein anderer Zeuge seine Beschwerde. Kein Luftwaffenkommandeur, keine Memoiren, kein Tagebuch oder Notizzettel zeigen, daß Göring der neuen Politik ablehnend gegenüberstand. Tatsächlich rief Göring Milch an seinen Schreibtisch im Luftfahrtministerium zurück und kam persönlich in den Westen. Und am Nachmittag vom Sonnabend, dem 7. September, als Göring, Loerzer (sein Kamerad aus dem Ersten Weltkrieg) und Kesselring auf den Klippen von Cap Blanc Nez standen und die deutschen Formationen mit Zielrichtung London beobachteten, hatte Göring über den Rundfunk bekanntgegeben: »Ich habe persönlich das Kommando über die Luftwaffe während der Schlacht um England übernommen.«

Zum Auffüllen für Kesselrings Verbände und um die vielen Bomberverluste zu ersetzen, wurden ihm das KG 26, das »Löwen«-Geschwader, und das KG 30, das »Adler«-Geschwader, von der Luftflotte 5 überstellt. Es lag an der Schwere der Kämpfe, daß diese beiden Einheiten mit einer Papierstärke von 240 Flugzeugen weniger als vierzig einsatzbereite zur Verfügung stellen konnten.

Insgesamt zählte die riesige Formation, die Göring beobachtete, fast 1000 Flugzeuge. Etwa ein Drittel davon waren Bomber. Die Formation wirkte wie eine gewaltige schwarze Gewitterwolke, denn sie war fast drei Kilometer hochgestaffelt und bedeckte ungefähr 1200 Quadratkilometer.

Man hat vermutet, daß die mitgehörten Enigma-Signale, mit denen der britischen Nachrichtendienst Dowding und Park versorgte (nicht aber die anderen Kommandeure), sie vor deutschen Aktionen warnte. Aber auf der englischen Seite des Kanals besaß Park keine Ahnung davon, daß London das Ziel dieses Tagesangriffs war. An diesem Sonnabend war er beim Hauptquartier des Jägerkommandos, was zeigt, daß auch Dowding keine Warnung über den großen Luftangriff dieses Tages besaß.

Park hatte seinen Stab und alle Beteiligten scharf wegen der Praxis gerügt, etwas Höhe zu den Schätzungen, die vom Radar kamen, hinzuzuzählen. Zu dieser Zeit hatten die Gruppen, dann der Abschnittsleiter und schließlich auch noch die Staffeln alle etwas zu der geschätzten Höhe der »Banditen« hinzugezählt (um das Risiko zu vermeiden, unter ihnen anzukommen). Die Folge war, daß einige der tieferen deutschen Formationen unbehelligt anflogen und wieder entkamen. Park wies auf einen Vorfall am vorausgegangenen Tag hin, bei dem von 18 Staffeln, die gegen den Feind ausgeschickt worden waren, nur sieben mit ihm Kontakt bekamen.

Aufgrund der Art, in der Leigh-Mallory es verfehlt hatte, Debden am 26. August zu schützen, hatte Park seinen Staffeln in North Weald, Debden und Hornchurch befohlen, nicht südlich zum Abfangen loszufliegen, bevor Leigh-Mallorys Einheiten über ihren Basen angekommen waren.

7. September 9. September

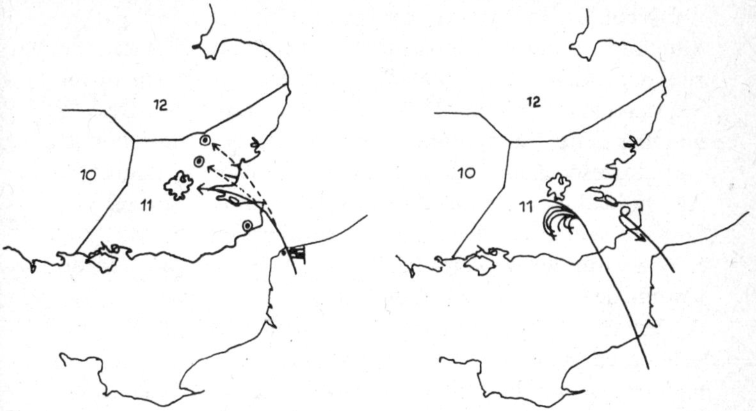

Zeichnung 32: 7. und 9. September

1. Am 7. September, nach Morgenangriffen auf das Flugfeld von Hawkinge (auf der Karte eingetragen), erwartete der Leiter der 11. Gruppe, daß die Attacken gegen die Abschnittsflugplätze sich fortsetzen würden.

Massierte deutsche Formationen überflogen das vorgeschobene Hauptquartier der Luftflotte 2 (auf der Karte eingetragen), von Göring beobachtet, der seinen persönlichen Zug speziell für dieses Ereignis in den Pas de Calais gebracht hatte.

Der Leiter zeichnete Angreifer auf, als sie sich der Küste näherten, erwartete aber, daß sie gegen Flugfelder nördlich von London zielten. Da es die 12. Gruppe bei vorangegangenen Angriffen versäumt hatte, diese Flugplätze zu schützen, hielt er seine Jagdflugzeuge nördlich von London.

Erstmals warf die Luftwaffe Bomben auf London und war dort ziemlich unbehelligt.

2. Am 9. September war der Leiter der 11. Gruppe vorbereitet. Er erinnerte sich daran, daß die Luftwaffe ihre Taktik dahin geändert hatte, die Angriffe auf London zu konzentrieren, und schickte eine große Anzahl von Jagdflugzeugen aus, die sich ihnen entgegenstellten. Ein Angriff drehte bei Canterbury um (mit Kreis eingetragen), das bombardiert wurde. Der andere Angriff wurde abgelenkt, die Formation zerbrach und warf Bomben im Süden von London. Viele Jagdflugzeuge der RAF wurden in Aktion geführt, als die Spur der Deutschen sie sehr dicht an viele Flugplätze des Jägerkommandos brachte.

Das Beobachter-Korps sah, wie sich die Deutschen der Ostküste von Kent nahe Deal näherten. Nach dem Kurs der deutschen Angreifer, vermutete Parks Leiter, würde ihre Spur östlich von London vorbeiführen. Er vermutete, daß sich dies zu einem Angriff auf genau die Stationen entwickeln würde, mit deren Verteidigung Leigh-Mallory betraut war. Deshalb ging der Leiter auf Nummer Sicher. Anstatt die Staffeln nach vorn loszuschicken, wie es Parks Routine beim Schutz der Abschnittsflugplätze im Süden von London geworden war, hielt er die meisten seiner Staffeln nördlich der Themse.

Wiederum leitete der 50 Jahre alte Fink das KG 2 in der Vorhut des Angriffs. Er hatte schon seine Jägereskorte umdrehen sehen, als ihr Benzin knapp wurde. Unbegleitet wendete er, um Ziele in Ost-London anzugreifen. Hinter ihm kamen andere Bomberwellen, um Docks und Fabriken an Londons Fluß anzugreifen. Erst nachdem die Hauptstreitmacht ihre Bomben abgeworfen hatte, erkannten die RAF-Leiter voll, daß London das Ziel war, und brachten die ganze Streitmacht des Jägerkommandos zum Einsatz.

In den folgenden Kämpfen erlitt die RAF eine Niederlage am Rande. Die deutsche Jägereskorte hatte eine Serie von Gegenzügen für jede Art von Angriff entwickelt. Ein Angriff von der Steuerbordseite, um die Jägerbegleitung wegzulokken, erreichte dies Ziel beispielsweise nicht. Denn die Maschine an der oberen Spitze flog herunter und sicherte die Steuerbordflanke, während die Backbordeskorte in die obere Position flog. Diese Taktik durchkreuzte Parks System, gemeinsam eine »Hurricane«- und »Spitfire«-Staffel in Aktion zu schicken. Dabei sollte die letztere die Jäger, die andere die Bomber angreifen. Um dem Jägerkommando weitere Schwierigkeiten zu bereiten, flogen die deutschen Formationen weit höher als gewöhnlich – zwischen 4900 und 6100 m. Das an dem Tag, an dem alle Beteiligten darauf bedacht waren, aus Sicherheitsgründen keine paar hundert Meter hinzuzufügen. Diese Kämpfe in großer Höhe ließen einige hundert Kondensspuren über den Himmel wehen, was die Schlacht für Beobachter am Boden sichtbar machte.

Bader wurde befohlen, den Abschnittsflugplatz der 11. Gruppe in North Weald im Auge zu behalten. Sein Biograph führt jedoch aus: »Bader mißachtete die Befehle wiederum« und jagte die Deutschen, stieg steil auf 4570 m und verließ seine große Formation, ». . . sie aufspürend, aber unfähig sie aufzuhalten«. Er griff die Deutschen an, »in einem Zug von unten, die Bf 109 vor sich. Keine Chance, sie auseinanderzutreiben, keine Zeit für Taktik«.

Es war nicht überraschend, daß Baders »Große Verbände« bei Leigh-Mallory für genug Enttäuschung sorgten, um eine Entschuldigung an Dowding zu schreiben. Darin führte er aus, daß sie »enttäuscht waren, durch den Verlust jedes Überraschungsmoments, daß sie aufsteigen mußten, um zum Feind zu gelangen und dadurch, daß die feindlichen Jäger aus der Sonne auf sie niederstießen«.

Einer der ärgerlichsten Aspekte von Leigh-Mallorys einseitigem Verhalten war der Punkt, der die Zusammenarbeit zwischen den Gruppen betraf. Es gab eine Zeit, bei der die Gruppenleiter der 12. Gruppe – wie jene der 10. Gruppe auf der rechten Flanke – stolz darauf waren, im Konzert bei jeder Taktik mitzuhelfen, für die sich die 11. Gruppe entschied. Im September führte die Fehde zwischen den beiden Kommandeuren zum Ergebnis, daß jeglicher Kontakt zwischen ihrem jeweiligen Leiter verloren ging. Es kam so weit, daß die 11. Gruppe manchmal beobachtete, wie die Deutschen den »Großen Verbänden« auswichen, ohne beim Abfangen helfen zu können, außer dadurch, daß sie Meldungen zum Hauptquartier des Jägerkommandos sandten.

Um die Verwirrung noch zu steigern, die durch die Bombenangriffe auf London hervorgerufen worden war, wo die Luftwaffe ihre neuen 1600-kg-Sprengbomben ausprobiert hatte, entschied der gemischte Nachrichtenausschuß, daß eine deutsche Invasion bevorstand; eine bemerkenswerte Nachricht, die stark zu dieser Meinung beitrug, war, daß vier Deutsche aufgegriffen worden waren, die mit dem Ruderboot anlandeten. Sie hatten eingestanden, daß sie von Truppenbewegungen berichten wollten.

Der vereinigte Nachrichtenausschuß und der gemischte Nachrichtenausschuß, dem sie berichteten, überschätzten die Geschwindigkeit und die Bedeutung der Männer aus dem Ruderboot. Denn sie entschlossen sich, nicht Invasionsalarm Nummer 3 (ein Angriff ist möglich innerhalb von drei Tagen), oder Nummer 2 (ein Angriff ist möglich innerhalb von zwei Tagen) zu geben. Sie versetzten den Stabschef in Panik, weil sie ihn aufforderten, Invasions-Alarm Nummer 1 – »der Angriff steht unmittelbar bevor« – zu geben.

Mit rotem Gesicht rügten die Kommandeure später die Truppen, die unter ihrem Kommando standen, daß sie die Warnung zu ernst nahmen. Mit besonderem Spott wurden die Kommandeure der Heimwehr bedacht, die befahlen, die Kirchenglocken zu läuten. Dies war Signal dafür, daß feindliche Fallschirmjäger dabei seien, in der Nachbarschaft zu landen.

Churchill und die offiziellen Historiker schreiben, daß die Invasionswarnung nach der Stärke der verfügbaren Informationen beurteilt wurde. Aber sie erhielten gar keine, abgesehen von den fortgesetzten Zusammenstellungen der Lastkähne in den Kanalhäfen, zwei unter Soll starken Geschwadern, die von der Luftflotte 5 überstellt wurden, und den armseligen Männern aus dem Ruderboot. Es wurde offenkundig, daß der Alarm Nummer 1 der einzig statthafte Invasionsalarm war, und daß die Stabschefs die Truppen in Südostengland warnen mußten, weil die Chance groß war, daß es in den allernächsten Tagen zu einem Angriff deutscher Verbände von See her kommen konnte. Warum diese Botschaft nicht telefonisch, über Fernschreiber, durch Boten, durch eine Konferenz oder sogar über Rundfunk im BBC erfolgte, wurde nie geklärt.

Jedoch erwartete London – von den Stabschefs kaum behindert – die Verwüstung, die der erste richtige Bombenangriff mit sich bringen würde. Am Nachmittag setzten sich die Attacken fort, und in der Nacht kamen weitere Bomber. Auf den Londoner Surrey Docks setzten die Bomben 250 Morgen Nutzholz in Flammen. Lagerhäuser mit Farbe und Rum loderten auf. Pfeffer fing Feuer und peinigte die Augen der Männer des Zivilschutzes. »Schickt uns alle Pumpen, die ihr kriegen könnt«, sagte ein Feuerwehroffizier, »die ganze verdammte Welt steht in Flammen!«

In seiner persönlichen »Hurricane« mit der Codebezeichnung OK 1 kreiste Air Vice-Marshal Park über der brennenden Stadt. Er betete, daß dies einen Aufschub für seine lebenswichtigen Abschnittsflugplätze bedeutete.

9. September. Aber das Bomben bei Tageslicht geschah mit einer Genauigkeit, wie das bei Nacht nie der Fall sein konnte. Park war entschlossen, die Deutschen ihren Tageserfolg auf London nicht wiederholen zu lassen. Für den nächsten großen Angriff plazierte er seine Staffeln weit vorne, um eine zweizinkige Attacke abzuwehren, die sich London von Dover und Beachy Head näherte. Die erstere wurde sorgfältig genug abgefangen, so daß die Deutschen statt dessen Canterbury bombardierten. Der südliche Angriff wurde von den Docks abgelenkt – das vordringliche Ziele der Deutschen –, und nach heftigen Kämpfen über Südwest-London wurden die Bomben über der Stadt und der Umgebung abgeworfen.

Aber wieder schaffte es Leigh-Mallory nicht, Parks Flugfelder im nördlichen London zu schützen. Statt dessen flogen seine Staffeln in den Süden, um sich in die Luftschlachten von Südwest-London einzumischen.

Leigh-Mallorys Entscheidung, seine Staffeln nach Süden zur 11. Gruppe zu schicken, wird noch rätselhafter, durch die »territoriale« Einstellung, die er für seine eigene Gruppe in Anspruch nahm. Es gab einen Vorfall, bei dem ein einsamer Angreifer entlang der Gruppengrenze flog. Er wurde sowohl von Jagdflugzeugen der 11. wie der 12. Gruppe gejagt. Einer von Parks Jägern schoß ihn ab. Aber er stürzte gerade innerhalb des Gebietes der 12. Gruppe auf die Erde. Innerhalb weniger Minuten lag ein Funkspruch von Leigh-Mallory auf dem Schreibtisch des Gruppenleiters der 11.: »Erwarte volle Aufklärung darüber, warum Jagdflugzeuge der 11. Gruppe ein feindliches Flugzeug im Gebiet der 12. Gruppe abgeschossen haben.« Bei einigen Kommandeuren hätte ein solcher Funkspruch ein gewisses Maß an verschrobenem Humor ausgedrückt, aber Leigh-Mallory scherzte nicht über solche Dinge.

Parks Verhalten bei den Kämpfen des 9. September war so brillant wie immer im Krieg. Praktisch verbuchte kein deutscher Bomber Treffer auf seine vordringlichen Ziele.

Inzwischen war der Sommer vorbei, und das Wetter verschlechterte sich schnell. Mehrfach stahlen sich die Tagesangriffe unsichtbar aufgrund des Wetters herein. Unabgefangen flogen die deutschen Besatzungen heim und waren versucht, ihren Nachrichten-Offizieren zu glauben, die laufend wiederholten, das RAF-Jägerkommando habe praktisch zu existieren aufgehört. Als sie beim nächsten Angriff eine riesige RAF-Formation gegen sich aufsteigen sahen, waren sie erneut desillusioniert. »Hier kommen sie«, meinte einer der deutschen Flieger bitter, »die letzten fünfzig ›Spitfire‹.«

Das Wochenende des 13. September sah die RAF-Jägereinheiten auf ihrem tiefsten Punkt in der Schlacht. Nur 80 »Hurricanes« und 47 »Spitfires« waren verfügbar. Trotzdem wäre es unklug, dieser zeitlichen Planung große Bedeutung beizumessen. Es ist sicherlich ein Beweis für die Erfahrung, mit der Park und Dowding ihre Maschinen in die Schlacht geworfen hatten.

15. September. Beide Seiten hatten eine Menge gelernt. Zuletzt erkannten die deutschen Fernmeldetruppen, daß die Radarstationen an der Südostküste, die durch Bomben schwer zu zerstören waren, durch Funkstörung ausgeschaltet werden konnten. Einige Experten behaupteten, die Deutschen würden dafür sorgen, daß ihre intensiven Störungen mit der Invasion übereinstimmten.

An diesem Tag kam es zum Höhepunkt in den Tagesschlachten – und es ist jenes Datum, das die Engländer seitdem als Tag der Schlacht um England feiern. Die Warnungen gingen ein, als der Abhördienst starke Funkaktivität von Maschinen mitbekam, die getestet und auf Einsätze vorbereitet wurden. Weitere Warnungen gab es aufgrund anderer Arten von Funkaktivität bei den Luftflotten der Luftwaffe. Von diesen verschiedenen Quellen – gemeinsam bekannt als Y-Dienst – wurde es augenfällig, daß der heutige Angriff in zwei Wellen kommen würde. Park wußte, daß seine Staffeln in Rekordzeit wieder aufgetankt und bewaffnet werden mußten, um beim nachfolgenden Angriff einzugreifen. Das Bodenpersonal ließ ihn nicht im Stich.

Die Luftwaffe experimentierte noch immer mit wechselnden Formationen. Heute waren sie weit umfangreicher und flogen höher, nachdem sie entdeckt hatten, daß hochfliegende Formationen manchmal ohne Jägerangriffe entkamen. (Radar war über 7620 m nicht wirksam, aber die Deutschen wußten das nicht sicher.) Die Höhe sowie auch der Umfang beim Aufbau der Formation lieferten Park ein wenig mehr Zeit, um seine Verteidigung in Position zu bringen. Seine Staffeln lagen weit vorn und bekämpften die Angreifer auf dem ganzen Weg nach London und beim gesamten Weg zurück. Die zusätzliche Zeit gab ihm die Möglichkeit, seine Staffeln in Paaren zu benutzen (gewöhnlich vom selben Flugplatz). Er hatte dies immer vorgezogen, aber selten Zeit gehabt, es so zu machen. Auf der anderen Seite beharrte Leigh-Mallory darauf, ständig größere »Große Verbände« einzusetzen. Leigh-Mallory ignorierte Befehle und verfehlte es, eine Rolle in Dowdings gesamter Strategie zu spielen, indem er seine Piloten südlich bis London und sogar noch darüber hinaus fliegen ließ. Dadurch ließ er London von Norden her vollständig unverteidigt liegen.

Die Kämpfe dieses Tages gaben ein leuchtendes Beispiel dafür, wie unpraktisch die »Großen Verbände« waren. Johnny Kent flog mit der 303. (polnischen) Staffel hinter der 229. Staffel. Über Croydon sichtete er eine riesige feindliche Formation, die sich von Süden näherte. Seine Maschine besaß keine Funkverbindung zur anderen Staffel, die inzwischen weg vom Feind steuerte. Kent versuchte, den Bodenleiter zu rufen, damit dieser der 229. Staffel von den »Banditen« berichten sollte. Aber die Hochfrequenzfunkanlagen, die zu dieser Zeit verwendet wurden, waren sehr schwach. Selten reichten sie weiter als 65 Kilometer. Kents Worte rissen ab, und der Leiter konnte ihn nicht verstehen.

Deshalb schickte Kent neun von seinen »Hurricanes« zum Angriff gegen die Bomber, während er selbst die restlichen zwei gegen die 50 Jagdflugzeuge führte, und sich die andere Staffel wegbewegte. Zu dieser Zeit hatte die 303. Staffel den Vorteil ihrer Ausgangsstellung verloren, und die Deutschen warfen schon Bomben ab.

Kent war nie ein Verfechter der »Großen Verbände«-Theorien, aber er teilte die Kritik von einigen der Befürworter an den Leitern. Bei einer anderen Gelegenheit, als er in Richtung auf eine gefährlich wirkende Gewitterwolke geführt wurde, bat Kent, ein ehemaliger Testpilot und einer der fähigsten Flieger, die an der Schlacht teilnahmen, um einen anderen Kurs. Der Leiter wurde ärgerlich, aber nicht so ärgerlich, wie es Kent war, als er sich in der Mitte der Londoner Ballonsperren wiederfand, da die Funkverbindung mit dem Leiter abgerissen war. Als Kent schließlich wieder Funkkontakt erhielt, erklärte man ihm: »›Bandit‹ zehn Meilen vor Ihnen.«

»Gut, er kann dort bleiben«, sagte Kent. »Ich bin auf halber Höhe.«

»Achtung, Staffelführer, sofort steigen«, antwortete der Leiter.

»Achtung, Staffelführer an Bodenstation: zur Hölle mit Ihnen! Ich habe fast keinen Sprit mehr, und Sie haben mich in diesem scheußlichen Wetter schon fast in die Ballons geführt. Also komme ich nach Hause.«

Nach der Landung wurde Kent zum Telefon gerufen und »von dem Leiter fürchterlich beschimpft – einem bestimmten Squadron Leader (Major), der nie Einsätze geflogen war – besonders deshalb, weil ich das Geheimnis unserer Wetterbedingungen dem Feind bekanntgegeben hatte. Er wollte keiner Erklärung zuhören, deshalb hängte ich auf. Ich wäre sehr gern zum Einsatzraum rübergegangen und hätte ihm eine Kopfnuß verpaßt . . .«

Obwohl die RAF nahe am Sieg war, gab es bei den erschöpften Piloten kein Gefühl des Stolzes. Inzwischen wurde das Jägerkommando heftigst kritisiert, und die Moral war ständig tief. Der neue Kommandeur, der zur Übernahme der 92. Staffel geschickt war, setzte sich zu seinen Piloten an den Mittagstisch, ohne sich selbst sofort vorzustellen. Seine ersten Eindrücke waren nicht berauschend, »ihre allgemeine Haltung und der Mangel an Manieren zeigten fehlende Selbstkontrolle und Disziplin an«. Er war abkommandiert worden, sagte er, »eine unorganisierte, undisziplinierte und demoralisierte Ansammlung von erstklassigem Material zu übernehmen.«

Die Staffel hatte etwa doppelt so hohe Verluste wie die 303. Staffel, von wo ihr neuer Kommandeur kam, erlitten. Sie hatten in kurzer Folge vier kommandierende Offiziere verloren, drei davon im vorangegangenen Monat. Einer war nur zwei Tage da gewesen.

Diese Demoralisierung spiegelte die Kämpfe der Staffel wider. Bei einem Patrouillenflug wurden die »Hurricanes« zum Sturzflug auf eine kleine Formation von Bf 109 angesetzt. Ihr neuer Kommandeur, Johnny Kent, führte seine Formation so, daß sie von vorn auf die Angreifer zuflog. Jedes Mal drehten die Deutschen ab. Aber nachdem dies einige Male passiert war, bemerkte Kent, daß eine Anzahl seiner »Hurricanes« abdrehte und Richtung Heimat flog. »Es war die reinste 109er-Entzündung«, erzählte Kent, »diese Piloten hatten alles Vertrauen in ihre Fähigkeit verloren, mit den deutschen Jägern fertig zu werden.«

»Als wir zu unserem Flugfeld zurückgekehrt waren«, sagte Kent, »ließ ich alle Piloten kommen und hielt eine richtige, gute Ansprache. Ich kündigte an, daß ich, falls noch irgendwelche weiteren Leute abfielen und dadurch nicht nur sich selbst, sondern den Rest der Staffel für einen Angriff entblößten, nicht auf die Deutschen warten würde, um diese Abtrünnigen abzuschießen, vielmehr würde ich das persönlich erledigen.«

Die großen Kämpfe vom 15. September – gefeiert als Tag

der Schlacht um England – lieferten den Londonern das große Schauspiel von fast 200 »Spitfires« und »Hurricanes« über der Hauptstadt. Außerdem waren an diesem Tag 300 RAF-Jagdflugzeuge über den südlichen Gebieten in der Luft.

Kesselring schickte 400 Jäger, die nicht mehr als 100 Bomber schützten. Die Jäger waren auch als hochfliegender Schwarm vor den Bombern aufgestellt. Was nie bei den Luftaktivitäten dieses Tages erwähnt wurde, ist ein Bluff, der Teil des Luftwaffenplans war. Es war ein doppelter Bluff, sagt »Macky« Steinhoff vom JG 52 und JG 26: »Zu Demonstrationszwecken wurde alles, was wir in der Art von Bombern und Jägern hatten, in die Luft geschickt.«

Das umstrittene Verhalten von Leigh-Mallory, das in einer hohen Konzentration von Jagdflugzeugen im Londoner Gebiet resultierte, konterte jedoch den großen Bluff. Es überzeugte die Luftwaffe, daß das Jägerkommando weit von der erschöpften Streitmacht entfernt war, welche der deutsche Nachrichtendienst gemeldet hatte.

Baders »Große Verbände« fanden den Feind. Und der Anblick einer größeren RAF-Jägerformation als jede je zuvor gesehene, trug viel dazu bei, die deutschen Hoffnungen zu zerschlagen. Die Tatsache, daß sich die RAF 185 Siege rühmte, anstelle der 60, die ihr nach dem Krieg zugebilligt wurden, oder der 50, von denen spätere deutsche Nachforscher berichten, war weniger wichtig. Churchills Botschaft an Dowding vom selben Abend war ausgerichtet auf die deutsche Auszehrung. »... unterstützt von tschechischen und polnischen Staffeln und mit nur einem kleinen Teil ihrer Gesamtstärke schlug die Royal Air Force verschiedene Wellen eines mörderischen Versuches gegen die Zivilbevölkerung ihres Heimatlandes in Fetzen.«

Das RAF-Jägerkommando gewann aber nicht die Luftherrschaft über England. Bei Tag und Nacht setzten die deutschen Luftflotten Angriffe auf England noch eine lange Zeit fort. Die Luft über dem Kanal und Südengland blieb weiter umkämpft, aber kein deutsches Luftkommando konnte die Sicherheit für eine Seeinvasion herstellen.

Nur dadurch, daß es intakt blieb, hatte das Jägerkommando die Schlacht um England gewonnen. Am 16. September war das Wetter für großangelegte Luftkämpfe zu schlecht, und für den 17. September waren stürmische Winde vorausgesagt worden. Am selben Tag fing der britische Nachrichtendienst eine geheime Funkbotschaft ab, die den Abzug von Lufttransport-Verbänden in Holland genehmigte. Ohne die »ruhige Ebene«, welche die Marine für eine Invasion verlangte, wurde offiziell entschieden, »Seelöwe« auf einen späteren Termin zu verschieben. Ebenso stand fest: Auch die Luftwaffe war durch die Sommerschlachten erschöpft. Die Bombereinheiten waren entblößt und ihre Moral am Boden. Für viele Ersatzteile war der Nachschub knapp, und das Oberkommando wurde sich mit zunehmender Unbehaglichkeit des Mangels an Reserven bewußt. Die Luftwaffe wandte ihre Aufmerksamkeit den Techniken des Nachtbombens und Hitler sich der Landkarte von Rußland zu.

Fünfter Teil:
Die Ergebnisse

»Der Reichsmarschall vergab uns nie, daß wir England nicht erobert hatten.«

Oberst Koller, Stabsoffizier und später Stabschef von Göring

Die großen Kämpfe des 7. September hatten an jenem Herbstnachmittag spät begonnen. Der erste Angriff entwikkelte sich nicht vor der Teezeit, aber die Wellen der Bomber kamen dann ständig. An jenem Abend kehrten sie zurück, und sie kamen während der gesamten Nacht, bis der Tag anbrach. Es gab keine Notwendigkeit für Funkhilfen oder Ziel-Markierer. Ost-London war ein riesiges Flammenmeer, das die Flieger schon kilometerweit entfernt sehen konnten.

In der nächsten Nacht kehrten die Bomber zurück. Insgesamt 76 Nächte lang kamen sie nacheinander wieder (außer am 2. November, als das Wetter zu schlecht war). Douhets Theorie wurde richtig erprobt*.

Es war unausweichlich, daß die Luftwaffe an der Versuchung von London zerbrechen sollte: Europas größte Stadt, ein großer Hafen, Verkehrszentrum, Regierungssitz, Residenz des Königs. Die Radarstationen, die Flugplätze der Jagdflugzeuge, die Abschnittsstationen, all das müssen nun unbedeutende Ziele für die Männer auf der anderen Seite des Kanals gewesen sein, die durch diese riesige und ehrwürdige Stadt geblendet wurden. Sie deuteten ihre Zerstörung mit Vernunftgründen, indem sie sich gegenseitig erklärten, daß dies das einzige Ziel sei, dem das Jägerkommando jeden möglichen Schutz geben würde. Aber Englands Oberkommandierende atmeten mit einem Seufzer der Erleichterung auf, als die Luftwaffe begann, ihren Sprengstoff nach Groß-London hineinfallen zu lassen. Churchill schrieb in seinen Memoiren: »London glich einem riesigen prähistorischen Tier, fähig, schreckliche Verletzungen zu erleiden, zerfetzt und aus vielen Wunden blutend, aber dennoch am Leben

---

* Siehe Seite 62.

und in Bewegung bleibend.« Einige Leute behaupten sogar, daß dies genau die von Churchill erhoffte Reaktion war, als er die RAF am Sonntag, dem 25. August, nach Berlin schickte. Wenn das seine Absicht war – und Churchill war ein Meister der Strategie –, so gab er es zumindest nie zu. Ein Meisterstreich, der den Krieg gewinnen sollte; er würde aber seinem guten Ruf geschadet haben.

Die Nachtangriffe auf London hatten nur geringen Einfluß auf den Verlauf des Krieges. Die Angriffe fügten Handel, Industrie und Moral nicht genug Schaden zu, um England zur Aufgabe zu zwingen. Die Bewohner von London nahmen eine neue Lebensart an, zu der es gehörte, jede Nacht in einem unterirdischen Luftschutzbunker zu schlafen. Die Kälte und Feuchtigkeit solcher Plätze ließen zehn Prozent der Bevölkerung an Tuberkulose erkranken – statistisch war dies ein Ärgernis, das schlimmer als die Luftwaffe war.

Und als sich die langen Winternächte fortsetzten, kämpften britische Elektronik-Experten mit dem Problem, das X-Gerät zu stören. Schon am 23. August hatte die Kampfgruppe 100 diese erschreckende neue Technik dazu genutzt, die elektronischen Pfadfinder-Flugzeuge mit Brandbomben auszurüsten, um so das Ziel in Tageslicht zu tauchen. Dies versetzte andere Einheiten in die Lage, Sprengbomben in die Flammen fallen zu lassen, die auf viele Kilometer sichtbar waren.

Es war reine Vertrauenssache, Störsignale in den Äther zu schicken, ohne zu wissen, wie wirksam diese Gegenmaßnahmen waren. Und dann gab es in der Nacht vom 14. auf den 15. November eine erschreckende Entdeckung: Es war ein Fehler, den die Experten sogleich hätten ausschalten können. Ein Irrtum in der Abstimmung der Modulation machte es relativ einfach, zwischen dem Klang des Signals und dem Klang des Störsignals zu unterscheiden*. Die K.-Gr. 100 warf

* Trotz vorangegangener Theorien über Churchill und die Enigma-Maschine glaube ich, daß dies der einzige Grund war, weshalb der deutsche Angriff so erfolgreich war.

über 1000 Brandbomben genau auf Coventry und führte drei verschiedene Bomberströme mit Sprengstoff dorthin.

Aber das war auch der Höhepunkt des X-Gerätes. Und die Wirksamkeit dieser Markierungstechnik wurde dadurch reduziert, daß Köderfeuer im freien Gelände angelegt wurden, während städtische Feuereinsatzstellen alles taten, um die deutschen Brandbomben zu löschen.

Als Weihnachten näherkam, leitete die deutsche Botschaft in Washington Geheimgespräche mit ihren britischen Kollegen ein. Man wollte Bombenruhe vom Weihnachtsabend bis zum 27. Dezember einhalten, wenn die RAF dasselbe tun würde. Sie machte es.

Als die Luftangriffe gegen England in ständig störende Tagesangriffe und Nachtoffensiven übergingen, ging das RAF-Oberkommando gegen die beiden erfolgreichen Männer härter vor, als Göring gegen die Männer, die verloren hatten.

Dowding und Park hatten sich in den Augen des Luftfahrtministeriums und der anderen Kritiker eine unverzeihliche Sünde geleistet: Ihre Theorien hatten sich als richtig bestätigt. In einer Art, die für die offensichtlichen Fehler des Bomberkommandos geeigneter gewesen wäre als für die bemerkenswerten Leistungen des Jägerkommandos, berief das Luftfahrtministerium ein Treffen ein, um über die Kämpfe zu diskutieren.

Park und Dowding, die nicht wußten, was sie erwartete, fanden bei ihrem Eintreffen eine Ansammlung vor, von der Beaverbrook als die »blutigen Luftmarschälle« berichtete. Es muß eine erstaunliche Erfahrung für diese beiden müden Sieger gewesen sein. Der Raum war so aufgeteilt, daß sie einer mächtigen Schlachtordnung von höchsten Offizieren gegenübersaßen. Auffallend: Unter ihnen gab es nur einen rangniederen Offizier. Es war Douglas Bader.

Obwohl Sholto-Douglas nur ein Air Vice-Marshal (Generalmajor) war, hatte er jetzt das Amt des stellvertretenden Stabschefs inne, das ihm Befehlsgewalt über Dowding verlieh. Er hatte den Vorsitz bei dieser merkwürdigen Versammlung und war nach Parks Worten »der Staatsanwalt«, während »Air Vice-Marshal Leigh-Mallory, der an einem Ehrenplatz des Tisches saß, von Squadron Leader Douglas Bader unterstützt wurde«.

Bader war seit seinem Flugunfall 1931 Zivilist gewesen. Noch immer jung, hatte das beinlose Flieger-As jetzt acht Monate Dienst bei der RAF hinter sich gebracht. Es war vielleicht furchteinflößend für ihn, Dowding gegenüberzusitzen, inzwischen nach Rang und Erfahrung der höchste Offizier von allen, die noch im Dienst waren. Dowding war seit 1937 Air Chief Marshal (General der RAF).

Leigh-Mallory berichtete der Versammlung, wie nach seiner Ansicht sich die Taktik der »Großen Verbände« den Methoden Parks als überlegen erwiesen hätte. Damit noch nicht zufrieden, bat er dann den jungen Douglas Bader, Parks Fehler aufzuzeigen.

Obwohl Leigh-Mallory keine praktische Erfahrung in den speziellen Kommandoproblemen der entscheidenden Südostregion besaß, war er ein wortgewandter Kritiker seines Kollegen. Er behauptete, daß er die fünf Staffeln von Duxford innerhalb von sechs Minuten in die Luft bringen könnte. In weiteren 25 Minuten konnten sie bis nach Hornchurch kommen. Aber, wie Jagdflieger-As und Historiker »Johnnie« Johnson später deutlich machte, brauchten die »Maschinen von Duxford schließlich 17 Minuten, um den Boden zu verlassen, und weitere 20 Minuten, bevor sie den Kurs von der Basis wegnahmen«. Johnson machte auch deutlich, daß solch eine Konzentration von Maschinen viele bedeutende Ziele der Midlands ohne Luftschutz zurückließ.

Der junge Bader ging sehr viel weiter als sein Chef. Wie sein Biograph berichtet, erklärte er der Versammlung: ». . . der Pilot in der Luft, nicht der Leiter, sollte entscheiden, wann, wo und wie der Feind zu treffen ist.« Es war eine vollständige Ablehnung des gesamten Abfangsystems und auch des Radars.

Park zweifelte nicht daran, daß diese ganze demütigende Scharade nur als Vorwand erfunden war, um Dowding und ihn selber rauszuschmeißen. Er erinnerte sich daran, wie sehr der stellvertretende Luftstabschef über die Art zufrieden war, in der die Versammlung geführt wurde.

Dowding kämpfte nicht gegen sie an, es war nicht sein Stil. Inzwischen sollte ihn seine Karriere in die Welt getragen haben, in der das Militär auf die Politiker trifft. Aber Dowding hatte vier ermüdende Jahre damit verbracht, das Jägerkommando auf die Schlacht vorzubereiten, die er eben gewonnen hatte. Und die Jahre davor waren vollständig ausgefüllt mit der technischen Seite der Jagdflugzeugentwicklung, Ausrüstung, Organisation, Forschung und Radar. Wie viele Techniker war er ein politischer Ignorant.

Es ist eigentlich traurig in Dowdings einsamem Leben, daß General Pile, der Kommandeur der Flak – vielleicht der einzige Kollege, zu dem Dowding offen sprach –, ihn als redegewandt beschrieb und nicht begriff, daß er Dowdings einziger Freund war. Daß sich Dowding so viele Feinde machte, ist nicht überraschend. Aber daß das Luftfahrtministerium und die RAF ihn mit kleinlichen Demütigungen und Belästigungen bedachten, selbst während der Schlacht, das ist eine der außergewöhnlichsten Episoden des Krieges. Daß Churchill dies zuließ, ist einen Gedanken über das Urteilsvermögen dieses sonst so großen Mannes wert*.

Viele Jahre später sagte Park: »Bis zu meinem Todestag werde ich voll Bitterkeit an die niederträchtige Intrige denken, die man gebrauchte, um Dowding und mich abzusetzen, sobald wir die Schlacht um England gewonnen hatten.«

Dowding erhielt einen kurzen Telefonanruf, in dem ihm

---

* Es ist manchmal behauptet worden, daß Churchill nichts von der Entlassung von Dowding und Park wußte, und daß er keinen Einfluß besaß, ihn zu verhindern. Aber Churchill hatte Tag für Tag Kontrolle über den Krieg und schrieb genaue Anweisungen über alles, von der Zuckerration für Bienenzüchter bis zur Erlaubnis für Frauen in der Armee (A.T. S), bei einer Heirat den Dienst aufzugeben. Und er war Verteidigungsminister und wurde nicht nur ständig über solche Entscheidungen informiert, sondern hatte auch die Macht, den Stabschefs ohne Rücksprache mit anderen Ministern Anweisungen zu geben.

mitgeteilt wurde, daß er sein Büro innerhalb von 24 Stunden zu räumen habe. Der Luftrat »hat Ihnen keine weitere Aufgabe anzubieten«, hieß es im offiziellen Brief. Man erlaubte ihm nicht einmal, in der RAF zu bleiben. Park wurde zum Ausbildungs-Kommando verbannt, und Leigh-Mallory übernahm seine Gruppe.

Das deutsche Oberkommando

Hitler hatte starkes Interesse an den Angriffsplänen gegen Polen gehabt und Verbesserungen darin vorgenommen. Für das Unternehmen gegen Dänemark und Norwegen hatte er sein OKW (Oberkommando der Wehrmacht) verwandt, um einen großen Anteil persönlicher Kontrolle zu behalten. Bei den Planungen der Invasion in Frankreich, Belgien und den Niederlanden hatte er zu der Idee ermutigt, das Hauptgewicht des Stoßes gegen Sedan zu richten. Im Ausgang erwies sich das als Schlüssel zum Sieg. An den Luftangriffen gegen England nahm Hitler überhaupt kein Interesse.

Hitler war einer der erfolgreichsten Opportunisten des 20. Jahrhunderts. (Wie der Historiker A. J. P. Taylor im einzelnen gezeigt hat, gab es keinen deutschen Plan für den Krieg und seine Ausweitung). Sein Interesse an »Seelöwe« war ein Pokern in der Hoffnung auf Englands Furcht und Zusammenbruch. Der Plan scheiterte. Hitler zuckte mit den Achseln und beschäftigte sich mit der Landkarte von Rußland.

Obwohl die Engländer sich selber voll engagiert in einen verzweifelten und gefährlichen Krieg sahen, betrachtete Hitler die Situation differenzierter. Die Westfront war sicher – es gab dort keine Gefahr irgendeiner britischen Invasion auf das Festland –, und es war Zeit genug für einen »schnellen Krieg« gegen Rußland*.

---

* Hitlers Entscheidung, in die UdSSR einzumarschieren, ist als Widerspruch seiner vorgehenden Äußerungen ausgelegt worden. Im November 1939 sagte er: »Wir können uns nur dann gegen Rußland stellen, wenn wir im Westen Frieden haben.« Im Juni 1940, noch während der Kämpfe gegen Frankreich,

Auf jeden Fall war es lange Zeit fester Glaube der deutschen Militärdenker, daß ein Sieg über England nur errungen werden könne, wenn man es von seinen Seewegen abtrennte. Obwohl letztlich alle Nationen Alarmpläne für einen Krieg gegen ihre Nachbarn vorbereiteten (eingeschlossen auch die engsten Verbündeten), skizzierte in Deutschland bis zum Juni 1937 niemand einen Plan für einen Krieg gegen England. Und die Luftwaffe brachte sogar bis zum Februar 1938 keine Gedanken über Luftangriffe auf England zu Papier. Man sollte das bei allen Bewertungen nicht übersehen.

Die deutschen Voraussagen

Die Bewertungen und Studien* der Luftwaffe waren keineswegs optimistisch. In Übereinstimmung mit der Ansicht, daß England nur durch eine drastische Beschränkung seines Seeverkehrs eroberungsreif gemacht werden könne, wies die Luftwaffe darauf hin, daß sich die bedeutendsten westlichen und südwestlichen Häfen außerhalb der Reichweite der vorhandenen Bomber befanden.

Die Studie fährt mit der Voraussage fort, daß Englands Jagdabwehr die deutschen Angriffe auf längere Dauer sehr verlustreich gestalten und die Bombenangriffe gegen Städte und Gemeinden keine Entscheidung herbeiführen würden. Nach dieser Studie waren die wirksamsten Ziele die englische Luftfahrtindustrie, die Tanklager und die Flug- und Seehäfen. Danach kam die übrige Kriegsindustrie, kamen die Versorgungszentren.

---

sagte er, er würde gegen Rußland ziehen, »wenn es die militärische Lage letztlich möglich macht«. Nach Hitlers Standpunkt brachte das Ende der Schlacht um England Frieden im Westen, die Angriffe durch das Bomberkommando waren nicht mehr als Nadelstiche, und wenn man die Geschwindigkeit des Blitzkrieges, den er voraussagte, berücksichtigt, machte die militärische Lage einen Angriff auf die UdSSR möglich.

* Beurteilungen des Luftwaffen-Einsatzstabes vom August 1939 und des Luftwaffen-Generalstabes (Operations-Abteilung I) vom Mai 1939.

Diese Aussicht war keineswegs ermutigend, und sie konnte natürlich die Verluste nicht berücksichtigen, die die Luftwaffe vor der Schlacht um England erlitt. In den drei Monaten April, Mai und Juni verlor die Luftwaffe 2784 Flugzeuge, eingeschlossen 579 einsitzige Jagdflugzeuge. Angesichts dieser Verluste ist es überraschend, daß die Luftwaffe schließlich ignorierte, was nach ihrer eigenen Studie als erstes Ziel ausgewählt war: die britische Flugzeugindustrie. Noch besser würden sich die britischen Jagdflugzeugfabriken geeignet haben. Aber solche Ziele waren im wesentlichen strategischer Natur und nicht echt für ein Programm geeignet, das die Invasion vor Ablauf des Sommers forderte. Es lag auf der Hand, daß die Zerstörung der Radarstationen – ein taktisches Ziel – Englands Augen schließen und den Rest des Plans leichter gestalten würde.

Welchen Plan? Versuchte die Luftwaffe:

1. England allein durch Bombenangriffe zu unterwerfen, was nach Douhets Meinung möglich aber ohne historisches Beispiel war?

2. Der RAF die Luftüberlegenheit zu entziehen, so daß eine Landung nicht durch Angriffe aus der Luft ständig gestört wurde? Im Endergebnis hätte dies erfordert, das Jägerkommando und das Bomberkommando zu vernichten.

3. Eigene Luftüberlegenheit herzustellen, damit sie die britische Armee und Marine angreifen konnte? Dies würde die Vernichtung des Jägerkommandos erfordert haben, und es würde den Abzug der deutschen Jägerstreitmacht zur Deutschlandverteidigung ermöglicht haben.

4. Den Weg für eine Invasion von See her vorzubereiten? Dies würde die Neutralisierung des Bomberkommandos und von Einheiten der Royal Navy erfordert haben, während die Flugplätze und Seehäfen erhalten werden müßten, damit die deutschen Invasionstruppen sie benutzen konnten. Das Minenlegen aus der Luft würde bei einem solchen Plan keinen oder nur geringen Nutzen haben.

Die Antwort lautet auf alle vier Fragen: Ja. Zu irgendeiner Zeit verfolgte die Luftwaffe alle diese Ziele. Dennoch war es

Görings besonderer Ehrgeiz, das erste dieser Ziele zu erreichen, das von Beginn an diesen Feldzug bestimmte. Göring dürfte sich dessen bewußt gewesen sein, daß Hitler erst dann den Befehl zur Invasion Englands erteilen würde, wenn sichergestellt war, daß an der Küste kein größerer Widerstand mehr zu erwarten war.

Für das Punktbombardement taktischer und strategischer Ziele besaß die Luftwaffe hervorragende Voraussetzungen. *Knickebein* bot die Möglichkeit, Bomben mit einer Abweichung von maximal 280 m in ein ausgewähltes Ziel zu werfen. Und das genügte für eine durchschnittliche Bombergruppe, um eine Fabrik auszulöschen. Diese *Knickebein*-Ausrüstung war bereits in alle deutschen Bomber eingebaut. Für die kleineren Ziele besaß die K.-Gr. 100 das noch genauere X-Gerät.

Deutsche Versuche und Trainingsflüge alarmierten die Engländer über diese beiden Arten von Leitstrahlen. Fieberhaft arbeitend, fanden die englischen Spezialisten heraus, wie *Knickebein* zu stören war – und dies gerade, als die schweren Nachtangriffe am 28. August 1940 begannen. Man darf gar nicht daran denken, was die Luftwaffe im Mai und Juni hätte erreichen können, wenn man schon damals den Nachtbomberverbänden jene keineswegs immer logischen Ziellisten zur Verfügung gestellt hätte, die der Nachrichtendienst der Luftwaffe vorbereitet hatte.

Doch die Deutschen entschieden sich dafür, bei Tageslicht zu kämpfen. Die meisten Historiker sind sich darüber einig, daß Dowding und Park geradezu meisterliche Generalstabsarbeit bei der Einteilung ihrer Jäger leisteten. Es gab kein Vorbild für ihre Taktik, die deutschen Jäger über Südengland jagen zu lassen, ohne sie in Kämpfe zu verwickeln, die deutschen Bomber aber ständig anzugreifen. Das wurde jetzt allgemein als richtig akzeptiert.

Viele Deutsche wenden sich dagegen, wie die Ergebnisse der Kämpfe den englischen und amerikanischen Lesern dargestellt werden. Die Staffeln des RAF-Bomberkommandos, die nach Deutschland nachts während des Sommers von 1940 einflogen, erlitten beträchtliche Verluste. Wenn deutsche Bomberverluste bei Tagesangriffen in die britischen Gesamtzahlen mit eingeschlossen werden, warum, so fragen die Deutschen, werden diese RAF-Bomberverluste nicht zu den deutschen Siegen hinzugerechnet? Tatsächlich schließen sogar wenige britische Historiker jene RAF-Flugzeuge, die am Boden durch Bomben oder MG-Feuer zerstört wurden, in ihre Statistiken ein.

Es gibt überdies harte Dispute über die Zahl der »Hurricanes« und »Spitfires«, die aufgrund deutscher Angriffe abgeschrieben werden mußten. Die offizielle britische Angabe über »Hurricane«- und »Spitfire«-Verluste beläuft sich auf 1960. Davon sind jedoch nur 934 als Verlust durch deutsche Aktionen eingetragen. Dies muß ausreichend erklärt werden.

Viele deutsche Historiker sind auch der Meinung, daß die Engländer bewußt die deutschen Verluste aufgebläht hätten. Die Aufzeichnungen aus dem Tagebuch des deutschen Oberkommandos nennen Zahlen, die deutlich unter denen liegen, die britische Stellen noch immer benutzen. Vier Tage der Schlacht können dazu benutzt werden, diese Diskrepanz zu illustrieren (siehe Tafel 3).

Tafel 3: Vergleich der britischen und deutschen Flugzeug-Verlustzahlen

	RAF-Behauptungen 1940	RAF-Nachkriegs-Behauptungen	Tagebuch des deutschen Oberkommandos
15. August	185	76	55
18. August	155	71	49
15. September	185	56	50
27. September	153	55	42
Gesamtzahlen	678	258	196

Natürlich haben jene Zahlen, die von Propaganda-Einheiten am Ende der Kämpfe eines jeden Tages herausgegeben wurden, keinen Wahrheitsgehalt. Wie Zeichnung 33 zeigt, halbierten die Deutschen einfach ihre Verluste, wäh-

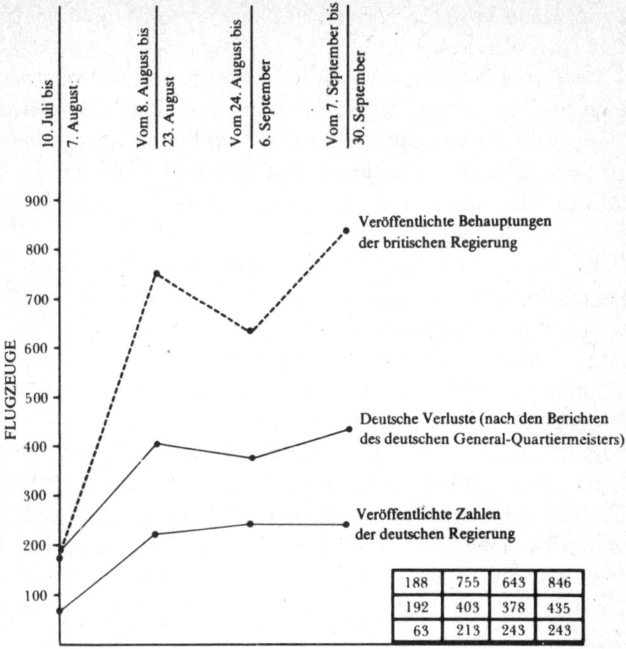

188	755	643	846
192	403	378	435
63	213	243	243

Zeichnung 33: Deutsche Flugzeugverluste

rend die Briten ihre Siege mit zwei multiplizierten (die RAF sorgte für genaue Zahlen über ihre eigenen Verluste). Als Basis für diese aufgeblähten Erfolge nutzte die RAF die Berichte, die ihre Jagdflieger nach dem Kampf unterbreiteten.

Es wäre einfach für die englische Regierung gewesen, genauere Zahlen zu erhalten. Die meisten Luftkämpfe fanden über Land statt. Die Flugzeuge stürzten auf eine überbevölkerte Insel in ein Netz von ständig besetzten Posten des Beobachter-Korps. Die in ständiger Alarmbereitschaft stehende Zivilpolizei und die Rettungsdienste waren sofort zur Stelle, um deutsche Besatzungen gefangenzunehmen und den Verwundeten Hilfe zu leisten. Auch die RAF berichtete von jedem Absturz und sorgte für einen Rund-um-die-Uhr-Einsatz von bewaffneten Posten, um Souvenierjäger daran zu hindern, sowohl aus britischen wie deutschen Wracks lebenswichtige Teile zu entfernen.

Diese Berichte auf die richtige Anzahl zu überprüfen, wäre eine leichtere Aufgabe gewesen, als die Behauptungen und Widersprüche von aufgeregten und erschöpften Jagdfliegern zu sichten und zu sortieren, mit ihren überlappenden Abschußzahlen, die sie sich manchmal mit Staffeln teilten, deren Basis viele Kilometer entfernt lag.

Es ist interessant zu bemerken, daß bei der Periode im Juli, als 60 Prozent aller tödlichen Luftkämpfe über See stattfanden und man aufgeblähte Zahlen hätte erwarten können, die Angaben am genauesten sind. Die schlimmsten Entstellungen stammen aus einer Zeit, in der die RAF am dringendsten Propagandasiege benötigte.

Aber solche wilden Abschußbehauptungen von den totalen Siegen eines jeden Tages zwangen die RAF dazu, die übertriebenen Berichte der einzelnen Piloten zu akzeptieren. So waren beispielsweise die Siegesbehauptungen allein von Baders Gruppe am 15. September größer als die deutschen Zahlen für die ausgedehnten Luftkämpfe des gesamten Tages. Um Konsequenzen bei ihrer Politik zu vermeiden, weigerte sich das Luftfahrtministerium, die Behauptungen ihrer Piloten nachzuprüfen, und erklärte einfach, daß Einzelerfolge nicht von der RAF anerkannt würden.

Die schwer verständliche Haltung der RAF wird durch geheime Briefe und Anweisungen zu diesem Thema enthüllt*. Ein Geheimbrief vom Hauptquartier des Jägerkommandos vom 23. September beschreibt die aufgeblähten RAF-Erfolge als beunruhigend. Eine begleitende Analyse der fünf Wochen zwischen dem 8. August und 11. September zeigt, daß die RAF angab, 1631 feindliche Flugzeuge seien zerstört und 584 wären »möglicherweise zerstört« worden. Wenn man

---

* Beispielsweise ein Brief vom Luftfahrtministerium an die RAF-Kommandos vom 30. März 1940, Briefe des Luftfahrtministeriums datiert vom 7. Mai 1940 und 28. Mai 1940. Auch ein Brief des Jägerkommandos an die 74. Staffel vom 21. September 1940. Des weiteren ein Schreiben vom Hauptquartier der 12. Gruppe an das Jägerkommando vom 7. Oktober 1940.

unterstellt, daß die Hälfte der »möglichen« abgeschossen waren, macht dies Erfolge von gut 1900 Flugzeugen für die fünf beobachteten Wochen aus. Jedoch wurden während dieser Zeit nicht mehr als 316 feindliche Flugzeugwracks gezählt. Selbst wenn man die Tatsache berücksichtigt, daß der Pilot eines schwerbeschädigten deutschen Flugzeugs seine Maschine noch Richtung Heimat steuert (und dabei möglicherweise in die See stürzt) liegt eine offensichtlich hohe Ungenauigkeit vor.

Die Luftwaffe bildete eine Abschußkommission, um die einzelnen Trefferbehauptungen ihrer Piloten zu überprüfen. Manchmal dauerte es ein Jahr, bis eine Entscheidung fiel, und es gab die feste Regel, daß ohne einen Zeugen über keinen Sieg auch nur nachgedacht wurde. Die Regeln waren zwingend und die Ergebnisse konservativ. Obwohl die RAF gewöhnlich einen »halben Sieg« allen Piloten zuerkannte, die an der Zerstörung eines abgeschossenen feindlichen Flugzeugs beteiligt waren, rechneten die Deutschen es einfach nur der Einheit an, aber erlaubten nicht, daß einzelne sich ihn teilten. Deshalb stimmen Erfolge deutscher Einheiten nicht mit den Summen der Siege der einzelnen Piloten überein. Aber die deutschen Einheitserfolge aus dieser Zeit kommen den bekannten RAF-Verlusten bemerkenswert nahe. (Die durchschnittliche Jagdgruppe schoß 55 Flugzeuge ab.)*

Wann immer man etwas über »offizielle RAF-Treffererfolge« liest, sollte man sich daran erinnern, daß es so etwas nicht gibt. Aber im Licht heutiger Forschungen werden als die höchsten Siege allgemein angesehen die 17 Maschinen, die Sergeant Frantisek, ein Tscheche, der bei der 303., der polnischen Staffel, flog und die 16., die Flight Lieutenant McKellar von der 605., der Grafschaft-Warwick-Staffel, zerstörte.

Die Taktiken des Luftkrieges – als sie sich entwickelten – waren von den Unterrichtsstunden nicht sehr verschieden, die in den Jahren von 1914 bis 1918 gelehrt worden waren.

---

* Aufgrund der fortgesetzten Kämpfe beendete die Luftwaffe den Krieg mit 35 Assen, die 150 oder mehr feindliche Flugzeuge abgeschossen hatten. Es gibt keinen Grund anzunehmen, daß diese Zahlen nicht authentisch sind.

Höhe war noch immer die Trumpfkarte und mit Angriffen aus der Sonne die zuverlässigste Taktik. Schwereren Jagdflugzeugen, die beim Sturzflug eine größere Geschwindigkeit erhielten, wurden oft andere Fehler nachgesehen. Beschleunigung im ebenen Flug ist eine Qualität, die bei keiner Flugzeugbauausschreibung aufgeführt ist. Aber für einen Piloten, der unter Feuer geriet, bedeutete es oft den Unterschied zwischen Leben und Tod. Die zweimotorige Bf 110 und die »Hurricane« waren unter diesem Aspekt träge.

Die herkömmlichste Art des Angriffs war ein Sturzflug aus der Sonne, dann von hinten unter dem Schwanz des Feindes hochziehen und feuern, solange man sich im toten Winkel befand. Nach einem Gemeinplatz einer Geschichte aus dem Ersten Weltkrieg wurde diese Taktik bis zum Ende des Krieges 1945 benutzt.

Die Kopf-voraus-Attacken, die von den Piloten der 111. Staffel erfunden wurden, wurden während der Schlacht aufgrund der erlittenen Kollisionen abgeschafft. Trotzdem nahmen deutsche Jagdflieger diese Taktik später wieder auf und benutzten sie gegen die großen Tagesformationen der amerikanischen Air Force zu einem späteren Zeitpunkt des Krieges. Es wurde zur Standardtaktik, da es die Fähigkeit der Bomber verkleinerte, bei einer Kopf-voraus-Attacke das Feuer zu erwidern, während die schweren Kanonen eine gute Chance lieferten, ihnen tödliche Zerstörungen zuzufügen.

Die Jagdflieger besaßen dieselben physischen Vorteile, welche die Asse aus dem Ersten Weltkrieg kennzeichneten: überdurchschnittliche Sicht und die Fähigkeit, entfernte Flugzeuge auszumachen (nicht ganz dasselbe), verbunden mit sehr schnellen Reaktionen. Aus diesem Grund waren viele der jüngeren Piloten erfolgreicher als die älteren mit mehr Erfahrung – obwohl Erfahrung die Chance eines Piloten zum Überleben ansteigen ließ.

Nicht weniger entscheidend als Sicht waren die Fähigkeit – und der Wille –, sehr dicht an den Feind heranzufliegen. Die Asse eröffneten das Feuer nicht außerhalb einer Entfernung von 100 Metern, während der Durchschnittspilot bei dieser

Entfernung seine Angriffe flog. Die Entwicklung der Reflektor-Visiereinrichtungen, die von beiden Seiten benutzt wurden, änderte daran nichts. Wenn der deutsche Visierring schon vollständig mit dem Flügel einer »Spitfire« ausgefüllt war, waren die beiden Flugzeuge noch immer 300 m von einander entfernt, viel zu weit für wirksamen Beschuß.

Genaue Untersuchungen von Geheimberichten des Luftfahrtministeriums (erst jetzt freigegeben) zeigen das »Wolkenkuckucksheim«, in dem sich das RAF-Oberkommando zu dieser Zeit befand. Es wird in genauen Einzelheiten von erfundenen deutschen Jagdflugzeugen berichtet, und die Schreiber der nachrichtendienstlichen Zusammenfassungen sind besessen von höchst ungewöhnlichen Geheimplänen, wie etwa Blechbüchsen, die Bomberbesatzungen auf RAF-Jagdflugzeuge warfen, und berichten wiederholt, daß die Deutschen erbeutete RAF-Flugzeuge mit allen Arten von bizarren Kennzeichnungssystemen benutzten.

Etwa 3000 RAF-Männer flogen in der Schlacht um England, wobei sich diese Zahl nur geringfügig vermindert, wenn man nur die einsitzigen Jagdflugzeuge einschließt. Über 80 Prozent dieser Flieger stammten aus dem Vereinigten Königreich, der Rest schließt Polen, Tschechen, Belgier, Franzosen, Amerikaner, Iren, einen Palästinenser und viele Männer aus den anderen Ländern des Commonwealth ein.

Aber diese Zahlen spiegeln nicht die Erfahrung, Ausdauer und Entschlußfreudigkeit dieses »Restbestandes« wider. Polen und Tschechen wurde nicht die Teilnahme an den Luftkämpfen gestattet, bevor sie die Grundlagen der englischen Sprache und Flugprozeduren gemeistert hatten. Als diese heimatlosen Männer mit ihren Einsätzen begannen, wurden sie oft von Haßgefühlen motiviert, die auf Verzweiflung basierten, und kämpften mit einer schrecklichen und gnadenlosen Hingabe.

Die Australier, Neuseeländer, Rhodesier und Kanadier waren oft Männer, die ihre Überfahrt nach England selbst bezahlt hatten, um in die Friedens-RAF einzutreten. Vielleicht erklärt diese Art von Entscheidung, warum ihr Beitrag so außergewöhnlich war. Das Commonwealth stellte einige der besten und tapfersten Flieger* und erlitt unverhältnismäßig starke Verluste. So wurden beispielsweise von 22 Australiern 14 getötet. Südafrika stellte auch 22 Flieger, und davon wurden neun in einem Zeitraum getötet, bei dem die durchschnittlichen Todesfälle der Flugzeugbesatzungen im Jägerkommando bei 17 Prozent lagen.

Und die Erfahrung dieses »Restbestandes« ist unter den Assen der Schlacht zu erkennen. Von den zehn Spitzenjagdfliegern (mit 14 oder mehr Siegen) war einer Tscheche, einer Pole, zwei Neuseeländer und einer Australier. Nur fünf stammten aus dem Vereinigten Königreich. Es wäre leichtsinnig, aufgrund solcher kleinen Beispiele irgendeinen Schluß zu ziehen. Aber es ist interessant zu bemerken, daß in dieser Liste der Asse, bei der »Hurricane« und »Spitfire« von der Spitze bis zum Ende gleich aufgeteilt sind, sich sogar ein Pilot befand, der beide Flugzeuge flog.

Die deutschen Jagdflieger zeigten Ende 1940 beträchtliche Vorbehalte gegen die Bf 109 E. Als dann aber die neue Bf 109 F eintraf, wurde sie von einigen Piloten sogar noch weniger geschätzt. Die Schwierigkeiten mit den Tragflächen der Messerschmitt hatten das Konstruktionsteam jetzt davon überzeugt, jede Art von Tragflächenwaffen wegzulassen. Eine in hohem Maße erprobte Kanone, die durch die Nabe der Luftschraube feuerte, war eingebaut worden. Aber sie stellte jetzt die einzige Bewaffnung dar, abgesehen von zwei Maschinengewehren, die auf der Haube montiert waren. Galland, der Maschinengewehre für unwirksam im Luftkampf hielt, meinte, daß diese Bewaffnung für den durchschnittlichen Jagdflieger vollständig unzureichend war. Major Oesau, ein As in der Schlacht um England, zog sein altes E-Modell vor und behielt es, bis ihn Mangel an Ersatzteilen

---

* Eine Studie der Luftkämpfe im Zweiten Weltkrieg »The Fighter Pilots« (Die Jagdflieger) von E. H. Sims (Cassell, London 1967) führt die acht RAF-Spitzen-Asse auf. Von diesen waren nur zwei, Johnson und Duke, Engländer. Die anderen waren Kanadier, Australier, Iren, Franzosen und zwei Südafrikaner.

dazu zwang, die BF 109 F zu fliegen. Mölders dagegen glaubte, daß eine zentral eingebaute Kanone genausoviel wert war wie zwei in den Flügeln. Waffenexperten wiesen darauf hin, daß jede Art von Flügelbewaffnung unter einer hohen Ausfallrate litt. Ein Kompromiß wurde erzielt, indem man eine Kiste mit Ausrüstungsteilen zu jeder Fronteinheit schickte, so daß eine Extrakanone (20 mm MG 151) unter jeden Flügel geschraubt werden konnte. Es steigerte die Bewaffnung der Messerschmitt, aber es verringerte ihre Leistung und machte sie im Kampf schwerfällig.

Männer, welche die intensive Rivalität zwischen Galland und Mölders während des Sommers verfolgt hatten, waren vielleicht amüsiert zu sehen, wie diese beiden legendären Jagdflieger mit ihren Gesamtabschußzahlen (52 gegenüber 54) von Major Helmut Wick überholt wurden, dessen Reihe von 56 Erfolgen ihn zum Kommodore des JG 2 (»Richthofen«) gemacht hatte, das er von Harry von Bülow, einem As des Ersten Weltkriegs, übernahm. Bei 40 Siegen wurde Wick – wie seinen Rivalen – das Eichenlaub zum Ritterkreuz verliehen.

Der 25 Jahre alte Wick wurde von den unteren Rängen der Jägerwaffe hochgeschätzt, wegen seiner Art, mit den höchsten Offizieren zu reden. Als Wicks Einheit bei einem Besuch von Feldmarschall Sperrle zur Parade aufgestellt war, wurde Wick freundlich erklärt, daß sein Bodenpersonal ein unmilitärisches Äußeres bot. Wick fragte seinen Luftflottenchef mit unschuldiger Miene, ob er nicht auch meine, daß das Wiederbetanken, Wiederbewaffnen und Betreuen der Jagdflugzeuge, um die Einsatzfähigkeit zu steigern, weit wichtiger sei als ein guter Haarschnitt und eine saubere Uniform.

Als die Schlacht zu Ende ging, starb der erfolgreichste Jagdflieger, den die RAF in die Luft geschickt hatte – Sergeantpilot Josef Frantisek. Der Tscheche, der es ablehnte, mit der tschechischen Staffel zu fliegen, und es vorzog, als »Gast« bei den Polen zu bleiben, mit denen er sehr gut auskam, schaffte es nicht, nach Hause zu kommen. Wenig später wurde auch Wick im Einsatz getötet. Er sprang mit dem Fallschirm in das winterkalte Wasser des Kanals, während seine

Männer über ihm kreisten, unfähig, ihn zu retten. »Es war, als ob der Vorhang fiel, und das Spiel zu Ende war«, erinnert sich einer von Wicks Fliegern.

Wie schon beschrieben, wurde die Bedeutung der deutschen Jagdfliegerstaffeln mehr und mehr augenfällig, als sich die Schlacht fortsetzte. Später wurden die Bomberflotten größtenteils zahlenmäßig durch die notwendige Jägerbegleitung übertroffen, und der Einsatz der Bomber war entsprechend der Verfügbarkeit der Jagdflugzeuge begrenzt. Und so ist es unbegreiflich, daß die Luftwaffe ihre einsitzigen Jagdflugzeuge nicht mit einem äußeren Zusatztank ausstattete, bevor die Version E-7 herauskam – zu spät für die Schlacht.

Zunächst muß betont werden, daß die »Spitfire« und »Hurricane« keine größere Reichweite und Dauerleistung hatten, als die Bf 109 E, die während der Schlacht kämpfte*. Und sicherlich hatten »Spitfire« und »Hurricane« zu dieser Zeit keine Langstreckentanks. Aber dieser Vergleich läßt die Rolle der Luftwaffe als einer offensiven Streitmacht unberücksichtigt, die zusammen mit dem Heer in Feindesland eindringen sollte. Das Jägerkommando der RAF hingegen war völlig darauf eingestellt, England von englischen Flugplätzen aus zu verteidigen.

Jene Historiker, die die offensive Rolle der deutschen Jagdwaffe anerkennen, vertreten oft die Ansicht, daß Zusatztanks nicht erforderlich gewesen seien, weil ja die außergewöhnlich große Flotte von Transportmaschinen des Musters Ju 52/3m zur Verfügung stand, um Bodenpersonal und Nachschub zu den eroberten Flugplätzen zu bringen. Das bedeutete, daß die deutschen Geschwader im Bocksprung nach vorwärts bewegt werden konnten – stets von Flugfeldern in der Nähe der Front eingesetzt. Man erkannte nicht, daß der militärische Lufttransport zur deutschen Niederlage beitrug, ebenso, wie weiterhin die Jagdwaffe vernachlässigt wurde. Als 1941 die

* Exakte Vergleiche sind schwierig, aufgrund der variierenden Dauerleistung in verschiedenen Geschwindigkeiten und verschiedenen Höhen für alle drei Flugzeuge. Sicherlich sind alle Einspritzsysteme theoretisch wirtschaftlicher als Vergasermotoren.

Schlacht um England als ein Fehlschlag erkannt worden und die UdSSR der neue Feind geworden war, wurden monatlich nicht mehr als 250 deutsche Jäger gebaut.

Milch behauptete, daß er »... viele Monate zuvor ...« abwerfbare Tanks für die Bf 109 gefordert habe, aber man sei seinen Forderungen viel zu spät nachgekommen. Er sagte, daß dieses Thema bei der Konferenz von Karinhall mit Göring und den Chefs der Luftflotten am 15. August 1940 erörtert worden sei, aber » ... die Jäger weigerten sich, abwerfbare Tanks zu benutzen, bevor diese nicht gepanzert waren«. Dies geschah sicherlich in Erinnerung an die ersten solchen Zusatztanks aus Sperrholz, die bei Regen aufquollen.

Doch Milchs Aussagen zu diesem Thema dürften kaum stimmen. Erst die Version E-7 der Bf 109 war mit Zusatztanks und den entsprechenden Benzinleitungen ausgerüstet. Und das erste Exemplar davon tauchte nicht vor Ende August 1940 auf. Die Schäkel für die Bombenaufhängevorrichtung waren lieferbar und seit Mitte Juli in Gebrauch. Diese hätten dazu verwendet werden können, die »Treibstofftanks« zu halten, aber die Benzinverbindung war weit komplizierter. Vielleicht geschahen solche Umänderungen inoffiziell. Es gibt jedoch keinen Bericht darüber. Und bislang sind keine Luftwaffenbefehle oder Anordnungen entdeckt worden, die Milchs Behauptung unterstreichen. Und es erklärt nicht, weshalb die Bf 110 – zweimotorige Jagdflugzeuge –, die England am 15. August über die Nordsee angegriffen hatten, serienmäßig schon lange mit Vorrichtungen für äußere Tanks ausgerüstet waren. Diese Jagdflugzeuge besaßen bereits die doppelte Reichweite der einmotorigen Bf 109.

Galland sagt:

»Mit Zusatztanks, die nach Gebrauch ausgeklinkt und abgeworfen werden konnten, eine Einrichtung, die später beide Seiten übernahmen und die wir schon erfolgreich in Spanien ausprobiert hatten, hätte sich unsere Reichweite um 200 bis 320 km vergrößert. Zu jener Zeit hätte das genau die entscheidende Ausweitung unseres Einbruchs bedeutet.«

In Spanien hatte Galland eine Heinkel He 51 B mit abwerfbaren Tanks geflogen. Die He 51 B war die erste Maschine mit Treibstoffleitungen und Schäkel für diesen Zweck und war seit Ende 1935 in Produktion.

So erscheint der Mangel an äußeren Tanks für die Bf 109 E-3 noch als ein weiteres Beispiel für den stümperhaften Stab und das falsche Management der Luftwaffe. Die RAF müßte sich dankbar zeigen. Denn die 300-Liter-Tanks, mit denen die E-7 ausgerüstet war, änderten die Möglichkeiten des Jagdflugzeuges drastisch. Mit solcher Maschine konnte die notwendige Eskorte für Angriffe gegen jedes britische Ziel gestellt werden. Auch gegen die Fabriken, die Rolls-Royce-»Merlin«-Motoren für »Hurricanes« und »Spitfires« herstellten. Und die Zusatztanks bedeuteten zusätzliche Flugdauer, womit die Jägerschwärme eine weit ernstere Bedrohung für Züge und Straßentransporte oder andere Ziele dieser Art dargestellt hätten. Oder die Jagdflugzeuge hätten über den Zielen bleiben können, um einen Luftschirm zu bilden, oder über den Jägerflugplätzen, um RAF-Jagdflugzeuge bei Start oder Landung anzugreifen (dann sind Flugzeuge sehr verwundbar).

1940 hatte die Bf 109 eine durchschnittliche Flugzeit von etwa 90 Minuten. Aber Aufstieg, Formieren und das Finden der Flugplätze bei der Rückkehr brachten es mit sich, daß die deutschen Jagdflugzeuge nie mehr als etwa 30 Minuten über englischem Boden zur Verfügung hatten.

Äußere Tanks würden die Ablösungseskorten unnötig gemacht haben, die die Jagdflieger dazu zwangen, vier oder fünf Feindflüge täglich zu unternehmen. Und es würde die taktischen Karten geändert haben. Jägereinheiten der Luftwaffe hätten nach Holland verlegt werden können, außerhalb des britischen Radarschutzes, und die Angriffe hätten auf indirekten Routen über das Wasser geflogen werden können. Viele Piloten, die 1940 über dem Meer verlorengingen, hätten genug Treibstoff gehabt, um sicher nach Hause zu kommen, und wären wieder geflogen.

Aber anstelle von zusätzlichem Treibstoff hielt die Vorrichtung unter der neuen Bf 109 E-7 gewöhnlich eine Bombe. Dies machte dieses Flugzeug nur geeignet als Störangreifer. Die meisten Piloten achteten ängstlich darauf, ihre Bombe so schnell wie möglich abzuwerfen, als zu riskieren, sie noch bei einem Kampf zu tragen. Die Verbannung der Jagdflugzeuge in eine solche Rolle stellte eine profunde Fehleinschätzung der Bedeutung des einsitzigen Jägers dar.

Man kann unmöglich mit Sicherheit sagen, welch bedeutenden Teil die britischen Luftabwehrgeschütze in der Schlacht spielten. Anti-Flugzeug-Einrichtungen (Suchscheinwerfer, Ballons mit Kabeln) waren bis dahin eher abschrekkender als kämpfende Maßnahmen, aber die deutschen Luftabwehreinheiten änderten das ab 1939. Gemessen am deutschen Standard waren die britischen Luftabwehrmaßnahmen des Jahres 1940 armselig. Das Kerrison-Kommandogerät und die Bofors-Geschütze, Englands wirksamste Luftabwehrwaffen (wie General Pile, der Chef der englischen Flak behauptet), waren nur in geringen Mengen vorrätig. Die radar-gerichteten Geschütze arbeiteten noch nicht zuverlässig, und der Annäherungszünder (der die Geschütze später mit tödlicher Genauigkeit zum Zerstörer von ferngesteuerten Flugbomben machte) war noch nicht erfunden. Mehr als einem Jagdflieger, dem eine Abschußmeldung nicht zugebilligt wurde, erklärte man, daß sie der Flak zugeschrieben werde, »da sie ermutigt werden müsse«.

Nur die wirklich großen Geschütze konnten echte Zerstörung bei einer Formation in über 6100 m ausrichten (in der viele Angreifer flogen). Diese wirklich großen Geschütze waren gewöhnlich in ständigen Standorten festzementiert. Einige dieser Geschützstellungen sahen wenig oder keine Aktion.

Als die Schlacht weiterging, erhielten die Flugplätze den Löwenanteil der Luftabwehrgeschütze. Die wenigen verfügbaren Bofors-Geschütze, die genauen, großen, mobilen Geschütze, veraltete Lewis-Maschinengewehre und 20-mm-Kanonen, die für Flugzeuge hergestellt worden waren, alles wurde zum Schutz von Flugplätzen eingesetzt. Schließlich wurden Tieffliegerangriffe der deutschen Flugzeuge schon ein reines Selbstmordunternehmen. Deshalb kam es – nur zu oft – zu Tiefflügen von befreundeten Flugzeugen.

Beide Seiten lernten voneinander. Die lockeren Formationen, die – nach Galland – von Mölders entwickelt worden waren, wurden zum Standard für beide Luftwaffen. Panzerplatten, die von der RAF entgegen den Anweisungen des Luftfahrtministeriums eingebaut wurden, kamen auch in die Bf-109-Jäger. Sie wurden für die Sicherheit der Piloten lebenswichtig, als immer mehr Kanonen in die Jäger eingebaut wurden. Selbstdichtende Treibstofftanks (1940 zunächst nur in Bombern vorhanden) wurden ebenfalls auf beiden Seiten verwendet. Deutsche Nachtbombertechniken wurden später von der RAF kopiert, die Gegenmaßnahmen der RAF – wie Störstrahlen oder Köderfeuer – auch als deutsche Gegenmaßnahmen genutzt.

Die Schlacht um England sah das Ende des Ansehens der deutschen Luftwaffe als einer unbesiegbaren Teilstreitkraft. Die »gelbnasigen Jungs von Abbeville« – eine Einheit von Bf 109 mit gelbgestrichenen Motorhauben, die sich während des Sommers 1940 bei der RAF Respekt verschafft hatte – waren plötzlich in den Augen der Piloten der RAF nichts Überragendes mehr. Und es gab diese gefürchtete Einheit gar nicht: Viele Bf 109 waren mit einer gelben Haube versehen worden, um Freund und Feind im Luftkampf leicht unterscheiden zu können.

Für die RAF war die Zahl und die Qualität der Jägerpiloten mittlerweile an einem Punkt angekommen, wo die Katastrophe unausweichlich schien. Tapferkeit war schließlich kein Ersatz für Ausbildung, Erfahrung und Routine. Als der Kampf weiter ging, warf das Jägerkommando der RAF in seinen Frontstaffeln Männer in die Schlacht, die den Deutschen nicht mehr gleichwertig waren. Da gab es 50 Marinepiloten, einen amerikanischen Fallschirmspringer ohne Erfahrung im Fliegen von Militärflugzeugen und polnische Piloten, die nur wenig Erfahrung mit den britischen Hochgeschwindigkeits-Eindeckern hatten und noch weniger mit der englischen Sprache. Als sich die Kämpfe ausweiteten und unter den Formationsführern ungewöhnlich hohe Verluste entstanden, wurden zu viele von ihnen durch außenstehende Offiziere ersetzt, die keine Kampferfahrung besaßen. Dieser außergewöhnliche Vorgang hatte zweifellos schlechten Einfluß auf die anderen Piloten, da sie an der Beförderung gehindert und mit ungeeigneten Führern in die Schlacht geschickt wurden. Am schlimmsten von allem war, wie die Piloten schon »Einsätze flogen«, bevor sie wirklich ihre Maschinen beherrschten – zehn Stunden auf Jagdflugzeugen war nicht ungewöhnlich. Und sie bekamen überhaupt kein realistisches Einsatztraining.

Der verzweifelte Mangel an ausgebildeten Piloten wird noch unbegreiflicher, wenn er in Verbindung mit einem Erinnerungsschreiben von Winston Churchill an Archibald Sinclair, Englands Luftfahrtminister (ein Mann, an den sich die Piloten der 64. Staffel in der 11. Gruppe aufgrund eines kurzen Besuchs während der Schlacht bei ihnen gut erinnern. Er ging um ihre »Spitfires« herum, während er sie als »Hurricane«-Piloten ansprach und bezeichnete sie ständig als Teil der 12. Gruppe) gesehen wird.

Der Premierminister an den Minister für Luftfahrt

3. Juni 1940

Das Kabinett war beunruhigt, von Ihnen zu hören, daß Sie jetzt einen Mangel an Jägerpiloten haben und daß dies jetzt zum begrenzenden Faktor geworden ist.

Es ist das erste Mal, daß dieses besondere Eingeständnis eines Fehlers vom Luftfahrtministerium gemacht wird. Wir wissen, daß gewaltige Mengen an Flugzeugen für die Pilotenausbildung abgestellt worden sind, weit mehr als dies bei den Deutschen der Fall ist. Vor einigen Monaten hörten wir von vielen tausend Piloten, für die keine Maschinen bereitstanden – wie das Luftfahrtministerium erklärte – und die konsequenterweise »zurückgemustert« werden mußten. In diesem Zusammenhang wurden 7000 erwähnt. Sie hatten alle mehr Flugstunden geleistet als jene, die jetzt von den Deutschen häufig abgeschossen werden. Wie kann dieser neue Mangel erklärt werden?

Lord Beaverbrook hat eine überraschende Leistung in Versorgung und Reparatur von Flugzeugen vollbracht und mit dem Durcheinander und Skandal in der Branche der Flugzeugproduktion aufgeräumt. Ich hoffe doch sehr, daß Sie auf dem Personalsektor ebensoviel leisten können. Denn in der Tat wird man darüber lamentieren können, wenn Maschinen einsam herumstehen und auf Piloten warten, die sie fliegen.

Aber Churchill persönlich war nicht vollständig schuldlos hinsichtlich der Frage der Qualität der Jagdflieger. Professor Lindemann (später Lord Cherwell), der Mann, den Churchill zu seinem wissenschaftlichen Berater gemacht hatte, drängte im Juli auf eine Kürzung der Einsatzausbildung. Es war ein unbekümmerter Notbehelf, weil – trotz Lindemanns Empfehlung, »die letzten polnischen Piloten an die Staffeln zu geben« – es sechs Monate bei den Einsatzausbildungseinheiten dauerte, um aus einem Piloten einen Jagdflieger zu machen. Nach Lindemanns Vorstellung sollte die Ausbildung auf nicht mehr als vier Wochen reduziert werden. Das aber ließ sie sehr oberflächlich werden.

Lindemann übte mächtigen Einfluß auf Englands Entwicklung im Krieg aus*. Wie abweichend auch Lindemanns Anteil zu Fakten gewesen sein mag, so war die Art, wie es die Engländer verstanden, Wissenschaftler, Generale und Geschäftsleute zusammenzubringen, um bei den Kriegsanstrengungen zu helfen, etwas, das die Deutschen nicht entsprechend schafften. Und das war ein Nachteil.

Schon hatten viele große Namen der deutschen Wissenschaft das Land verlassen oder waren in Konzentrationslager ge-

*Millionen Pfund wurden ausgegeben für sechsjährige Experimente zu der absurden Idee, Luft-Minenfelder anzulegen, durch welche feindliche Bomber fliegen mußten. Ein anderer Lindemann-Vorschlag war Infrarot. Noch 1939 schrieb Lindemann an Churchill, um ihm mitzuteilen, daß das Radar niemals die gesteckten Erwartungen erfüllen würde.

schickt worden. Heute kann es sicher nur wenig Zweifel daran geben, daß ein Nazi-Regime ohne Antisemitismus Langstreckenraketen mit Nuklearsprengköpfen gebaut und den Krieg gewonnen hätte.

Anstatt mit den Resten ihrer Wissenschaftler hauszuhalten, forderte die deutsche Wehrmacht sie für die Armee an und steckte sie mit Handwerkern und Behördenangestellten zusammen. Das merkwürdige politische System des Nazi-Deutschland unterhielt Fabriken, in denen nebeneinander gleichartige Forschungen liefen, nebeneinander mit dem gleichen Vertrag. So wurde zuviel wissenschaftliche Zeit und Anstrengung dafür verbraucht, Ausrüstung zu perfektionieren, die bereits gut genug war.

Die englischen Waffenentwicklungen waren oft hastig zusammengesetzt und nicht perfekt, aber sie konnten – anders als so viele deutsche Ausrüstungsgegenstände in schönen Behältern – mit einem Büchsenöffner und Lötkolben abgeändert werden – und sie funktionierten.

Die deutschen Wissenschaftler genossen einen höheren Status als ihre britischen Kollegen, aber sie hatten nicht das Recht, durch militärische Einrichtungen von der Unteroffizierskantine bis zum Kriegskabinett herumzustreifen, wie es die Engländer taten. Man kann sich nur schwer schmutzige deutsche Zivilisten in ölverschmierter Kleidung vorstellen, die deutschen Stabsoffizieren erzählen, was sie falsch machen. Die britischen Wissenschaftler machten das und waren so in der Lage, Wissenschaft in überraschender Geschwindigkeit aus den Laboratorien auf das Schlachtfeld zu bringen.

All das war das Ergebnis des Vertrauens, das britische Soldaten, Geschäftsleute und Politiker in die Wissenschaft hatten. Ein großes Maß dieses Vertrauens beruhte darauf, welche Rolle das Radar in der Schlacht um England spielte.

Deutschland tat nichts oder wenig, um die Rolle der Wissenschaft im Krieg zu revidieren. 1940 hatte der deutsche Generalstab entschieden, daß keine Forschung oder Entwicklung verfolgt werden sollte, wenn sie nicht militärische Ergebnisse innerhalb von vier Monaten versprach*. Als Teil dieser schlecht beratenen und drakonischen Maßnahme wurde die Arbeit an Messerschmitts erstaunlichem Me-262-Düsenjäger verboten. Messerschmitt arbeitete noch etwas weiter. Aber im Frühling des Jahres 1941 kam Milch zu Messerschmitt und bestand darauf, daß alle Arbeiten an dem Düsenflugzeug eingestellt würden. Galland vermutet, daß der Befehl von 1940 den Einsatz der Me 262 etwa zwei Jahre hinauszögerte.

Der Fehler, die Bedeutung der Me 262 mißzuverstehen, war nur ein Teil des Fehlers, die Bedeutung des Jagdflugzeugs zu unterschätzen. Selbst nach den Kämpfen von 1940 versäumte es die Luftwaffe, der Jagdflugzeugproduktion die notwendigen Prioritäten einzuräumen. Erst spät im Jahre 1943 wurden Jagdflugzeuge in großen Mengen hergestellt, und dann auch nur, weil die Gesamtzahlen spätere Varianten der jetzt veralteten Bf 109 mit einschlossen.

Viele deutsche Fehler basierten darauf, wie die Führer des Landes an der Hoffnung auf einen »Blitzkrieg« klebten. Sogar nach dem Patt in der Schlacht um England machten die Deutschen noch keine langfristigen Kriegspläne. Hitler entschied, daß Englands Weigerung, Frieden zu schließen, auf der Hoffnung basiere, daß die UdSSR eines Tages gegen Deutschland kämpfen würde. Um diesen gordischen Knoten zu zerhauen, entschied sich Hitler für einen »Blitzkrieg« gegen die UdSSR. Danach, so sagte er, werde England Frieden schließen. Als sich die Luftschlachten von 1940 fortsetzten und die deutsche Armee wartend dastand, enthüllte Hitler seinen Generalen schließlich vertraulich seine Idee für »Barbarossa«. Wenn die Engländer jedoch nach einer Lösung Ausschau hielten, so starrten die meisten nicht nach Osten, sondern westlich zu den USA.

»Wild Bill« Donovans kurze Reise nach England hatte ihn

* Ich beziehe mich hier auf die Konferenz vom 7. Februar 1940, bei der Göring den Vorsitz hatte, und Milch und Keitel die Beschleunigung des Waffenprogramms diskutierten. Aufgrund des Berichts und der Empfehlung des Generalquartiermeisters (Luft) wurde der Bann über die neuen Entwicklungen verhängt.

überzeugt, daß Britannien überleben werde und auf alle nur erdenkliche Art unterstützt werden sollte. Dieser Bericht stand im Gegensatz zu allem, was Botschafter Kennedy Washington berichtet hatte, und er gefiel dem Botschafter nicht. Anfang September war Kennedys Auto durch eine Druckwelle beschädigt worden, als er durch einen Luftangriff fuhr. Er sagte, er würde einen Monat mit Bombenangriffen aushalten. Und genau das machte er. Im Oktober kehrte er nach Hause zurück und legte sein Amt nieder, ärgerlich auf die Engländer, daß sie bombardiert wurden, ärgerlich auf die Deutschen, daß sie Bomben warfen, ärgerlich auf Donovan, daß er seinen Berichten widersprach, und ärgerlich auf Roosevelt, daß er all das erlaubte. Die Engländer zeigten sich höflich. König und Königin gaben ein Essen im Buckingham-Palast. Die »Evening News« schrieb: »Es ist allein Mr. Kennedy, der die anglo-amerikanische Freundschaft in London verstärkt hat.« Sogar noch weniger zurückhaltend war der sozialistische »Daily Herald«: »Auf Wiedersehen, Joe! Der Himmel segne dich!« Er ließ jedermann wissen, daß er die Roosevelt-Regierung öffentlich rügen wollte, und entschloß sich, seine Aussagen auf die Wahlen vom 5. November wegen des größten Effekts zu terminieren. Er nahm eine britische Luftschutzsirene mit. Gefragt, ob das ein Souvenir sei, antwortete er, er wolle es bei seinem Herrenhaus in Cape Cod benutzen, um die Kennedy-Kinder von ihren Booten zurückzurufen. Als er nach Boston zurückgekehrt war, erklärte Kennedy gegenüber »Globe«: »Die Demokratie ist in England am Ende.«

Als es zur Wahl kam, gab Kennedy Roosevelt all die Unterstützung, die er zum Gewinn brauchte. Das Geheimnis seines Umschwungs ist nie zufriedenstellend erklärt worden. Auch im Hinblick auf Englands gewaltige Niederlage änderte Kennedy seine Meinung, aber jetzt kümmerte sich England nicht länger darum. Robert Vansittart, diplomatischer Chef-Ratgeber von Lord Halifax, schrieb: »Mr. Kennedy gehört zu der sehr widerlichen Spezies von Schummlern und Defätisten. Er denkt an nichts anderes, als an seine eigene Tasche.

Ich hoffe, daß dieser Krieg zuletzt die Eliminierung dieses Typs sehen wird.«

Schon erkannten viele Amerikaner, daß den USA kaum eine andere Wahl übrigblieb, als in den Krieg einzutreten. Die deutschen Erfolge in Europa hatten die Kolonialmacht im Pazifik geschwächt. Rohmaterialien – wobei das wichtige Öl in holländischem Besitz war – würden das Gleichgewicht der Kräfte ändern und Japan in Konflikt mit den USA bringen.

1940 bat Roosevelt um 50 000 Kriegsflugzeuge. Im Vergleich dazu wirken da die Kämpfe von 1940 kümmerlich. Nach einem Termin gefragt, erklärte Roosevelt freundlich, daß dies die Zahl sei, die er jährlich wünsche. Unausweichlich nahm der Krieg größere Dimensionen an. Vor seinem Ende sollte die Luftwaffe in den Kämpfen eines Tages die gleiche Anzahl von Flugzeugen verlieren, die sie im ganzen Sommer von 1940 verloren hatte.

1940 hatte die Royal Navy ihre Zerstörer zurück in die englischen Häfen gebracht, um für eine deutsche Invasion bereit zu sein. Losgelöst von solchem Schutz hatten die britischen Atlantikkonvois schwerwiegende Verluste erlitten, und die deutschen U-Boot-Besatzungen behielten diese Zeit immer als »die glückliche Zeit« im Gedächtnis.

Das RAF-Bomberkommando hatte große Anstrengungen unternommen, um die Kanalfähren in den französischen Kanalhäfen zu bebomben. Aber sie waren dabei nicht genauer als bei ihren Angriffen gegen andere deutsche Ziele. Nach der offiziellen Geschichtsschreibung entschied das Bomberkommando im Herbst 1940, daß Treffer auf deutsche Zivilbevölkerung, Krankenhäuser, Kirchen und kulturelle Denkmäler – bislang ein Nebenprodukt des Versuchs, militärische Ziele zu treffen – »zum Endprodukt werden sollten. Die Zeit ist gekommen, um einen direkten Angriff auf das deutsche Volk einzuleiten«.

Und jetzt war es an der Zeit, Geschichte zu schreiben. Die Männer des Luftfahrtministeriums gaben den offiziellen Bericht der »Schlacht um England« heraus. Das 32 Seiten starke Buch erzählt die Geschichte, ohne einmal den Namen Park oder Dowding zu erwähnen.

Im RAF-Jägerkommando lenkten die Männer, die Dowding und Park erniedrigt, verurteilt und entlassen hatten, ihre Aufmerksamkeit auf ein Kriegsspiel, das erfunden wurde, um ihre Theorien von den »Großen Verbänden« zu verteidigen.

Sie benutzten historische Daten, um eine der großen Luftschlachten des September neu zu erstellen. Schiedsrichter wurden ernannt, um den Verlauf der Schlacht zu beobachten. Leigh-Mallory, jetzt Leiter von Parks alter Gruppe, reagierte auf die deutsche Bedrohung mit genau der gleichen Art von großen Formationen, die er und Bader als das beste angepriesen hatten.

Die Übung war ein Fiasko. Die Schiedsrichter entschieden, daß die lebenswichtigen Jägerkommandoflugplätze von Biggin Hill und Kenley bombardiert wurden, bevor die »Großen Verbände« sich überhaupt in der Luft befanden. Das hatte keinen Einfluß auf die Karriere von Leigh-Mallory. Er behielt Parks Arbeit und übernahm dann die von Dowding.

Görings Einfluß nahm ab. Schon bei Oktoberbeginn hatte der »Eiserne« das Interesse an seinen Luftflotten und ihren Kämpfen verloren. Als Galland zu einem Besuch des Reichsmarschalls eintraf, nachdem er das Eichenlaub erhalten hatte (eine neue Auszeichnung, die Piloten der Jagdwaffe mit 40 Luftsiegen erhielten), traf er Mölders, der aus dem Jagdsitz herauskam. Mölders sagte: »Der Fette hat versprochen, dich genauso lange wie mich aufzuhalten.« Dann verschwand er eilig, um weitere Siege zu erringen.

Galland beschrieb das »Blockhaus aus riesigen Baumstämmen mit einem Strohdach, das weit über die Dachkanten hinausragte. Göring kam aus dem Haus, um mich zu begrüßen. Er trug eine grüne Wildlederweste über einer seidenen Bluse mit langen Puffärmeln, Jagdstiefel, und in seinem Gürtel steckte in der Scheide eines alten germanischen Schwertes ein Jagdmesser. Es war keine Frage, daß sich dieser Abend um den Krieg im allgemeinen und die Schlacht um England im besonderen drehte«.

»Ich habe persönlich das Kommando über die Luftwaffe in der Schlacht um England übernommen«, hatte Göring den Radiohörern im September erklärt. Trotzdem stritten die Luftwaffenkommandeure jetzt ab, daß es irgendeine solche Schlacht gegeben hatte. Kesselring argumentierte verbindlich, daß die Luftflotten ihre Taktik viele Male während des Sommers 1940 geändert hatten. Im September wurde die Taktik der Nachtbombenangriffe eingeführt. Er behauptete, dies bedeute nicht, daß die Luftwaffe geschlagen sei, ebensowenig wie dies bei den vorangegangenen Wechseln der Fall gewesen war.

Aber die Männer, die über England geflogen waren, wußten es genauer. Der Fehler der Luftwaffe sorgte für Unzufriedenheit. Beschwerden über die Ausrüstung wurden laut. Einige stammten von Milch, aber viele von ihnen spiegelten ursprünglich die Unzulänglichkeiten von Udet, dem Generalluftzeugmeister, wider. Wenn er zum Bericht zu Göring zitiert wurde, schaffte es Udet gewöhnlich, die Diskussion auf die alten Zeiten abzulenken, und nichts wurde getan.

Wohl bewußt der Kampagne gegen ihn, war Udet sich nie sicher, wer dahinter steckte. Während der letzten Züge der Schlacht um England hatte der welterfahrene Milch Udet auf einen Einkaufsbummel nach Paris mitgenommen, der bei Cartiers endete. Und als Milch nach Berlin zurückkehrte, nahm er seine Diners im Restaurant Horcher wieder auf und schloß Udet als Dauergast mit ein.

Trotzdem war Udet deprimiert, und der Ausgang der Schlacht um England ärgerte ihn. Er trank zu viel, er wurde zum Kettenraucher und benutzte Aufputschpillen, die für Fronteinheiten, für Männer unter Streß verfügbar waren. Ohne diese Pillen wurde Udet launenhaft und reizbar. Schließlich wurde er überredet, sich in medizinische Beobachtung zu begeben. Milch schickte ihn zu seinem persönlichen Psychiater.

Udets Stabschef hätte ihm aus dem Chaos der Abteilung helfen und seine eigene Karriere organisieren können. Aber er hatte ebenfalls Ärger. Während des Sommers hatte er mit

Milch und Sperrle Deauville besucht und beim Spiel mit ihnen all sein Geld ausgegeben. Jetzt schuldete er weit mehr, als er zurückzahlen konnte, und stand unter ständigem Druck seiner beiden Gläubiger.

Auch Göring erkannte, daß die Luftwaffe einen Rückschlag erlitten hatte, und wurde daran erinnert, als ihm Hitler die Reaktion der ausländischen Presse zeigte. Bald übergab Göring Milch jene Machtposition, die für den Ansturm gegen die UdSSR im folgenden Sommer benötigt wurde. Milch startete sofort ein ehrgeiziges Programm, das die Luftwaffe auf das Vierfache ihrer Stärke ausweiten sollte. Erfreut über seinen neuen Einfluß nannte der verschlagene Milch seinen Plan »Das Göring-Programm«. Eine seiner bedeutendsten Entscheidungen lag darin, die Bf 109 in voller Produktion zu behalten, ohne darauf zu achten, wie überlegen die Focke Wulf Fw 190 zu sein schien. Wie immer ging die Luftwaffe nach Quantität, anstatt die Qualität auszubauen. Aus demselben Grunde verbot Milch Messerschmitt jede weitere Arbeit an seinem Düsenjäger und befahl ihm, mit seiner Bf-109-Produktion fortzufahren.

Auf Görings Rat nahm Udet Krankheitsurlaub. Während der Zeit, in der er sich im Krankenhaus befand, verbannte Milch Udets unglücklichen Stabschef – einen engen Freund von Udet – an die Ostfront. Und er ersetzte Udets Chefingenieur durch einen Mann seiner Wahl. Als Udet aus dem Krankenhaus kam, war er bestürzt. Er stieß mit Milch wegen der Jagdflugzeugproduktion zusammen (Bf 109 gegen Fw 190). Milch gewann den Kampf, aber empfahl diplomatisch, daß Udet für wenige Tage Urlaub mit ihm nach Paris ging, »um die Dinge wieder zu begradigen«. Udet stimmte zu, daß sie sich Montagmittag am Flughafen Tempelhof treffen wollten, und machte sich dann auf den Weg, um das Wochenende mit seiner Bekannten und seinem einstigen Stabschef zu verbringen, der noch immer Spielschulden hatte und sich auf Heimaturlaub befand, bevor er an die russische Front zurückkehrte.

Am Montagmorgen, dem 17. 11. 1941, wurde Udet tot mit

zwei leeren Cognacflaschen und einem Revolver gefunden. An die Wand hatte er eine Botschaft geschmiert, mit der er Göring anklagte, ihn an »den Juden« Milch verkauft zu haben. »Eiserner, warum hast du mich verlassen?« hatte er geschrieben.

Göring diktierte eine Pressemeldung, die besagte, daß Udet an Verletzungen gestorben war, die er sich beim Test einer neuen Waffe zugezogen hatte. In seinem Tagebuch schob Milch alles auf Udets ehemaligen Stabschef und fügte als zusätzlichen Grund ein Gerücht hinzu, wonach Udets Bekannte gedroht hatte, ihn zu verlassen.

Hitler war beim Staatsbegräbnis anwesend. Werner Mölders wurde aufgefordert, Sargträger für Udet zu sein (der nach Richthofen der erfolgreichste Jagdflieger des Ersten Weltkrieges war). Sein Flugzeug stieß gegen einen Fabrikschornstein. Mölders starb. Zusätzlich zu seiner eigenen übernahm Milch Udets Abteilung.

Worte des Dankes

A. J. P. Taylor empfahl mir ursprünglich, daß ich ein Geschichtsbuch schreiben sollte. Deshalb muß mein erster Dank an ihn gehen für seine ständigen Ermutigungen während der sechs Jahre, die es dauerte, um »Fighter« zu produzieren. Ich danke auch Albert Speer für unsere Gespräche und dafür, daß er das Manuskript gelesen hat.

Vor einigen Jahren arrangierte es Derek Coyte für mich, als Besatzungsmitglied dabei zu sein, als eine Heinkel He 111 an ein Museum in Deutschland überführt wurde. Es war das erste Flugzeug, das Deutschland in den Farben der Luftwaffe seit dem Ende des Krieges überflog. Adolf Galland, das Jagdflieger-As, begrüßte uns nach der Landung, und von da an standen mir viele Türen bei meinen Nachforschungen offen. So geht mein herzliches Dankeschön an all die vielen Flieger von RAF und Luftwaffe, die zu zahlreich sind, um jeden namentlich zu erwähnen. Sie kramten für mich ihre Erfahrungen und Abenteuer hervor und diskutierten mit mir Einzelheiten der Schlacht. Besonders bin ich jenen zu Dank verpflichtet, die mir langvergessene Tagebücher und Dokumente brachten, abgeschlossene und nichtabgeschlossene Memoiren, sowie anderes wertvolles Material, und jenen Kriegsteilnehmern, die mir neue Gedanken aufzeigten und meine Aufmerksamkeit auf neue Wege der Betrachtung beim Lauf der Ereignisse lenkten.

Ich danke auch dem Stab des Imperial War Museum und Group Captain E. B. Haslam F. R. Hist. Soc., sowie Denis Bateman vom Verteidigungsministerium (Historische Abteilung). Jeder von ihnen gab mir alle denkbare Unterstützung bei den Nachforschungen.

Für die Erlaubnis, die Bilder dieses Buches abzudrucken, von denen einige nie zuvor veröffentlicht worden sind, danke ich Associated Press, Flight International, Imperial War Museum, Keystone Press Agency, Orbis Publishing Ltd, Popperfoto, Radio Times Picture Library, Rairpix, Robert Hunt Library, Syndication International sowie der U. S. Information Agency.

Letztlich schulde ich Derek Jewell und Peter Giddy Dank für Hilfe und Ermutigung, Ellenor Handley, die vor vielen Jahren geholfen hat, meine Niederschriften in einen sauberen Text zu übertragen, Ray Hawkey, Anton Felton und allen bei Jonathan Cape, die an diesem Buch gearbeitet haben.

Bibliographie

Bücher

Anon., *Psychological Disorders in Flying Personnel of the RAF, 1939 – 1945,* HMSO, 1946

Anon., *The Origins and Development of Operational Research in the RAF,* HMSO, 1963

Anon., *Radar: A Report on Science at War,* Government Printing Office, Washington, n. d.

Anon., *The Rise and Fall of the German Air Force,* Ministry of Defence (restricted access) n. d.

Bekker, C., *Die Kriegstagebücher der Luftwaffe*

Churchill, Winston S., *The Second World War,* sechs Bände, Cassell, 1960

Collier, Basil, *Leader of the Few,* autorisierte Biographie von Air Chief Marshal Lord Dowding, Jarrolds, 1957

The Battle of Britain, Batsford, 1962

Collier, Richard, *Eagle Day,* Pan, 1968

Cross, Roy, und Scarborough, Gerald, *Classic Aircraft, Their History und How to Model Them,* vier Serien, P. Stephens, 1971–74

Crowther, J. G., und Whiddington, R., *Science at War,* HMSO, 1947

Deere, Alan C., *Nine Lives,* Hodder and Stoughton, 1969

Douhet, Giulio, *The Command of the Air,* aus dem Italienischen von Dino Ferrari, Faber and Faber, 1943

Fest, Joachim, *Hitler*

Galland, Adolf, *Die Ersten und die Letzten, Deutsche Jagdflieger im Zweiten Weltkrieg*

Green, William, *War Planes of the Third Reich,* Macdonald, 1970

Hillary, Richard, *The Last Enemy,* Macmillan, 1942

Irving, David, *Destruction of Dresden,* Elmfield Press, 1974

The Rise and Fall of the Luftwaffe, Weidenfeld and Nicolson, 1974

Lewis, Peter, *The British Fighter Since 1912,* Putnam und Co, 1974

Kent, John, *One of the Few,* Kimber, 1971

Mason, Francis K., *Battle Over Britain,* McWhirter, 1969

Olmsted, Merle, *Aircraft Armament,* Modern Aircraft Series, Sports Car Press, 1970

Postan, M. M., *Design and Development of Weapons: Studies in Government and Industry Organisation,* HMSO, 1964

Price, Alfred W., *Instruments of Darkness,* Kimber, 1967

Speer, Albert, *Das Dritte Reich,*
Spandau: Geheime Tagebücher
Taylor, A. J. P., *The Origins of the Second World War,* Hamish Hamilton, 1963
English History 1914–1945, O. U. P., 1965
Beaverbrook, Hamish Hamilton, 1972
The Second World War, Hamish Hamilton, 1975
Essays in English History, Hamish Hamilton, 1976
Taylor, J. W. R., *Combat Aircraft of the World,* Ebury Press und Michael Joseph, 1969
(ed.) *The Lore of Flight,* Nelson, 1975
Taylor, Telford *The March of Conquest: The German Victories in Western Europe, 1940,* Edward Hulton, 1959 *The Breaking Wave: The German Defeat in the Summer of 1940,* Weidenfeld und Nicolson, 1967
Townsend, Peter, *Duel of Eagles,* Weidenfeld and Nicolson, 1970
Wallace, G. F., *Guns of the RAF,* Kimber, 1972
Watson-Watt, Sir Robert, *Three Steps to Victory,* persönliche Anmerkungen des größten Radar-Pioniers, Odhams, 1957
Webster, Sir Charles, *The Strategic Air Offensive Against Germany, 1939–45,* vier Bände, HMSO, 1961
Wood, Derek, und Dempster, D., *The Narrow Margin,* Arrow Books, 1969
Ziegler, Frank H., *Under the White Rose: The Story of 609 Squadron,* Macdonald, 1971

Zeitungen und Dokumente

Adler
Aeroplane
Aircraft Profiles
Fighter Command Intelligence Summaries, Public Record Office
Flight
Icare
Signal
Die Wehrmacht

Anmerkung: Dies ist nur eine Auswahl englischer Publikationen. Eine ausführlichere Liste des Materials, das lesenswert zu diesem Thema ist, findet sich in dem Buch *Eagle Day* von Richard Collier, das in der Liste erwähnt ist und das ich sehr empfehlen kann.

Übersetzung zu Seite 6

»Wenn die Besatzungstruppen kommen ...« Unter diesem Titel gab das englische Informationsministerium in Zusammenarbeit mit dem Kriegsministerium und dem Ministerium für Innere Sicherheit Anweisungen heraus, die der Bevölkerung vorschrieben, wie sie sich in einem solchen – durchaus in den Bereich des Möglichen gerückten – Fall zu verhalten habe.

»Die Deutschen bedrohen England mit einer Invasion«, heißt es darin, »aber natürlich werden sie von unserer Marine, unserem Heer und unserer Luftwaffe aus dem Land getrieben, sollte es tatsächlich dazu kommen. Doch auch die Zivilbevölkerung wird ihren Anteil dazu beitragen können. Sie soll davon nicht überrascht werden. Sollte es tatsächlich zu einer Invasion kommen, werden genauere Anweisungen erfolgen. Hier nur die Grundverhaltensregeln ...«

»Bleiben Sie, wo Sie sind, bis Sie andere Anweisungen erhalten! Glauben Sie keinen Gerüchten, und verbreiten Sie solche Gerüchte nicht weiter! Wenn Ihnen ein Auftrag erteilt wird, sollten Sie sicherstellen, daß es ein richtiger Auftrag ist und nicht etwa ein irreführender. Behalten Sie klaren Kopf, dann werden Sie schnell erkennen können, ob es sich bei dem Offizier, der Ihnen gegenübertritt, wirklich um einen Engländer handelt oder um einen, der nur vorgibt, es zu sein ...«

»Sollten Sie Inhaber einer Reparaturwerkstatt und/oder einer Tankstelle sein, dann denken Sie daran: Treibstoff und Kraftfahrzeuge benötigen die Invasoren am dringendsten. Passen Sie auf Ihre Treibstoffvorräte und die Autos Ihrer Kunden besonders gut auf ...«

»Denken Sie, bevor Sie handeln, aber denken Sie immer erst an Ihr Vaterland, bevor Sie an sich selbst denken ...«

Index

Leseprobe

Band 11501

Tollkühne Männer, tapfere Frauen ...

Eine kleine Stadt in Thüringen. Zwei Männer glauben, das Herrschaftssystem der DDR nicht länger ertragen zu können, fühlen sich ›politisch und geistig unterdrückt‹. Sie verfallen auf eine phantastische Idee: In einem selbstgebauten Heißluftballon wollen sie, zusammen mit Frau und Kindern, in die Bundesrepublik flüchten. Die Vorbereitungen dauern Jahre. Doch der erste Versuch mißlingt: Zweihundert Meter vor dem Todesstreifen bleibt der Ballon in den Bäumen hängen. Die Flüchtenden entkommen unerkannt, ihr Mut ist ungebrochen. Unverdrossen machen sie sich von neuem ans Werk, reisen durch die ganze DDR, um den nötigen Stoff zu kaufen, um Brenner und andere erforderliche Hilfsmittel zu besorgen, immer in der Furcht, ihr verbotenes Treiben könnte vom Staatssicherheitsdienst entdeckt werden. Ihr Vorhaben glückt. Heimlich bauen sie den größten Heißluftballon Europas, 25 Meter hoch und 20 Meter im Durchmesser. Und endlich ist es soweit: In der Nacht zum 16. September 1979 weht ein günstiger Wind nach Westen ...

Ein deutsches Schicksal unserer Zeit.

1

Tagsüber war es drückend schwül, so daß empfindliche Leute Kopfschmerzen bekamen. Am späten Nachmittag strömte eine Kaltfront aus Norden ein und schob die warmen Luftmassen gegen die Berge des Thüringer Waldes. Am frühen Abend entlud sich ein heftiges Gewitter. Erst quirlten Windböen kleine Schaumkronen auf das Wasser der Saale; dann drückten schwere Regengüsse das noch nicht abgeerntete Korn auf den Feldern platt; dann fuhr der Sturm in die hohen Fichtenwälder, und an der »Staatsgrenze West« spaltete ein Blitz eine meterdicke deutsche Eiche – nicht weit vom Minengürtel entfernt.

Ebenso schnell, wie es gekommen war, legte sich das Unwetter. Blitz und Donner zogen über die Berge ab. Zurück blieb ein blanker, fast wolkenloser Himmel. Jetzt, eine Stunde vor Mitternacht, ist es sternenklar. Ein schmaler Mond hängt über der kleinen Stadt Pößneck in Thüringen.

In einem Haus in der Tuchmacherstraße haben an diesem 15. September zwei Männer gespannt die Entwicklung des Wetters beobachtet und die Vorhersagen in Radio und Fernsehen verfolgt. Zuletzt meldet der »Zentrale Wetterdienst Potsdam« die weiteren Aussichten für die Deut-sche Demokratische Republik: »Am

LESEPROB

Rande eines skandinavischen Tiefdruckgebietes wird weiterhin kalte Meeresluft polaren Ursprungs in unser Gebiet geführt. Bei klarem Himmel gehen die Temperaturen nachts bis auf drei Grad zurück. In Bodennähe kann örtlich leichter Frost bis minus zwei Grad auftreten . . .«

Der eine Zuhörer sagt: »Das hört sich doch prima an. Ich glaube, heute Nacht kann es endlich losgehen.«

Der andere antwortet: »Es sieht gut aus, aber laß uns lieber noch mal den Wind kontrollieren.«

Die beiden Männer ziehen festes Schuhwerk und Pullover an, bevor sie das Haus verlassen. Der eine trägt eine braune Kunstlederjacke, der andere eine graue Windjacke. Sie fahren in einem blauen Wartburg mit weißem Dach, ostdeutsches Kennzeichen NK-9743, durch stille Straßen aus der Stadt hinaus und weiter über eine schmale Landstraße in Richtung Süden. Ein gleichmäßiger Wind hat die Fahrbahn schon wieder trocken gefegt. Hinter den Ortschaften Wernburg und Ludwigshof biegen sie nach links in einen holprigen Schotterweg ab. Im zweiten Gang kriecht der Wartburg die Bahrener Höhe hinauf. Unterhalb dieser 600 m hohen kahlen Bergkuppe erlöschen die Scheinwerfer des Wagens.

Die beiden Männer steigen aus und gehen die letzten Meter zu Fuß gegen einen starken, aber nicht stürmischen Wind an. Dann blicken sie über das in blasses Sternenlicht getauchte Land zu ihren Füßen. Im Nordwesten, in knapp 30 km Luftlinie, können sie noch den Widerschein der Lichter von Weimar erkennen. Genau im Norden, gut 20 km entfernt, liegt Jena. Rechts daneben, im Nordosten, die Bezirksstadt Gera. Im Süden sind nur vereinzelte Lichtpunkte auszumachen; sonst zeichnet sich in dieser Richtung nur dunkle Landschaft unter dem helleren Himmel ab, sanfte Höhenzüge, Wälder und Felder – das südliche Grenzgebiet der Deutschen Demokratischen Republik.

Der Mann mit der Kunstlederjacke befeuchtet seinen rechten Zeigefinger mit Spucke und hält ihn prüfend hoch. Der andere wirft ein paar helle Wollfäden in die Luft. Beide beobachten im

ESEPROBE

Schein einer Taschenlampe, in welche Richtung die Fäden davongetrieben werden. Dann leuchten sie auf einen einfachen Kompaß. Der Wind weht aus Nord-Nord-Ost nach Süd-Süd-West – genau in Richtung Bundesrepublik Deutschland. Die Windgeschwindigkeit, so schätzen die beiden Männer, beträgt etwa 30 bis 40 Stundenkilometer. Sie sind mit ihrem Test zufrieden. Der mit der Kunstlederjacke sagt: »Vom Startplatz aus müßten wir nach 20 bis 30 Minuten Flugzeit drüben sein.«

Es ist kurz vor Mitternacht. Ein ganz gewöhnlicher Sonnabend geht in beiden Teilen Deutschlands zu Ende, keine besonderen Vorkommnisse in Ost und West.

Nachrichten aus der Bundesrepublik: Der deutsche Fußballmeister HSV schlägt den 1. FC Kaiserslautern im Spitzenspiel der Bundesliga mit 1:0. – Wirtschaftsminister Graf Lambsdorff sieht »keine Gefahr für das wirtschaftliche Wachstum der Bundesrepublik«. – Der Vorsitzende der Deutschen Bischofskonferenz Josef Kardinal Höffner hat »erneut die Auffassung bekräftigt, daß der legale Schwangerschaftsabbruch als Mord anzusehen ist«. – Die »Bild«-Zeitung berichtet auf ihrer ersten Seite über einen Einbruch in die römische Luxusvilla des Filmstars Claudia Cardinale und über einen Auftritt des Künstlers Hardy Krüger in der Münchner Nachtbar »Intermezzo«; der habe dort im Suff ein »schweres Silbertablett mit Getränken auf die beleuchtete Tanzfläche« geschleudert.

Nachrichten vom Tage aus der Deutschen Demokratischen Republik: Das »Neue Deutschland«, das »Organ des Zentralkomitees der Sozialistischen Einheitspartei«, meldet auf der ersten Seite: »Leonid Breschnew besucht die DDR zum 30. Jahrestag.« – Der Vorsitzende des Staatsrates der DDR, Erich Honecker, überbrachte »zum Tag der Werktätigen des Bereiches der haus- und kommunalwirtschaftlichen Dienstleistungen«

Mit einem Flammenwerfer, der aus einem Rohr besteht, das über einen Schlauch mit zwei Gasflaschen verbunden ist, wird die Luft erwärmt

LESEPROB

seine sozialistischen Grüße und Glückwünsche. – Auf Seite zwei steht, »der Bürger der BRD Bernhard Twiehoff« sei als »Grenzverletzer« festgenommen und »zur Prüfung der näheren Umstände den zuständigen Organen« übergeben worden. – Der Vorsitzende des Staatsrates der DDR, Erich Honecker, und der Vorsitzende des Ministerrates der DDR, Willi Stoph, gratulieren dem Generalgouverneur von Papua-Neuguinea Sir Tore Lokoloko zum Nationalfeiertag. – Im Spitzenspiel der DDR-Fußballoberliga schlägt an diesem Sonnabend der FC Carl-Zeiss-Jena den 1. FC Magdeburg mit 3:2.

Es ist schon nach Mitternacht, schon Sonntag der 16. September, als der blau-weiße Wartburg von der Bahrener Höhe zurück in die Stadt Pößneck fährt. Am Steuer sitzt der Mann mit der Kunstlederjacke: Peter Strelzyk, 37 Jahre alt, früher Luftfahrtmechaniker, zuletzt selbständiger Elektromonteur, verheiratet, zwei Kinder. Der Mann auf dem Beifahrersitz ist Günter Wetzel, 24 Jahre alt, Maurer und Kraftfahrer von Beruf, auch verheiratet, ebenfalls zwei Kinder.

Die beiden Männer sind schweigsam und nachdenklich. Aufmerksamer als sonst – so werden sie später erzählen – betrachten sie im Vorüberfahren die vertrauten Straßen und Gebäude ihrer Heimatstadt. Am Ortseingang erfassen die Scheinwerfer das Schild »Pößneck grüßt seine Gäste«. Wenig später fällt schwaches Laternenlicht am grauen Gebäude der SED-Kreisverwaltung auf den Leitspruch der Partei: »Vorwärts unter dem Banner von Marx, Engels und Lenin.«

Die Straßen der Innenstadt sind um diese Zeit menschenleer. In den Schaufenstern brennt kein Licht. Selten kommt ihnen ein Auto entgegen. Nur im »Café Dittmann« hinter dem »Hotel Posthirsch« ist noch was los. Hier schwingt wie immer in der Nacht zum Sonntag die reifere Jugend das Tanzbein, diesmal zu den fröhlichen Klängen einer Kapelle, die sich »Dance« nennt.

◁ **Die Familien Wetzel und Strelzyk, v. l. n. r.: Frank und Doris Strelzyk, Hans-Peter Strelzyk mit Sohn Andreas (vor ihm); Günter und Petra Wetzel mit ihren Söhnen Peter und Andreas (auf dem Arm seiner Mutter)**

LESEPROB

Als sie am Marktplatz und am »Kaffee Neubert am Markt« vorüberkommen, denkt Peter Strelzyk daran, daß er hier zum erstenmal einem Lehrmädchen namens Doris nähergekommen ist. Die Kapelle spielte »Tanze mit mir in den Morgen«. Nun sind sie bald 16 Jahre verheiratet.

Am gotischen Rathaus fällt Günter Wetzel ein, daß hier im Standesamt seine »sozialistische Eheschließung« vollzogen worden ist. »Petra hatte sich zur Hochzeit ein teures weißes Kleid mit Blumenstickereien machen lassen, dafür waren unsere Ringe billiger, die sind aus Golddoublé und haben 35 Mark das Stück gekostet.« Die Hochzeit war vor fast sechs Jahren. Nun ist ihr Sohn Peter schon fünf Jahre alt, der kleine Andreas wird zwei. Er sagt: »Komisch, daß man in solchen Situationen plötzlich an solche Sachen denkt«.

In dieser Nacht soll wahr werden, wofür sie gearbeitet, ihr Geld geopfert und hohe Gefängnisstrafen riskiert haben:

Die beiden Männer werden in dieser Nacht ihr Leben aufs Spiel setzen und das ihrer Frauen und Kinder – sie wollen mit dem Wind nach Westen.

ESEPROBE

Len Deighton

BLITZKRIEG

Von Hitlers Triumphen bis zum Fall von Dünkirchen

348 Seiten, mit zahlreichen Karten, Lageplänen und Abbildungen und 32 Seiten Bildteil, Ln., DM 34,–

Hitlers Überfall auf den Westen – wie wurden die Blitzkriege möglich?

Deighton schildert hier ein entscheidendes Kapitel des Zweiten Weltkrieges aus völlig neuer Sicht.
Wiederum erweist sich der Autor, gestützt auf seine enzyklopädischen Kenntnisse über Hitler, sein Rüstungspotential, seine Strategie und seine Taktik, und im Besitz bisher noch nicht ausgewerteter amtlicher Quellen, als eine Herausforderung an gängige, schon dutzendmal falsch kolportierte Versionen über wichtige Aspekte der jüngsten Militärgeschichte. Ein Buch, das so lebendig geschrieben ist, daß es den Laien anspricht und das so wichtige Fakten enthält, daß es der Historiker nicht entbehren kann.

Erschienen bei Hestia